应用型本科　经济管理类专业"十三五"规划教材

"十三五"江苏省高等学校重点教材(编号：2017-1-119)

国际贸易实务

主　编　赵静敏　郑凌霄

副主编　梅锦萍　王奇珍　罗吉文

西安电子科技大学出版社

内 容 简 介

国际贸易实务是国际经济与贸易专业的核心课程。本书内容涉及国际结算、国际运输与保险等学科的基本原则与基本知识的运用，并围绕高等院校国际经济与贸易专业应用型人才培养目标和教学模式改革的发展方向，系统阐述国际贸易术语、国际贸易磋商、国际贸易合同签订及合同履行、国际贸易方式等进出口业务基本知识。本书突出系统性和应用性，内容新颖，结构合理，重点突出，注重知识与技能训练，易于自学。

本书配有多媒体教学课件及国际贸易相关电子资料库，可作为高等院校经济与贸易类、经济类、管理类与金融类专业特别是国际经济与贸易、电子商务、国际商务、贸易经济等专业的教材，也可作为广大对外经贸工作者的在职培训教材和学习国际贸易实务的知识读本。

图书在版编目(CIP)数据

国际贸易实务 / 赵静敏，郑凌霄主编. —西安：西安电子科技大学出版社，2020.1
ISBN 978−7−5606−5580−2

Ⅰ. ① 国… Ⅱ. ① 赵… ② 郑… Ⅲ. ① 国际贸易—贸易实务—高等学校—教材 Ⅳ. ① F740.4

中国版本图书馆 CIP 数据核字(2020)第 013740 号

策划编辑　高樱
责任编辑　阎彬　高樱
出版发行　西安电子科技大学出版社(西安市太白南路 2 号)
电　　话　(029)88242885　88201467　　　　　邮　编　710071
网　　址　www.xduph.com　　　　　电子邮箱　xdupfxb001@163.com
经　　销　新华书店
印刷单位　陕西天意印务有限责任公司
版　　次　2020 年 1 月第 1 版　2020 年 1 月第 1 次印刷
开　　本　787 毫米×1092 毫米　1/16　印张 23
字　　数　548 千字
印　　数　1～3000 册
定　　价　52.00 元
ISBN　978−7−5606−5580−2 / F

XDUP 5882001-1
如有印装问题可调换

应用型本科 经济类专业"十三五"规划教材

编审专家委员名单

主　任：孙文远(南京审计大学　经济与贸易学院　院长/教授)

副主任：董金玲(徐州工程学院　经济学院　院长/教授)

　　　　宣昌勇(淮海工学院　商学院　院长/教授)

　　　　易高峰(盐城师范学院　商学院　院长/教授)

　　　　赵永亮(盐城工学院　经济与管理学院　院长/教授)

成　员：(按姓氏拼音排列)

　　　　陈淑贤(上海杉达学院　杨胜祥商学院　副院长/副教授)

　　　　顾丽琴(华东交通大学　MBA教育中心案例中心　主任/教授)

　　　　蒋国宏(南通大学　商学院　院长/教授)

　　　　刘春香(浙江万里学院　商学院　副院长/副教授)

　　　　刘　骅(南京审计大学　金融学院　副院长/副教授)

　　　　隆定海(皖西学院　经济与管理学院　副院长/副教授)

　　　　马军伟(常熟理工学院　经济与管理学院　副院长/副教授)

　　　　马立军(三江学院　文化产业与旅游管理学院　副院长)

　　　　施继元(上海立信会计金融学院　国际金融学院　副院长/教授)

　　　　项益才(九江学院　经济与管理学院　副院长/副教授)

　　　　于中琴(上海立信会计金融学院　国际经济贸易学院　副院长/副教授)

　　　　张言彩(淮阴师范学院　经济与管理学院　副院长/副教授)

　　　　赵　彤(南京晓庄学院　商学院　副院长/教授)

前　言

本书主要围绕高等院校国际经济与贸易专业应用型人才培养目标和教学模式改革的发展方向，重点介绍国际贸易术语、国际贸易磋商、国际贸易合同签订及合同履行等基本知识，突出系统性和应用性。本书在编写过程中，力求理论够用为度，重点突出业务实践环节的知识讲解，并在每章各小节开始设有入门案例，每章后附有实务知识与技能训练，有利于学生通过案例导读和实训练习加深对实务内容的理解和掌握；同时还吸收了近年来已有的教学、科研成果以及国际贸易实务实践中的新情况和新做法，做到观点明确、资料翔实、案例突出。

根据新颖、科学、实用的原则，我们力求本书具有以下特点：

(1) 内容新颖、前瞻性较强。国际贸易新模式的出现、2020 年版本的《国际贸易术语解释通则》正式颁布实施，以及《贸易便利化协定》的更多使用和跨境贸易的快速发展，使得国际实务课程的教学面临着新的挑战，编者在充分理解与消化这些新变化的基础上，将国际贸易实务的最新知识介绍给读者。

(2) 注重案例导入和实践实训。本书针对应用型本科高校人才培养的特点，力求以案例代替枯燥的说理。每章开始均有案例导入，让学生在案例中感受各章节的教学内容，并同步穿插与课程内容相关的背景知识和拓展知识，便于学生自学。

(3) 强调技能导向，突出应用性。本书力求从应用型本科高校经济与贸易类专业人才培养目标和从业标准的视角，设定各章节内容的学习目标。在内容安排上，适当加大了国际贸易实务案例和实训的内容，从学生应用能力培养的角度，安排了每章节后的实训练习和习题内容，使之更适合应用型人才培养的需要。

(4) 语言简明通俗，内容深度适当。本书的编写尽量从外贸实际出发，做到语言简明扼要、通俗易懂。同时，本书对相关知识点作了一定的提炼和总结，以突出应用型本科人才培养办学理念及教学定位。

本书的编写队伍经验丰富、专业基础扎实，编者均为具有多年教龄的专业教师。本书由赵静敏教授、郑凌霄副教授负责总体框架设计并任主编。具体编写分工为：赵静敏编写导论以及第一、三、七、九、十章；罗吉文编写第二、八章；郑凌霄编写第四、五章；周芳编写第六章。全书由赵静敏、梅锦萍、王奇珍总撰定稿。

本书在编写过程中，参考了部分国外有关国际贸易的著作、教材及文献资料，吸收了其中的一些成果，在此对相关单位和个人一并致谢；同时也感谢江苏省教育厅重点教材立项项目的支持。由于编者水平有限，书中疏漏之处在所难免，敬请读者批评指正。

为方便教学，本书配有电子课件等教学资源，凡选用本书作为教材的教师均可发送邮件至 zjmxz@126.com 索取，联系电话：0516-3105235。

编　者
2019 年 9 月

目　　录

导论

学习目标

技能目标
通过对国际货物买卖相关问题的学习，从总体上把握国际贸易实务的要素、内容及框架。

知识目标
掌握国际贸易实务的研究对象和内容；
了解国际贸易交易的基本程序。

引言

国际贸易实务有时也称进出口贸易实务，是专门研究国际货物买卖的实际操作方法与操作技能的应用型学科，它既是国际经济与贸易专业必修的基础课，也是从事或准备从事涉外经贸工作人员的核心课程。开设本课程的目的在于：① 要求学生不仅要懂得国际贸易的基本理论和我国对外贸易的原则、方针和政策，而且需要全面掌握进出口业务专业知识和技能，学会运用国际贸易惯例和必要的国际法律知识，做好进出口业务。② 要求学生针对进出口业务的各个环节进行实际操作(结合模拟实习)。通过课堂教学、课后练习，结合案例分析进行教学，并通过业务流程的综合模拟实训和到实际业务工作部门认知实习，加强对基本业务技能的训练，培养实际动手操作能力。③ 要求学生初步掌握从事进出口贸易的基本原理、基本知识和操作技能，以便将来在进出口业务活动中，能够按照法律规范和国际贸易惯例，结合企业的实际经营意图，独立地从事进出口贸易活动，并能解决在这一活动中所出现的问题。导论将围绕三个问题展开，即国际贸易实务研究的内容是什么，为什么要研究，以及怎样进行研究。

第一节　国际贸易实务的研究对象和内容

入门案例

这是一则真实案例。2018年9月，A公司向中国贸促会常州支会求助，称其与土耳其客户从2017年底双方开始第一次合作，A公司向土耳其客户出售铝边框，合同有效期至2018年12月31日止，付款方式为货到后T/T60天。自合同执行以来A公司尚未收到过货款，至求助时，土耳其客户已拖欠其货款共计397 700美元，且拖欠货款最长已超过7个月，A公司再三催款依然没有结果。双方合同订有仲裁条款，指定仲裁机构为上海国际经济贸易仲裁委员会。但A公司无法直接联系到合同当事人土耳其公司，因土耳其公司一直由第三方——南京的B公司代表其进行合同的签订和履行事宜，而A公司从B公司得知，由于土耳其公司管理不善，已处于停产关厂状态。这造成了A公司陷入被动局面。

此案例表明：

①　付款方式为货到后 T/T60 天，存在巨大风险(A 公司认为是熟人介绍的客户，所以采用 T/T 收款方式)；

②　交易存在第三方不妥；

③　在交易前没有严格审查土耳其公司资信情况。此案例牵涉国际贸易复杂性和国际贸易货款支付方式以及国际贸易风险管理等一系列问题。

一、国际贸易实务的研究对象

国际贸易理论的研究对象是各国之间商品交换的原理，即为什么要交换商品，解决国际贸易产生的原因问题，而国际贸易实务并不研究商品交换的前因后果，而是研究该怎样进行商品交换这个微观活动，即解决国际贸易业务过程操作的问题。因此国际贸易实务探讨的对象，相对而言要更具体、更细腻一些，包括该过程经历的环节、技能，以及应遵循的法律和惯例等行为规范。

(1) 环节，包括出口和进口的业务程序，出口的时候先备货还是先付款，先报关还是先报检，先投保还是先托运；进口的时候是先检验还是先提货，先开信用证还是等货到了经过检验没有问题了再开信用证等。

(2) 技能，是指怎样安排工作会提高工作效率，并规避业务里面的常见问题。最典型的是合同条款的制定和信用证的审核两项技能。比如，如何订立合同条款，怎样才能对自己有利，货物数量不足如何处理，不能按期装运如何处理等问题。

(3) 法律和惯例，是指从长期的国际贸易业务实践中提炼出来的最能便捷地让两国人员进行沟通、最能体现公平性的一些行为准则。当然，行为准则有很多，但我们要熟悉的只是我国签字认可了的国际贸易行为规则和我国的外贸法。

国际贸易实务研究的是商品交换，而非技术和服务的交换。传统的进出口贸易仅指货物的进出口。1986 年关税与贸易总协定(GATT)谈判中，根据当时国际贸易的实际和未来国际经济来往的趋势，将国际贸易的定义扩展为货物、技术和服务贸易三项内容。技术贸易包括专利商标、专有技术和技术服务。服务贸易包括来自 12 个行业的商品交换或者 4 种行为的商品交换。

虽然当代服务贸易和技术贸易在国际贸易中已经占有相当大的比重，且呈上升趋势，但是无论在我国还是在国际上，货物贸易仍然是国际贸易中最基本和最主要的部分，仍然在国际贸易中占有最大的比重。此外，有关技术贸易和服务贸易的做法，不少是沿袭货物贸易的基本做法，从货物买卖中借鉴而来。所以有关国际货物贸易的基本理论和业务做法，仍然是每一个从事国际贸易实务实践和研究的工作人员所必须掌握的，这也是更好地了解和掌握技术贸易和服务贸易有关知识的捷径。

二、国际贸易和国内贸易的区别

国际贸易或对外贸易是相对于国内贸易(Domestic Trade 或 Home Trade)而言的。国际贸易与国内贸易的一致性表现在：都是商品和劳务的交换，价值规律都起作用；货物都从生产者向消费者转移，都属于经济活动中的流通过程；进行交易的过程大同小异；经营的目的都是取得利润或经济利益。

国际贸易是不同国家之间进行商品交换的行为，这使得国际贸易相比国内贸易困难得多，而且具有较大的复杂性和风险性。

(一) 国际贸易困难大于国内贸易

国际贸易困难大于国内贸易，主要表现在以下几个方面。

1. 语言不同

当今国际贸易上最通行的商业语言仍然是英文，诸如进行贸易交谈、通信、E-mail、签约和处理贸易上的各种单证，大部分都采用英文。但英文在有的地区还不普遍，如东欧、北欧通常使用的是德文，法国及中西非国家通行的是法语，西班牙及大部分中南美国家以西班牙文最为普遍，贸易商如不知晓这些语言，而要与这些地区的商人进行贸易，就会遇到很大的困难。

2. 法律、风俗习惯不同

各贸易国家的商业法律并不完全一致，有的差别很大。国际贸易因为涉及不同法律适用地区的交易，不论是买卖合同、运输合同与保险合同，一旦发生纠纷无法私下解决时，就要根据某些国际规则进行仲裁、诉讼。这比起解决国内贸易问题的困难要大。此外，各国风俗习惯、宗教、信仰都有许多不同。

3. 贸易障碍多

各国为了争夺市场，保护本国工业和市场，往往采取关税壁垒与非关税壁垒来限制外国商品的进口。出口商一方面要关心价格以便竞争，另一方面还要研究如何打破关税与非关税上的限制。此外，许多国家还采取外汇管制的措施，如出口货物所得到的外汇都须结售给国家，进口货物所需外汇也要向政府申请，这些使经营贸易者受到很大的约束。

4. 市场调查不易

进行国际贸易必须随时掌握市场动态，时时加以调查分析，这样交易才能顺利进行。但国外市场资料收集、整理与分析比较困难，不像国内市场容易调查。

5. 贸易对手资信调查不易

交易开始前，买卖双方都要调查对方资信情况，但出于各种原因，这种调查十分困难。如通过往来银行代为调查，往往过分简略；如委托资信所调查，虽然比较详尽，但费用较高。

6. 交易技术困难较多

因缺乏国际贸易共同法规，一般贸易商所遵循的是一些国际贸易上通行的惯例，这些惯例因不是国际条约，在法律上不具有强制力和约束力，一旦出现货物品质、规格、数量、交货日期、包装等与原条件不符，出现纠纷时，虽有公约与惯例，也不容易得到解决。

(二) 国际贸易比国内贸易复杂

国际贸易比国内贸易复杂，主要表现在以下几个方面。

1. 货币与度量衡制度

国际贸易双方因所处国家不同，所使用的货币和度量衡制度会有所不同，在国际贸易中，应采用哪国货币作为计价结算工具，两国货币如何兑换，在两国度量衡不一致时究竟采取何种单位为标准，各种单位如何换算，凡此种种，都比国内贸易复杂。

2. 商业习惯复杂

各国各地市场商业习惯不同，怎样进行沟通？国际贸易中所遵循的规约和条例，其适用范围如何，解释是否一致？针对这些问题，稍有不慎就会影响贸易。

3. 海关制度及其他贸易法规不同

尽管世贸组织《贸易便利化协定》已正式生效并实施，从全球范围看，《贸易便利化协定》的生效和实施意味着国际贸易程序将更趋简化和协调，货物流动、放行和结关速度将进一步加快，但各国仍设有海关，对于货物进出口，都依然存在着不同程度的准许、管制或禁止的规定。货物出口，不但要在输出国家办妥出口相关手续，而且出口货物的种类、品质、规格、包装和商标也要符合输入国家海关的规定。一般来说，货物的进口报关手续比出口报关手续更为复杂。

4. 国际汇兑依然复杂

国际贸易货款的清偿多以外汇支付，而外汇的价格根据各国所采取的汇率制度、外汇管理制度而定。此外，外汇汇率分类很多，故计算国际汇兑方法相当复杂。

5. 货物的运输

国际贸易的货物运输，绝大多数采取海运，也有采用陆运、空运或邮寄等方式。在运输时，要考虑运输合同的条款、运费、承运人与托运人的责任，要办理装运手续、提货手续，处理仲裁与索赔。处理运输过程中的问题十分复杂。

6. 货物的保险

为了避免国际贸易运输过程中受到的损失，还要对运输货物加以保险。但洽购保险、确定保险条件、签订保险合同、划分保险人与被保险人的责任、计算保险费与货物受损时的索赔等，均比国内复杂。

(三) 国际贸易的风险大

经营国际贸易，可能发生的风险很多，比较显著的有下列几种。

1. 信用风险

在国际贸易上，自买卖双方接洽开始，经过报价、还价、确认后订立合同，再到卖方交货，买方付款，需经过一段相当长的时间。在此期间，买卖双方的财务营业状况可能发生变化，有时会危及履约。

2. 商业风险

国际贸易中因货样不符、交货期晚、单证不符等理由，进口商往往拒收货物，从而给出口商造成了商业风险。

3. 汇兑风险

在国际贸易中，交易双方必有一方要以外币计价，但汇价不断变化，如掌握不好，还要承担货物本身以外的汇兑亏损。

4. 运载风险

国际贸易货物运载里程一般比国内贸易遥远，在运输过程中发生的风险也随之增高，承担风险的人，有卖方、买方及保险公司，有些风险可由保险公司承担，但有些风险无法由保险公司承担。如果遇到天灾人祸，货物运到时市场发生变化或误期使用，买方就要受损。

5. 价格风险

贸易双方签好合同以后，在卖方进货前，货物价格上涨，则卖方要承担其风险。买方收到货后，该货价格下跌，则买方要承担其风险。经营贸易为大宗买卖时，买卖双方面临的价格风险更大。

6. 政治风险

世界各国大都实行贸易管制。这些贸易管制政策与措施受国内政治经济状况影响，常常予以修改。尤其是经济上处于困难地位的国家，具体的政策和措施往往是朝令夕改，变化很大。另外，一些国家内部的政局变动也常常使经营贸易者承担许多国内贸易所不需负担的政治风险。

三、国际贸易实务的研究内容

国际贸易实务是一门综合应用性学科，涉及的范围比较广，包括国际商法、国际金融、国际市场营销、国际运输、国际保险等知识。我们所学的国际贸易实务与以上内容有所重合，但侧重点不同，为了避免重复，国际贸易实务课程特别注重对学生外贸业务能力的培养。国际贸易实务主要包括四个方面的内容：国际贸易法律规范、国际贸易条件、国际货物贸易程序、国际贸易方式等。

(一) 国际贸易法律规范

国际贸易实务活动需要在一定的法律规范下展开。只有这样才能保证国际贸易持久、有序而健康地发展，因此国际贸易法律规范是开展国际贸易实务的基本条件。

1. 国内法

本书所说的国内法即各国有关国际贸易的法律。国际货物买卖合同必须符合某个国家制定或认可的法律。比如我国法人订立的合同必须遵守中华人民共和国法律，即使依照法律规定使用外国法律或者国际惯例的，也不能违背中华人民共和国的社会公共利益。但是，由于国际货物买卖合同的当事人所在的国家不同，他们各自又都要遵守所在国的国内法，而不同的国家对同一问题的有关法律规定往往不一致，一旦发生争议引起诉讼时，就会产生究竟应该适用哪国法律处理争议的问题。

为了解决这种"法律冲突"，以利于正常的进出口贸易活动，通常各国会采用在国内法中规定冲突规范的办法。我国法律对涉外经济合同的冲突规范也采用上述国际上的通用规则，并在《中华人民共和国经济合同法》(以下简称《合同法》)第 126 条中规定："涉外合同的当事人可以选择处理合同争议所适用的法律，但法律另有规定的除外。涉外合同的当事人没有选择的，适用与合同有最密切联系的国家法律。"因此，除法律另有规定的，我国当事人既可选择按我国法律，也可选择按对方所在国法律或双方同意的第三国法律或者有关的国际条约来处理合同的争议。如果当事人在合同中没有做出选择的，则当发生争议时，由受理合同争议的法院或仲裁机构依照交易具体情况认定的"与合同有最密切联系的国家"的法律进行处理。有的国家认为，与合同联系最紧密的是合同的签约地，有的国家则认为是合同的履行地。

我国与国际贸易有关的法律主要有 1999 年开始实施的《中华人民共和国经济合同法》、2004 年开始实施的《中华人民共和国对外贸易法》、2017 年修订的《中华人民共和国海关法》以及 2018 年修订的《中华人民共和国进出口商品检验法》等。

❖ **案例学习**

有一份 CIF 合同在美国订立，由美国商人 A 出售一批 IBM 电脑给中国香港商人 B，按 CIF 香港条件成交。双方在执行合同的过程中，对合同的形式及合同有关条款的解释发生争议。解决此项纠纷应适用中国香港法律还是美国法律？

分析：应适用美国法律。合同与美国关系最密切，因为订约地和履约地都在美国。在按 CIF 香港条件成交的合同中，出口方在出口国装运港履行交货义务，所以履约地在美国装运港，而非目的港香港。(有关 CIF 条件的内容参见第一章"贸易术语")

2. 国际贸易条约与协定

国际贸易条约与协定是国家之间通过国际组织或国际会议共同制定的，用来明确相互权利和义务关系的书面协议。它是指包括两个或两个以上的主权国家为确定彼此的政治、经济、贸易、文化、军事等方面的权利和义务而缔结的诸如公约、协定书等各种协议的总称，如生物多样性公约、联合国反腐败公约、联合国海洋法公约、世界版权公约、保护世界文化和自然遗产公约、水下文化遗产保护公约、残疾人权利公约、特定常规武器公约等。

国际贸易条约是指缔约国之间为了确定经济、贸易方面的相互权利与义务关系的书面协议，是缔约国之间开展经济、贸易往来必须遵守的准则。

国际贸易条约有广义与狭义之分。

广义的国际贸易条约，是国家间(包括民间团体)在贸易关系方面缔结的各种书面协议的总称，如通商航海条约、贸易协定、换货协定、支付协定、贸易议定书、换文和各种公约、规则，其内容、名称虽不同，但都有法律效力。

狭义的国际贸易条约，仅指以条约、公约及协定、协议名称缔结的关于贸易关系方面的书面协议，主要是大型的或综合性的贸易协议，并以国家或政府首脑的名义由国家或政府首脑特派全权代表签订，按缔约国法律程序完成批准手续后才能生效。与我国进出口货物贸易关系最密切的，也是实务操作中最重要的一项国际条约，是 1988 年 1 月 1 日正式生效的《联合国国际货物销售合同公约》(以下简称《公约》)。

我国是《公约》的最早缔约国之一，我国政府派代表参加了 1980 年的维也纳会议，并于 1986 年向联合国秘书长递交了核准书，成为该公约的缔约国，但我国在加入公约时提出了两个保留，即中国不受公约第 1 条第 1 款(b)、第 11 条及与第 11 条内容有关的规定的约束。① 缔约国可以声明对第 1 条第 1 款 b 项做出保留，以防止公约的扩大适用。中国对此做出了保留。② 关于"书面形式"的保留(《公约》第 11 条)。

特别要注意的是，我国涉外仲裁案中，80%是涉港、澳案件，而港、澳地区均未参加公约，所以公约在这种情况下不能自动适用。当事人有必要在合同中约定是否适用《公约》，一般来说，我国涉外仲裁是尊重当事人的选择的。

有关国际贸易支付的国际条约有《日内瓦统一票据法公约》。

有关国际海上货物运输的国际条约有《海牙规则》《维斯比规则》《汉堡规则》。

3. 国际贸易惯例

1) 国际贸易惯例的含义

国际贸易惯例是指在长期的国际贸易实践中逐渐形成和发展起来的，逐渐为大多数国家所认可和遵循的一些习惯做法和解释。它涉及国际贸易实务活动的许多方面，对国际贸易实务活动具有重要的指导和制约作用。

2) 国际贸易惯例的特点

(1) 国际贸易惯例是在长期的国际贸易活动中逐渐形成的。国际贸易惯例是在长期的国际贸易实践中自发形成的，其形成的过程不受政府机关的控制和制约，它的成文一般也是由商业自治团体自发地编纂而成的，这使它有别于依靠国家立法机关制定的国内法以及依靠各国之间的相互谈判、妥协而达成的国际条约。也正是这种非主权性大大增强了国际贸易惯例的普遍适用性。

(2) 国际贸易惯例具有确定的内容，而且被许多国家和地区认可。任何一种惯例，都不是国家政府之间国际会议讨论而形成的，而是由地区行业以及国际社会组织者或商业团体对国际贸易中的习惯做法加以整理而形成的，如把一些做法归纳成条文，对有关的名词、术语给予明确的定义或解释，从而使其被越来越多的国家所认可。早期的国际贸易惯例一般形成在一些比较大的港口、码头，慢慢地一些合理的做法就为同行业的其他人所接受。例如，美国西海岸的码头工会为保护自身利益向集装箱货主征收近乎落地费性质的杂费，这种杂费就被各国的班轮公会列入班轮运价或者班轮条款，因而这种做法就成了同业者之间的国际贸易惯例。

(3) 国际贸易惯例不具有法律的强制性。国际贸易惯例虽然具有确定的内容，可以作为行为规范使用，但不是法律，不具有强制性。只有当事人经过协商选用某一国际贸易惯例，并在合同中明确规定时，这一国际贸易惯例才具有约束力。

(4) 国际贸易惯例的内容随着国际贸易实践的发展不断更新和扩大。国际贸易的发展不仅表现在它的规模上，还表现在它所涉及的领域、内容、形式和手段上。国际贸易惯例比法律更具有灵活性，能较容易地进行修订，以及时跟上国际贸易实践的变化。因此，很多国际贸易惯例不是一成不变的。

3) 国际贸易惯例的意义

国际贸易惯例为贸易当事人提供了共同遵守的行为准则,有利于交易合同得以顺利履行;在发生贸易纠纷时,国际贸易惯例可以作为解决纠纷的依据。当买卖双方发生争议时,如果:

(1) 合同的规定与惯例矛盾,则法院或仲裁机构以合同的规定为准;

(2) 合同的规定与惯例不抵触,则法院或仲裁机构以国际惯例的规定为准;

(3) 合同中明确规定采用某种惯例,则这种惯例就有其强制性。

4) 主要的国际贸易惯例

因为贸易是出现最早的国际经济活动,所以这方面的国际惯例更为人所熟悉,已为各国对外经贸、运输、保险、商品检验、国际结算、共同海损理算以及仲裁机构和法院等各界人士所熟知。主要的国际贸易惯例如下:

(1) 在合同契约方面的国际惯例:英国《1893 年货物买卖法案》(1973 年修订)、《联合国国际货物销售合同公约》(1988 年生效)(除保留条款外,它优先于国内法)、1994 年 5 月国际统一私法协会《国际商事合同通则》、1997 年 6 月国际商会《国际销售合同范本》等。

(2) 在价格术语方面的国际惯例:国际法协会《1932 年华沙—牛津规则》、美国全国对外贸易协会《美国对外贸易定义 1990 年修订本》国际商会《2020 年国际贸易术语解释通则》(INCOTERMS 2020,简称《2020 通则》)。

(3) 在支付方面的国际惯例:在支付方面的国际惯例主要是指由国际商会制定的三个主要的出版物。

① 国际商会的第 522 号出版物《托收统一规则》(1995 年修订本)(The Uniform Rules for Collection, ICC Publication No.522),简称《URC522》。国际商会为统一托收业务的做法,减少托收业务各有关当事人可能产生的矛盾和纠纷,曾于 1958 年草拟《商业单据托收统一规则》,于 1978 年、1995 年再次修订,现行的是 1995 年版本,1996 年 1 月 1 日实施。《托收统一规则》自公布实施以来,被各国银行所采用。

② 国际商会的《跟单信用证统一惯例关于电子交单的附则》(Supplement to Uniform Customs and Practice for Documentary Credits for Electronic Presentation),简称《eUCP》。为了顺应电子商务的发展,国际商会于 2002 年制定了《eUCP》,2002 年 4 月 1 日生效,对信用证业务中电子交单的有关问题作出了专门规定。

③ 国际商会第 600 号出版物《跟单信用证统一惯例》(Uniform Customs and Practice for Documentary Credits),简称《UCP600》。该惯例自制定以来,经历了 1951 年、1962 年、1974 年、1978 年、1983 年、1993 年和 2007 年的多次修订,现行的是 2007 年版本,从 2007 年 7 月起,《UCP600》开始执行,并被各国银行和贸易界所广泛采用。

我国《民法通则》第 142 条明确规定:中华人民共和国法律和中华人民共和国缔结或参加的国际条约没有规定的涉外民事关系,可以适用国际惯例。

(二) 国际贸易条件

进出口商为了实现自己的经济目的,在贸易中必然要提出一系列贸易条件。当各项贸易条件在贸易商之间达成一致意见后，便以合同的形式把这些条件确定下来，此后，进出口商各自按照事先约定的条件履行义务，因此贸易条件是国际贸易实务活动的基本内容。

各种贸易术语对一部分基本贸易条件作了规定，贸易商除了运用国际贸易术语来确定贸易条件外，还要确定以下几个方面的条件。

(1) 商品条件：包括商品品名、数量、包装及商品检验。商品条件用来约束出口方应该提交什么商品。

(2) 价格条件：价格条件往往与国际贸易术语联系，包括佣金和折扣等。

(3) 商品装运条件：包括装运时间、地点、运输方式、是否分批装运、运输单据等。装运条件用来确定出口方怎样把商品交给进口方。

(4) 货运保险条件：包括由谁办理保险、投保什么险、保险费由谁支付等。

(5) 支付条款：包括支付工具、支付方式等。支付条件用来确定进口方如何向出口方按价款支付，并保证付款。

(6) 争议和违约处理条件：包括索赔、不可抗力和仲裁。

(三) 国际货物贸易程序

国际货物贸易程序是指国际贸易实务操作是按照怎样的顺序进行的。在进行对外贸易时，贸易流程的很多环节之间往往都有着密切的联系。在实际工作当中，这些业务环节有时齐头并进，有时又需要交叉进行。但是，无论是出口贸易、进口贸易，还是转口贸易，就其基本业务程序而言，主要包括交易前的准备、合同的商订以及合同的履行三个阶段。

1. 交易前的准备阶段

在准备阶段主要是要做好选择目标市场和交易对象、制订商品经营方案、建立业务关系等方面的工作，也就是市场调研、制订计划和成本核算。这是交易磋商顺利进行的保证，也是履行合同的基础，主要包括国外市场调研、市场定位与交易对象的选择及与客户建立业务关系三方面的内容(在国际市场营销这门课程中会具体学习)。

2. 合同的商订阶段

经过交易磋商后，如果就某项交易的基本条件达成一致意见，双方一般会以书面形式将该一致意见记录下来，并各自签署盖章，这就是签订合同。合同是后续贸易业务事实的基础和依据，因此在签订合同过程中必须谨慎。

根据我国法律，对外贸易合同必须采用书面形式，买卖双方当事人履行各自义务和处理争议要以书面合同为依据。在订立合同时，合同条款要包括商品品名、品质、数量、包装、价格、装运、保险、支付方式、商品检验、索赔、不可抗力和争议处理办法等。

3. 合同的履行阶段

1) 出口方

出口合同的履行，是指出口人按照合同的规定履行交货义务直至收回货款的整个过程。在这个过程中，特别要重视的是如何履行、怎样避免违约、违约如何处理等。我国出口贸易除个别交易适用 FOB 术语外，多数采用 CIF 或 CFR 术语按信用证方式支付成交。

出口合同履行的主要工作内容包括：按照合同备妥货物；如果是采用信用证方式收汇的交易，则要向客户催开信用证，并在收到信用证后根据合同进行审核，发现信用证与合同不符的并且自己也不能接受的，要立即通知客户修改；备妥货物；向运输部门办理委托运输和装运等手续，其中包括租船定舱、报检、报关、保险及装船等工作；在货物装运后，缮制议付单据，办理申领必要的出口凭证和证件；最后进行交单，向银行办理结汇等手续，即催证、审证、备货、商检、托运、报关、发运、制单结汇。

2) 进口方

进口合同的履行，是指进口人按照合同规定的义务履行付款义务直至提取货物的整个过程。它是进口工作的最后阶段，相对于出口合同的履行来说，它的实践难度较小，风险也不大，但应注意货款和货物的流转过程，同时必须重视货物的验收工作，保证交易标的物有所值。

进口合同的履行包括开立信用证、租船定舱、催装、投保、审单、付款、买汇赎单、货到报关、商检、提货、验收、索赔等环节。

(四) 国际贸易方式

国际贸易方式是指国际贸易中采用的各种方法。随着国际贸易的发展，贸易方式亦日趋多样化。除采用逐笔售定的方式外，还有包销、代理、寄售、拍卖、招标与投标、期货交易、对销贸易以及跨境电子商务、市场采购贸易等外贸新业态贸易模式。

第二节　国际贸易交易的基本程序

入门案例

韩国商人转卖从中国进口的初级产品，向马来西亚商人发盘，马来西亚商人复电接受，同时要求提供产地证。两周后，韩国商人收到马来西亚商人开来的信用证，正准备按信用证规定发运货物，此时却接到商检机构的通知：因该货非本国产品，不能签发产地证。韩国商人便电请马来西亚商人取消信用证中要求提供产地证的条款，遭到拒绝，于是引起争议。

为了保证交易磋商的顺利进行、合同的有效签订，避免由于上述原因导致双方的贸易纠纷，本章将就下列问题展开讨论并辅以相应的训练。

1. 国际贸易的一般业务程序；
2. 交易磋商的准备；
3. 进出口磋商的程序、内容及形式；
4. 进出口合同的履约。

一、国际贸易的一般业务程序

国际贸易分为出口和进口两部分，但无论进口交易还是出口交易，一般都包括三个阶段，即交易前的准备、合同的商订和合同的履行。

(一) 出口贸易的基本程序

1. 出口贸易前的准备

出口贸易前的准备包括开展国际市场调研和制订出口贸易计划。出口贸易前开展国际市场调研的目的在于把握国际市场，寻找有利的出口贸易机会。国际市场调研的内容有很多，主要有：国外的商品供求、产品结构、价格系列、目标市场、客户选定、贸易方式、价格和支付条件的成本及经济效益的核算等。制订计划有利于出口业务的管理，从而使出口业务的各个环节可以更好地协调配合，顺利进行。

2. 出口贸易磋商和出口合同的订立

根据出口贸易计划，与客户进行接触联系。在与贸易对象建立业务关系之初，为了简化今后贸易磋商的内容，可以先与客户就一般交易条件达成协议。贸易磋商是指对出口贸易条件的具体内容进行谈判，如交易的品名、品质、数量、包装、价格、交货、支付等。贸易磋商可以通过书信、电报、传真、电子邮件等书面形式进行，也可以通过电话、当面谈判等口头形式进行。贸易磋商的一般程序是询盘、发盘、还盘、接受。在贸易磋商中，有一方的发盘和另一方的接受，合同即告成立。但是，根据某些国家的法律规定，双方当事人还应签署一份书面合同。

3. 出口合同的履行

出口合同成立后，买卖双方按照合同规定履行各自的义务；若有违约，则要承担相应的责任。合同的履行程序依据合同规定的交易条件而定。如果合同规定采用 CIF 贸易术语和信用证支付方式，则出口方履行合同需要做的工作及程序如下：

(1) 准备货物，落实信用证。出口方按合同规定的数量和质量，在合同规定的交货时间前准备好货物。落实信用证包括催证、审证和改证。催证是指合同订立后，出口方催促进口方尽快申请开立信用证。信用证是出口方收取货款的一种保证。出口方收到信用证后，要根据合同的规定审查信用证，如果发现信用证中有与合同不相符合而且又不能接受的条款，应向进口方提出，由进口方要求银行修改信用证。

(2) 商品检验，申报出口。货物准备好以后，要按照合同的规定或有关的法规，报请商检机构进行检验。经检验合格，并获得商检证明后，才能出口。根据国家对出口贸易的管理规定，有些商品的出口要获得国家颁发的出口许可证，因此需要办理申报出口手续。

(3) 安排运输，办理保险。货物出口需要运输。出口企业一般委托运输代理机构办理运输事宜。运输代理机构根据出口企业对运输的时间、装运地和目的地等的要求，找运输公司洽谈，办理运输手续。安排运输，明确载货工具后，出口企业要及时办理运输保险。

(4) 申报海关，装运货物。货物出口前要通过海关的检查，因此出口企业要向海关办理报关手续。经海关查验放行后，可将货物装上运输工具，并从运输公司那里取得由其签发的运输单据。然后，向进口方发出货物已装运的通知，以便进口方准备接收货物和支付货款等事宜。

(5) 缮制单据，收取货款。货物装运后，出口企业要着手缮制和备妥信用证规定的各种单据，包括发票、汇票、运输单据、保险单据等主要单据以及其他单据。然后，把这些单据交给有关银行。银行审查这些单据是否与信用证规定一致。如果没有问题，银行就把货款支付给出口企业。出口企业收取货款后，合同履行完毕。

(二) 进口交易的一般程序

1. 进口贸易前的准备

进口贸易前的准备包括行情调研和制订方案。行情调研为了获得与贸易有关的各种信息，通过对信息的分析，得出国际市场行情特点，判定贸易的可行性并进而据以制订贸易计划。行情调研范围和内容包括经济调研、市场调研和客户调研。

(1) 经济调研。经济调研的目的在于了解一个国家或地区的总体经济状况、生产力发展水平、产业结构特点、国家的宏观经济政策、货币制度、经济法律和条约、消费水平和基本特点等。总之，经济调研是对经济大环境有一个总体的了解，预估可能的风险和效益情况。对外贸易要尽量与总体环境好的国家和地区开展。

(2) 市场调研。市场调研主要是针对某一具体选定的商品，调查其市场供需状况、国内生产能力、生产的技术水平和成本、产品性能、特点、消费阶层和高潮消费期、产品在生命周期中所处的阶段、该产品市场的竞争和垄断程度等内容，目的在于确定该商品贸易是否具有可行性、获益性。

(3) 客户调研。客户调研在于了解欲与之建立贸易关系的国外厂商的基本情况，包括它的历史、资金规模、经营范围、组织情况、信誉等级等其自身总体状况，还包括它与世界各地其他客户和与我国客户开展对外经济贸易关系的历史和现状。只有对国外厂商有了一定的了解，才可以与之建立外贸联系。我国对外贸易实际工作中，常有因对对方情况不清，匆忙与之进行外贸交易活动而造成重大损失的事件发生。因此在交易磋商之前，一定要对国外客户的资金和信誉状况有十足的把握，不可急于求成。

制订方案，是指有关进出口公司根据国家的政策、法令，对其所经营的出口商品作出一种业务计划安排。它是交易有计划、有目的地顺利进行的前提。出口商品经营方案一般包括以下内容：

(1) 商品的国内货源情况，如生产地、主销地、主要消费地，商品的特点、品质、规格、包装、价格、产量及库存情况。

(2) 国外市场情况，如市场容量、生产、消费、贸易的基本情况，主要进出口国家的交易情况，今后可能发展变化的趋势，对商品品质、规格、包装、性能、价格等各方面的要求，国外市场经营该商品的基本做法和销售渠道。

2. 进口贸易磋商和订立进口合同

进口贸易磋商和订立进口合同的做法及程序与出口贸易基本相同。在与国外出口商建立业务联系之初，可先就一般贸易条件达成协议。贸易磋商的内容也是各项贸易条件。贸易磋商的程序和方式等都与出口贸易差不多，不同之处主要是对贸易条件提出的要求不同。最明显的区别是，出口时设法提高价格，进口时设法降低价格，都提出对自己最有利的条件。

3. 进口合同的履行

进口合同成立后，买卖双方按照合同的规定履行自己的义务；若有违约，则要承担相应的责任。合同的履行程序依据合同规定的交易条件而定。如果合同规定采用 FOB 贸易术语和信用证支付方式，则进口方履行合同要做的工作及程序如下：

(1) 申报进口。向政府有关管理部门申请领取进口许可证，有的商品则要获得进口配额。

(2) 开证、改证。向银行申请开立信用证，以履行合同规定的付款义务。如果出口方收到信用证经审核发现内容与合同规定不符而提出修改，则进口方要向银行申请修改信用证。

(3) 托运、投保。进口方办理运输事宜，由运输公司派船到合同规定的出口方交货的装运港去接货；另外，还要向保险公司办理保险。

(4) 审单、付款。收到开证银行提交的出口方的交货单据后，进口方要对这些单据进行审核。如果单据符合信用证的规定，则要向开证银行交付货款，收取单据。

(5) 提货、报关。货物运到目的港后，进口方凭运输提单向船方交单提货。货物进口要向海关申报，接受海关的审核，并交纳进口关税。报关纳税后，货物才能进入国内。

(6) 商品检验。进口方收到货物后，按合同规定可以行使货物的检验权，即向国内的商检机构申请商品检验。商品检验合格，进口方须接收货物；商品检验不合格，进口方可凭检验证明向出口方提出索赔。进出口交易的一般程序如图 0-1 与图 0-2 所示(出口合同以 CIF 为例，进口合同以 FOB 为例)。

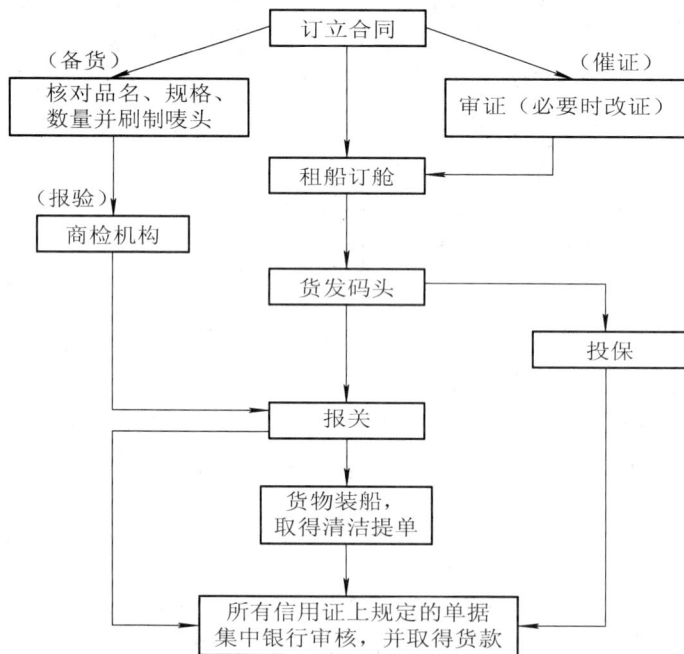

图 0-1　出口合同履行程序图

```
                    签订合同（FOB）
         ┌──────────────┼──────────────┐
         ↓              ↓              ↓
    ┌─────────┐    ┌─────────┐    ┌─────────┐
    │ 租船订舱 │    │ 履行合同 │    │ 申请开立 │
    └─────────┘    └─────────┘    └─────────┘
         ↓              ↓              ↓
    ┌─────────┐    ┌─────────┐    ┌──────────┐
    │发催装通知│    │ 申请进口 │    │银行审单付款│
    └─────────┘    │ 许可证   │    └──────────┘
         ↓         └─────────┘         ↓
    ┌─────────┐    ┌─────────┐    ┌─────────┐
    │ 办理保险 │    │ 货物装船 │    │ 买汇、赎单│
    └─────────┘    └─────────┘    └─────────┘
                        ↓
                   ┌─────────┐
                   │ 接货、报送│
                   └─────────┘
                        ↓
                   ┌─────────┐
                   │  商检   │
                   └─────────┘
                        ↓
                   ┌─────────┐
                   │ 提交、结算│
                   └─────────┘
```

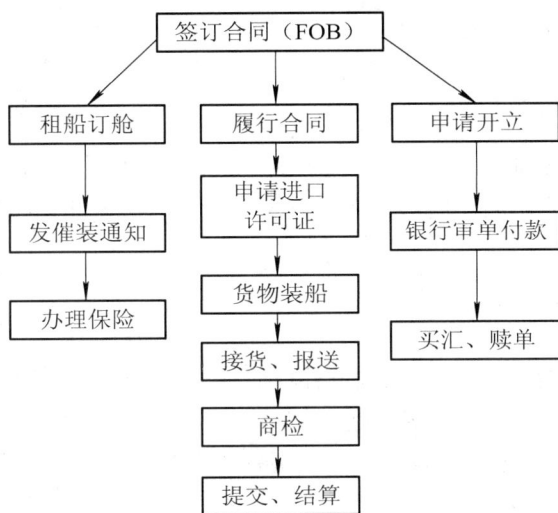

图 0-2　进口合同履行程序图

二、国际贸易合同的内容

国际货物买卖合同是营业地在不同国家的当事人双方为买卖某项货物而达成的协议，是当事人各自履行约定义务以及一旦发生违约行为时进行补救、处理争议的依据。为此，一项有效的国际货物买卖合同，必须具备必要的内容，否则就会使当事人履行义务、进行违约补救或处理争议产生困难，有的内容如果缺漏，甚至会导致合同无效。一般来说，国际货物买卖合同通常包括以下五个方面的基本内容：

(1) 合同的标的，主要包括货物的名称、品质规格、数量和包装等。

(2) 货物买卖的价格，通常包括货物的单位价格和总价，或如何确定价格的办法，有时还规定有关价格调整的条款。

(3) 卖方的义务，主要包括交付货物、移交与货物有关的单据和转移货物所有权等内容。

(4) 买方的义务，主要包括支付货物价款和收取货物的方式。

(5) 争议的预防与处理，主要包括商品的检验索赔和不可抗力与仲裁等事宜。

三、本书的主要内容

本书以国际货物买卖为对象，以交易条件和合同条款为重点，以国际贸易惯例和法律为依据，并联系我国外贸实际，介绍国际货物买卖合同的具体内容及合同订立和履行的基本环节与一般做法。

(一) 贸易术语

贸易术语(Trade Terms)是用来表示买卖双方所承担的风险、费用和责任划分的专门用语。在国际贸易业务中，人们经过反复实践，逐渐形成了一套习惯做法，把这种习惯的做法用某种专门的商业用语来表示，便出现了贸易术语。

(二) 合同条款

合同条款(Contract Clauses)是交易双方当事人在交接货物、收付货款和解决争议等方面的权利与义务的具体体现，也是交易双方履行合同的依据和调整双方经济关系的法律文件。

(三) 合同的商订和履行

买卖双方通过函电洽商或当面谈判就各项交易条件取得一致协议后，交易即告达成。在交易达成这个过程可能要包括询盘、发盘、还盘和接受各环节，即合同的商订(Negotiation)。合同的履行(Performance)是实现货物和资金按约定方式转移的过程。

(四) 贸易方式

国际贸易经营中，除了我们熟知的进出口业务外，还存在其他贸易方式，如经销、代理、寄售、展卖、招投标以及加工贸易、补偿贸易以及跨境电子商务、市场采购、外贸综合服务平台等贸易模式。一个成功的贸易实业家或工作者，不仅擅长经营一般贸易，而且还能灵活运用贸易方式(Modes of trade)，把买卖做"活"。

四、教学方法和手段

(一) 教学方法

国际贸易实务是一门实践性很强的专业课程，因此，为确保教学效果，教师应采用灵活多样的教学方法。

(1) 课堂讲授法。由主讲教师根据教学大纲的要求系统地进行课堂讲授，目的是向学生系统地传授国际贸易实务基本知识，同时传授国际贸易实践的知识与国际贸易实务的操作技能。

(2) 案例法。通过运用有针对性的国际贸易实务业务方面的案例，使学生更清楚地理解国际贸易买卖合同条款、国际贸易实务的业务程序以及贸易纠纷的处理。案例教学法的运用，能够使学生更直观、更全面地学习、理解国际贸易实务的知识，提高教学效果。

(二) 教学手段

教师可根据教学内容制作电子讲稿，利用多媒体、幻灯片、网络等现代教育技术手段对教学内容以及重、难点问题进行讲解和说明。实践性教学是本课程教学环节的一个重要内容。实践性教学主要包括案例教学、课堂练习和课外作业(到实际进出口业务单位调研等)。通过理论与实践相结合的教学，使学生更好地系统掌握国际贸易实务知识，能够学会运用国际贸易专业知识和相关知识解决实际进出口业务问题。

知识与技能训练

【简答题】

1. 国际贸易实务的研究对象是什么？其研究内容主要包括哪些方面？
2. 有关国际贸易的惯例有哪些？这些惯例在国际贸易中起什么作用？
3. 什么是贸易术语？有关贸易术语的惯例有哪些？
4. 国际贸易法律适用有哪些原则和限制？

【论述题】

1. 国际货物贸易中出口贸易的基本程序有哪些？
2. 结合国际贸易实务课程的特点，谈谈如何学好这门课程。

【实训题】

1. 实训目的

了解国际货物贸易的程序，国际货物贸易合同的概念、作用和内容，国际货物贸易合同有效成立的必要条件等问题。

2. 实训要求

通过实例了解国际货物贸易合同的基本格式和内容，掌握国际货物贸易合同有效成立的条件和判别标准，能够处理相关案例。

3. 实训内容：讨论案例

案例一：2008 年 4 月 11 日，中化国际(新加坡)有限公司(以下简称中化新加坡公司)与蒂森克虏伯冶金产品有限责任公司(以下简称德国克虏伯公司)签订了购买石油焦的《采购合同》，约定本合同应当根据美国纽约州当时有效的法律订立、管辖和解释。中化新加坡公司按约支付了全部货款，但德国克虏伯公司交付的石油焦 HGI 指数仅为 32，与合同中约定的 HGI 指数典型值为 36～46 之间不符。中化新加坡公司认为德国克虏伯公司构成根本违约，请求判令解除合同，要求德国克虏伯公司返还货款并赔偿损失。有关法院一审认为，根据《联合国国际货物销售合同公约》的有关规定，德国克虏伯公司提供的石油焦 HGI 指数远低于合同约定标准，导致石油焦难以在国内市场销售，签订买卖合同时的预期目的无法实现，故德国克虏伯公司的行为构成根本违约。试分析法院裁决的依据是什么？

案例二：我国某出口公司甲方于 2007 年 3 月 27 日通过某国外中间商丙与进口商乙方签订书面合同销售某商品，总值为 RMB51000，即期 L/C 付款，乙方付款后，由甲方汇寄丙方佣金 3%。开证日期为 2007 年 5 月 15 日前，交货时间为 6 月份。但在合约签订后，乙方未按合同规定开证，后经甲方多次催证，不仅未开证，连一个答复也没有。直到 7 月 12 日中间商丙来电称：由于迄今未领到进口许可证，乙方请求撤约或改装至自由港口——P 港。于是，甲方电告丙，不同意撤约，但同意货运目的港改为 P 港，并请其迅速开证。不久，丙又电请甲方同意将信用证即期付款改为 D/P 即期付款。甲方未及时答复。到 11 月上旬才电告丙同意 D/P 即期付款，并告已订好舱位，月中装船。丙接电后复甲方："乙方表示拒收货物，我方仅仅是一个代理，但仍愿以 D/P120 天接受该批货物。"甲方接电时货物已经装船，于是电告丙方请其接受货物，但对我方是否接受 D/P120 天未做任何表示。丙获悉后又要求改为 D/P120 天，甲方对此表示不同意，因此丙始终未提货。直至货到目的港两个多月后甲方才表示同意 D/P120天。此时，丙又电告甲方，船方要索取货物存入海关仓库的存仓费，如甲方负担这笔费用，丙方按 D/P120 天提取货物。甲方对此又表示不能接受，并说明这笔费用是由于丙不提货所致。甲、丙双方为此又多次争执不下，直至货物被海关当局拍卖处理。

根据上述案情，试问：

(1) 这笔交易的买卖双方当事人究竟是谁？

(2) 该合同是否已由甲乙双方转移为甲丙双方，从而确立了新的合同关系？

(3) 有关交易方有无失误？失误何在？

第一章

国际贸易术语与国际惯例

学习目标

技能目标

能准确、合理地选用贸易术语，进行商品定价。

知识目标

掌握国际贸易术语含义和作用及常用国际贸易术语解释。

掌握常用的国际贸易术语及相关国际惯例。

了解出口报价的构成，熟练应用各种贸易术语并对相关案例进行分析。

引言

国际贸易的买卖双方分处两国，相距遥远，在卖方交货和买方接货的过程中，涉及许多问题，如：由何方洽租运输工具、装货、卸货、办理货运保险、申领进出口许可证和报关纳税等进出口手续，由何方支付运费、装卸费、保险费、税捐和其他杂项费用，由何方负担货物在运输途中可能发生的损坏和灭失的风险等等。如果每笔交易都要求买卖双方对上述手续、费用和风险逐项反复洽商，将耗费大量的时间和费用，并影响交易的达成。为此，在国际贸易的长期实践中，逐渐形成了各种不同的贸易术语。在一笔出口或进口贸易中，通过使用贸易术语，即明确买卖双方在手续、费用和风险方面的责任划分，以促进交易的达成。贸易术语的使用，对简化交易磋商的过程、缩短交易时间、节约交易费用有重要意义。掌握国际贸易术语是学习国际贸易实务的基本前提。

第一节　国际贸易术语和国际贸易惯例概述

入门案例

我国北方 A 化工进出口公司与美国加利福尼亚 B 化学制品公司按照 FOB 大连条件签订了一笔化工原料的买卖合同。A 公司在规定的装运期届满前三天将货物装上 B 公司指派的某新加坡轮船公司的海轮上，而且装船前检验时，货物的品质良好，符合合同的规定。货到目的港旧金山，B 公司提货后经目的港商检机构检验发现部分货物结块，品质发生了变化。经调查确认原因是货物包装不良，在运输途中吸收空气中的水分导致原颗粒状的原料结成硬块。于是，B 公司向 A 公司提起索赔。但 A 公司认为，货物装船前经检验是合格的，品质变化是在运输途中发生的，也就是货装上船之后才发生的，按照国际贸易惯例，其后果应由买方承担，因此，A 公司拒绝赔偿。试问，A 公司的申辩是否有理？此争议应如何处理？

此案例表明：卖方 A 公司应承担赔偿责任，其引用国际贸易惯例，以货物装上船风险已转移给买方 B 公司为由而拒绝赔偿是没有道理的。理由是，虽然货物品质发生变化，导致买方损失的情况是发生在运输途中，即货物装上船之后，但损失是由于包装不良造成的，这就说明致损的原因是在装船前已经存在了，因此，货物发生损失已带有必然性。这属于卖方履约中的过失，应构成违约。而根据国际贸易惯例对 FOB 的风险转移的解释，如果途中由于突然发生的意外事件等风险导致货物的损失由买方承担。本案所说的情况显然不属于惯例规定的范围，所以卖方 A 公司拒赔是没有道理的。

一、贸易术语的含义

国际贸易术语是对外贸易的语言(Language for Foreign Trade)。贸易术语又称贸易条件、价格术语，是进出口商品价格的一个重要组成部分。它用一个简短的概念(如 "Free on Board")或三个字母的缩写(如 "FOB")来说明交货地点、商品的价格构成和买卖双方有关费用、风险和责任的划分，确定卖方交货和买方接货应尽的义务。

在国际贸易中采用某种专门的贸易术语，主要是为了确定交货条件，即说明买卖双方在交接货物方面彼此承担责任、费用和风险的划分。例如，按装运港船上交货条件(FOB)成交与按目的地卸货交付(DPU)成交，由于交货条件不同，买卖双方各自承担的责任、费用和风险就有很大区别。同时，贸易术语也可用来表示成交商品的价格构成因素，特别是货价中所包含的从属费用。由于其价格构成因素不同，所以成交价格应有所区别。不同的贸易术语表明买卖双方各自承担不同的责任、费用和风险，而责任、费用和风险的大小又影响成交商品的价格。一般来说，凡使用出口国国内交货的各种贸易术语，如工厂交货(EXW)和装运港船边交货(FAS)等术语，卖方承担的责任、费用和风险都比较小，所以商品的售价就低；反之，凡使用进口国交货的各种贸易术语，如目的地交货条件(DAP)和完税后交货(DDP)等术语，卖方承担的责任、费用和风险则比较大，这些因素必然要反映到成交商品的价格上。所以，在进口国交货的价格自然要高，有时甚至高出很多。

由此可见，贸易术语具有两重性，即一方面表示交货条件，另一方面表示成交价格的构成因素，这两者是紧密相关的。因此，国际贸易术语主要解决以下五个方面的问题：

(1) 卖方在什么地方、以什么方式办理交货。

(2) 货物发生损坏或灭失的风险何时由卖方转移给买方。

(3) 由谁负责办理货物运输、保险以及通关过境手续。

(4) 由谁承担办理上述事项时所需的各种费用。

(5) 买卖双方需要交接哪些有关的单据。

二、贸易术语的作用

贸易术语在国际贸易中的作用，有下列几个方面：

(1) 有利于买卖双方洽商交易和订立合同。

由于每种贸易术语都有其特定的含义，因此买卖双方只要商定按何种贸易术语成交，即可明确彼此在交接货物方面所应承担的责任、费用和风险。这就简化了交易手续，缩短了洽商交易的时间，从而有利于买卖双方迅速达成交易和订立合同。

(2) 有利于买卖双方核算价格和成本。

由于贸易术语是表示商品价格构成的因素，所以买卖双方确定成交价格时，必然要考虑采用的贸易术语中包含哪些从属费用，这就有利于买卖双方进行比价和加强成本核算。

(3) 有利于买卖双方解决履约当中的争议。

买卖双方商订合同时，如某些合同条款规定不够明确，致使履约当中产生争议不能依据合同的规定解决，在此情况下可以援引有关贸易术语的一般解释来处理。因为贸易术语的一般解释已成为国际惯例，它是大家所遵循的一种类似行为规范的准则。

三、国际贸易惯例

国际贸易惯例(International Trade Practice)又称国际商业惯例(International Commercial Practice)，也是国际货物买卖合同应当遵循的重要的法律规范。

国际贸易惯例是国际贸易法的主要渊源之一，它是指在国际贸易的长期实践中逐渐形成的一些有较为明确和固定内容的贸易习惯和一般做法。国际贸易惯例通常是由国际性的组织或商业团体制定的有关国际贸易的成文的通则、准则和规则。国际贸易惯例不是法律，它对合同当事人没有普遍的强制性，只有当事人在合同中规定加以采用时，才对合同当事人有法律约束力。但是，国际贸易惯例可以弥补法律的空缺和立法的不足，起到稳定当事人的经济关系和法律关系的作用。然而，必须指出，由于国际贸易惯例不是法律，对当事人无普遍的强制性，所以当事人在采用时，可以对其中的某项或某几项具体内容进行更改或补充。如果在国际货物买卖合同中作了与国际贸易惯例不同的规定，在解释合同当事人义务时，应以合同规定为准。

在实践中，国际贸易惯例通常能被大多数国家的贸易界人士所熟知，并能普遍地被他们接受、应用，在实践中经常得到遵守。例如，国际商会制定的《国际贸易术语解释通则》《跟单信用证统一惯例》和《托收统一规则》就是被世界上绝大多数国家的贸易商和银行广泛使用的国际贸易惯例。

我国《民法通则》第九条明确规定："中华人民共和国法律和中华人民共和国缔结或参加的国际条约没有规定的涉外民事关系，可以适用国际惯例。"

四、与贸易术语有关的国际贸易惯例

在国际贸易中使用贸易术语，始于 19 世纪。随着国际贸易的发展，逐渐形成了一系列贸易术语，各种特定行业对各种贸易术语也有各自特定的解释和规定。因此，在使用贸易术语时，由于对贸易术语解释的不同，必会出现矛盾和分歧。为解决这些矛盾，以便于国际贸易的发展，国际商会、国际法协会等国际组织以及美国一些著名商业团体经过长期的努力分别制定了解释国际贸易术语的规则，这些规则在国际上被广泛采用，从而形成国际贸易惯例，并受到各国广泛的欢迎和使用。由此可见，习惯做法与贸易惯例是有区别的。国际贸易中反复实践的习惯做法只有经国际组织加以编纂与解释才成为国际贸易惯例。

国际贸易惯例的适用是以当事人的意思自治为基础的，因为惯例本身不是法律，它对贸易双方不具有强制性，故买卖双方有权在合同中作出与某项惯例不符的规定。但是，国际贸易惯例对贸易实践仍具有重要的指导作用。在我国的对外贸易实践中，在平等互利的前提下，适当采用这些国际惯例，有利于外贸业务的开展。而且，通过学习和掌握有关国际贸易惯例的知识，可以帮助我们避免或减少贸易争端。在发生争议时，也可以引用有关惯例，争取有利地位，减少不必要的损失。

有关贸易术语的国际贸易惯例主要有以下三种:

(一) 《1932 年华沙—牛津规则》

《华沙—牛津规则》(Warsaw-Oxford Rules 1932)是国际法协会专门为解释 CIF 合同而制定的。19 世纪中叶,CIF 贸易术语开始在国际贸易中得到广泛采用,然而对使用这一术语时买卖双方各自承担的具体义务,并没有统一的规定和解释。对此,国际法协会于 1928 年在波兰首都华沙开会,制定了关于 CIF 合同的统一规则,称为《1928 年华沙规则》,共包括 22 条。其后,将此规则修订为 21 条,并更名为《1932 年华沙—牛津规则》,沿用至今。这一规则对于 CIF 的性质、买卖双方所承担的风险、责任和费用的划分以及所有权转移的方式等问题都作了比较详细的解释。

(二) 《1990 年美国对外贸易定义修订本》

《美国对外贸易定义》(Revised American Foreign Trade Definitions 1941)是由美国几个商业团体制定的。它最早于 1919 年在纽约制定,原称为《美国出口报价及其缩写条例》,后来于 1941 年在美国第 27 届全国对外贸易会议上对该条例作了修订,命名为《1941 年美国对外贸易定义修订本》,1990 年进行了再次修改,命名为《1990 年美国对外贸易修订本》。

《1941 年美国对外贸易定义修订本》中所解释的贸易术语共有六种,分别为:

(1) Ex(Point of Origin,产地交货);

(2) FOB(Free on Board,在运输工具上交货);

(3) FAS(Free along Side,在运输工具旁边交货);

(4) CFR(Cost and Freight,成本加运费);

(5) CIF(Cost, Insurance and Freight,成本加保险费、运费);

(6) DEQ(Named Port of Importation,目的港码头交货)。

《1990 年美国对外贸易定义修订本》对 FOB 的解释非常详细,它将 FOB 术语细分为六种类型:

(1) FOB 在指定内陆发货地点的指定内陆运输工具上交货;

(2) FOB 在指定内陆发货地点的指定内陆运输工具上交货,运费预付到指定的出口地点;

(3) FOB 在指定内陆发货地点的指定内陆运输工具上交货,减除至指定地点的运费;

(4) FOB 在指定出口地点的指定内陆运输工具上交货;

(5) FOB Vessel 船上交货(指定装运港);

(6) FOB 在指定进口国内陆地点交货。

在以上六种 FOB 术语中,只有第五种术语与《2020 年通则》中的 FOB 术语的含义大体相似,但二者之间仍有区别。所以,在同北美国家进行交易时应加以注意。

❖ 案例学习

　　某公司从美国进口特种异型钢材 200 吨,每吨按 900 美元 FOB Vessel New York 成交,支付方式为即期 L/C 并应于 2 月 28 日前开达,装船期为 3 月份。我方于 2 月 20 日通过中国银行开出一张 18 万美元的信用证。2 月 28 日美商来电称:"信用证金额不足,应增加 1 万美元备用,否则有关出口税捐及各种签证费用,由你方另行电汇。"我方接电后认为这是美方无理要求，随即回电指出：“按 FOB Vessel 条件成交，买方应负责出口手续及费用，这在《INCOTERMS 2000》中已有规定。”美方回电：“成交时未明确规定按《INCOTERMS 2000》办理，应按我方商业习惯和《1990 年修正本》。”我方只好将信用证金额增加至 19 万美元。

(三) 《国际贸易术语解释通则》

《国际贸易术语解释通则》(International Rules for the Interpretation of Trade Terms)(以下简称《通则》)(INCOTERMS)由国际商会制定并进行过多次修订。国际商会于 1936 年首次公布了一套解释贸易术语的国际规则，以后又于 1953 年、1967 年、1976 年、1980 年、1990 年、2000 年、2010 年和 2020 年进行了修订和补充，以便使这些规则适应当前国际贸易实践的发展。在进入 21 世纪之际，国际商会广泛征求世界各国从事国际贸易的各方面人士和有关专家的意见，对实行 70 多年的《通则》进行了全面的回顾与总结。为使贸易术语更进一步适应世界上无关税区的发展、交易中使用电子信息的增多以及运输方式的变化，国际商会再次对《通则》进行修订，并于 1999 年 7 月公布《2000 年国际贸易术语解释通则》(2000 International Rules for the Interpretation of Trade Terms)(以下简称《2000 年通则》(INCOTERMS 2000))。而随着贸易方式、贸易手段、运输方式等新情况的出现，以及《2000 年通则》长期的使用过程中凸显了一系列的问题，如货物越过船舷这一风险分界点的划分一直模糊不清，从而导致争端也持续不断，使得贸易术语的重新修订成为必然。现行版本有 2010 年 1 月 1 日开始执行的《2010 年国际贸易术语解释通则》(INCOTERMS ® 2010，简称《2010 年通则》)以及 2020 年 1 月 1 日开始执行的最新修订版本《2020 年国际贸易术语解释通则》(INCOTERMS ® 2020，简称《2020 年通则》)。

1. 《2000 年通则》

1) 《2000 年通则》的适用范围

《2000 年通则》明确了适用范围，只限于销售合同当事人的权利、义务中与交货有关的事项。其货物是指“有形的”货物，不包括“无形的”货物，如电脑软件等。《2000 年通则》只涉及与交货有关的事项，如货物的进出口清关、货物的包装、买方受领货物的义务以及提供履行各项义务的凭证等。不涉及货物所有权和其他产权的转移、违约、违约行为的后果以及某些情况的免责等。有关违约的后果或免责事项，可通过买卖合同中其他条款和适用的法律来解决。

2) 《2000 年通则》中的贸易术语

在《2000 年通则》中，根据买卖双方承担义务的不同，将 13 种贸易术语划分为下列四组。

(1) E 组(启运)。E 组仅包括 EXW(Ex Works，工厂交货)一种贸易术语。当卖方在其所在地或其他指定的地点(如工厂、工场或仓库等)将货物交给买方处置时，即完成交货。卖方不负责办理货物出口的清关手续以及将货物装上任何运输工具。EXW 术语是卖方承担责任最小的术语。

(2) F 组(主要运费未付)。F 组包括 FCA(Free Carrier，货交承运人)、FAS(Free along side，Ship，装运港船边交货)和 FOB(Free on Board，装运港船上交货)三种贸易术语。在采用装运地或装运港交货而主要运费未付的情况下，即要求卖方将货物交至买方指定的承运人或指定装运港时，应采用 F 组术语。按 F 组术语签订的买卖合同属于装运合同。

在 F 组术语中，FOB 术语的风险划分与 C 组中的 CFR 和 CIF 术语是相同的，均以装运港船舷为界。但如合同当事人无意采用越过船舷交货，可相应地采用 FCA、CFR 和 CIP 术语。

(3) C 组(主要运费已付)。C 组包括 CFR(Cost and Freight，成本加运费)、CIF(Cost, Insurance and Freight，成本、保险费加运费)、CPT(Carriage Paid to，运费付至目的地)和 CIP(Carriage and Insurance Paid to，运费/保险费付至目的地)四种贸易术语。按此类术语成交，卖方必须订立运输合同，并支付运费，但对货物发生灭失或损坏的风险以及货物发运后所产生的费用，卖方不承担责任。C 组术语包括两个"分界点"，即风险划分点与费用划分点是分离的。按 C 组术语签订的买卖合同属于装运合同。

从上述可以看出，C 组术语和 F 组术语具有相同的性质，即卖方都是在装运国或发货国完成交货义务。因此，按 C 组术语和 F 组术语订立的买卖合同都属于装运合同。

(4) D 组(到达)。D 组包括 DAF(Delivered at Frontier，边境交货)、DES(Delivered Ex Ship，目的港船边交货)、DEQ(Delivered Ex Quay，目的港码头交货)、DDU(Delivered Duty Unpaid，未完税价)和 DDP(Delivered Duty Paid，已完税价)五种贸易术语。

2.《2020 年通则》

《2020 年通则》是在对 2000 年版本做出补充和修订的基础上形成的，以便使这些规则适应当前国际贸易实践的发展。

《2020 年通则》的变化体现在：对风险划分方式进行了重新界定，增加了 DAP 和 DAT 两个术语，重新定义了术语的分类方法和各术语买卖双方义务的分配，完善了术语介绍和使用指南。

《2020 年通则》删去了《2000 年通则》中的四个术语，即 DAF(Delivered at Frontier，边境交货)、DES(Delivered Ex Ship，目的港船上交货)、DEQ(Delivered Ex Quay，目的港码头交货)和 DDU(Delivered Duty Unpaid，未完税交货)；新增了两个术语，即 DAT(Delivered at Terminal，在指定目的地或目的港的集散站交货)和 DAP(Delivered at Place，在指定目的地交货)。用 DAP 取代了 DAF、DES 和 DDU 三个术语，DAT 取代了 DEQ，且扩展至适用于一切运输方式。

DAT：类似于取代了的 DEQ 术语，指卖方在指定的目的地或目的港的集散站卸货后将货物交给买方处置即完成交货，术语所指目的地包括港口。卖方应承担将货物运至指定的目的地或目的港的集散站的一切风险和费用(除进口费用外)。本术语适用于任何运输方式或多式联运。

DAP：类似于取代了的 DAF、DES 和 DDU 三个术语，指卖方在指定的目的地交货，只需做好卸货准备无须卸货即完成交货。术语所指的到达车辆包括船舶，目的地包括港口。卖方应承担将货物运至指定的目的地的一切风险和费用(除进口费用外)。本术语适用于任何运输方式、多式联运方式及海运。

修订后的《2020 年通则》取消了"船舷"的概念，卖方承担货物装上船为止的一切风险，买方承担货物自装运港装上船后的一切风险。在 FAS、FOB、CFR 和 CIF 等术语中加入了货物在运输期间被多次买卖(连环贸易)的责任义务的划分。考虑到一些大的区域贸易集团内部贸易的特点，规定：《2020 年通则》不仅适用于国际销售合同，也适用于国内销售合同。

3.《2020 年通则》

2020 年版本的《国际贸易术语解释通则》(《2020 年通则》)是现行《国际贸易术语解释通则》自 2010 年生效以来进行的第一次修订。新修订的《国际贸易术语解释通则》将自 2020 年 1 月 1 日起生效。

与 2010 版的《国际贸易术语解释通则》相比，新修订的版本主要在以下五个方面进行了改动：

(1) FCA 术语下就提单问题引入了新的附加机制。《2020 年通则》中根据该新引入的附加选项，买方和卖方同意买方指定的承运人在装货后将向卖方签发已装船提单，然后再由卖方向买方做出交单（可能通过银行链）。

(2) 买卖双方的费用承担表述改变。《2020 年通则》各个贸易术语项下买卖双方的费用承担在 A9（卖方承担）和 B9（买方承担）中详细载明，该部分为每一个贸易术语都提供了"一站式费用清单"。

(3) CIF 和 CIP 术语中的最低保险范围的规定也有所不同。 CIF 术语继续要求卖方购买符合 LMA/IUA《协会货物保险条款》(C) 条款要求的货物保险。但是，在适用 CIP 术语的贸易中，最低保险范围已经提高到《协会货物保险条款》(A) 条款的要求（即"一切险"，不包括除外责任）

(4) 买卖双方可以使用自有运输工具。《2020 年通则》中指出，当采用 FCA、DAP、DPU 和 DPP 术语进行贸易时，买卖双方可以使用自有运输工具。

(5) DAT（Delivered at Terminal）术语已被重命名为 DPU（Delivered at Place Unloaded）。

《2020 年通则》共有 11 种贸易术语，按照所适用的运输方式划分为以下两大类：

(1) 适用于任何运输方式的术语(七种)：EXW、FCA、CPT、CIP、DPU、DAP、DDP。

EXW(Ex Works)：工厂交货。

FCA(Free Carrier)：货交承运人。

CPT(Carriage Paid to)：运费付至。

CIP(Carriage and Insurance Paid to)：运费/保险费付至。

DPU(Delivered at Place Unloaded)：目的地卸货交付。

DAP(Delivered at Place)：目的地交货。

DDP(Delivered Duty Paid)：完税后交货。

(2) 适用于水上运输方式的术语(四种)：FAS、FOB、CFR、CIF。

FAS(Free alongside Ship)：装运港船边交货。

FOB(Free on Board)：装运港船上交货。

CFR(Cost and Freight)：成本加运费。

CIF(Cost，Insurance and Freight)：成本、保险费加运费。

第二节　常用贸易术语的解释

在我国对外贸易中，经常使用的主要贸易术语为 FOB、CFR 和 CIF 三种。近年来，随着集装箱运输和国际多式联运的发展，采用 FCA、CPT 和 CIP 贸易术语的也日渐增多。因此，首先应掌握《2020 年通则》中几种主要常用贸易术语的解释。

入门案例

　　有一份出售 300 吨一级大米的合同，按 FOB 条件成交，装船时经公证人检验，符合合同规定的品质条件，卖方在装船后已及时发出装船通知，但航行途中，由于海浪过大，大米被海水浸泡，品质受到影响，当货物到达目的港时，只能按三级大米的价格出售，因而买方要求卖方赔偿损失。试问：在上述情况下卖方对该项损失是否应负责？

　　此案例表明： 卖方不应对该损失负责，因为 FOB 项下，在货物装上船之后，风险已经转移给买方，卖方只负责货物在装运港货物装船之前的一切费用和风险，而买方承担货物在装运港装上船之后的一切风险及费用。由于 FOB 项下，买方要自行办理保险和支付保险费，所以应该由买方自己向保险公司申诉获取赔偿。

一、对 FOB 术语的解释

　　Free on Board(...named port of shipment)即"船上交货(……指定装运港)"。"船上交货"是指卖方在指定的装运港，将货物交至买方指定的船只上。当货物放置于该船舶上时，货物灭失或损毁的风险即转移，而买方自该点起负担一切费用。也就是说，一旦装船，买方将承担货物灭失或损坏造成的所有风险。FOB 贸易术语不适合在装上船之前转移风险的情形，比如在集装箱堆场交付，在该情形下，应该采用货交承运人的贸易术语。

　　按《2020 年通则》，FOB 术语下买卖双方的主要义务及注意事项如下：

(一) 买卖双方基本义务的划分

1. 卖方的主要义务

　　(1) 负责在合同规定的日期或期限内，在指定装运港，将符合合同的货物按港口惯常方式交至买方指定的船上，并给予买方充分的通知。

　　(2) 负责取得出口许可证或其他核准书，办理货物出口手续。

　　(3) 负担货物在装运港装上船为止的一切费用和风险。

　　(4) 负责提供商业发票和证明货物已交至船上的通常单据，如果买卖双方约定采用电子单据，则所有单据均被具有同等效力的电子数据交换信息(EDI)所替代。

2. 买方的主要义务

　　(1) 负责按合同规定支付价款。

　　(2) 负责租船订舱，支付运费，并给予卖方关于船名、装船地点和要求交货时间的充分的通知。

　　(3) 自负风险和费用，取得进口许可证或其他核准书，并办理货物进口以及必要时经由另一国过境运输的一切海关手续。

　　(4) 负担货物在装运港装船之后的一切费用和风险。

　　(5) 收取卖方按合同规定交付的货物，接受与合同相符的单据。

3. 买卖双方应承担的责任、费用与风险

1) 卖方

(1) 卖方的责任：

① 提供符合合同规定的货物。

② 办理出口手续。

③ 按照合同规定的时间和地点，将货物装到买方派来的船上。

④ 迅速发出装船通知。

⑤ 移交有关的货运单据或电子数据。

(2) 卖方的费用：货物装船前的一切费用。

(3) 卖方的风险：货物在装运港装船前的一切风险(实际业务中以取得清洁提单为界)。

2) 买方

(1) 买方的责任：

① 租船订舱，并及时通知卖方。

② 办理保险。

③ 接受货运单据，支付货款。

④ 办理进口手续，收取货物。

(2) 买方的费用：货物装船以后的一切费用。

(3) 买方的风险：装运港货物装上船以后的一切风险。

(二) 使用 FOB 术语的注意事项

1. "装上船"的要求和风险转移

卖方及时将货物装上船，是贸易术语的要素。按《2020 年通则》规定，FOB 合同的卖方必须及时在装运港将货物"交至船上"(Deliver on Boat)或"装上船"(Load on Boat)，其交货点(Point on Delivery)为船上，当货物在装运港装上船后，货物灭失或损坏的风险从卖方转移至买方。

《2020 年通则》作为惯例的规定并不是强制性的，它允许买卖双方按实际业务的需要，对规则的规定作必要的改变。因此，在实际业务中，如果 FOB 合同的买方要求卖方提交"清洁已装船提单"，而卖方也同意提供此种运输单据，凭此向买方收款，则该 FOB 合同的交货点已从"船上"延伸到了"船舱"。这就是说，卖方必须负责在装运港将货物安全地装入船舱，并负担货物装入船舱为止的一切灭失或损坏的风险。

2. 船货衔接

在 FOB 合同中，买方必须负责租船或订舱，并将船名和装船时间通知卖方，而卖方必须负责在合同规定的装船期和装运港，将货物装上买方指定的船只。这里有个船货衔接的问题。买方在合同规定的期限内安排船只到合同指定的装运港接受装货。如果船只按时到达装运港，卖方货物未备妥而未能及时装运，则卖方应承担由此而造成的空舱费(Dead Freight)或滞期费(Demurrage)。反之，如果买方延迟派船，使卖方不能在合同规定的装运期内将货物装船，则由此而引起的卖方仓储、保险等费用支出的增加，以及由迟

收货款而造成的利息损失，均由买方负责。因此，在 FOB 合同中，买卖双方对船货衔接事项，除了在合同中应作明确规定外，在订约后必须加强联系，密切配合，防止船货脱节。在按 FOB 术语订约的情况下，如成交货物的数量不大，只需部分舱位而用班轮装运时，卖方往往按照买卖双方之间明示或默示的协议，代买方办理各项装运手续，包括以卖方自己的名义订舱和取得提单。除非另有协议或根据行业习惯，买方应负责偿付卖方由于代办上述手续而产生的任何费用，诸如货运商和装船代理的装船手续费；其订不到舱位的风险也由买方负担。

> ❖ 案例学习
>
> 　　我国某公司以 FOB 条件出口一批冻鸡，合同签订后接到买方来电，称租船较为困难，委托我方代为租船，有关费用由买方负责。为了方便合同履行，我方接受了对方的要求，但时间已到了装运期，我方在规定的装运港无法租到合适的船，且买方又不同意改变装运港，因此到装运期满时，货仍未装船。买方因销售即将结束，便来函以我方未按期租船履行交货义务为由撤销合同。问：我方应如何处理？
>
> 　　**分析：** 我方应拒绝撤销合同的无理要求。根据 FOB 术语，买方负责租船订舱、支付运费。为了卖方装船交货方便，卖方也可以接受买方的委托，代为租船订舱，但费用和风险应由买方承担，卖方不承担租不到船的责任。结合本案例，因为卖方代买方租船没有租到，买方又不同意改变装运港，因此卖方不承担因自己未租到船而延误装运的责任。买方也不能因此撤销合同。

3. 个别国家对 FOB 的解释

《1990 年美国对外贸易定义修订本》对 FOB 的解释分为六种，其中只有"指定装运港船上交货(FOB Vessel，named port of shipment)"与《2020 年通则》对 FOB 术语的解释相近。所以，《1941 年美国对外贸易定义修订本》对 FOB 的解释与运用，同国际上的一般解释与运用有明显的差异，这主要表现在以下几方面：

(1) 美国惯例把 FOB 笼统地解释为在某处某种运输工具上交货，其适用范围很广，因此在同美国、加拿大等国的商人按 FOB 订立合同时，除必须标明装运港名称外，还必须在 FOB 后加上"船舶"(Vessel)字样。如果只订为"FOB San Francisco"而漏写"Vessel"字样，则卖方只负责把货物运到旧金山城内的任何处所，不负责把货物运到旧金山港口并交到船上。

(2) 在风险划分上，是以船舱为界，即卖方负担货物装到船舱为止所发生的一切丢失与损坏。

(3) 在费用负担上，规定买方要支付卖方协助提供出口单证的费用以及出口税和因出口而产生的其他费用。

4. FOB 的变形

在按 FOB 条件成交时，卖方要负责支付货物装上船之前的一切费用。但各国对于"装船"的概念没有统一的解释，有关装船的各项费用由谁负担，各国的惯例或习惯做法也不完全一致。如果采用班轮运输，船方管装管卸，装卸费计入班轮运费之中，自然由负责租船的买方承担；而采用程租船运输，船方一般不负担装卸费。这就必须明确装船的各项费用应由谁负担。为了说明装船费用的负担问题，双方往往在 FOB 术语后加列附加条件，这就形成了 FOB 的变形，主要包括以下几种：

(1) FOB Liner Terms(FOB 班轮条件)。这一变形是指装船费用按照班轮的做法处理，即由船方或买方承担。所以，采用这一变形，卖方不负担装船的有关费用。

(2) FOB Under Tackle(FOB 吊钩下交货)。这一变形是指卖方负担费用将货物交到买方指定船只的吊钩所及之处，而吊装入舱以及其他各项费用，概由买方负担。

(3) FOB Stowed(FOB 理舱费在内)。这一变形是指卖方负责将货物装入船舱并承担包括理舱费在内的装船费用。理舱费是指货物入舱后进行安置和整理的费用。

(4) FOB Trimmed(FOB 平舱费在内)。这一变形是指卖方负责将货物装入船舱并承担包括平舱费在内的装船费用。平舱费是指对装入船舱的散装货物进行平整所需的费用。

在许多标准合同中，为表明由卖方承担包括理舱费和平舱费在内的各项装船费用，常采用 FOBST(FOB Stowed and Trimmed)方式。

FOB 的上述变形，只是为了表明装船费用由谁负担而产生的，并不改变 FOB 的交货地点以及风险划分的界限。《2020 年通则》指出，对这些术语后的添加词句不提供任何指导规定，建议买卖双方应在合同中加以明确。

❖ 案例学习

我方出口大米一批，价格条件是 FOBS 广州，当货物装到买方指定的船上后，发现相当部分货物因舱不清洁而发生严重污损，为此，客户向我方提出索赔。

分析：客户的要求不合理，因为我方出口大米的价格条件是 FOBS 广州，即 FOB 船上交货并理仓，买方承担租船订舱的义务，卖方租的船应该适航、适货，我方的责任就是将大米装船并理舱，并无清洁船舱的责任。所以因船舱不洁所致的货物污损，责任不在我方，在买方。

二、对 CFR 术语的解释

Cost and Freight(…named port of destination)即"成本加运费(……指定目的港)"。此术语是指卖方必须负担货物运至约定目的港所需的成本和运费。这里所指的成本相当于 FOB 价，故 CFR 术语是在 FOB 价的基础上加上装运港至目的港的通常运费。

"成本加运费"是指卖方交付货物于船舶之上或采购已如此交付的货物，而货物损毁或灭失之风险从货物转移至船舶之上起转移，卖方应当承担并支付必要的成本加运费以使货物运送至目的港。

《2020 年通则》中有两个关键点，即风险的转移地点和运输成本的转移地点。因为风险转移地和运输成本的转移地是不同的。尽管合同中通常会确认一个目的港，即运输成本的转移地(风险转移给买方的地方)，而不一定确认(也未必指定)装运港。如果买方认为装运港关乎买方的特殊利益(或特别感兴趣)，就建议双方就此在合同中尽可能精确地加以确认具体的装运港。

成本加运费对于货物在装到船舶之上前即已交付承运人的情形可能不适用，如通常在终点站(即抵达港、卸货点，区别于 port of destination)交付的集装箱货物，在这种情况下，宜使用 CPT 规则。

(一) 买卖双方基本义务的划分

1. 卖方义务

1) 卖方的责任

(1) 卖方应当提供符合销售合同规定的货物和商业发票，以及其他任何合同可能要求的证明货物符合合同要求的凭证。如果买卖双方达成一致或者依照惯例，任何所要求的单据都可以用具有同等作用的电子信息(记录或手续)替代。

(2) 办理出口手续。卖方应当自担风险和费用，取得任何出口许可证或者其他官方授权，并办妥一切货物出口所必需的海关手续。

(3) 租船订舱，按照合同规定的时间和地点，将货物装船。卖方应当在运输合同中约定一个协商一致的交付地点(如在目的地的指定港口)，或者经双方同意在港口的任意地点。卖方应当自付费用，按照通常条件订立运输合同，经由惯常航线，将货物用通常用于供运输这类货物的船舶加以运输。

(4) 交货。卖方应当通过将货物装至船舶之上或促使货物以此种方式交付而进行交付。在任何一种情形下，卖方应当在约定的日期或期间内依惯例(新增部分)交付。

(5) 迅速发出装船通知。

(6) 移交有关的货运单据或电子数据。

2) 卖方的费用

卖方承担交货前所涉及的各项费用，包括需要办理出口手续时所应交纳的关税和其他费用。卖方还要支付从装运港到目的港的运费和相关费用。

3) 卖方的风险

卖方在装运港完成其交货义务时,货物损坏或灭失的风险由卖方转移给买方(实际业务中以取得清洁提单为界)。

2. 买方义务

1) 买方的责任

(1) 买方应当接受货运单据，按销售合同支付商品价款。

(2) 办理保险。

(3) 办理进口手续，收取货物。

2) 买方的费用

买方承担交货后所涉及的各项费用，包括办理进口手续时所应交纳的关税和其他费用。

3) 买方的风险

装运港货物交付之后的一切风险。

(二) 使用 CFR 的注意事项

1. 卖方应及时发出装船通知

按 CFR 条件成交时，由卖方安排运输，由买方办理货运保险。如卖方不及时发出装船通知，则买方就无法及时办理货运保险，甚至有可能出现漏保货运险的情况。因此，卖方装船后务必及时向买方发出装船通知，否则，卖方应承担货物在运输途中的风险和损失。

2. 按 CFR 进口应慎重行事

在进口业务中，按 CFR 条件成交时，鉴于由外商安排装运，由我方负责保险，故应选择资信好的国外客户成交，并对船舶提出适当要求，以防外商与船方勾结，出具假提单，租用不适航的船舶，或伪造品质证书与产地证明。若出现这类情况，会使我方蒙受不应有的损失。

3. CFR 的变形

按 CFR 术语成交，如货物是使用班轮运输，运费由 CFR 合同的卖方支付，在目的港的卸货费用实际上由卖方负担。大宗商品通常采用租船运输，如船方按不负担装卸费条件出租船舶，故卸货费究竟由何方负担，买卖双方应在合同中订明。为了明确责任，可在 CFR 术语后加列表明卸货费由谁负担的具体条件。

(1) CFR Liner Terms(CFR 班轮条件)。这是指卸货费按班轮办法处理，即买方不负担卸货费。

(2) CFR Landed(CFR 卸到岸上)。这是指由卖方负担卸货费，其中包括驳运费在内。

(3) CFR Ex Tackle(CFR 吊钩下交货)。这是指卖方负责将货物从船舱吊起卸到船舶吊钩所及之处(码头上或驳船上)的费用。在船舶不能靠岸的情况下，租用驳船的费用和货物从驳船卸到岸上的费用，概由买方负担。

(4) CFR Ex Ship's Hold(CFR 舱底交货)。这是指货物运到目的港后，由买方自行启舱，并负担货物从舱底卸到码头的费用。应当指出，CFR 术语的附加条件，只是为了明确卸货费由何方负担，其交货地点和风险划分的界线并无任何改变。

❖ **案例学习**

我国某公司以 CFR 术语出口一批瓷器，我方按期在装运港装船后，即将有关资料寄交买方，要求买方支付货款。过后，业务人员才发现忘记向买方发出装船通知。此时，买方已来函向我方提出索赔，因为货物在运输途中因海上风险而损毁。问：我方能否以货物运输风险是由买方承担为由拒绝买方的索赔？

分析：我方不能以风险界点在装运港货物装上船为由而拒绝买方的索赔要求。

根据 CFR 术语，买卖双方的风险界点在装运港船上，货物在装运港装上船以前的风险由卖方承担，货物装船以后的风险由买方承担。有鉴于此，卖方为了保证自己在遭到风险时能够将损失降低，可以通过向保险公司办理货运保险手续将风险转嫁给保险公司，但是买方能否及时办理保险取决于卖方在装运港装船后是否及时向买方发出装船通知，根据 CFR 术语，卖方在货物装船后及时向买方发出装船通知是其重要义务，如果卖方未及时向买方发出装船通知导致买方未能及时办理保险手续，由此引起的损失由卖方负担。

就本案例而言，很显然卖方没有及时向买方发出装船通知，结果买方未办理货物保险，而货物却因海上风险而损毁，故此我方理应对该项货物损失负责，而不能以风险已转移给买方为由而拒绝卖方的索赔。

案例拓展

某市一进出口公司按 CFR 贸易术语与法国马赛一进口商签订一批抽纱台布出口合同，价值 8 万美元。货物于 1 月 8 日上午装"昌盛轮"完毕，当天因经办该项业务的外销员工作繁忙，待到 9 日上班时才想起给买方发装船通知。法商收到我装船通知向当地保险公司申请投保时，该保险公司已获悉"昌盛轮"于 9 日凌晨在海上遇难而拒绝承担。于是法商立即来电表示该批货物损失应由我进出口公司承担并同时索赔 8 000 美元，且拒不赎单。由于该法商是我方老客户，经我方向其申述困难并表示歉意后也就不再坚持索赔，但我方钱货两空的教训确实值得吸取。

三、对 CIF 术语的解释

Cost，Insurance and Freight(...named port of destination)即"成本、保险费加运费(……指定目的港)"。"成本、保险费加运费"指卖方将货物装上船或指(中间销售商)设法获取这样交付的商品。货物灭失或损坏的风险在货物于装运港装船时转移向买方。卖方须自行订立运输合同，支付将货物装运至指定目的港所需的运费和费用。

卖方须订立货物在运输途中由买方承担的货物灭失或损坏风险的保险合同。买方须知晓在 CIF 规则下卖方有义务投保的险别仅是最低保险险别。如买方希望得到更为充分的保险保障，则需与卖方明确地达成协议或者自行做出额外的保险安排。

当 CPT、CIP、CFR 或者 CIF 术语被适用时，卖方须在向承运方移交货物之时而非在货物抵达目的地时，履行已选择的术语相应规范的运输义务。此规则因风险和费用分别于不同地点转移而具有两个关键点，即风险的转移地点和运输成本的转移地点。合同惯常会指定相应的目的港，但可能不会进一步详细指明装运港，即风险向买方转移的地点。如买方对装运港尤为关注，那么合同双方最好在合同中尽可能精确地确定装运港。

当事人最好尽可能确定在约定的目的港内的交货地点，卖方承担至交货地点的费用。当事人应当在约定的目的地港口尽可能精准地检验，而检验费用由卖方承担。卖方应当签订确切适合的运输合同。如果卖方发生了运输合同之下的在于指定目的港卸货费用，则卖方无须为买方支付该费用，除非当事人之间有约定。

卖方必须将货物送至船上或者(由中间销售商)承接已经交付的货物并运送到目的地。除此之外，卖方还必须签订一个运输合同或者提供这类的协议。这里的"提供"是为一系列的多项贸易过程(连锁贸易)服务，尤其在商品贸易中很普遍。

按《2020 年通则》的规定，CIF 术语并不适用于货物在装上船以前就转交给承运人的情况，如通常运到终点站交货的集装箱货物。在这样的情况下，应当适用 CIP 术语。

(一) 买卖双方基本义务的划分

1. 风险转移问题

卖方在装运港完成其交货义务时，货物损坏或灭失的风险由卖方转移给买方。

2. 通关手续问题

(1) 卖方自负风险和费用，取得出口许可证或其他官方批准证件，并且办理货物出口所需的一切海关手续。

(2) 买方自负风险和费用，取得进口许可证或其他官方批准证件，并且办理货物进口和从第三国过境运输所需的一切海关手续。

3. 运输合同和保险合同

(1) 卖方必须按照通常条件订立或取得运输合同，将货物运到合同约定的目的港。

(2) 卖方对买方有义务签订保险合同。保险合同应与信誉良好的保险公司订立，使买方或其他对货物具有可保利益者有权直接向保险人索赔。

4. 主要费用的划分

(1) 卖方承担交货前所涉及的各项费用，包括需要办理出口手续时所应交纳的关税和其他费用。卖方还要支付从装运港到目的港的运费和相关费用，并且承担办理水上运输保险的费用。

(2) 买方承担交货后所涉及的各项费用，包括办理进口手续时所应交纳的关税和其他费用。

5. 适用的运输方式

CIF 术语适合于水上运输方式。

(二) 使用 CIF 术语的注意事项

1. CIF 合同属于"装运合同"

在 CIF 术语下，卖方在装运港将货物装上船，即完成了交货义务。因此，采用 CIF 术语订立的合同属于"装运合同"。但是，由于在 CIF 术语后所注明的是目的港(如"CIF 伦敦")，在我国曾将 CIF 术语译作"到岸价"，所以 CIF 合同的法律性质常被误解为"到货合同"。为此必须明确指出，CIF 以及其他 C 组术语(CFR、CPT、CIP)与 F 组术语(FCA、FAS、FOB)一样，卖方在装运地完成交货义务，采用这些术语订立的买卖合同均属"装运合同"性质。按此类术语成交的合同，卖方在装运地(港)将货物交付装运后，对货物可能发生的任何风险不再承担责任。

2. 卖方办理保险的责任

在 CIF 合同中，卖方是为了买方的利益办理货运保险的，因为此项保险主要是为了保障货物装船后在运输途中的风险。《2020 年通则》中对 CIF 术语中卖方的保险责任无明确规定，按照业务实践做法，卖方只需按《协会货物保险条款》或其他类似的保险条款中最低责任的保险险别投保即可。如买方有要求，并由买方负担费用，卖方应在可能情况下投保战争、罢工、暴动和民变险。最低保险金额应为合同规定的价款加 10%，并以合同货币投保。

在实际业务中，为了明确责任，我国外贸企业在与国外客户洽谈交易采用 CIF 术语时，一般都应在合同中具体规定保险金额、保险险别和适用的保险条款。

3. 象征性交货问题

从交货方式来看，CIF是一种典型的象征性交货(Symbolic Delivery)。所谓象征性交货，是针对实际交货(Physical Delivery)而言的。前者指卖方只要按期在约定地点完成装运，并向买方提交合同规定的包括物权凭证在内的有关单证，就算完成了交货义务，而无须保证到货。后者则是指卖方要在规定的时间和地点，将符合合同规定的货物提交给买方或其指定人，而不能以交单代替交货。在象征性交货方式下，卖方是凭单交货，买方是凭单付款，只要卖方按时向买方提交了符合合同规定的全套单据，即使货物在运输途中损坏或灭失，买方也必须履行付款义务。反之，如果卖方提交的单据不符合要求，即使货物完好无损地运达目的地，买方仍有权拒付货款。由此可见，CIF 交易实际上是一种单据的买卖。所以，装运单据在 CIF 交易中具有特别重要的意义。但必须指出，按 CIF 术语成交，卖方履行其交单义务，只是得到买方付款的前提条件，除此之外，卖方还必须履行交货义务。如果卖方提交的货物不符合要求，买方即使已经付款，仍然可以根据合同的规定向卖方提出索赔。

4. CIF 的变形

在国际贸易中，大宗商品的交易通常采用程租船运输，在多数情况下，船公司一般是不负担装卸费的。因此，在 CIF 条件下，买卖双方容易在卸货费由何方负担的问题上引起争议。为了明确责任，买卖双方应在合同中对卸货费由谁负担的问题做出明确具体的规定。如买方不愿负担卸货费，在商订合同时，可要求在 CIF 术语后加列"Liner Terms"(班轮条件)或"Landed"(卸到岸上)或"Ex Tackle"(吊钩下交货)字样。如卖方不愿负担卸货费，在商订合同时，可要求在 CIF 术语后加列"Ex Ship's Hold"(舱底交货)字样。

上述 CIF 术语后加列各种附加条件，如同 CFR 术语后加列各种附加条件一样，只是为了明确卸货费由谁负担，并不影响交货地点和风险转移的界线。

❖ **案例学习**

有一份 CIF 合同，货物已在规定的期限和装运港装船，但受载船只在离港 4 小时后因触礁沉没。第二天，当卖方凭提单、保险单、发票等单证要求买方付款时，买方以货物已经全部损失为由，拒绝接受单证和付款。

试问：在上述情况下，卖方是否有权利凭规定的单证要求买方付款？

分析：卖方有权利凭规定的单证要求买方付款。按 CIF 术语条件成交时，买卖双方的风险界点在于装运港船上，货物在装运港装上船以前的风险由卖方承担，货物装上船以后的风险由买方承担。另外，CIF 合同是典型的象征性交货，即卖方凭单交货，买方凭单付款，只要卖方所提交的单据是齐全的、正确的，即使货物在运输途中灭失，买方仍需付款，不得拒付。

结合本案例，卖方已完全履行了自己的合同义务，货物灭失是在离港 4 小时发生的事情，风险早已转移给买方，再加上 CIF 术语象征性交货的特点，所以尽管这批货物在运输途中已完全灭失，买方仍需要付款，卖方有权利凭规定的单证要求买方付款。

❖ 案例学习

　　有一份 CIF 合同，日本公司出售 450 吨洋葱给澳大利亚公司，洋葱在日本港口装船时，经公证行验明：完全符合商销品质，并出具了合格证明。但该批货物运抵澳大利亚时，洋葱已全部腐烂变质，不适合人类食用，买方因此拒绝收货，并要求卖方退回已付清的货款。

　　试问：在上述情况下，买方有无拒收货物和要求卖方退回货款的权利？

　　分析：在上述情况下，买方无拒收货物和要求卖方退回货款的权利。结合本案例，这一批洋葱在装运港装船时，经公证行验证符合商销品质，很显然洋葱的腐烂变质完全发生在货物装船的运输途中，而这个风险已经越过装运港船舷，理应由买方承担，此为其一；其二，CIF 合同为象征性交货，现日本方提供的单据齐全、正确，买方仍需付款。所以，买方是无权利拒收货物和要求卖方退回货款的。

　　案例拓展

　　我国某公司按 CIF 条件向欧洲某国进口商出口一批草编制品。合同中规定采用 CIF 术语，由我方向中国人民保险公司投保一切险，并采用信用证方式支付。我方出口公司在规定的期限、指定的我国某港口装船完毕，船公司签发了提单，然后在中国银行议付了款项。第二天，出口公司接到客户来电，称装货的海轮在海上失火，草编制品全部烧毁，并要求我方公司出面向中国人民保险公司提出索赔，否则要求退回全部货款。我方公司该如何处理？

四、对 FCA 术语的解释

　　Free Carrier 即"货交承运人"，是指卖方于其所在地或其他指定地点将货物交付给承运人或买方指定人。建议当事人最好尽可能清楚地明确说明指定交货的具体点，风险将在此点转移至买方。

　　根据《2020 年通则》，按 FCA 条件成交时，卖方需负责将货物在自己的地点或指定的地点准备好，以便买方提货。不论怎样，卖方都需要负责将货物直接装至买方的运输工具，以便买方的承运人向卖方签发提单。

　　FCA 要求卖方在需要时办理出口清关手续。但是，卖方没有办理进口清关手续的义务，也无须缴纳任何进口关税或者办理其他进口海关手续。

(一) 买卖双方基本义务的划分

1. 卖方义务

　　(1) 自负风险和费用，取得出口许可证或其他官方批准证件，在需要办理海关手续时，办理货物出口所需的一切海关手续。

　　(2) 在合同规定的时间、地点，将符合合同规定的货物置于买方指定的承运人控制下，并及时通知买方。

　　(3) 承担将货物交给承运人之前的一切费用和风险。

(4) 自负费用向买方提供交货的通常单据,如买卖双方约定采用电子通信,则所有单据均可被具有同等效力的电子数据交换(EDI)信息所代替。

2. 买方义务

(1) 自负风险和费用,取得进口许可证或其他官方证件,在需要办理海关手续时,办理货物进口和经由他国过境的一切海关手续,并支付有关费用及过境费。

(2) 签订从指定地点承运货物的合同,支付有关的运费,并将承运人名称及有关情况及时通知卖方。

(3) 承担货物交给承运人之后所发生的一切费用和风险。

(4) 根据买卖合同的规定受领货物并支付货款。

(二) 使用 FCA 术语的注意事项

1. 关于交货问题

《2020 年通则》规定,在 FCA 术语下,卖方交货的指定地点如果在卖方货物所在地,则当货物被装上买方指定的承运人的运输工具时,交货即算完成;如指定的地点是在任何其他地点,当货物在卖方运输工具上,尚未卸货而交给买方指定的承运人处置时,交货即算完成。

2. 关于运输合同

《2020 年通则》规定,在 FCA 术语下,应由买方自付费用订立从指定地点承运货物的运输合同,并指定承运人;但《2020 年通则》又规定,当卖方被要求协助与承运人订立合同时,只要买方承担费用和风险,卖方也可以办理。当然,卖方也可以拒绝订立运输合同,如若拒绝,则应立即通知买方,以便买方另作安排。

3. FCA 与 FOB 的异同点

FCA 与 FOB 两种术语均属 F 组术语,按这两种术语成交的合同均属装运合同。买卖双方责任划分的基本原则是相同的。

FCA 与 FOB 的主要不同之处在于适用的运输方式、交货和风险转移的地点不同。FCA 术语适用于各种运输方式,交货地点视不同运输方式的不同约定而定,其风险划分是卖方将货物交至承运人时转移,同时,根据新修订的《2020 年通则》FCA 术语项下的交易可以要求已装船提单;FOB 术语仅用于海运和内河运输,交货地点为装运港,风险划分以装运港船上为界;此外,在装卸费的负担和运输单据的使用上也有所不同。

五、对 CPT 术语的解释

Carriage Paid To(…named place of destination)即“运费付至(……指定目的地)”。根据《2020 年通则》的解释,按此术语成交时,卖方应向其指定的承运人交货,支付将货物运至目的地的运费,办理出口清关手续。买方承担交货之后的一切风险和其他费用。CPT 术语适用于各种运输方式,包括多式联运。

“运费付至……”指卖方在指定交货地向承运人或由其(卖方)指定的其他人交货并且其(卖方)须与承运人订立运输合同,载明并实际承担将货物运送至指定目的地所产生的必要费用。

在 CPT、CIP、CFR 或 CIF 适用的情形下，卖方的交货义务在将货物交付承运人，而非货物到达指定目的地时，即告完全履行。

此术语有两个关键点，即风险转移地和成本转移地，因为风险和成本在不同的地方发生转移。买卖双方当事人应在买卖合同中尽可能准确地确定以下两个点：发生转移至买方的交货地点以及在其须订立的运输合同中载明的指定目的地。如果使用多个承运人将货物运至指定目的地，且买卖双方并未对具体交货地点有所约定，则合同默认风险自货物由卖方交给第一承运人时转移，卖方对这一交货地点的选取具有排除买方控制的绝对选择权。如果当事方希望风险转移推迟至稍后的地点发生(如某海港或机场)，那么他们需要在买卖合同中明确约定这一点。

由于将货物运至指定目的地的费用由卖方承担，因而当事人应尽可能准确地确定目的地中的具体地点，且卖方须在运输合同中载明这一具体的交货地点。卖方基于其运输合同在指定目的地卸货时，如果产生了相关费用，卖方无权向买方索要，除非双方有其他约定。

CPT 贸易术语要求卖方在需要时办理货物出口清关手续，但卖方没有义务办理货物进口清关手续、支付进口关税以及办理进口所需的任何海关手续。

(一) 买卖双方基本义务的划分

1. 卖方义务

(1) 自负风险和费用，取得出口许可证或其他官方批准证件，在需要办理海关手续时，办理货物出口所需的一切海关手续。

(2) 订立将货物运往指定目的地的运输合同，并支付有关运费。在合同规定的时间、地点，将合同规定的货物交给承运人，并及时通知买方。

(3) 承担将货物交给承运人之前的一切风险。

(4) 自付费用向买方提供交货的通常单据，如买卖双方约定采用电子通信，则所有单据可被同等效力的电子数据交换(EDI)信息所代替。

2. 买方义务

(1) 自负风险和费用，取得进口许可证或其他官方证件，在需要办理海关手续时，办理货物进口所需的海关手续；支付有关关税及从他国过境的费用。

(2) 承担自货物在约定交货地点交给承运人之后的风险。

(3) 接受卖方提供的有关单据，受领货物，并按合同规定支付货款。

(4) 支付除通常运费之外的有关货物在运输途中所产生的各项费用和卸货费。

(二) 使用 CPT 术语的注意事项

1. 风险划分的界限问题

按照 CPT 术语成交，虽然卖方要负责订立从启运地到指定目的地的运输合同并支付运费，但卖方承担的风险并没有延伸至目的地。按照《2020 年通则》的解释，货物自交货地点至目的地的运输途中的风险由买方承担，卖方只承担货物交给承运人控制之前的风险。在多式联运情况下，卖方承担的风险自货物交给第一承运人控制时即转移给买方。

2. 责任和费用的划分问题

采用 CPT 术语时，由卖方指定承运人，自费订立运输合同，将货物运往指定的目的地，并支付正常运费。正常运费之外的其他有关费用，一般由买方负担。

卖方将货物交给承运人之后，应向买方发出货物已交付的通知，以便于买方在目的地办理货运保险和受领货物。如果双方未能确定买方受领货物的具体地点，卖方可以在目的地选择最适合其要求的地点。

3. CPT 与 CFR 的异同点

CPT 与 CFR 同属 C 组术语，按这两种术语成交，卖方承担的风险都是在交货地点随着交货义务的完成而转移，卖方都要负责安排自交货地至目的地的运输事项，并承担其费用。另外，按这两种术语订立的合同，都属于装运合同，卖方无须保证按时交货。

CPT 与 CFR 的主要区别在于适用的运输方式不同，交货地点和风险划分界限也不相同。CPT 术语适用于各种运输方式，交货地点因运输方式的不同由双方约定，风险划分以货交承运人为界；CFR 术语适用于水上运输方式，交货地点在装运港，风险划分以船舷为界。除此之外，卖方承担的费用以及需提交的单据等方面也有区别。

六、对 CIP 术语的解释

Carriage and Insurance Paid To(…named place of destination)即"运费和保险费付至(……指定目的地)"。按《2020 年通则》规定，CIP 术语适用于各种运输方式，包括多式联运。

"运费和保险费付至"是指在约定的地方(如果该地在双方间达成一致)卖方向承运人或是卖方指定的另一个人发货，以及卖方必须签订合同和支付将货物运至目的地的运费。卖方还必须订立保险合同以防买方货物在运输途中灭失或损坏。

在 CPT、CIP、CFR 和 CIF 这些术语下，当卖方将货物交付于承运人而不是货物到达目的地时，卖方已经完成其交货义务。

(一) 买卖双方基本义务的划分

1. 风险转移问题

卖方承担将货物交给承运人控制之前的风险，买方承担将货物交给承运人控制之后的风险。

2. 通关手续问题

(1) 卖方自负风险和费用，取得出口许可证或其他官方批准证件，并且办理货物出口所需的一切海关手续。

(2) 买方自负风险和费用，取得进口许可证或其他官方批准证件，并且办理货物进口及通过第三国过境所需的一切海关手续。

3. 运输合同和保险合同

(1) 卖方有义务按照通常条件订立运输合同，将货物从交货地点运送到约定的目的地。

(2) 卖方有义务为买方订立有关货物运输的保险合同。

4. 主要费用的划分

(1) 卖方承担在交货地点交货前所涉及的各项费用,包括办理出口手续时所应交纳的关税和其他费用。此外,卖方要负责签订从指定地点承运货物的合同,并支付有关的运费,还要承担办理货运保险时需交纳的保险费。

(2) 买方承担在交货地点交货后所涉及的各项费用,包括办理进口手续时所应交纳的关税和其他费用。

5. 适用的运输方式

CIP 适用于各种运输方式,包括公路、铁路、江河、海洋、航空运输以及多式联运。

(二) 使用 CIP 术语的注意事项

1. 风险和保险问题

按 CIP 术语成交的合同,卖方要负责办理货运保险,并支付保险费,但货物从交货地点运往目的地的运输途中的风险由买方承担。所以,卖方的投保仍属于代办性质。

根据新修订的《2020 年通则》的解释中特别将 CIP 术语项下的卖方投保义务规定为"最大",即使用通则2020下的CIP术语时,卖方应该为货物做一切险(All Risks)或者 ICC(A) 险的投保。而 CIF 术语并没有任何变化。

2. 应合理确定价格

与 FCA 相比,CIP 条件下卖方要承担较多的责任和费用。要负责办理从交货地至目的地的运输,承担有关运费;办理货运保险,并支付保险费。这些都反映在货价之中。所以,卖方对外报价时,要认真核算成本和价格。在核算时,应考虑运输距离、保险险别、各种运输方式和各类保险的收费情况,并要预计运价和保险费的变动趋势等方面问题。

3. CIP 与 CIF 的区别

CIP 与 CIF 有相似之处,它们的价格构成中都包括了通常的运费和约定的保险费,而且,按这两种术语成交的合同均属于装运合同。但 CIP 和 CIF 术语在交货地点、风险划分界限以及卖方承担的责任和费用方面又有其明显的区别,主要表现在:CIF 适用于水上运输,交货地点在装运港,风险划分以装运港装上船为界,卖方负责租船订舱和正常运费和办理保险付保费。而 CIP 术语则适用于各种运输方式,交货地点要根据运输方式的不同由双方约定,风险是在承运人控制货物时转移,卖方办理的保险也不仅是水上运输险,还包括各种运输险,卖方投保义务也为"一切险"。

❖ 案例学习

美国某贸易公司(以下简称进口方)与我国江西某进出口公司(以下简称出口方)签订合同购买一批日用瓷具,价格条件为 CIF 洛杉矶,支付条件为不可撤销的跟单信用证,出口方需要提供已装船提单等有效单证。出口方随后与宁波某运输公司(以下简称承运人)签订运输合同。8 月初出口方将货物备妥,装上承运人派来的货车。途中由于驾驶员的过失发生了车祸,耽误了时间,错过了信用证规定的装船日期。得到发生车祸的通知后,我出口方即刻与进口方洽商要求将信用证的有效期和装船期延展半个月,并本着诚信原则告知进口方两箱瓷具可能受损。

　　分析：本案例充分表明了 CIF 术语在应用于内陆地区出口业务时显得"心有余而力不足"，主要表现在：一是风险转移严重滞后于货物实际控制权的转移；二是对运输单据规定的限制致使内陆出口方无法在当地交单；三是内陆地区使用 CIF 术语还有一笔额外的运输成本。因此，对于更多采用陆海联运或陆路出口的内陆地区来说，CIP 比 CIF 更合适。理由为：① 从适用的运输方式看，CIP 比 CIF 更灵活，更适合内陆地区出口；② 从出口方责任看，使用 CIP 术语时，出口方风险与货物的实际控制权同步转移，责任可以及早减轻；③ 从使用的运输单据看，使用 CIP 术语有利于内陆出口业务在当地交单结汇。

(三) FCA、CPT、CIP 与 FOB、CFR、CIF 的比较

FCA、CPT 和 CIP 三种术语与 FOB、CFR 和 CIF 三种术语买卖双方责任划分的基本原则是相同的，但又有所不同，主要表现在以下几方面：

1. 适用的运输方式不同

FOB、CFR、CIF 三种术语仅适用于海运和内河运输，其承运人一般只限于船公司；而 FCA、CPT、CIP 三种术语适用各种运输方式，包括多式联运，其承运人可以是船公司、铁路局、航空公司，也可以是安排多式联运的联合运输经营人。

2. 交货和风险转移的地点不同

FOB、CFR、CIF 的交货地点均为装运港，风险均以货物在装运港装上船从卖方转移至买方。而 FCA、CPT、CIP 的交货地点，需视不同的运输方式和不同的约定而定，它可以是在卖方处所由承运人提供的运输工具上，也可以是在铁路、公路、航空、内河、海洋运输承运人或多式联运承运人的运输站或其他收货点。至于货物灭失或损坏的风险，则于卖方将货物交由承运人保管时，即自卖方转移至买方。

3. 装卸费用负担不同

按 FOB、CFR、CIF 术语，卖方承担货物在装运港装上船为止的一切费用。但由于货物装船是一个连续作业，各港口的习惯做法又不尽一致，所以在使用程租船运输的 FOB 合同中，应明确装船费由何方负担，在 CFR 和 CIF 合同中，则应明确卸货费由何方负担。而在 FCA、CPT、CIP 术语下，如涉及海洋运输，并使用程租船装运，卖方将货物交给承运人时所支付的运费(CPT、CIP 术语)，或由买方支付的运费(FCA 术语)，已包含了承运人接管货物后在装运港的装船费和目的港的卸货费。这样，在 FCA 合同中的装货费的负担和在 CPT、CIP 合同中的卸货费的负担问题均已明确。

4. 运输单据不同

在 FOB、CFR、CIF 术语下，卖方一般应向买方提交已装船清洁提单。而在 FCA、CFR、CIP 术语下，卖方提交的运输单则视不同的运输方式而定：例如，在海运和内河运输方式下，卖方应提供可转让的提单，有时也可提供不可转让的海运单和内河运单；在铁路、公路、航空运输或多式联运方式下，则应分别提供铁路运单、公路运单、航空运单或多式联运单据。

第三节　其他贸易术语的解释

入门案例

　　有一份出售茶叶的合同，采用 EXW 条件，数量 10 000 千克，总值为 25 000 美元，合同规定买方应于 10 月份提取货物，卖方于 10 月 8 日将提货单交付给买方，买方也已付清货款，但买方直到 10 月 31 日尚未提走货物，于是卖方将茶叶搬到一个存放牛皮的仓库与牛皮一起存放，当买方于 11 月 15 日提货时，发现有 10% 的茶叶已与牛皮串味而失去商销价值，对此双方发生争议。问：本案中买卖双方各应承担何种责任？为什么？

　　此案例表明：买卖双方都有违反合同的行为，双方都应该各负其责。卖方应对 10% 的茶叶串味负责，而买方应对延迟 15 天提货所产生的额外费用负责。因为买方没按时提货是买方的违约行为，而卖方对该批茶叶有实行保全货物和防止损失的责任，《联合国国际货物销售合同公约》第 85 条对此有明确规定。

　　《2020 年通则》包括的 11 种贸易术语，除上节所述的六种常用贸易术语外，现将其他五种贸易术语进行简要介绍。

一、对 EXW 术语的解释

　　在《2020 年通则》中，EXW 的英文全文为 Ex Works(…named place of delivery)，中文意思是"工厂交货(……指定交货地)"。

　　EXW 贸易术语适用于任何运输方式，是指卖方于其营业处所或其他指定地(即工场、工厂、仓库等)将货物交由买方处置时，即属卖方交货完成。卖方无须将货物装上任何收货的运送工具，亦无须办理货物出口的通关手续。工厂交货贸易术语表示卖方最小责任。

　　1. 风险转移问题

　　卖方承担将货物交给买方控制之前的一切风险，买方承担货物交给其控制之后的一切风险。也就是说，以买方在交货地点控制货物作为风险转移的界限。

　　2. 通关手续问题

　　当需要办理通关手续时，卖方必须应买方请求，并由买方负担风险及费用，协助买方取得货物输出所需要的任何出口许可证或其他官方批准文件，以及提供为卖方所有并为货物安全通关所需的任何信息。

　　3. 运输合同和保险合同

　　卖方没有为买方订立运输契约和保险契约的义务。然而卖方必须遵循买方的请求，并由买方承担费用和风险(如有)，提供买方为获得保险所需的信息。

　　4. 主要费用的划分

　　卖方承担交货之前与货物相关的一切费用。

　　买方承担接受货物后所发生的一切费用，包括将货物从交货地点运往目的地的运输、保险和其他各种费用，以及办理货物出口和进口的一切海关手续所涉及的关税和其他费用。

5. 适用的运输方式

EXW 适用于各种运输方式，包括公路、铁路、江河、海洋、航空运输以及多式联运。

从上述规定来看，按这一贸易术语达成的交易，可以是国内贸易，也可以是国际贸易。因为卖方一般是在本国的内地完成交货，其所承担的风险、责任和费用也都局限于出口国内，即使是在国际贸易中，卖方也不必过问货物出境、入境及运输、保险等事项，由买方自己安排车辆或其他运输工具到约定的交货地点接运货物，所以在卖方与买方达成的契约中可不涉及运输和保险的问题。而且，除非合同中有相反规定，卖方一般无义务提供出口包装，也不负责将货物装上买方安排的运输工具。如果签约时已明确该货物是供出口的，并对包装的要求做出了规定，卖方则应按规定提供符合出口需要的包装。由此可见，按 EXW 术语成交时，卖方承担的风险、责任以及费用都是最小的。在交单方面，卖方只需提供商业发票或电子数据，如合同有要求则须提供证明所交货物与合同规定相符的证件。至于货物出境所需的出口许可证或其他官方证件，卖方无义务提供。但在买方的要求下，并由买方承担风险和费用的情况下，卖方应协助买方取得上述证件。

> ❖ 案例学习
>
> 某公司按 EXW 条件出口一批电缆，但在交货时，买方以电缆的包装不适宜出口运输为由，拒绝提货和付款，问：买方的行为是否合理？
>
> **分析**：买方的行为是不合理的，我方应拒绝。本案例涉及 EXW 条件下交货的问题，根据《2020 年通则》的规定：在 EXW 术语中，除非合同中有相反规定，卖方一般无义务提供出口包装，如果签约时已明确该货物是供出口的，并对包装的要求做出了规定，卖方则应按规定提供符合出口需要的包装。结合本案例，卖方在交货时以电缆的包装不适宜出口运输为由拒绝提货和付款，并没有说不符合合同规定，由此说明，在合同中并无有关货物包装的规定，根据惯例，故买方以此借口拒付货款和提货理由是不充分的。

二、对 FAS 术语的解释

Free Alongside Ship(…named port of shipment)即"船边交货(指定装运港)"，是指卖方将货物放置于指定装运港由买方指定的船舶边(如在码头或驳船上)时，即为卖方交货，当货物放置于该船边时，货物灭失或损毁的风险即转移，而买方自该地点起负担一切费用。双方当事人最好能够明确装运港的装载地点，因为至该地点的费用及风险均由卖方承担，且这些费用及相关的处理费用，可能因为港口作业习惯而不同。

采用 FAS 术语时，关于买卖双方义务的规定可概括如下：

1. 风险转移问题

卖方在装运港将货物交到买方所派船只的旁边时，货物损坏或灭失的风险由卖方转移给买方。

2. 通关手续问题

(1) 卖方自负风险和费用，取得出口许可证或其他官方批准证件，并且办理货物出口所需的一切海关手续。

(2) 买方自负风险和费用，取得进口许可证或其他官方批准证件，并且办理货物进口和从第三国过境运输所需的一切海关手续。

3. 运输合同和保险合同

(1) 卖方对买方无订立运输合同的义务，但如果买方有要求，或按照商业习惯，在买方承担风险和费用的情况下，卖方也可以按照通常条件订立运输合同。

(2) 卖方对买方无订立保险合同的义务，但应买方的要求，并在买方承担风险和费用的情况下，卖方必须向买方提供其办理保险所需的信息。

4. 主要费用的划分

(1) 卖方承担交货之前的一切费用，包括办理货物出口所应交纳的关税和其他费用。

(2) 买方承担受领货物之后所发生的一切费用，包括装船费用以及将货物从装运港运往目的港的运输、保险和其他各种费用，以及办理货物进口所涉及的关税和其他费用。

5. 适用的运输方式

FAS 术语仅适用于海运和内河水上运输方式。

❖ 案例学习

　　我某公司按照 FAS 条件进口一批木材，在装运完成后，国外卖方来电要求我方支付货款，并要求支付装船时的驳船费，对卖方的要求我方应如何处理？

　　分析：对于卖方向我方提出的支付装船时的驳船费的要求可以拒绝。按照《2020 年通则》的规定，采用 FAS 术语成交时，买卖双方承担的风险和费用均以船边为界，即买方所指派的船的船边，在买方所派船只不能靠岸的情况下，卖方应负责用驳船将货物运至船边，驳船费用是在风险费用转移以前发生的，理应由卖方承担。因此，在本案例中，国外卖方要求我方承担驳船费用是不合理的，我方有权拒绝。

三、对 DPU 术语的解释

Delivered at Place Unloaded (...named of destination)即 "目的地卸货交付(……指定目的地)"，卖方在指定的目的地卸货后将货物交给买方处置即完成交货。卖方应承担将货物运至指定的目的地和卸货所产生的一切风险和费用。

DPU 术语要求卖方采取自行运输或订立合适的运输合同，并需要对货物在运输过程中以及到达进口国指定地点时的卸货过程中可能出现的风险负责。

采用 DPU 术语时，关于买卖双方义务的规定可概括如下：

1. 风险转移问题

卖方承担将货物交给买方控制之前的风险，买方承担货物交给其控制之后的风险。也就是说，以买方在交货地点控制货物作为风险转移的界限。

2. 通关手续问题

(1) 卖方自负风险和费用，取得出口许可证或其他官方批准证件，并且办理货物出口以及交货前通过第三国过境运输所需的一切海关手续。

(2) 买方自负风险和费用，取得进口许可证或其他官方批准证件，并且办理货物进口所需的一切海关手续。

3. 运输合同和保险合同

(1) 卖方负责订立运输合同，将货物运至约定卸货地点。

(2) 卖方对买方无订立保险合同的义务，但应买方的要求，并由其承担风险和费用的情况下，卖方必须向买方提供其办理保险所需的信息。

4. 主要费用的划分

(1) 卖方承担在卸货地点交货前所涉及的各项费用，包括需要办理出口手续时所应交纳的关税和其他费用，包括经由第三国过境所涉及的费用。此外，卖方要支付有关的运费和相关费用，如装货费以及合同中约定由卖方支付的与卸货有关的费用。

(2) 买方承担在卸货地点交货后所涉及的各项费用，包括在目的地办理进口手续时所应交纳的关税和其他费用。

5. 适用的运输方式

DPU 术语适用于各种运输方式，包括公路、铁路、江河、海洋、航空运输以及多式联运。

四、对 DAP 术语的解释

Delivered At Place(…named place of destination)即"在目的地交货(……指定目的地)"，是指卖方要在合同中约定的日期或期限内，将货物运到合同规定的目的地的约定地点，并将货物置于买方的控制之下，在卸货之前即完成交货。另外，卖方要提交商业发票以及合同要求的其他单证。

采用 DAP 术语时，关于买卖双方义务的规定可概括如下：

1. 风险转移问题

卖方承担将货物交给买方控制之前的风险，买方承担货物交给其控制之后的风险。

2. 通关手续问题

(1) 卖方自负风险和费用，取得出口许可证或其他官方批准证件，并且办理货物出口以及交货前通过第三国过境运输所需的一切海关手续。

(2) 买方自负风险和费用，取得进口许可证或其他官方批准证件，并且办理货物进口所需的一切海关手续。

3. 运输合同和保险合同

(1) 卖方负责订立运输合同，将货物运至合同约定的目的地的特定交货地点，如对特定交货地点未作具体规定，卖方可在指定目的地内选择最合适的交货地点。

(2) 卖方对买方无订立保险合同的义务，但应买方的要求，并由其承担风险和费用的情况下，卖方必须向买方提供其办理保险所需的信息。

4. 主要费用的划分

(1) 卖方承担在交货地点交货前所涉及的各项费用，包括需要办理出口手续时所应交纳的关税和其他费用，包括经由第三国过境所涉及的费用。此外，卖方要负责签订从指定地点承运货物的合同，并支付有关的运费和相关费用，如装货费以及合同中约定由卖方支付的与卸货有关的费用。

(2) 买方承担在交货地点交货后所涉及的各项费用，包括在目的地的卸货费用以及办理进口手续时所应交纳的关税和其他费用。

5. 适用的运输方式

DAP 术语适用于各种运输方式，包括公路、铁路、江河、海洋、航空运输以及多式联运。

五、对 DDP 术语的解释

Delivered Duty Paid(…named place of destination)即"完税后交货(……指定目的地)"，其后应注明"2010 年国际贸易术语解释通则"或"INCOTERMS 2010"，是指卖方要在合同中约定的日期或期限内，将货物运到合同规定的目的地的约定地点，并且完成进口清关手续后，在运输工具上将货物置于买方的控制之下，即完成交货。另外，卖方要提交商业发票以及合同要求的其他单证。

采用 DDP 术语时，关于买卖双方义务的规定可概括如下：

1. 风险转移问题

卖方在进口国内的交货地点完成交货时风险转移。

2. 通关手续问题

卖方自负风险和费用，取得出口和进口许可证或其他官方批准证件，并且办理货物出口和进口以及交货前通过第三国过境运输所需的一切海关手续。

3. 运输合同和保险合同

(1) 卖方负责订立运输合同，将货物运至合同约定的目的地的特定交货地点，如对特定交货地点未作具体规定，卖方可在指定目的地内选择最合适的交货地点。

(2) 卖方对买方无订立保险合同的义务，但应买方的要求，并在由买方承担风险和费用的情况下，卖方必须向买方提供其办理保险所需的信息。

4. 主要费用的划分

(1) 卖方承担在进口国内的指定地点完成交货之前的一切费用，包括办理货物出口和进口所涉及的关税和其他费用。

(2) 买方承担受领货物之后所发生的各种费用。

5. 适用的运输方式

DDP 术语适合于各种运输方式，包括公路、铁路、江河、海洋、航空运输以及多式联运。

《2020 年通则》11 种国际贸易术语示意图如图 1-1 所示。

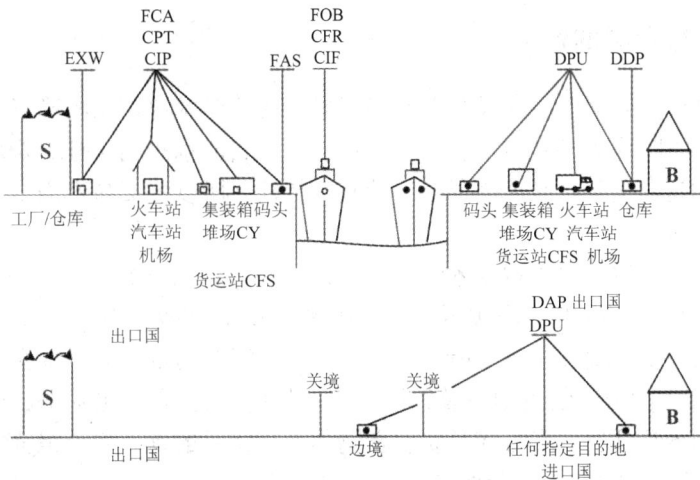

图 1-1 国际贸易术语示意图

第四节 贸易术语的应用

入门案例

　　我国某内陆出口公司于某年 2 月向日本出口 30 吨甘草膏，每吨 40 箱共 1200 箱，每吨售价 1800 美元，FOB 新港，共 54 000 美元，即期信用证，装运期为 2 月 25 日之前，货物必须装集装箱。该出口公司在天津设有办事处，于是在 2 月上旬便将货物运到天津，由天津办事处负责订箱装船，不料货物在天津存仓后的第二天，仓库午夜着火，抢救不及，1200 箱甘草膏全部被焚。办事处立即通知内地公司总部并要求尽快补发 30 吨，否则无法按期装船。结果该出口公司因货源不济，只好要求日商将信用证的有效期和装运期各延长 15 天。此案例中应该吸取哪些教训？

　　此案例表明： 我国一些进出口企业长期以来不管采用何种运输方式，对外洽谈业务或报盘仍习惯用 FOB、CFR 和 CIF 三种贸易术语。但在滚装、滚卸、集装箱运输的情况下，装上船无实际意义时应尽量改用 FCA、CPT 及 CIP 三种贸易术语。该出口公司所在地正处在铁路交通的干线上，外运公司和中远公司在该市都有集装箱中转站，既可接受拼箱托运也可接受整箱托运。假如当初采用 FCA(该市名称)对外成交，出口公司在当地将 1200 箱交中转站或自装自集后将整箱(集装箱)交中转站，不仅风险转移给买方，而且凭当地承运人(即中转站)签发的货运单据即可在当地银行办理议付结汇。该公司自担风险将货物运往天津，再集装箱出口，不仅加大了自身风险，而且推迟了结汇。

　　在国际货物买卖合同中，贸易术语一般在价格条款中表示出来。不同的贸易术语，买卖双方承担的责任、费用和风险各不相同。在实际业务中，买卖合同的双方当事人选用何种贸易术语，不仅决定了合同价格的高低，而且还关系到合同的性质，甚至还会影响到贸易纠纷的处理和解决。因此，贸易术语的选择和运用是直接关系到买卖双方经济效益的重要问题。

一、贸易术语与合同的性质

在国际货物买卖合同中，一般都要明确所采用的贸易术语，以明确买卖双方交接货物的方式和条件，即明确买卖双方在交接货物过程中各自应承担的责任、费用和风险，从而划分了双方的权利和义务，并说明了合同的基本特征。所以，贸易术语是确定买卖合同性质的一个重要因素。

在实际业务中，通常都以贸易术语的名称来给买卖合同命名，如按 FOB 术语成交的合同称作 FOB 合同，按 CIF 术语成交的合同称作 CIF 合同等。在《2020 年通则》的术语中，按 E 组术语成交，卖方在货物所在地交货，故其签订的合同为产地交货合同；按 F 组和 C 组术语成交，卖方在装运地或装运港交货，故按 F 组和 C 组术语成交的合同属于装运合同；按 D 组术语成交，卖方应负责将货物运至指定目的地，并承担货物到达该目的地的全部费用和风险，故按 D 组术语成交的合同属于到达合同。

在一般情况下，贸易术语的性质应与买卖合同性质相一致，合同中的有关条款应与合同性质相一致，与所使用的贸易术语在内容上保持一致，不应有所矛盾。否则，将会给买卖双方带来不必要的纠纷，甚至会造成经济损失。

二、选择贸易术语应考虑的因素

国际贸易中可供选用的贸易术语有多种，据统计，各国使用贸易术语频率较高的主要有 FOB、CIF 和 CFR 等。近年来，随着国际贸易的发展和运输方式的变化，FCA、CPT 和 CIP 术语的使用也日益增多。在选择贸易术语时，应考虑以下因素：

1. 所使用的运输方式

《2020 年通则》对每种贸易术语所适用的运输方式都做出了规定，如 FOB、CFR 和 CIF 术语只适用海洋运输和内河运输，而不适用于空运、铁路和公路运输。如买卖双方拟使用空运、铁路和公路运输，则应选用 FCA、CPT 和 CIP 术语。在我国，随着使用集装箱运输和多式联运方式的不断扩大和发展，为适应这种发展趋势，可以适当扩大使用 FCA、CPT 和 CIP 术语。

2. 运费、保险费

各种贸易术语的价格构成各不相同，运费、保险费是构成价格的一部分，因此在选用贸易术语时，应考虑运费、保险费的因素。一般来说，在出口贸易中，我方应争取选用 CIF 和 CFR 术语。在进口贸易中，应争取选用 FOB 术语。对 FCA、CPT 和 CIP 术语的选用也应按上述原则掌握。这样有利于节省运费和保险费的外汇支出，并有利于促进我国对外运输事业和保险事业的发展。另外，在选用贸易术语时，还应注意运费变动的趋势。当运费看涨时，为了避免承担运费上涨的风险，出口时应选用 FOB 术语，进口时应选用 CIF 或 CFR 术语。如因某种原因，采用由我方安排运输的贸易术语时，则应对货价进行调整，将运费上涨的风险考虑到货价中去。

3. 货物的特点

在国际贸易中，进出口货物的品种繁多，不同类别的货物具有不同的特点，对运输方面的要求各不相同，运费开支的大小也有差异。有些货物价值较低，但运费占货价的比重较大，对这类货物，出口应选用 FOB 术语，进口选用 CIF 或 CFR 术语。此外，成交量的大小，也涉及运输安排的难易和经济核算的问题，因此也要考虑贸易术语的选用。

4. 国外港口装卸条件和港口习惯

各国港口的装卸条件不同，收费标准各异，港口的装卸作业习惯也有差别。对于装卸条件较差、装卸费用较高和习惯上需由买方承担装船费、卖方承担卸货费的港口，我方进口时应采用 FOB Stowed 或 FOB Trimmed 或 FOBST 贸易术语，出口时采用 CIF Ex Ship's Hold 或 CFR Ex Ship's Hold 贸易术语。

5. 是否有利于资金的融通和周转

若以远期信用证或远期付款交单的方式支付款项，采用 CIF 或 CFR 条件对买方有利，因为这两种贸易术语的运费和保险费由卖方负担，卖方支出这两笔费用后而买方的付款却是远期的，从而买方得到了一定的资金融通。如果以即期信用证或即期付款交单的方式支付款项，在运费、保险费占成本比率较大时，选择 FOB 条件对买方有利。因为 FOB 条件下，一般情况是运费到付，买方便可减少开证金额和费用。此外，出口时，卖方采用 CFR 或 CIF 条件，可以及时装运货物，加速收汇；若采用 FOB 条件，则买方船舶延迟到达将严重影响卖方资金的周转。

随着集装箱运输和多式联运的广泛运用和发展，在我国外贸运输机构能有效承担"联合运输经营人"的前提下，我国外贸企业应按具体的情况，适当选用 FCA、CPT 和 CIP 条件，以替代传统的仅适合于海运和内河运输的 FOB、CFR 和 CIF 条件。尤其在出口业务中，如果货物是以滚装箱船、滚装船或多式联运方式运输的，运用 FCA、CPT 和 CIP 条件一方面可以明确买卖双方的责任界限，另一方面可以提早运输单据的出具时间，提早结汇，加速资金周转。因此，在出口业务中，积极创造条件推广 FCA、CPT 和 CIP 条件对我方是非常有意义的。除了上述六种贸易术语以外，随着对外贸易的发展和贸易方式的灵活运用，近年来我国也采用其他的贸易术语，如 EXW、FAS、DAT 等。

6. 按实际需要，灵活掌握

选用贸易术语时，也要根据实际需要，做到灵活掌握。例如，有些国家为了支持本国保险事业的发展，规定在进口时须由本国办理保险，我方为表示与其合作的意向，出口也可采用 FOB 或 CFR 术语。又如，我国在出口大宗商品时，国外买方为了争取到运费和保险费的优惠，要求自行办理租船订舱和保险，为了发展双方贸易，也可采用 FOB 术语。在进口贸易中，如进口货物的数量不大，也可采用 CIF 贸易术语。

总之，随着我国对外开放的扩大和对外贸易的发展，可以采用更加灵活的贸易做法。除上述所提到的经常使用的贸易术语外，也可视不同的交易情况，适当选择其他贸易术语。

三、如何运用《2020 年通则》

1. 将《2020 年通则》订入到销售合同中

如果要使《2020 年通则》在国际贸易合同中适用，应该在合同中通过写明如"所选择的 Incoterms 规则适用于《2020 年通则》"等这类文字以明确表示。

2. 选择适当的《2020 年通则》的贸易术语

所选的《2020 年通则》贸易术语须与货物、运输方式相称，最重要的是与合同双方是否有意添加额外义务相称，如安排运输或保险的义务是属于买方还是卖方。每个对贸易术语的指导性解释中都包含对做出此项决定非常有帮助的信息。不论是哪一项贸易术语被选用，适用双方应该意识到对合同的说明会受到所用港口或地方特有的惯例影响。

3. 尽可能精准地说明你的所在地或港口名称

仅当当事人双方选定特定的一个收货地或港口时，所选术语才能发挥作用，且地点或港口名称尽可能精准，这样《2020 年通则》的效用就能发挥到极致。以下的精准详述就是一个很好的例子："Incoterms ® 2020，FCA 术语，法国，巴黎。"

知识与技能训练

【单项选择题】

1. 按照《2020 年通则》的解释，采用 CIF 条件成交，买卖双方风险划分的界限是（　　）。
A．装运港船边　　　　　　　　B．装运港船上
C．目的港船舷　　　　　　　　D．装运港船舷

2. 根据《2020 年通则》的解释，FOB 和 FCA 的主要区别是（　　）。
A．适合的运输方式不同　　　　B．办理出口手续的责任方不同
C．办理进口手续的责任方不同　D．负责订立运输合同的责任方不同

3. 根据《2020 年通则》的解释，按 CFR 术语成交，卖方无义务（　　）。
A．提交货运单据　　　　　　　B．租船订舱
C．办理货运保险　　　　　　　D．取得出口许可证

4. FOB 与 CFR 术语的主要区别在于（　　）。
A．风险划分的界限不同　　　　B．办理运输的责任方不同
C．办理货运保险的责任方不同　D．办理进、出口通关手续的责任方不同

5. 按照《2020 年通则》的解释，"运费付至指定目的地"是指（　　）。
A．CFR　　　　B．CIF　　　　C．CPT　　　　D．CIP

【多项选择题】

1. 在采用 FOB 术语成交，利用程租船运输的大宗货物的交易中，如果卖方不愿意承担装船费用，可选择（　　）。
A．FOB Liner Terms　　B．FOB Under Tackle
C．FOB Stowed　　　　D．FOB Trimmed

2. 我们说将 CIF 称作"到岸价"是错误的，这主要是因为（　　）。
A．CIF 条件下，卖方交货地点是在装运港而不是目的港
B．卖方不负担将货物从装运港运往目的港的责任和费用
C．卖方不负责办理从装运港到目的港的货运保险
D．卖方承担的风险在装运港装上船后即转移给买方

3. 《2020 年通则》中的 CFR 和 CPT 术语的相同之处表现在(　　　)。

A. 按这两种术语成交的合同均属于装运合同

B. 采用这两种术语时，卖方都是在装运港交货

C. 卖方都要自费订立从交货地到目的地的运输合同

D. 出口报关均由卖方负担，进口报关均由买方负担

4. 根据《2020 年通则》的解释，采用 CFR 术语时卖方应承担的基本义务包括(　　　)。

A. 租船订舱，将货物装船并支付正常运费

B. 办理货运保险

C. 负担将货物运至目的港之前的风险

D. 办理出口通关手续

5. 按照《2020 年通则》的解释，CIP、CPT 与 FCA 的相同之处表现在(　　　)。

A. 交货方式相同　　　　　　　　B. 风险划分界限相同

C. 当事人的责任相同　　　　　　D. 适用的运输方式相同

6. 按照《2020 年通则》的解释，FOB、CFR 和 CIF 的共同点表现为(　　　)。

A. 交货地点都是在装运港装上船　　B. 均适用于水上运输方式

C. 风险划分都是以货物装上船为界　　D. 买卖双方承担的责任义务相同

【简答题】

1. 当事人可否在合同中做出与惯例不符的规定?

2. 有关贸易术语的国际惯例都有哪些? 各有何不同?

3. 学习和掌握国际贸易惯例的意义何在?

4. 试述 FOB、CFR、CIF 三种价格术语的异同。

5. 试述 FOB、CFR、CIF 和 FCA、CPT、CIP 两组价格术语的区别。

6. 为什么会出现常用价格术语的变形? FOB、CIF 各有哪些变形?

7. 试述 DPU、DAP、DDP 术语的异同。

【实训题】

1. 实训目的

了解贸易术语的含义与具体用法，熟练使用各种贸易术语对外报价。

2. 实训的要求

(1) 指出单价的写法是否有误，要求独立完成;

(2) 错误或不完整的地方请更正或作出补充。

3. 实训内容

(1) 正确使用贸易术语:① 每码 3.50 元 CIF 香港;② 每箱 500 英镑 CFR 英国;③ 每吨 1000 美元 FOB 伦敦;④ 每打 100 欧元 FOB 广州。

(2) 讨论案例。

案例一: 中国 A 公司(买方)与澳大利亚 B 公司(卖方)于某年 3 月 20 日订立了 5000 公斤羊毛的买卖合同，单价为 314 美元/千克，CFR 张家港，规格型号为 T56FNF，信用证付款，装运期为当年 6 月，我公司于 5 月 31 日开出信用证。7 月 9 日卖方传真我方称货已装船，但

要在香港转船，香港的船名为 Safety，预计到达张家港的时间为 8 月 10 日。但直到 8 月 18 日该轮才到港，我方去办理提货手续时发现船上根本没有合同项下的货物，后经多方查找，才发现合同项下的货物已在 7 月 20 日由另一条船运抵张家港。但此时已造成我方迟报关和迟提货，被海关征收滞报金人民币 16 000 元。我方向出口方提出索赔。从此案例应该吸取哪些教训？

案例二： 某出口公司，对加拿大魁北克某进口商出口 500 吨三露核桃仁，合同规定价格为每吨 4800 加元 CIF 魁北克，装运期不得晚于 10 月 31 日，不得分批和转运并规定货物应于 11 月 30 日前到达目的地，否则买方有权拒收，支付方式为 90 天远期信用证。加方于 9 月 25 日开来信用证。我方于 10 月 5 日装船完毕，但船到加拿大东岸时已是 11 月 25 日，此时魁北克已开始结冰。承运人担心船舶前往魁北克后出不来，便根据自由转船条款指示船长将货物全部卸在哈利法克斯，然后从该港改装火车运往魁北克。待这批核桃仁运到魁北克已是 12 月 2 日。于是进口商以货物晚到为由拒绝提货，提出除非降价 20% 以弥补其损失。几经交涉，最终以我方降价 15% 结案，我公司共损失 36 万加元。此案例中，我方哪些做法不妥，应该如何纠正？

案例三： 中国清远公司出口一批货物，DAP 术语成交，不可撤销信用证付款，2 月 20 日交货。1 月下旬，中国清远公司的货物装船驶向目的港。此时买方要求货装船后卖方将全套提单空邮卖方，以便买方及时凭以办理进口通关手续，中国清远公司即以照办。由于海上风浪过大，船舶迟到几天才到达目的港，遭到买方降价要挟，经过争取对方才未予以追究。货物到达目的港后，对卸货费用由谁负担的问题双方发生了争议。最后，由中国清远公司负担卸货费用，但中国清远公司却蒙上了不小的损失。从此案例中应该吸取哪些教训？

案例四： 我方进口商以 FOB 条件从巴西进口橡胶，但是我方由于租船困难，不能在合同规定的时间内到装运港接运货物，从而出现了较长时期的货等船现象，于是巴西方面要求撤销合同并向我方进口商提出赔偿损失的要求。巴西出口商的做法是否合理？

案例五： 我国某进口商与东南亚某国以 CIF 条件签订合同进口大米，由于考虑到海上运输距离较近，且运输时间段海上一般风平浪静，于是卖方在没有办理海上货运保险的情况下将货物运至我国某目的港口，适逢国内大米价格下跌，我国进口商便以出口方没有办理货运保险，卖方提交的单据不全为由，拒收货物和拒付货款。试问我方的要求是否合理，此案应如何处理？

案例六： 我国某贸易公司按 FOB 条件与韩国商人签订了一笔化工原料的进口合同，装船前检查时，货物品质良好，符合合同的规定。货物运抵目的港，我方提货后检查发现部分货物结块，品质发生变化。经调查确认原因是货物包装不良，在运输途中吸收空气中水分导致原颗粒状的原料结成硬块。于是，我方向韩国商人提起索赔，但韩国商人指出，货物装船前品质是合格的，品质的变化是在运输途中发生的，也就是装上船之后才发生的，按国际惯例，其后果应由我方承担，因此韩国商人拒绝赔偿。韩国商人的做法符合国际惯例吗？说明理由。

案例七： 我某贸易公司向一个英国商人出售一批坚果，双方以 CIF 术语达成交易。由于该商品是为制作圣诞产品而购进的原料，商品的季节性较强，双方在合同中规定："买方必须在当年 9 月底之前将信用证开到，卖方要在 10 月份在上海港完成货物的装运，运输货物的船只必须在 11 月 30 日之前抵达英国伦敦港。如果货轮不能在 11 月 30 日之前到达伦敦港，买方有权取消合同。如果货款已收，卖方必须将收到的货款退回给买方。"试问：这份合同还属于装运合同吗？我方业务人员在签订合同时有何失误？如果按英商的要求保证货物在 11 月底到达伦敦港，该合同适用哪种贸易术语成交？

第二章

国际贸易商品的价格

学习目标

技能目标

掌握国际贸易合同中的价格条款的内容和单价的表示方法、贸易术语的价格换算、佣金与折扣的含义及计算方法。

知识目标

了解进出口商品价格的制定原则和方法，影响商品价格的各种因素。

掌握国际货物买卖合同中价格条款的规定办法和计价货币的选择。

熟悉成本核算和对外准确报价方法，掌握常用术语的报价换算，能够制定合同价格条款。

引言

商品的价格是国际贸易货物买卖的主要交易条件，价格条款是买卖合同中必不可缺的合同条款。在国际贸易中，成交商品价格的确定是买卖双方最关心的一个重要问题。因此，买卖双方在洽商交易和订立合同时，都非常重视商品的作价问题，他们在讨价还价时往往需要花费很长时间。洽谈交易当中出现僵局，甚至导致洽谈失败，也往往是因为在价格方面达不成协议。由此可见，正确掌握进出口商品价格，合理运用各种行之有效的作价办法，并切实订好买卖合同中的价格条款，是完成进出口任务的关键环节。价格的制定是一项很复杂而又十分重要的工作。为了做好这项工作，从事外经贸的人员必须切实了解国际市场价格变动趋势，充分考虑影响价格的各种因素，正确贯彻我国进出口商品的作价原则，掌握正确的作价方法，做好比价工作和加强成本核算，并掌握价格换算方法。因此，在国际贸易业务中，正确掌握进出口商品的价格，合理选择作价办法，选用有利的计价货币，订好合同中的价格条款，并适当运用好与价格有关的佣金和折扣，对顺利完成合同、提高经济效益都是至关重要的。

第一节　价格的掌握

入门案例

某公司出口一个 20 英尺集装箱陶瓷制品，报价资料如下：陶瓷制品每 200 纸箱装一个 20 英尺集装箱，每纸箱采购单价为 50 000 元(供货单价中均包括 17%的增值税，出口陶瓷制品的退税率为 9%)。出口一个 20 英尺集装箱发生的国内费用有：运杂费 800元、商检费 150 元、报关费 50 元、港区港杂费 650 元、公司业务费用 1200 元、其他费用 900 元。此外还有：

海洋运费：从深圳出口陶瓷餐具至加拿大多伦多，一个 20 英尺集装箱的包箱费率为 1750 美元。

货运保险：CIF 成交金额的基础上加 10%投保中国人民保险公司海运货物保险条款

中的水渍险、碰损破碎险和战争险，费率分别为 0.5%、0.3% 和 0.16%。

　　客户佣金：成交价格的 5%。

　　报价利润：报价的 10%。

　　报价汇率：6.8 元人民币兑换 1 美元。

　　请报 FOB 深圳净价及含佣价、CFR 多伦多净价及含佣价和 CIF 多伦多净价及含佣价。

　　经过计算，该公司的报价分别为：FOB 深圳净价 66.71 美元，FOBC5 深圳 70.63 美元；CFR 多伦多净价 76.43 美元，CFRC5 多伦多 80.93 美元；CIF 多伦多净价 77.34 美元，CIFC5 多伦多 81.94 美元。详细过程参见本章内容。

一、进出口商品价格的掌握

　　价格的掌握是一项十分复杂的工作，为了做好此项工作，必须正确贯彻我国进出口商品的作价原则，切实掌握国际市场价格的变动趋势，充分考虑影响价格的各种因素，加强成本和盈亏的核算，并掌握价格换算方法。在确定商品价格时，要考虑的因素有很多，如企业的经营意图、市场战略、交易商品的特点、市场供求规律、汇率变化趋势、交易商品的质量和档次、交易数量、包装要求、运输条件、交货方式和地点、交易双方的谈判实力等，这些因素都会对商品价格的最后确定产生一定的影响。对于进出口业务人员而言，掌握商品的价格是一项复杂而又十分艰巨的工作。为了做好这项工作，外贸业务经营人员必须熟悉交易商品成本核算方法、主要贸易术语的价格构成和换算方法；了解作价方法和国际市场商品价格变动趋势，充分考虑影响价格的各种因素，合理制订国际货物买卖合同中的价格条款。

　　由于价格构成因素不同，影响价格变化的因素也多种多样。在确定进出口商品价格时，必须充分考虑影响价格的种种因素，注意同一商品在不同情况下应有合理的差价，掌握正确的作价原则。

　　(一) 正确贯彻作价原则

1. 按照国际市场价格水平作价

　　国际市场价格是以商品的国际价值为基础并在国际市场竞争中形成的，它是交易双方都能接受的价格，是我们确定进出口商品价格的客观依据。

2. 要结合国别、地区政策作价

　　为了使外贸配合外交，在参照国际市场价格水平的同时，也可适当考虑国别、地区政策。

3. 要结合购销意图

　　进出口商品价格可在国际市场价格水平的基础上，根据购销意图来确定，即可略高或略低于国际市场价格。

　　(二) 考虑影响价格的各种具体因素

1. 考虑商品的质量和档次

　　在国际市场上，一般都贯彻按质论价的原则，即好货好价、次货次价。品质的优劣、档次的高低、包装装饰的好坏、式样的新旧、商标、品牌的知名度等都影响商品的价格。

2. 考虑运输距离

国际货物买卖一般都要通过长途运输。运输距离的远近，会影响运费和保险费的开支，从而影响商品的价格。因此，确定商品价格时，必须核算运输成本，做好比价工作，以体现地区差价。

3. 要考虑交货地点和交货条件

在国际贸易中，由于交货地点和交货条件不同，买卖双方承担的责任、费用的风险有别，在确定进出口商品价格时，必须考虑这些因素。

4. 考虑季节性需求的变化

在国际市场上，某些节令性商品，如赶在节令前到货，抢行应市，即能卖上好价。过了节令的商品，其售价往往很低，甚至以低于成本的"跳楼价"出售。因此，应充分利用季节性需求的变化，切实掌握好季节性差价，争取到以有利的价格成交。

5. 考虑成交数量

按国际贸易的习惯做法，成交量的大小影响价格，即成交量大时，在价格上应给予适当优惠，或者采用数量折扣的办法；反之，如成交量过少，甚至低于起订量时，也可以适当提高出售价格。那种不论成交量多少，都采取同一个价格成交的做法是不当的，应当掌握好数量方面的差价。

6. 考虑支付条件和汇率变动的风险

支付条件是否有利以及汇率变动风险的大小都影响商品的价格。例如，同一商品在其他交易条件相同的情况下，采取预付货款和凭信用证付款方式，其价格应当有所区别。同时，确定商品价格时，一般应争取采用对自身有利的货币成交，如采用不利的货币成交时，应当把汇率变动的风险考虑到货价中去，即适当提高出售价格或压低购买价格。一般而言，出口应选择硬货币计价，进口应选择软货币计价。

二、计价货币的选择

在进出口业务中，选择使用何种货币计价或支付时，首先要考虑货币是不是可自由兑换，使用可自由兑换的货币，有利于调拨和运用，也有助于在必要时转移货币汇价风险。

对可自由兑换的货币，需考虑其稳定性：在出口业务中，一般应尽可能争取多使用从成交至收汇这段时期内汇价比较稳定且趋势上涨的货币，即所谓"硬币"或称"强币"。相反，在进口业务中，则应争取多使用从成交至付汇这段时期内汇价比较疲软且趋势下浮的货币，即所谓"软币"或称"弱币"。为减少外汇风险，在进口和出口业务中分别使用"软币"和"硬币"是一种可行而有效的办法。但除此以外，也还可采用其他的方式，主要有以下几种：

(一) 压低进口价格或提高出口价格

如在商订进口合同时，使用当时视为"硬币"的货币为计价货币和支付货币，可在确定价格时，将该货币在我方付汇时可能上浮的幅度考虑进去，将进口价格相应压低。如在商订出口合同时使用当时视为"软币"的货币为计价和支付货币，则在确定价格时，将该货币在我方收汇时可能下浮的幅度考虑进去，将出口价格相应提高。鉴于汇价变动十分频繁，原因复杂多样，特别是较长时期的，如一年以后的趋势，更难预测，所以这一办法通常较多适用于成交后进口付汇或出口收汇间隔时期较短的交易。

【例 2-1】 美国出口商向日本出口一批商品，计价 1 500 000 日元，即期汇率为 1 美元 = 100 日元，到期应收回 15 000 美元。然而到期支付时，汇率变成 USD1 = JPY95，美出口商到期可收回 15 798 美元，比签订合同时多收入 798 美元。

【例 2-2】 德国一公司借入 100 000 英镑，合 130 000 欧元(即期汇率 1 英镑 = 1.30 欧元)。但付款到期时英镑价格下跌，汇率为 1 英镑 = 1.17 欧元，此时购买 100 000 英镑支付借款只需 117 000 欧元，节省 13 000 欧元。

(二) "软"、"硬" 币结合使用

各种货币的"软"与"硬"是相对的，而且具有时间性，某种货币这一段时期是"硬币"，过一段时期可能成为"软币"。在进出口贸易中，如果要求以某一种货币计价付款，使交易双方中的一方单独承担汇率风险，一般是难以接受的。有时货币选择对交易双方来说是对立的，选用何种货币并非一厢情愿，双方往往各持己见，所以采用这种方法只有在对方处于被动(或劣势)的交易情况之下方为可行，否则难以成交。但是，如果采取"软"、"硬"货币适当搭配的办法，使汇率风险由交易双方合理分担，则比较恰当。

(三) 订立外汇保值条款

在出口合同中规定外汇保值条款的办法主要有：
(1) 计价货币和支付货币均为"硬币"。
(2) "软币"计价、"硬币"支付。将商品单价或总金额按照计价货币与支付货币当时的汇率，折合成另一种"硬币"，按另一种"硬币"支付。
(3) "软币"计价、"软币"支付。确定这一货币与另几种货币的算术平均汇率，或用其他计算方式的汇率，按支付当日与另几种货币算术平均汇率或其他汇率的变化作相应的调整，折算成原货币支付。这种保值可称为"一揽子汇率保值"。几种货币的综合汇率可有不同的计算办法，如采用简单的平均法、采用加权的平均法等，这需由双方协商同意。

三、定价方法

在国际货物买卖中，进出口商品价格的确定直接影响企业的经济效益和产品市场竞争力，是企业对外开展业务时必须面临的问题，企业确定进出口商品价格的方法主要有以下几种：

(一) 成本加成定价方法

这是成本导向定价法中最主要的一种定价形式，为外贸企业广泛使用。采用成本加成定价法时，只需要了解有关进出口商品的成本和相对于成本的利润率(或利润)，并以相应的外币表示，即能获得基本价格。以出口商品为例，出口商品的基本成本要素包括：
(1) 出口商品生产成本或采购成本。

(2) 装运前融资利息成本。

(3) 出口成本及费用(包括出口包装、国内运输、保险费用、码头费用、仓储费用、各种国内税、海关关税及费用、出口企业管理费用等)。

(4) 装运后的融资利息成本和银行手续费用。

(5) 可能的汇率变动成本。

(6) 国外运费(自装运港至目的港的海上运输费用)。

(7) 国外保险费(海上货物运输保险)。

(8) 如果有中间商,那么还应包括将支付给中间商的佣金。

(9) 出口商预期利润率等。

出口商在采用成本加成定价方法时,应根据买卖双方所确定的贸易术语,首先确定出口商品的总成本,并在此基础上计算出口商品利润,即得到出口商品的价格。

(二) 竞争对手定价法

此种定价方法以对付竞争对手为目标,在定价前,出口企业必须广泛搜集竞争对手的各种信息,并与本企业生产的同类商品加以比较,根据对比的情况确定己方的价格。

(三) 市场定价法

此种定价方法以市场为导向,根据目标市场的特点制定己方的价格,主要有推定价值定价法和区别定价法等。推定价值定价法是指根据产品和市场营销因素的组合,以及消费者对产品价值的认可程度制定己方产品的价格。采用该种定价方法的关键是预测价格的准确性。区别定价法是指按照不同的市场情况而采取的定价方法,具体又可分为客户差价、式样差价、地点差价、时间差价、数量差价、产品差价等。

(四) 固定作价、非固定价格和滑动价格法

在国际货物买卖中,一般均采用固定作价,即在磋商中把价格确定下来,事后不论发生什么情况均按确定的价格结算货款。但在实际业务中,有时也采用非固定价格和滑动价格等作价方法。

1. 固定价格

固定价格即固定作价法,也叫"死价""一口价",是指买卖双方在签订合同时,将货物价格一次"订死",不再变动。在合同有效期内,即使约定价格与实际市场价格相差很远也不得变更。这种固定作价的办法有利于结算,因此是一种常规作法。

这种作价办法比较适合交易量不大、市场价格变动不大、交货期较短的商品交易。在大宗交易时,一般应加订保值条款,规定如果计价和支付货币币值发生变动,价格可根据保值货币作相应调整,以防止汇率变动可能产生的风险损失。这种做法在国际货物买卖中应用普遍,具体做法是:交易双方通过协商就计量单位、计价货币、单位价格金额和使用的贸易术语达成一致,在合同中以单价条款的形式规定下来。

【例 2-3】USD 58.50 per Dozen CIF London(每箱 58.50 美元 CIF 伦敦)。其中 USD(美元)为计价货币,58.50 为单位价格金额,"Per Dozen"为计量单位,"CIF London"为贸易术语。

采用这种方法时，合同价格一经确定，就要严格执行，除非合同中另有约定，或经双方当事人一致同意，任何一方不得擅自更改。固定价格的做法具有明确具体、便于核算的优点。但是，在这种方式下，当事人要承担从签约到交货付款乃至转卖时价格波动的风险。

2. 非固定价格

非固定价格也称"暂不固定作价"，是指在合同中只规定作价方式或作价时间，而具体价格留待以后确定，习惯上又称"活价"。具体做法上又分为两种：

(1) 合同中只规定作价方式，具体作价留待以后确定，如规定"在装船月份前××天，参照当地及国际市场价格水平，协商议定正式价格"或"按照提单日期的国际市场价格计算"。

(2) 在合同中暂定一个初步价格，作为买方开立信用证和初步付款的依据，待以后双方确定最终价格后再进行清算，多退少补。

只规定作价时间或方式，在行情变动剧烈或双方未能就价格取得一致意见时，有一定的好处。但这种方式由于未就作价方式做出规定，容易给合同带来较大的不稳定性，双方可能因缺乏明确的作价标准，而在商定价格时各执己见，相持不下，导致合同无法执行。因此，这种方式一般只用于双方有长期交往，已形成比较固定的交易习惯的合同。

买卖双方在洽谈某些价格变化较大的货物的远期交易时，可以先在合同中规定一个暂定价格，待日后交货期前一定时间，再由双方按照市价商定最后价格。这个价格一般可作为开立信用证和预付款的依据，待双方确定价格后再进行最后清算，多退少补。

【例2-4】　单价暂定每公吨200美元CIF新加坡，于装运月份15天前由买卖双方另行协商确定价格。

USD 200 per M/T CIF SINGAPORE, this unit price is provisional, which shall be determined through negotiation between buyer and seller 15 days before the month of shipment.

3. 滑动价格

滑动价格就是在订约时只规定初步价格(Initial Price)，根据工资和原料价格的变动作出相应调整，以确定最后价格。随着许多国家通货膨胀的加剧，有一些商品合同，特别是加工周期较长的机器设备合同，都普遍采用滑动价格。在通货膨胀的条件下，它实质上是出口厂商转嫁国内通货膨胀、确保利润的一种手段。这种做法已被联合国欧洲经济委员会纳入它所制订的一些"标准合同"之中，而且其应用范围已从原来的机械设备交易扩展到一些初级产品交易，因而具有一定的普遍性。

在价格调整条款中，通常使用下列公式来调整价格：

$$P = P_0 \left(A + B\frac{M}{M_0} + C\frac{W}{W_0} \right)$$

式中，P 表示调整后价格；P_0 表示基础价格；M 表示交货时的原材料价格；M_0 表示原材料的基础价格；W 表示交货时的工资；W_0 表示基础工资；A 表示管理费在价格中所占的比重，B 表示原材料在价格中所占的比重，C 表示工资在价格中所占的比重，A、B、C 三者之和应为100%。

"价格调整条款"的基本内容，是按原料价格和工资的变动来计算合同的最后价格。

【例 2-5】 以上基础价格将按下列公式根据×××(机构)公布的 2010 年 10 月的工资指数和物价指数进行调整……

The above basic price will be adjusted according to the following formula based on the wage and price indexes published by...(organization)in Oct, 2010.

第二节　出口成本核算

入门案例

某商品出口总成本为 CNY57 000，出口后的外汇净收入为 USD10 000。假设中国银行外汇牌价为每 100 美元合人民币 627.27 元，则盈亏额为多少？

$$出口盈亏额 = 出口销售人民币净收入 - 出口总成本$$
$$= 627.27 \times 100 - 57\,000$$
$$= 5727(元)$$

一、加强出口成本核算

确定商品的成交价格应有客观依据，应从纵向和横向进行比价，做好比价工作，不能凭主观随意性盲目定价，尤其进口方面，更要注意做好比价工作。真正做好货比三家，防止确定的成交价格偏离市场价格的实际水平。

不仅要做好比价工作，同时要加强成本核算，以提高经济效益，防止出现不计成本、不计盈亏和单纯追求成交量的偏向。尤其在出口方面，加强成本核算，掌握出口总成本、出口销售外汇(美元)净收入和人民币净收入的数据，并计算和比较各种商品出口的盈亏情况，更有现实意义。出口贸易的成本是指出口商在某一票出口业务的实施过程中总的业务支出，包括进货成本和国内费用即出口总成本等于出口商品的进货成本加上出口前的一切费用和税金。进货成本即出口商品购进价，其中包含增值税，如企业自营出口，进货成本即其生产成本。国内费用通常由各企业按进货成本的 5%～10%不等的定额率自行核定。

$$出口总成本 = 出口商品购进价(含增值税) + 定额费用 - 出口退税收入$$

$$出口退税收入 = \frac{出口商品购进价(含增值税)}{1 + 增值税率} \times 退税率$$

出口成本价格是指以出口总成本为基础计算出来的单位成本价格。它不涉及任何国外费用，是出口定价的基础。

出口外汇净收入是指出口外汇总收入中扣除劳务费用如运费、保险费、佣金等非贸易外汇后的外汇收入，即出口商品按 FOB 价出售所得的外汇净收入。如以 CFR 或 CIF 术语成交，价格中扣除国外运费、保险费后，即为出口外汇净收入。已含佣价成交的，还要扣除佣金。

出口人民币净收入是指出口外汇净收入按当时外汇牌价折算的人民币数额。

根据出口商品的这些数据，可以计算出出口商品盈亏率、出口商品换汇成本和出口创汇率。

1. 出口商品盈亏率

出口商品盈亏率是指出口商品盈亏额与出口总成本的比率。出口盈亏额是指出口销售人民币净收入与出口总成本的差额，前者大于后者为盈利，反之为亏损。其计算公式为

$$出口商品盈亏率 = \frac{出口销售人民币净收入 - 出口总成本}{出口总成本} \times 100\%$$

【例2-6】 出口某商品1 442 250只，出口总价为$81 017FOB上海。商品进价为¥574 980(含增值税17%)，费用定额率为6%，出口退税率为9%。当时银行汇价美元买入价为6.30元人民币。求该笔业务出口盈亏率。

$$出口盈亏额 = 出口销售人民币净收入 - 出口总成本$$

$$= 81\,017 \times 6.30 - \left(574\,980 \times (1 + 6\%) - \frac{574\,980}{1+17\%} \times 9\%\right)$$

$$= 81\,017 \times 6.30 - 565\,249.57$$

$$= -54\,842.47(人民币)$$

$$出口盈亏率 = \frac{出口盈亏额}{出口总成本} \times 100\% = \frac{-54\,842.47}{565\,249.57} \times 100\% = -9.7\%$$

2. 出口商品换汇成本

出口商品换汇成本也是用来反映出口商品盈亏的一项重要指标，它是指以某种商品的出口总成本与出口所得的外汇净收入之比，得出用多少人民币换回一美元。出口商品换汇成本如高于银行的外汇牌价，则出口为亏损；反之，则说明出口有盈利。其计算公式为

$$出口商品换汇成本 = \frac{出口总成本(人民币)}{出口销售外汇净收入(外汇)}$$

【例2-7】 某公司出口商品1000箱，每箱人民币收购价100元，国内费用为收购价的15%，出口后每箱可退税7元人民币，外销价每箱19美元CFR曼谷，每箱货应付海运费1.2美元，计算该商品的换汇成本。(保留两位小数)

$$出口总成本 = 1000 \times 100 \times (1 + 15\%) - (1000 \times 7) = 108\,000\,(元)$$

$$出口销售外汇净收入 = 1000 \times (19 - 1.2) = 17\,800\,(美元)$$

$$换汇成本 = \frac{108\,000}{17\,800} = 6.07\,(人民币/美元)$$

3. 出口创汇率

出口创汇率亦称外汇增值率，原本用以考核进料加工的经济效益，具体做法是以成品出口所得的外汇净收入减去进口原料所支出的外汇，算出成品出口外汇增值的数额，即创汇额，再将其与原料外汇成本相比，计算出百分率。在采用国产原料的正常出口业务中，也可计算创汇率，这就要以该原料的FOB出口价格作为原料外汇成本。计算公式为

$$出口创汇率 = \frac{成品出口外汇净收入 - 原料外汇成本}{原料外汇成本} \times 100\%$$

【例 2-8】 某公司从国外进口棉花，经过加工制成棉布后出口。已知进口棉花的成本为 33 500 美元，加工后复出口所得外汇净收入为 52 500 美元，该批货物的出口创汇率是多少？

解： 　　　　$出口创汇率 = \dfrac{成品出口外汇净收入 - 原料外汇成本}{原料外汇成本} \times 100\%$

$$= \frac{52\,500 - 33\,500}{33\,500} \times 100\% = 56.72\%$$

答：该商品的出口创汇率为 56.72%。

二、出口报价核算要点

1. 成本核算

一般来说，我们掌握的成本是采购成本或含税成本，即包含增值税。但很多国家为了降低出口商品的成本，增强其产品在国际市场上的竞争能力，往往对出口商品采取增值税全部或部分退还的做法。在实施出口退税制度的情况下，出口商品在核算价格时，就应该将含税的采购成本中的税收部分根据出口退税比率予以扣除，从而得出实际采购成本。

因为

$$实际采购成本 = 含税成本 - 退税收入$$

$$退税收入 = \frac{含税成本 \times 出口退税率}{1 + 增值税率}$$

由此得出实际采购成本的计算公式为：

$$实际采购成本 = 含税成本 \times \frac{1 - 出口退税率}{1 + 增值税率}$$

【例 2-9】 某产品每单位的购货成本是 28 元，其中包括 17% 的增值税，若该产品出口有 13% 的退税，那么该产品每单位的实际采购成本为多少？

$$实际采购成本 = 含税成本 \times \frac{1 - 出口退税率}{1 + 增值税率} = 28 \times \frac{1 - 13\%}{1 + 17\%} = 24.89(元)$$

2. 运费核算

本书仅就海洋班轮运输运费的计算进行讲述。班轮运输运费的计算又分为件杂货物与集装箱货物运费计算。一般来说，它们的计算公式为

$$班轮运费 = 基本运费 + 附加运费 = 基本运费率 \times 运费吨 \times (1 + 各种附加费率)$$

$$集装箱运费 = 包箱费率 \times 集装箱的数量(在后面的章节中会学到)$$

关于集装箱的数量计算，关键在于确定是整箱货还是拼箱货。若为拼箱货，应先算出所装箱的确切数量，再按件杂货的计算方法查表计算；若为整箱货，直接按表中给出的单箱运费计算即可；若部分装整箱，部分以拼箱方式运输，需按这两种计算方式混合计算。关于集装箱数量通常是按照货物的总重量或体积除以集装箱的有效载货重量或有效容积

取整得出。通常 20 英尺集装箱的有效载重量为 17.5 公吨,有效容积为 25 立方米;40 英尺集装箱的有效载重量为 24.5 公吨,有效容积为 55 立方米。

【例 2-10】 某货物装纸箱,纸箱的尺码为 50 厘米×40 厘米×30 厘米,毛重为每箱 52 千克,那么分别根据 20 英尺、40 英尺集装箱的重量和体积计算的装箱的最大数量是:

(1) 按重量计算

每个 20 英尺集装箱可装最大数量为:$\dfrac{17.5}{0.052} = 336.538$ 箱,取整为 336 箱。

每个 40 英尺集装箱可装最大数量为:$\dfrac{24.5}{0.052} = 471.54$ 箱,取整为 471 箱。

(2) 按体积计算

每个 20 英尺集装箱可装最大数量为:$\dfrac{25}{0.5 \times 0.4 \times 0.3} = 416.667$ 箱,取整为 416 箱。

每个 40 英尺集装箱可装最大数量为:$\dfrac{55}{0.5 \times 0.4 \times 0.3} = 916.667$ 箱,取整为 916 箱。

3. 保险费核算

在出口交易中,在以 CIF 或 CIP 术语成交的情况下,出口报价中应包含保险费,保险费通常按照货物的保险金额乘以保险费率计算,用公式表示为:

$$保险费 = 保险金额 \times 保险费率$$

$$保险金额 = CIF(CIP)货价 \times (1 + 保险加成率)$$

由上面公式可以进一步得出 CFR(CPT)价格换算为 CIF(CIP)价格的公式:

$$CIF(CIP) = \frac{CFR(CPT)}{1 - (1 + 保险加成率) \times 保险费率}$$

4. 佣金核算

在出口报价中,有时对方要求报价中包含佣金,这样在出口报价中要将佣金考虑进去。包含有佣金的价格为含佣价。

$$含佣价 = \frac{净价}{1 - 佣金率}$$

5. 预期利润核算

利润是出口价格的三个组成部分之一,出口价格中包含利润的大小由出口企业自行决定。

利润的确定可以用某一固定的数额表示,也可以用利润率即百分比表示。用利润率表示时应当注意计算的基数,可以用某一成本作为计算利润的基数,也可以用销售价格作为计算利润的基数。

【例 2-11】 出口某商品,生产成本为每单位 185 元,出口的各项费用为 13.5 元,如果公司的利润率为 10%,公司对外报 FOB 价,试分别按照生产成本、出口成本和出口价格为基数计算利润额。

按生产成本为基数计算的利润额为:

$$185 \times 10\% = 18.5(元)$$

按出口成本为基数计算的利润额为：

$$(185 + 13.5) \times 10\% = 19.85(元)$$

按 FOB 出口价格为基数计算的利润额为：

$$\frac{185 + 13.5}{1 - 10\%} - (185 + 13.5) = 22.06(元)$$

【例 2-12】 信梁公司欲出口一批不锈钢厨具至开普敦(CAPETOWN)，3 个货号各装一个 20 英尺货柜。详见表 2-1。

表 2-1　信梁公司出口货物情况

货　号	包装方式/(套/箱)	尺码长/厘米	尺码宽/厘米	尺码高/厘米	购货成本/(元/套)
3SA1 012RG	2	56	32.5	49	180
3SAS1 013	2	61.5	30.5	74	144
3SAS1 004	8	63	35.5	25	55

已知上海至开普敦 20 英尺 FCL(Full Container Load，整柜)海洋运费为 2200 美元，增值税率为 17%，退税率为 9%。加一成投保一切险加战争险，保险费率分别为 0.8% 和 0.2%。这批货的国内运杂费共 2000 元，包装费每箱 2 元，出口商检费 100 元，报关费 150 元，港区港杂费 600 元，其他业务费用共 1800 元。如果公司预期利润率为 6%，另外客户要求 3% 的佣金。请报出 3 个货号 CIFC3 CAPETOWN 的价格。(美元汇率为 7.6∶1)(计算过程保留 4 位小数，结果保留两位小数)

答案解析：

1. 20 英尺 FCL 货量

3SA1 012RG：$\dfrac{25}{0.56 \times 0.325 \times 0.49} = 280$（箱）

3SAS1 013：$\dfrac{25}{0.615 \times 0.305 \times 0.74} = 180$（箱）

3SAS1 004：$\dfrac{25}{0.63 \times 0.355 \times 0.25} = 447$（箱）

2. 实际采购成本(每套)

3SA1 012RG：$180 \times \dfrac{1 + 17\% - 9\%}{1 + 17} = 166.1538$（元）

3SAS1 013：$144 \times \dfrac{1 + 17\% - 9\%}{1 + 17} = 132.9231$（元）

3SAS1004：$55 \times \dfrac{1 + 17\% - 9\%}{1 + 17} = 50.7692$（元）

3. 国内费用(每套)

3SA1 012RG：$\dfrac{2000 + 280 \times 2 + 100 + 150 + 600 + 1800}{560} = 9.3036$（元）

3SAS1 013：$\dfrac{2000+180\times2+100+150+600+1800}{360}=13.9167$（元）

3SAS1 004：$\dfrac{2000+447\times2+100+150+600+1800}{3576}=1.5503$（元）

4. 海洋运费(每套)

3SA1 012RG：$\dfrac{2200}{280\times2}=3.9286$（美元）

3SAS1 013：$\dfrac{2200}{180\times2}=6.1111$（美元）

3SAS1 004：$\dfrac{2200}{447\times8}=0.6152$（美元）

5. 保险费

报价 $\times(1+10\%)\times1\%$

6. 佣金

报价 $\times3\%$

7. CIFC3 报价(每套)

3SA1 012RG：

$$CIFC3=\dfrac{(166.1538+9.3036)/7.6+3.9286}{1-6\%-3\%-(1+10\%)1\%}=\dfrac{27.0515}{0.899}=30.05\ （美元）$$

3SAS1 013：

$$CIFC3=\dfrac{(132.9231+13.9167)/7.6+6.1111}{1-6\%-3\%-(1+10\%)1\%}=\dfrac{25.4231}{0.899}=28.29\ （美元）$$

3SAS1 004：

$$CIFC3=\dfrac{(50.7692+1.5503)/7.6+0.6125}{1-6\%-3\%-(1+10\%)\times1\%}=\dfrac{7.4994}{0.899}=8.34\ （美元）$$

三、常用贸易术语间的折算

在实际业务中，经常会遇到接受报价的一方要求对方对原交易条件进行改报的情况，这就要求外贸人员能正确理解各贸易术语之间的逻辑关系并进行准确换算。最常用的FOB、CFR 和 CIF 三种价格的换算方法及公式如下：

(一) 主要贸易术语的价格构成

在我国进出口业务中，最常采用的贸易术语是 FOB、CFR 和 CIF 三种。这三种贸易术语仅适用于海上或内河运输，在价格构成中通常包括三方面的内容：生产或采购成本、各种费用和净利润。

FOB、CFR 和 CIF 三种贸易术语的价格构成的计算公式如下：

FOB 价 = 生产或采购成本价 + 国内费用 + 净利润

CFR 价 = 生产或采购成本价 + 国内费用 + 国外运费 + 净利润

　　　　= FOB 价 + 国外运费

CIF 价 = 生产或采购成本价 + 国内费用 + 国外运费 + 国外保险费 + 净利润

　　　　= FOB 价 + 国外运费 + 国外保险费

　　而 FCA、CPT 和 CIP 三种贸易术语，是国际商会为适应国际贸易的新发展而制定的贸易术语。它们的适用范围比较广，其价格构成也有三部分：生产或采购成本、各种费用和净利润。由于采用的运输方式不同，交货地点和交货方式不同，有关费用也有所不同。

　　FCA、CPT 和 CIP 三种贸易术语的价格构成的计算公式如下：

FCA 价 = 生产或采购成本价 + 国内费用 + 净利润

CPT 价 = 生产或采购成本价 + 国内费用 + 国外运费 + 净利润

　　　　= FCA 价 + 国外运费

CIP 价 = 生产或采购成本价 + 国内运费 + 国外运费 + 国外保险费 + 净利润

　　　　= FCA 价 + 国外运费 + 国外保险费

(二) 主要贸易术语的价格换算

1. FOB 价换算为其他价

(1) CFR 价 = FOB 价 + 运费

(2) $CIF = \dfrac{FOB + 运费}{1 - 保险费率 \times 投保加成}$

2. CFR 价换算为其他价

(1) FOB 价 = CFR 价 - 运费

(2) $CIF\ 价 = \dfrac{CFR 价}{1 - 投保加成 \times 保险费率}$

3. CIF 价换算为其他价

(1) FOB 价 = CIF 价 × (1 - 投保加成 × 保险费率) - 运费

(2) CFR 价 = CIF 价 × (1 - 投保加成 × 保险费率)

第三节　佣金和折扣

　　在国际贸易中，佣金和折扣的构成是价格谈判的基本内容之一，也是商洽中经常涉及的事。对外贸易价格中包含了佣金或折扣，直接影响到买卖的最终完成，也影响到实际价格的高低，关系到进出口双方以及相关第三者的经济收益。要达到贸易的最终完成，佣金和折扣经常成为不可或缺的因素之一。但是，佣金和折扣也有着明显的差别。佣金一般是指代理人或经纪人、中间商等，因介绍交易或代买代卖所获得的报酬；而折扣则是指在商品交易中给予对方的价格优惠。在价格条款中，所规定的价格，可分为包含有佣金或折扣的价格和不包含这类因素的净价。包含有佣金的价格，在业务中通常称为"含佣价"。

入门案例

　我国出口货物报价是每公吨430美元CIF纽约包括3%佣金，现在对方要求我方增加佣金两个百分点。在不减少外汇收入的情况下，我方应报价多少？

因为：含佣价 $= \dfrac{\text{净价}}{1-\text{佣金率}}$

应报价：$430 \times \dfrac{1-3\%}{1-5\%} = 439.05$（美元）

一、佣金

(一) 佣金的含义

在国际贸易中，有些交易是通过中间代理商进行的。因中间商介绍生意或代买代卖而向其支付一定的酬金，此项酬金叫做佣金(Commission)。凡在合同价格条款中，明确规定佣金的百分比，叫做"明佣"。如不标明佣金的百分比，甚至连"佣金"字样也不标示出来，有关佣金的问题由双方当事人另行约定，这种暗中约定佣金的做法，叫做"暗佣"。佣金直接关系到商品的价格，货价中是否包括佣金和佣金比例的大小，都影响商品的价格，显然，含佣价比净价要高，正确运用佣金，有利于调动中间商的积极性和扩大交易。包含佣金的价格称为含佣价，不含佣金的价格为净价(Net Price)。

(二) 佣金的规定办法

在商品价格中包括佣金时，通常应以文字来说明。凡价格中包含佣金的，称为"含佣价"(Commission Price)。"含佣价"可用文字表示。

【例2-13】　每公吨335美元CIF纽约包含佣金2%

USD335 per metric ton CIF New York including 2% commission
也可在贸易术语后面加注"佣金"的英文缩写字母"C"，并注明佣金的百分比来表示。

【例2-14】　每吨335美元CIFC2%纽约

USD335 per metric ton CIFC2% New York
明佣的表示方法一般是在价格之后加列一定百分比的佣金率。

【例2-15】　USD27.50 per piece CIFC5 New York，这里的C5指5% Commission，即佣金率。

除用百分比表示外，也可以用绝对数来表示，如"每公吨付佣金25美元"。如中间商为了从买卖双方获取"双头佣金"或为了逃税，有时要求在合同中不规定佣金，而另按双方暗中达成的协议支付。佣金的规定应合理，其比率一般掌握在1%～5%之间，不宜偏高。

(三) 佣金的计算与支付方法

在国际贸易中，计算佣金的方法不一。有的按成交金额约定的百分比计算，也有的按成交商品的数量来计算，即按每一单位数量收取若干佣金。在我国进出口业务中，计算方法也不一致。按成交金额和成交商品的数量计算的都有。在按成交金额计算时，有的以发票总金额作为计算佣金的基数，有的则以 FOB 总值为基数来计算佣金，如按 CIFC 成交，而以 FOB 值为基数计算佣金时，则应从 CIF 价中减去运费和保险费，求出 FOB 值，然后以 FOB 值乘佣金率，即得出佣金额。

佣金额是在含佣价的基础上计算的，通常佣金的计算公式为

(1) 佣金按成交金额的百分率计算：

$$佣金额 = 含佣价 \times 佣金率$$
$$净价 = 含佣价 - 佣金额$$

含佣价与净价的关系如下：

$$含佣价 = \frac{净价}{1 - 佣金率}$$

【例 2-16】 每吨 1000 港币，佣金为 5%，其计算方法就是：$1000 \times 5\% = 50$(港元)，那么付给的佣金就是 50 港元。

(2) 按成交数量支付佣金，即：交货数量×单位数量付佣额=佣金。

【例 2-17】 某商品共 5000 件，每件付给佣金 10 美分，那么付给的佣金数额就是 $5000 \times 0.10 = 500$(美元)。

(3) 按 FOB 净价为基数计算，即：运费(F)和保费(I)不付佣。如果该商品是以 CIF 成交的话，付佣时把保费(I)和运费(F)减除，公式为

$$CIF \times (1 - 运、保费率) \times 佣金率 = 佣金$$

【例 2-18】 某商品以 CIF 价格条件成交，出口金额为 70 万美元，运费占总金额的 20%，保险费占总金额的 3%，佣金率为 4%，求得 FOB 净价为基数的佣金。

其计算方法是：

$$[70 - (70 \times 20\%) - (70 \times 3\%)] \times 4\% = (70 - 14 - 2.1) \times 4\% = 2.156(万美元)$$

那么应付的佣金是 2.156(万美元)。

(4) 按累进佣金办法计算，累计佣金对销售商具有一定的刺激作用，因累计销售额越大，佣金额也就越高

累进佣金又可分为全额累进佣金和超额累进佣金两种：

(1) 全额累进佣金：按一定时期内推销金额所达到的佣金等级计算佣金。

【例 2-19】 某代理协议，佣金一年累计结付，按全额累进方法结算，推销额和佣金率如表 2-2 所示。

表 2-2　推销额和佣金率资料表

等级	推销额/万元	佣金率(%)
A 级	100 以下	1
B 级	100～200 以下	1.5
C 级	200～300 以下	2
D 级	300 及 300 以上	2.5

假如年末结算时某销售商实际推销额为 240 万元，按 C 级"2%"计算佣金，即：240万元 × 2% = 4.8 万元，那么该销售商应得佣金 4.8 万元。

(2) 超额累进佣金：各等级的超额部分，各按适用等级的佣金来计算，然后再将各级佣金额累加起来，求得累进佣金的总额。推销额和佣金率资料表见表 2-3。

【例 2-20】

表 2-3　推销额和佣金率资料表

等级	推销额/万港元	佣金(%)
A	未超过 100	1
B	100～200	2
C	200～300	3
D	300 以上	4

年末结算，实际推销额为 250 万港元，累进佣金应按下列公式计算：

A 级佣金：$100 \times 1\% = 1$ (万港元)

B 级佣金：$(200 - 100) \times 2\% = 2$ (万港元)

C 级佣金：$(250 - 200) \times 3\% = 1.50$ (万港元)

A + B + C = 4.5 万港元，那么该销售商实际所得为 4.5 万港元。

佣金的支付方法有两种：一种是在交易达成时就向中间商支付佣金，另一种是卖方在收到全部货款后，再另行支付佣金。在前一种情况下，虽交易已达成，但万一合同无法履行，委托人仍要向中间商支付佣金。而后一种情况对委托人比较有利。为了避免和防止误解，除要明确规定委托人与中间商之间的权利与义务之外，委托人最好事先与佣金商达成书面协议，明确规定出支付佣金的方法。通常佣金可以在合同履行后逐笔支付，也可按月、按季、按半年甚至一年汇总支付。

二、折扣

(一) 折扣的含义

折扣(Discount)是指卖方按原价给予买方一定百分比的减让，即在价格上给予适当的优惠。国际贸易中使用的折扣，名目很多，除一般折扣外，还有为扩大销售而使用的数量折扣(Quantity Discount)，为实现某种特殊目的而给予的特别折扣(Special Discount)，以及年终回扣(Turnover Bonus)等。凡在价格条款中明确规定折扣率的，叫做"明扣"；凡交易双方就折扣问题已达成协议，而在价格条款中都不明示折扣率的，叫做"暗扣"。折扣直接关系到商品的价格，货价中是否包括折扣和折扣率的大小，都会影响商品价格。折扣率越高，则价格越低。折扣如同佣金一样，都是市场经济的必然产物，正确运用折扣，有利于调动采购商的积极性和扩大销路。在国际贸易中，它是加强对外竞销的一种手段。

(二) 折扣的规定方法

在国际贸易中，折扣通常在规定价格条款时，用文字明确表示出来。明扣在价格条款中明确表示出来，如"USD280.00 per M/T CIF Bombay less 3% Discount"，此例也可这样表示："CIF Bombay 每公吨 280 美元，减 3%折扣"。此外，折扣也可以用绝对数来表示，如"每公吨折扣 6 美元"。

在实际业务中，也有用"CIFD"或"CIFR"来表示 CIF 价格中包含折扣的，这里的"D"和"R"是"Discount"和"Rebate"的缩写。鉴于在贸易术语中加注的"D"或"R"含义不清，可能引起误解，故最好不使用此缩写语。

交易双方采取"暗扣"的做法时，则在合同价格条款中不予规定，有关折扣的问题，按交易双方暗中达成的协议处理。这种做法属于不公平竞争。公职人员或企业雇用人员拿"暗扣"，应属贪污受贿行为。

(三) 折扣的计算与支付方法

折扣通常是以成交额或发票金额为基础计算出来的，其计算方法为

$$单位货物折扣额 = 原价(或含折扣价) \times 折扣率$$
$$卖方实际净收入 = 原价 - 单位货物折扣额$$

折扣一般是在买方支付货款时预先予以扣除，也有的折扣金额不直接从货价中扣除，而按暗中达成的协议另行支付给买方，这种做法通常在给"暗扣"或"回扣"时采用。

第四节　国际货物买卖合同中的价格条款

入门案例

判断下面我国某公司对外出口单价的写法是否正确，给出理由和必要的补充。
1. 每码 3.50 元 CIFC 香港
2. 每箱 500 英镑 CFR 净价英国
3. 每吨 1000 美元 FOB 伦敦
4. 每打 100 欧元 FOB 净价减 1%折扣
5. 2000 日元 CIF 上海包含佣金 2%

一、价格条款的基本内容

进出口合同中的价格条款，一般包括商品的单价和总值两项基本内容。单价通常由四个部分组成，即包括计量单位、单位价格金额、计价货币和贸易术语，如"每公吨 CIF 洛杉矶 2000 美元(USD 2000 per M/T CIF Los Angeles)"。总值(或称总价)是单价同数量的乘积，也就是一笔交易的货款总金额。此外，如果价格条款中还包括佣金、折扣及作价办法等内容，也要规定清楚。国际货物买卖合同中的价格条款应真实反映买卖双方价格磋商的结果，条款内容应完整、明确、具体、准确。

二、国际货物买卖合同中的价格条款及举例

1. 净价

单价：Unit Price: @ GBP100 per metric ton CIF London

总价：Total Value: GBP(pound) XXX

2. 含佣价

单价：Unit Price: @USD0.70 per box FOB Shanghai including 2% commission

总价：Total Value: USD XXX

3. 含折扣价

单价：Unit Price: @USD 45 PER PIECE CIF Hamburg less 2% discount

总价：Total Value: USD XXX

三、确定价格条款时应注意的问题

(1) 正确书写计价货币的名称。不同国家(或地区)使用的货币名称有时相同，如美国、加拿大、澳大利亚等国的货币都是"元"(Dollar)，在写货币符号时应注明国别和地区，并按国际统一缩写符号书写，如 USD、CAD、AUD、HKD、CNY 等。

(2) 正确填写单价金额。合理确定商品的单价，防止作价偏高或偏低。根据经济意图和实际情况，在权衡利弊的基础上选用适当的贸易术语。如果在出口合同中把金额写错使之低于或高于原来商定的金额，都有可能被对方利用，从而遭受损失。因为经双方签署确认的错误单价金额可以否定或改变磋商时谈定的条件。

(3) 计价单位应与数量条款中的计量单位一致。如计价数量单位为公吨，则数量和单价中均应用公吨，不要一个用公吨，另一个用千克。单价中涉及的计量单位、计价货币、装卸地名称必须书写正确、清楚，以利于合同的履行。

(4) 贸易术语应该准确完整，后面的港口应该无误，如 FOB 术语后应该是装运港，我方出口时就不能写成"FOB NEW YORK"。

(5) 争取选择有利的计价货币，以免遭受币值变动带来的风险。如采用不利的计价货币时，应当加订保值条款。

(6) 灵活运用各种不同的作价办法，以避免价格变动的风险。

(7) 参照国际贸易的习惯做法，注意佣金和折扣的合理运用。

知 识 与 技 能 训 练

【单项选择题】

1. 商品出口总成本与出口所得的外汇净收入之比，是(　　)。

A. 出口商品盈亏额　　　　　　　B. 出口商品盈亏率

C. 出口换汇成本　　　　　　　　D. 出口创汇率

2. 某商品出口总成本为 14 000 元人民币，出口后外汇净收入为 2 000 美元，如果中国银行的外汇牌价为 100 美元换 830 元人民币，则该商品出口盈亏率为(　　)。

A. 18.50%　　　B. 18.57%　　　C. 18.60%　　　D. 18.65%

3. 某买卖合同中规定："如果卖方因国内原材料价格指数上升 1%，对本合同未执行的数量，双方协商调整价格。"这是(　　)。

A. 固定价格　　　　　　　B. 非固定价格
C. 暂定价格　　　　　　　D. 价格调整条款

4. 某合同价格条款规定为"每公吨 CIF 大阪 100 美元"，这种价格是(　　)。

A. 净价　　　　　　　　　B. 含佣价
C. 离岸价　　　　　　　　D. 成本价

5. 某公司对外报价为 CIF 价 150 美元，外商要求改报 CIFC5%，我方应报价为(　　)美元。

A. 157.0　　　B. 157.4　　　C. 157.8　　　D. 157.9

【多项选择题】

1. 下列单价条款对佣金描述正确的有(　　)。

A. 每公吨 150 美元 CIF 上海包括 20%的佣金
B. 每公吨 150 美元 CIF 上海，每公吨付佣金 3 美元
C. 每公吨 150 美元 CIFC2%上海
D. 每公吨 150 美元 CIF 上海，包含佣金
E. 每公吨 150 美元 CIF 上海

2. 合同中的单价条款包括(　　)。

A. 总值　　　　　B. 计量单位
C. 单位价格金额　　D. 计价货币　　　E. 贸易术语

【简答题】

1. 我国出口商品的作价原则是什么？
2. 影响商品成交价格的因素有哪些？
3. 在实际业务中，使用固定价格时应注意哪些问题？
4. 如何在合同中规定佣金？
5. 如何在合同中规定折扣？

【实训练习】

1. 实训目的

了解出口报价的构成，熟练使用各种贸易术语，加强成本核算，对外准确报价。

2. 实训的要求

(1) 成本核算部分的实训内容要求独立完成。
(2) 定价策略与出口报价部分以小组为单位进行。
(3) 在案例分析的基础上，引导学生自由选取自己熟悉的产品，尝试进行国际市场的定价分析。

3. 实训内容

1) 出口报价核算实训

利用 FOB、CFR 和 CIF 三种贸易术语的价格构成的计算公式，根据表 2-4 的资料核算 A 牌彩色电视机的成本，分别报出两款彩色电视机的 FOB、CFR 和 CIF 价。

表 2-4　两款彩色电视机的资料

品　　名	货　　号	出厂价/元	尺码/毫米	毛重/千克	数量/台/(40 英尺集装箱)
63.5 厘米彩色电视机	KJ9 860	1700	770 × 555 × 615	37	180
72.66 厘米彩色电视机	KJ9 890	1900	850 × 655 × 705	45	150

已知：

(1) 40 英尺集装箱国外包装费率(徐州—纽约)：每箱 4000 美元。40 英尺集装箱国内成本(费用)：运杂费 1850 元；商检费 200 元；报关费 100 元；港杂费 1400 元；公司业务费 2500 元；其他杂费 900 元。

(2) 货物按发票 110%投保一切险，保险费率为 0.5%。

(3) 出口预期利润 10%。

(4) 美元兑人民币汇率按照 1∶6.6 折算。

2) 报价核算练习

(1) 某商品的卖方报价为每打 60 美元 CIF 香港，若该批商品的运费是 CIF 价的 2%，保险费率是 1%，现外商要求将价格改报为 FOBC3。请问 FOBC3 应报多少？假设卖方国内进货价为每打 380 元人民币，出口前的费用和税金共 15 元人民币/打，求该批商品的出口换汇成本和盈亏率。

(2) 某公司向加拿大出口某商品，外销价为每公吨 500 美元 CIF 温哥华，支付运费为 70 美元，保险费 6.5 美元。如果该公司收购该商品的收购价为每公吨 1800 元人民币，且国内直接和间接费用加 17%。试计算该商品的出口总成本、出口销售外汇净收入和出口换汇成本。假若当期银行外汇牌价为 1 美元合 6.6 元人民币，试计算该笔出口的盈亏率。

(3) 请根据下列资料分别报出每个货号的 FOBC5、CFRC5、CIFC5 的价格。(计算过程保留四位小数，计算结果保留两位小数)

商　　品：玩具

货　　号：KA2345、KB3321、KC3464、KD4242

包装方式：2 pcs/纸箱

纸箱尺码：75 cm × 50 cm × 30 cm

毛/净重：8/6mgs

供货价格：52、60、43、76 元人民币/只

起订数量：每个货号一个 20 英尺集装箱

增值税率：17%

退税率：8%

国内费用：出口一个 20 英尺集装箱所需费用为：运杂费 850 元，商检报关费 180 元，港区港杂费 580 元，认证费 90 元，业务费 1100 元，其他费用 850 元

海洋运费：USD2 150/20 英尺集装箱

保险费率：0.85%

预期利润率：5%

外汇汇率：6.6 元人民币/美元

3) 案例分析

案例一：某年 10 月，中国某出口公司按 CIF 价格条件和信用证付款的方式向中东地区某商人出售一批服装。该公司寄出的结算单据遭开户行拒付，其理由是，在商业发票上所列价格条件仅标明目的港名称，而其前面却漏打 "CIF" 字样。经与议付行洽商并由议付行向开证行交涉，说明提单上注明 "运费已付"，又有保险单证明已投保货运险，就整套单据而言，是符合 CIF 价格条件的，但开证行仍然坚决拒付，并将不符合点通知开证人。开证人则以市况不佳为由，要求减价 15%才接受单据。几经交涉之后，开证行通知议付行称："买方只能按90%付款赎单。" 议付行就此与出口公司联系后，先按90%收汇，未收部分则继续与开证行交涉，但终未成功。此案例中，应该吸取哪些教训？

案例二：某年，那不勒斯某商人(买方)向伯明翰某商人(卖方)订购一批货物，双方按 CIF条件签订合同，根据买方要求，在合同中规定："卖方务必办妥货运保险后发运，买方从货物到达之时起 3 个月付款"。后因货物在运输途中灭失，买方则拒付货款，双方因此引起争议，卖方遂诉诸法院。结果，法院判决，卖方胜诉。此案例中，卖方为何会胜诉？

第三章

国际贸易货物描述

学习目标

技能目标

通过对国际货物买卖标的物的描述，掌握国际贸易中商品的种类、数量、包装条款的基本内容。

知识目标

掌握国际货物贸易合同中规定商品品名、品质、数量包装的内容与方法。

掌握国际货物贸易合同中有关商品品名、品质及数量包装条款的写作技巧。

了解运输标志、定牌生产和中性包装等问题。

引言

国际商品贸易双方达成交易后，须订立书面协议，从而以法律的形式来约束双方承担合同的责任与义务。而在合同中选择不同的贸易条件，对双方的风险、责任是不同的，因此订立高质量合同的前提条件就是要熟练掌握合同中各项条款的内容和订立方法。本章主要介绍国际商品贸易合同中国际贸易货物描述，包括商品的品质、数量、包装、装运、支付等条款的内容和订立方法。

第一节　商品的品名

入门案例

　　我国某生产企业向马来西亚客户出口汽车配件，品名为 YZ-8 303R/L，但生产企业提供了 YZ-8 301R/L，两种型号的产品在外形上非常相似，但却用在不同的车型上，因此客户不能接受，要求我方要调换产品或降低价格。我方考虑到退货相当麻烦，费用很高，因此只好降低价格 15%，了结此案。

　　此案例表明：商品的名称和质量是国际货物买卖合同中不可缺少的主要条件之一，是买卖双方进行交易的物质基础。如果商品的名称不明确，买卖双方也就失去了洽商的依据，无法开展交易。诸如以上案例，卖方属于重大违约，因此赔偿对方损失是不可避免的。

一、构成合同"标的"的条件

货物的买卖对象称为标的，它的名称就叫品名。构成合同中"标的"的条件如下：

(1) 合同的"标的"必须是卖方所占有的。占有的含义通常是指有商品的所有权、使用权和处置权。例如，对抵押物就没有处置权，它不能构成合同中的标的。《公约》中对卖方占有问题也有规定。《公约》中第四十一条规定："卖方所交付的货物必须是第三方不能提出任何权利或要求的货物除非买方同意在这种权利或要求的条件下收取货物。但是，如果这种权利或要求是以工业产权或其他知识产权为基础的，卖方的义务应依照第四十二条的规定。"这里意指不能有任何第三方向卖方提出货物要求或指控，否则，买方不负责。《公约》第四十二条中指出："卖方所交付的货物，必须是第三者不能根据工业产权或其他知识产权主张任何权利或要求的货物。"这里说的是不能由第三方提出产权控告。这些规定进一步说明了卖方占有的条件。

(2) 标的必须是合法的。凡法律上禁止买卖的东西均不可作为合同中的标的。如各国都不允许买卖毒品，我国还规定不准传播淫秽录音带、录像带等。如属政府管制的东西，应有许可证。

(3) 合同的标的必须经买卖双方一致同意。不能通过诈骗、威胁等行为来强迫买卖。

二、商品的品名表示方法

商品的品名(Name of Commodity)，即商品的名称，是指能使一种商品区别于其他商品的一种称呼。商品的品名在一定程度上表明商品的自然属性、用途以及主要的性能特征。

从法律角度看，在合同中规定标的物的具体名称，关系到买卖双方在货物交接方面的权利和义务。按照有关法律与商业惯例，对买卖商品的具体形象的描述，是有关商品说明的一个主要组成部分，是双方当事人交收商品的基本依据之一，是买卖合同中的主要交易条件。如果卖方交付的货物不符合合同规定的品名和说明，买方有权拒绝接受货物，撤销合同并提出损害赔偿的请求。

从业务角度看，品名的规定是双方交易的物质内容，是交易赖以进行的物质基础和前提条件，也是构成商品说明(Description)的一个主要组成部分，是买卖双方交接货物的一项基本依据，它关系到买卖双方的权利和义务。好的商品名称能促进消费，激发消费者的购买欲望，有利于买卖合同的签订。品名的规定，取决于成交商品的品种和特点，有时只要列明商品的名称即可。但有的商品往往具有不同的品种、等级和型号，也可把有关具体品种、等级或型号的概括性描述包括进去，作为进一步的限定。概括起来，商品的命名方式主要有以下几种：

(1) 以商品主要用途命名。这种方法在于突出其用途，便于消费者按照其需要购买，如压路机、旅游鞋、杀虫剂、自行车等。

(2) 以商品所使用的主要原材料命名。这种方法能通过突出所使用的主要原材料反映出商品的质量，如皮鞋、羊毛衫、铝锅、玻璃杯等。

(3) 以商品主要成分命名。这种方法可使消费者了解商品的有效内涵，有利于提高商品的身价，一般适用于以大众所熟知的名贵原材料制造的商品，如西洋参蜂王浆、人参珍珠霜等。

(4) 以商品外观造型命名。这种方法有利于消费者从字义上了解该商品的特征，如包裙、直筒裤、宝塔纱、纸管等。

(5) 以褒义词命名。这种方法能突出商品的使用效能和特性，有利于促进消费者的购买欲望，如生命一号、智多星、青春宝等。

(6) 以产地的名胜古迹或人物名字命名。这种方法一般以著名的历史人物或传说中的人物命名，如孔府家酒、西湖龙井等。

(7) 以制作工艺命名。这种方法有利于客户了解该商品的制作特征，增强其对该商品的信任，如二锅头烧酒、手擀面、蒸馏水等。

三、品名条款及其注意事项

1. 品名条款的内容

国际货物买卖合同中的品名条款，一般比较简单，通常都是在"品名"或"商品名称"的标题下，列明缔约双方同意交易的商品的名称，也可以不加标题，只在合同的开头部分列明交易双方同意买卖某种商品的文句。

品名条款可以在合同中单列，也可以与品质、数量放在一起。

2. 订立品名条款时应注意的事项

(1) 商品的品名必须做到内容明确、具体、实事求是，避免空泛、笼统的规定。例如：品名为大豆，就不够具体，应标明东北大豆，或其他产地的大豆。再如，日本向中国订一批竹子做的纸，当时合同上写"手工纸"(Hand Made Paper)，实际制作时有些工序是非手工制作的。交货时，日方出提出交货与品名不符，要求降价，造成我方很被动。

(2) 品名取得合适与否同价格有关。散珍珠作为天然产品，价格不高，可是作为豪华装饰品的项链，则价格可高上百倍。

(3) 商品的品名要尽可能使用国际上通行的名称。若使用地方性的名称，交易双方应事先就其含义达成共识。对于某些新商品的命名及其译名，应力求准确、易懂，并符合国际上的习惯称呼，如我们常说的"病毒唑"，而国际通用名称为"利巴韦林"。

(4) 必须注意各国习惯不同，同一商品可能取用不同品名，如西欧、美国把大豆用作饲料，取名为 Horse Bean，而埃及人将大豆作早餐食用，若仍取名 Horse Bean，将会造成不良后果。

(5) 确定品名时应恰当地选择商品的不同名称，以利于降低关税、方便进出口和节约运费开支。例如，一家公司出口苹果酒，品名写为"Cider"，结果遭到拒付，原因是这个词除了苹果酒的意思之外，还有苹果汁的意思，海关无从收税，正确的写法应为"Apple Wine"。

第二节　商品的品质

合同中的品质条件，是构成商品说明的重要组成部分，是买卖双方交接货物的依据，英国货物买卖法把品质条件作为合同的要件(Condition)。这就进一步说明了品质的重要性。

入门案例

广东省 XH 县盛产柑橘，并形成了一种优质品种，称为"XH 柑"。XH 柑品质上乘，一直享誉东南亚地区。

XH 县某出口公司曾与某港商订立了一份向香港出口大宗柑皮的合同。合同中的品质条款仅规定"XH 种柑皮"，货物交收后，港商提出异议，称这些柑皮不是 XH 县当地产的，因为他已派人调查了全县所有产地，即使是全县生产的柑橘，也无法剥出这么多皮。

我方出口公司解释，合同仅规定"XH 种柑皮"，只要是 XH 品"种"的柑皮就符合合同规定。对方认为，合同规定"XH 种柑皮"，必须是在 XH 县当地"种"植的柑皮才是符合合同要求的，双方各持已见，最终还是中方为维持双方业务关系而赔偿港方了事。

此案例表明：订立合同的品质条款时，应尽量做到准确无误，过分笼统往往会造成事后对合同含义的不同理解而引起纠纷。不过，此案若中方坚持自己的立场，胜诉的机会还是很大的。中方可以根据长期以来形成的业务习惯说明 XH 种柑皮的含义。因为，当地传统习惯将 XH 品种的柑子称为"XH 柑"或"XH 种柑"，一般泛指在 XH 县以及附近县市一带生长的一种有独特风味的柑子，是广东省内柑橘品种的四大名品之一，故"XH 种柑"应按传统理解为 XH 品种的柑子，而不一定是在 XH 县种植的柑子。

一、商品品质及其在国际贸易中的重要性

(一) 商品的品质

商品的品质(Quality of Goods)，亦称质量，是指商品的内在素质与外观形态的综合，是商品适合一定用途，满足用户需要的各种特性。内在素质是指商品的物理性能、机械性能、化学成分、生物特性等自然属性(气味、滋味、成分、性能、组织结构等)。外观形态是指商品的外形(颜色、光泽、透明度、款式、花色、造型等)。

(二) 国际贸易中商品品质的重要性

在国际贸易中，货物的品质不仅是主要交易条件，而且是买卖双方进行交易磋商的首要条件。因为货物品质的优劣不但关系到货物的使用效能和售价高低，而且还决定货物销路畅滞，涉及有关企业乃至国家的声誉。在当前国际市场竞争激烈的情况下，提高出口货物的品质，是加强对外竞争的主要手段。只有切实加强出口货物的质量管理，根据国际市场的需要和变化，不断提高出口货物质量，增加花色品种和改进款式，并使之适销对路，才能开拓和巩固国际市场，做到以质取胜。同时还可以提高出口商品在国际市场的声势，并反映出口国的科学技术和经济发展水平。在进口贸易中，严格把好进口商品质量关，使进口商品适应国内生产建设、科学研究和人民生活的需要，是维护国家和人民利益并确保提高企业经济效益的重要问题。

合同中的品质条件是构成商品说明的重要组成部分，是买卖双方交接货物的依据。《公约》规定，卖方交付货物必须符合约定的质量，如卖方交货不符合约定的品质条件，买方有权要求损害赔偿，也可以要求修理或交付替代货物，甚至拒收货物和撤销合同。总体来说，国际贸易中商品品质的重要性表现为以下几点。

(1) 品质的高低反映了商品实际使用效能和使用价值。

(2) 品质对商品的价格起重要作用，俗话说"按质论价"，同一商品品质不同，价格不一。

(3) 品质是非价格竞争的手段之一，在国际市场竞争激烈的情况下，提高产品质量已成为商品竞争的手段之一。许多国家的消费者在解决温饱问题之后，对商品的需求已不再满足于低价，而是要求高质量，价高一些也无妨。

(4) 品质与销路直接有关，优良的商品品质可以帮助打开市场，而品质差的有了市场也会丢失市场。例如，美国肯德基家乡鸡，不远万里来到北京与闻名世界的北京烤鸭争艳，

在中美合资经营三个月后，就创日销量 4.1 万美元的历史纪录。家乡鸡能打开市场的根本原因是抓住质量这个根本。因为这种炸鸡在出锅两小时后就会变味，为了保证质量，美方总经理决定：凡出锅两小时以后的炸鸡全部扔入垃圾箱，以此来激励销售。又如，巴西万品公园在圣保罗举办的一次中国工艺品展览会，当时大部分工艺品以其特有的东方魅力赢得了在巴西的国内外顾客的好感，展品一抢而空，唯有某品牌瓷器受到冷落，因为产品质量不好；产品凹凸不平、厚薄不一、花纹不全、有气泡等。参展公司因卖不出去要求供应商赔偿损失，还决定今后不再进口该瓷器，以免将已有的市场丢失。

(5) 品质好坏还影响产品生命。例如，某家外国飞机公司制造的一种飞机，因为其舱门上一把弹簧锁的弹簧失灵，造成一次飞行中舱门自行打开而把旅客摔出的重大事故，从此这种机型停产。

二、商品品质表示方法

表示商品品质的方法不同，合同中品质条款的内容也各不相同。在凭样品买卖时，合同中除了要列名商品的品名外，还应订明样品的编号，必要时还要列出寄送的日期。在凭文字说明买卖时，应明确规定商品的品名、规格、等级、标准、品牌或产地名称等内容。在凭说明书和图样表示商品品质时，还应在合同中列出说明书、图样的名称、份数等内容。在国际货物买卖中，商品种类繁多，特点各异，故表示品质的方法也多种多样，归纳起来，包括凭实物表示品质和凭说明表示品质两大类。

(一) 凭实物表示品质

以实物表示商品品质，是指以作为交易对象的实际商品或以代表商品品质的样品来表示商品品质。它包括凭成交商品的实际品质(Actual Quality)和凭样品(Sample)两种表示方法。前者被称为看货买卖，后者被称为凭样品买卖。

1. 看货买卖

看货买卖(Sale after Checking Goods)是根据现有商品的实际品质进行买卖。当买卖双方采用看货成交时，买方或代理人通常先在卖方存放货物的场所验看货物，一旦达成交易，卖方就应按对方验看过的商品交货。只要卖方交付的是买方验看过的货物，买方就不得对品质提出异议。

在国际贸易中，由于交易双方远隔两地，交易洽谈多靠函电方式进行。买方到卖方所在地验看货物有诸多不便，所以采用看货买卖的交易很有限。它常用于寄售、展卖、拍卖当中。

2. 凭样品买卖

凭样品买卖(Sale by Sample)是指买卖双方按约定的足以代表实际货物的样品，作为交货的品质依据的买卖。样品通常是从一批商品中抽出来的或由生产、使用部门设计、加工出来的，足以反映和代表整批商品品质的少量实物。凡以样品表示商品品质并以此作为交货依据的，称为"凭样品买卖"。

在国际贸易中，根据提供样品方的不同，凭样品买卖可分为以下三种。

1) 凭卖方样品买卖

由卖方提供的样品，称为卖方样品(Seller's Sample)。凡是凭卖方样品作为交货品质依据的买卖，称为凭卖方样品买卖(Sale by Seller's Sample)。在凭卖方样品买卖时，必须注意以下几方面的问题。

(1) 样品要有足够的代表性，并妥善保管。卖方在选择提交给买方确认的样品时，要选择有代表性的样品，样品的品质既不能偏高，也不能偏低。品质过高，会给日后的交货带来困难；品质过低，难以成交，即便能成交，也会在价格上受损失。

(2) 要留有复样，并编号、注明日期。卖方在将样品送交买方的同时，应该保留与送交样品品质完全一致的另一样品，以备将来生产、交货或处理品质纠纷时做核对之用。卖方送交给买方的样品，称为原样(Original Sample)或标准样(Type Sample)。卖方保留的与送交样品品质完全一致的样品，称为留样(Keep Sample)或复样(Duplicate Sample)。

卖方应在原样和留样上编制相同的号码，注明样品提交给买方的具体日期，以便日后查用。对留样一定要妥善保管，以防日后交货时发生品质纠纷拿不出图样，而使卖方处于被动地位。

(3) 在合同中规定"卖方交货与所提供样品的品质大致相同，或基本相同"。凭卖方样品买卖的商品多属于品质难以规格化、标准化的商品，要求交货品质与样品完全一致很难做到，所以，在订立合同时，为了留有余地，可在合同中规定"卖方交货与所提供样品的品质大致相同，或基本相同"，以防买方因卖方所交货物与样品有微小差异而拒收或索赔。

(4) 严格区分参考样品和标准样品。卖方送交给买方的，并作为交货依据的样品，称为标准样。参考样品(Reference Sample)通常是在用文字说明表示商品品质时，寄给买方作为参考之用，以便客户对货物品质有较多的了解。标准样品是要作为交货的品质依据的，而参考样品只是做宣传之用，不作为交货的品质依据。为了避免误解，在对外寄送参考样品时，加注"仅供参考"(For Reference Only)字样。

2) 凭买方样品买卖

由买方提供的样品，称为买方样品(Buyer's Sample)。凡是凭买方样品作为交货品质依据的买卖，称为凭买方样品买卖(Sale by Buyer's Sample)，也称采样成交或采样制作。

在凭买方样品买卖时，对买方有利，但对卖方不利，由于原材料、加工技术、设备和生产安排等条件的局限，可能会给卖方交货带来一定困难。所以，在凭买方样品买卖时，卖方必须注意以下几方面的问题。

(1) 卖方应注意对方的来样是否是反动的、黄色的、丑陋的式样和图案。
(2) 需注意原材料供应、加工生产技术和生产安排的可能性。
(3) 防止侵犯第三者的工业产权。

3) 凭对等样品买卖

卖方根据买方提供的样品，加工复制出一个类似的样品提供给买方确认，经确认后的样品，叫做对等样品(Counter Sample)，也叫回样(Return Sample)或确认样(Confirming Sample)。凡是凭对等样品作为交货品质依据的买卖，称为凭对等样品买卖(Sale by Counter Sample)。

以上是凭样品成交的几种形式，不论是哪一种形式，只要是采用凭样品成交，都应当注意下列事项。

(1) 凡凭样品买卖，卖方交货的品质必须与样品完全一致。凭样品买卖有两个基本要求：一是以样品作为交货的唯一依据；二是卖方保证所交货物必须与样品完全一致。

(2) 以样品表示品质的方法，只能酌情采用。凭样品买卖，容易在履约过程中产生品质方面的争议，所以凡是能用科学的指标表示商品品质的，就不宜采用此法。对于在造型上有特殊要求或具有色、香、味等方面特征的商品，以及其他难以用客观的指标表示品质的商品，则采用凭样品买卖。在当前国际贸易中，单纯凭样品成交的情况不多。一般是以样品来表示商品的某个或某几个方面的品质指标。例如，在服装交易中，为了表示商品的色泽质量，可以采用"色样"(Colour Sample)；为了表示商品的款式和造型，可以采用"款式样"(Pattern Sample)；对这些商品其他方面的品质，则采用其他的方法来表示。

(3) 采用凭样成交而对品质无绝对把握时，应在合同条款中相应做出灵活的规定。可以在买卖合同条款中订明"品质与样品大致相同"(Quality shall be about Equal to the Sample)或"品质与样品近似"(Quality is nearly the Same as the Sample)。为了避免因交货品质与样品略有差异而导致买方拒收货物，也可以在买卖合同条款中订明："若交货品质稍次于样品，买方仍须收领货物，但价格应由双方协商相应减低。"

(二) 凭说明表示品质

以文字说明表示商品品质，就是以文字、图表、照片等方式来说明商品品质的方法。以文字说明表示商品品质而达成的交易被称为"凭文字说明买卖"(Sale by Description)。这类表示品质的方法可细分为如下几种。

1. 凭规格买卖

商品规格是指一些足以反映商品品质的主要指标，如化学成分、含量、纯度、性能、容量、长短、粗细等。国际贸易中的商品由于品质特点不同，其规格也各异，买卖双方凡用商品的规格确定品质时，称为"凭规格买卖"(Sale by Specification)。

【例 3-1】 North-east Soya Bean：

Moisture (Max.)	15%
oil content (Min.)	18%
admixture (Max.)	1.5%
imperfect grains (Max.)	8.5%

东北大豆：

水分含量 (最高)	15%
含油量 (最低)	18%
含杂质 (最高)	1.5%
不完善粒含量 (最高)	8.5%

2. 凭等级买卖

商品的等级是指同一类商品按规格上的差异，分为品质优劣各不相同的若干等级。凭等级买卖(Sale by Grade)时，由于不同等级的商品具有不同的规格，为了便于履行合同和避免争议，在品质条款列明等级的同时，最好一并规定每一等级的具体规格。这对简化手续、促进成交和体现按质论价等方面，都有一定的作用。

【例 3-2】 Grade AA Fresh Hen Eggs，Shell Light Brown and Clean even in Size.

AA 级鲜鸡蛋，蛋壳浅棕色，清洁，大小均匀。

3. 凭标准买卖

商品的标准是指将商品的规格和等级予以标准化。商品的标准，有的由国家或有关政府主管部门规定，有的由同业公会、交易所或国际性的工商组织规定。有些商品习惯凭标准买卖(Sale by Standard)，人们往往使用某种标准作为说明和评定商品品质的依据。

在国际贸易中，对于某些品质变化较大而难以规定统一标准的农副产品，往往采用"良好平均品质" (Fair Average Quality，FAQ)和"上好可销品质"(Good Merchantable Quality，GMQ)来表示商品的品质。

(1) 良好平均品质是指一定时期内某地出口货物的平均品质水平，一般是指中等货，或称"大路货"。良好平均品质的具体确定办法有两种：一是由生产国在农产品收获后，经过对产品进行广泛抽样，从中制出该年度的"良好平均品质"的标准和样品，并予以公布，作为该年度"FAQ"的标准；二是从各批出运的货物中抽样，然后综合起来，取其平均值作为"良好平均品质"的标准。它可由买卖双方联合抽样，或共同委托检验人员抽样，送交商检机构检验决定。

(2) 上好可销品质是指卖方出售的货物品质上好，适合市场销售，无须说明商品的具体品质。但是，这种方法比较抽象笼统，在执行中容易引起争执，因此应尽量少用。

FAQ 和 GMQ 一般适用于无法以样品或国际公认的标准来检验产品的品质的一些商品，如木材、冷冻鱼虾等水产品。

为了促进各国产品质量的提高，完善企业管理制度，保护消费者利益，国际标准化组织推出了 ISO 9000 质量管理和质量保证系列标准以及 ISO 14000 环境管理系列标准。

我国是国际标准化组织理事国。1992 年 10 月，我国技术监督局将 ISO 系列标准等效转化为 GB/T 19000 系列国家标准，以双编号形式出现，于 1993 年 1 月 1 日起实施。实施 ISO 的这两个一体化管理体系，有助于改善和提高我国企业和产品在国内外消费者、客户中的形象，降低经营及管理成本，使我国产品适应国际市场对于产品在质量上的新需求，提高我国产品的国际竞争能力。

国际贸易中采用的各种商品标准，有些具有法律上的约束力，凡是品质不符合标准要求的商品，不许进口或出口。有些标准不具有法律上的约束力，只是供交易双方参考使用。对于国际上已广泛采用的标准，一般可按该标准进行交易。由于制定的标准经常进行修改和变动，一种商品的标准可能有不同年份的版本，其品质标准是有差异的。因此，在合同中采用标准时，应注明制定标准的国家或机构、所采用标准的年份和版本，以免引起争议。

【例 3-3】 Rifampicin in Conformity with B.P. 1993 利福平英国药典 1993 年版

4. 凭说明书和图样买卖

在国际贸易中，有些机器、电器、仪表等技术密集型产品，因其结构复杂，对材料和设计的要求严格，用以说明其性能的数据较多，很难用几个简单的指标来表明品质的全貌，而且有些产品，即使其名称相同，但由于所使用的材料、设计和制造技术的某些差别，也可能导致功能上的差异。因此，对这类商品的品质，通常以说明书并附以图样、照片、设计图纸、分析表及各种数据来说明具体性能和结构特点。

凭说明书和图样买卖(Sale by Descriptions and Illustrations)时，要求所交的货物必须符合说明书所规定的各项指标。在合同中除了说明书的内容以外，一般还需要订立卖方品质保证条款和技术服务条款。

5. 凭商标或品牌买卖

商标(Trade Mark)是指生产者或商号用来识别所生产或出售的商品的标志。品牌(Brand Name)是指工商企业给制造或销售的商品所冠的名称。商标或品牌自身实际上是一种品质象征。人们在交易中可以只凭商标或品牌进行买卖，无需对品质提出详细要求。

【例 3-4】 White Rabbit Mint Creamy Candy 大白兔清凉奶糖

6. 凭产地名称买卖

在国际货物买卖中，有些产品因产区的自然条件、传统加工工艺等因素的影响，在品质方面具有其他产区的产品所不具有的独特风格和特色，对于这类产品一般也可用产地名称来表示品质。

【例 3-5】 Sichuan Preserved Vegetable 四川榨菜

【例 3-6】 Northeast Soybean 东北大豆

上述各种表示品质的方法，一般是单独使用，但有时也可酌情将其混合使用。

❖ 案例学习

我国某公司向德国出口一批农产品，合同规定其所含水分最高为 15%，杂质不超过 3%，但在成交前我方曾向买方寄过样品，订约后我方又电告对方成交货物与样品基本相同，货到德国后，买方验货后提出货物的质量明显比样品差的检验证明，并据此提出索赔 6000 英镑，该公司应如何处理？

分析： 此案例争议的焦点是这笔交易是凭规格买卖还是凭样品买卖，我方向对方发出的电报应该作为合同品质条款的补充，从交易的过程来看，此笔交易是既凭规格又凭样品的买卖。因此，我方承担双重义务：即所交货物既要符合规格要求，又和样品一致。我公司虽然电告成交货物与样品基本相同，而不是相符，但对方仍有比较货物与样品并保留异议索赔的权利。

启示： 在已签约的情况下，不应该再电告成交货物与样品基本相同，同时，寄样一般要标注"仅供参考"字样。

三、国际货物买卖合同中的品质条款

(一) 品质条款的内容

在买卖合同中，品质条款的内容有简有繁，一般视不同商品和不同表示品质的方法而定，包括商品的品名、规格、等级、品牌、标准以及交付货物的品质依据等。

一般来说，凡能用科学的指标说明其品质的商品，则适用于凭规格、等级或标准买卖；有些难以规格化和标准化的商品，则适用于凭样品买卖；有些质量好，并具有一定特色的名优产品，适用于凭商标或品牌买卖；有些性能复杂的机器、电器和仪表，适用于凭说明书和图样买卖；有些具有地方风味和特色的产品，可凭产地名称买卖。

在凭样品买卖时，一般应列明样品的编号或寄送日期，有时还加列交货品质与样品一致相符的说明；在凭标准买卖时，一般应对照所引用的标准和标准版本及年份；在凭说明书和图样买卖时，应在合同中列明图样和说明书的名称和份数等。

【例3-7】 Sample NT045 Plush Toy Bear 24Inch 样品号 NT045 长毛绒玩具熊 24 英寸

【例3-8】 Golden Star Brand Colour Television Set，Model SC374，PAL/BG System，220 V，50 Hz，2 Round Pin Plug，Remote Control

金星牌彩色电视机型号 SC374，制式 PAL/BG，电压 220 V，功率 50Hz，双圆头插座，带遥控

(二) 订立品质条款的注意事项

1. 规定品质机动幅度

合同中品质条款的制定要明确、具体，不能笼统、含糊。但是，如果将某些商品(农副土特产品等)的品质规定过细、过死，日后很难做到交货品质与合同规定的品质相符，造成卖方交货困难。在国际贸易中，为了维护买卖双方的权益，保证合同的顺利履行，可以对有些商品规定品质机动幅度，允许卖方所交货物的品质在一定范围内有差异。

品质机动幅度是指允许卖方所交货物的品质在一定的幅度内有灵活性。由于某些初级产品(如农副产品)的品质不甚稳定，交货品质很难与合同规定的品质完全相符，为了便于卖方交货，往往在规定品质指标外，加订一定的机动幅度，并辅以价格调整条款。品质机动幅度的制定方法有以下几种。

(1) 规定一定的范围。对某些商品的品质指标的规定允许有一定的差异范围，如"棉布 35/36 英寸"，卖方交货时，只要在此范围内均属合格。

(2) 规定一定的极限。对某些商品的品质以最大、最高、最多(Max.)，或最小、最低、最少(Min.)来规定其上下极限，如"白糯米，碎粒最高 25%"，卖方交货时，只要没有超出极限规定，买方就无权拒收。

(3) 规定上下差异。对某些商品的品质指标进行规定，同时给出一个上下变动幅度，如"中国灰鸭绒，含绒量 90%，允许上下浮动 1%"，卖方交货时，只要没有超出规定的幅度，就算符合合同要求。

为了体现按质论价，在使用品质机动幅度时，有些商品也可以根据交货品质情况调整价格，即在合同中订立品质增减价条款。品质增减价条款一般有以下几种订法：

(1) 对机动幅度内的品质差异，可按交货实际品质规定予以增价和减价。例如，在我国大豆出口合同中规定："含油量每增减 1%(±1%)，则合同价格增减 1.5%(±1.5%)。若增减幅度不到 1%者，可按比例计算。"

(2) 只对品质低于合同规定者扣价。在品质机动幅度范围之内，交货品质低于合同规定者减价，而高于合同规定者却不加价。

品质增减价条款，一般应选用对价格有重要影响而又允许有一定机动幅度的主要品质指标。

品质公差(Quality Tolerance)是指工业品生产中由于科学技术水平、生产水平及加工能力所限而产生的国际上公认的误差。在工业品生产过程中，产品的品质指标出现一定的误

差是难免的，如手表每天出现若干秒的误差，属于正常现象。这种为国际上所公认的品质误差，即使在合同中不作规定，卖方交货品质在公认的误差范围内，即认为符合合同。但为了明确起见，还是应该在合同的品质条款中规定清楚。

2. 正确运用各种表示品质的方法

品质条款的内容中肯定涉及表示品质的方法，究竟采用何种表示商品品质的方法，应视商品的特点而定。但不管采用方法如何，一般情况下，凡是能用一种方法表示品质的，就不宜用两种或两种以上的方法表示。在规格与样品同时使用的出口贸易中，必须明确表明是以规格为准，还是以样品为准。若以规格为准，就应在条款中注明"样品仅供参考"的字样。因为，根据国外一些法律的规定(如英国)，凡是既凭样品又凭规格达成的交易，卖方所交货的品质必须既符合样品，又要与规格保持一致，否则买方有权拒收货物，并可以提出索赔要求。所以，在选择订立品质的方法时，一般不宜采用既凭样品成交，又凭规格买卖的表示品质的方法。

3. 品质条件要有合理性

为了合同的订立与合同的履行，在制定品质条款时，要注意条款内容的合理性。

(1) 要从实际出发，防止品质条件偏高或偏低。在确定出口商品的品质条件时，既要考虑国外市场的实际需求，又要考虑国内生产和供货的可能性。如果外商对商品品质要求很高，而出口商做不到，就绝对不能接受。对于品质条件符合国外市场需求的商品，合同中的品质规格不应低于实际商品的品质规格，以免影响成交价格。但也不应该为了追求高价，而盲目提高品质，结果可能会导致资源浪费，甚至会给交货带来困难。

(2) 要适当选择品质指标。在品质条款中，应当有选择地规定各项品质指标。凡是影响品质的重要指标，不能遗漏；而对于影响品质的次要指标，可以少订。对于与品质无关的指标，不要订入，以免条款过于繁琐，影响交易的履行。

(3) 要注意指标之间的相互关系。各项品质指标是从不同的角度来说明品质的，各项指标之间有着内在的联系，在确定商品的品质指标时，要注意它们之间的一致性，以免由于某一品质指标规定得不合理而影响其他品质指标，造成经济损失。例如，在大豆品质条款中规定："水分不超过17%，不完善粒不超过9%，杂质不超过3%，矿物质不超过0.15%。"显然，这种规定不合理，因为对矿物质的要求过高，这与其他指标的规定不相称。一般情况下，为了使矿物质符合约定的指标，需要反复加工，而反复加工的结果，必然会大大增加杂质和不完善粒的含量。

(4) 品质条件应明确具体。为了便于检验和明确责任，规定品质条件时，应力求明确、具体，不宜采用诸如"大约""左右""合理误差"等笼统的字眼，以免在交货品质问题上引起争议。

第三节 商品的数量

商品不仅表现为一定的质，同时也表现为一定的量。数量的多少既关系到一笔交易规模的大小，又会影响到消费者的使用和市场的变化。商品的数量是指以一定的度量衡单位表示的商品的重量、数量、长度、面积、体积、容积等。国际上常用的度量衡制度有公制、英制、美制和国际单位制。商品数量的多少，是制定单价和计算总金额的重要依据，它不仅关系到交易规模的大小，而且是影响价格和其他交易条件的重要依据。所以，商品的数量条件是买卖合同中的一项重要条件。

　　根据《公约》规定：卖方所交货物的数量必须与合同规定相符。卖方所交货物数量如果多于合同规定的数量，买方可以拒收多交部分，也可以收取多交部分中的全部或部分货物，但应按照合同价格付款。如果卖方所交货物数量少于合同规定的数量，可允许卖方在规定交货期届满之前补齐，但不得使买方遭受不合理的不便或承担不合理的开支，即使如此，买方也保留要求损害赔偿的权利。

入门案例

　　我国某出口公司与匈牙利商人订立了一份出口水果合同，支付方式为货到验收后付款。但货到经买方验收后发现水果总重量缺少10%，而且每个水果的重量也低于合同规定，匈牙利商人既拒绝付款，也拒绝提货。后来水果全部腐烂，匈牙利海关向中方收取仓储费和处理水果费用5万美元。我国出口公司陷于被动。

　　此案例表明：商品的数量是国际货物买卖合同中不可缺少的主要条件之一。按照某些国家的法律规定，卖方交货数量必须与合同规定相符，否则，买方有权提出索赔，甚至拒收货物。此案中显然我方陷于被动，但仍可据理力争，挽回损失。首先应查明短缺是属于运输中的正常损耗还是我方违约没有交足合同规定数量，如属于我方违约，则应分清是属于根本性违约还是非根本性违约。如不属于根本性违约，买方无权退货和拒付货款，只能要求减价或赔偿损失；如属于根本性违约，买方可退货，但应妥善保管货物，对鲜活商品可代为转售，尽量减轻损失。《联合国国际货物销售合同公约》(以下简称《公约》)第86条第一款明确规定："如果买方已收到货物，但打算行使合同或本公约任何权利，把货物退回，他必须按情况采取合理措施，以保全货物，他有权保有这些货物，直至卖方把他所付的合理费用偿还给他为止"。而买方未尽到妥善保管和减轻损失的义务，须对此承担责任。因此，我公司可与匈牙利商人就商品的损失及支出的费用进行交涉，尽可能减少损失。

一、计量单位和计重方法

(一) 计量单位

　　国际贸易中使用的计量单位很多，究竟采用何种计量单位，除主要取决于商品的种类和特点外，还取决于交易双方的意愿。具体计量单位有：

重量(Weight)：克、千克、盎司、公吨、长吨(英制)、短吨(美制)。

数量(Number)：只、件、套、打、罗、令等。

长度(Length)：米、英尺、码。

面积(Area)：平方米、平方英尺、平方码。

体积(Volume)：立方米、立方英尺、立方码。

容积(Capacity)：升、加仑、蒲式耳。

(二) 计算重量的方法

国际贸易中,计算重量的方法很多。用件数计量的商品,由于有固定的包装,比较容易计量,而大宗散装货物和无包装或简单包装的货物,则采用衡器称重。在计算重量时,通常有以下几种主要方法。

1. 毛重

毛重(Gross Weight)是指商品本身的重量加包装物的重量,这种计重方法一般适用于低值商品。按毛重作为计算价格的基础,称为"以毛作净"(Gross for Net)。

2. 净重

净重(Net Weight)是指商品本身的重量,即除去包装物后的商品实际重量。《公约》规定:"如果价格是按货物的重量规定的,如有疑问,应按净重确定。"其计算公式如下:

$$净重 = 毛重 - 皮重$$

在国际贸易中,对以重量计量的商品,大部分都按净重计价,而确定净重的方法有以下两种。

1) 以毛作净

以毛作净就是以毛重当做净重计价。有些商品因包装本身不便分别计量,或因包装材料与商品价格差不多,采用按毛重计价,即习惯上称为"以毛作净",俗称"连皮滚",适用于有些价值较低的农产品或其他商品。

2) 毛重扣除皮重

用净重计重时,对于如何计算包装物重量(皮重),国际上有下列几种做法:

(1) 按实际皮重(Actual Tare)计算:通过衡量每件包装的实际重量而求得的总的包装重量。

(2) 按平均皮重(Average Tare)计算:衡量时可以从整批货物中抽取一定的件数,称出其实际皮重,然后求出其平均重量,即为平均皮重。

(3) 按习惯皮重(Customary Tare)计算:某些商品,由于其所使用的包装材料和规格已比较定型,其重量已为市场所公认,在计算皮重时,无需逐件过秤,重复衡量,只要按习惯上公认的皮重乘以总件数,即可求得总皮重。

(4) 按约定皮重(Computed Tare)计算:用这种方法不需要经过实际衡量,而是以买卖双方事先协商约定的包装重量为准。

实际运用中,应根据商品的性质、所使用的包装的特点、合同数量的多寡以及交易习惯,由双方当事人事先约定,并列入合同,以免事后引起争议。

3. 公量

有些商品有比较强的吸湿性,所含的水分受客观环境的影响较大,其重量也就很不稳定。为了准确计算这类商品的重量,国际上通常采用按公量(Conditioned Weight)计算,其计算方法是以商品的干净重(即烘去商品水分后的重量)加上国际公定回潮率与干净重的乘积所得出的重量,即为公量。

公量:指用科学方法抽去商品中的水分,再加上标准含水量所得的重量。适用于价值较高而水分含量不稳定的商品。如生丝、羊毛、棉花。

其计算公式为：

$$公量 = 干净重 + 标准含水量 = 商品干净重 \times (1 + 标准回潮率)$$

$$= 商品实际重量 \times \frac{1 + 标准回潮率}{1 + 实际回潮率}$$

这里，标准回潮率是指交易双方规定的商品中商品水分与干净重百分比

实际回潮率是指商品中的实际水分与干净重百分比

4. 理论重量

对于一些按固定规格生产和买卖的商品，只要其重量一致，每件重量大体是相同的，所以一般可以从件数推算出总量。但是，这种计重方法是建立在每件货物重量相同的基础上的，重量如有变化，其实际重量也会发生差别，因此理论重量(Theoretical Weight)只能作为计重时的参考。

5. 法定重量

按照一些国家海关法的规定，在征收量税时，商品的重量是以法定重量(Legal Weight)计算的，法定重量是指商品加上直接接触商品的包装物料，如销售包装等的重量，而除去这部分重量所表示出来的纯商品的重量，则称为实物净重。

二、国际货物买卖合同中的数量条款

(一) 国际货物买卖合同中数量条款的基本内容

买卖合同中的数量条款，主要包括成交商品的数量和计量单位，按重量成交的商品，还需订明计算重量的方法。数量条款的内容及繁简应视商品的特性而定。

(二) 国际货物买卖合同中数量条款应注意的问题

1. 正确掌握成交数量

在洽商交易时，应正确掌握进出口商品成交数量，防止心中无数，盲目成交。

2. 明确计量单位

按重量成交的商品应规定计算重量的方法，合同中如未规定重量的计算方法，一般按净重计算。按件数成交的商品，其数量应与包装件数相匹配。

3. 数量条款应当明确具体

为了便于履行合同和避免引起争议，进出口合同中的数量条款应当明确具体，不宜采用"大约""近似""左右"(About、Circa、Approximate)等带伸缩性的字眼来表示数量。按照国际商会《跟单信用证统一惯例》解释，凡"约"或"大约"或类似的词语用于信用证金额或信用证所列的数量或单价时，应解释为信用证金额或数量或单价有不超过10%的增减幅度。此外，《跟单信用证统一惯例》还规定："除非信用证规定所列的货物数量不得增减，在支取金额不超过信用证金额的条件下，货物数量允许有 5%的增减幅度，但数量以包装单位或个数计数时，此增减幅度不适用。"

4. 合理规定数量机动幅度

在粮食、矿砂、化肥和食糖等大宗商品的交易中，为了使交货数量具有一定范围内的灵活性和便于履行合同，买卖双方可在合同中合理规定数量机动幅度，即使用溢短装条款(More or Less Clause)。溢短装条款的主要内容有：溢短装的百分比，溢短装的选择权，溢短装部分的作价。一般来说，机动幅度的选择权通常由卖方决定，但在买方安排运输的条件下，也可由买方或船方决定。对于溢短装部分的作价办法，可采用按装船时或货到时的市价计算，如无相反规定，可按合同价格计算。

5. 溢短装条款

溢短装条款是指合同中规定允许数量上多装或少装的机动幅度。它可用"增加或减少"或"±"来表示。若订有溢短装条款时，还要写明"由卖方决定"(at Seller's Option)还是"由买方决定"(at Buyer's Option)。但不管溢短装由谁决定，在价格大幅度波动的情况下，买方或卖方往往利用这个条款，故意多装或少装。为避免双方利用价格的波动而投机取巧，有时需要明确此条款只适用于船舱装载货物或写明以不超过成交数量的百分之几为限。对溢短装部分的商品计价方法有两种：一种按合同价格计算，另一种是按装船时的市价计算。如在合同中未规定作价方法，则一般按合同规定价格作价。

【例 3-9】　Quantity：500 tons 5% more or less

Quantity：500 tons(About)

6. 卖方违反数量条款时的处理

根据《公约》规定：如果卖方交付的货物数量大于合同规定的数量，买方可以收取也可以拒绝多交部分的货物。如果买方收取多交部分货物的全部或一部分，则必须按合同价格付款；如果卖方所交货物数量少于合同规定时，买方可以规定一段合理的额外时间，让卖方补交货物；买方可以降低价格；如果少交部分构成根本违约时，则可以宣告整个合同无效。买方不管采取了上述哪一种补救方法，他都仍然享有要求损害赔偿的权利。

❖ 案例学习

　　买方向卖方订购 50 公吨货物，合同规定 A、B、C、D、E 五种规格按同等数量搭配。卖方按照合同开立发票，买方凭发票和其他单据付了款。货到后发现所有 50 公吨货物均为 A 规格，买方只同意接受其中的 1/5，拒收其余的 4/5，并要求退回 4/5 的货款。卖方辩说，不同规格搭配不符合合同，只能给予适当的经济赔偿，不能拒收，更不能退款。双方于是诉诸法院。你认为法官该如何判决？理由何在？

　　分析：法官应该判买方有权拒收 4/5 的货物，要求卖方退回 4/5 的货款，还可以要求卖方承担违约赔偿责任。因为合同中的规格和数量条款属于合同的主要交易条款，卖方违反了规格和质量规定，按照《公约》规定，属于根本性违约，受到损害的买方不仅可以拒收货物，而且还可以提出索赔。

❖ 案例学习

　　合同规定水果罐头装入箱内，每箱 30 听。卖方按合同规定如数交付了货物，但其中有一部分是装 24 听的小箱，而所交货物的总听数，并不短缺。可是，买方以包装不符合合同规定为由拒收整批货物，卖方则坚持买方应接受全部货物，理由是经买方所在地的公证人证实：不论每箱是装 24 听或 30 听，其每听市场价格完全相同。于是引起诉讼。对此，你认为法官应如何判决？依据何在？

　　分析：根据《公约》规定，卖方需要按照合同约定的数量、品质规格交货，并按照合同规定的方式包装或者装箱，如果没有按照规定，卖方需承担违约责任。

第四节　商品的包装

　　商品包装(Packing of Goods)是商品在生产和流通过程中保护商品品质和数量的一种手段。包装不仅关系到商品在运输中的安全、运费等，还常起到宣传商品、促进销售和决定价格的作用。所以，包装条款也是合同中的重要条款之一。

入门案例

　　在荷兰某超级市场上有黄色竹制罐装的茶叶一批，罐的一面刻有中文"中国茶叶"四字，另一面刻有我国古装仕女图，看上去精致美观，颇具民族特点，但国外消费者少有问津。请问其故何在？

　　此案例表明：出口商在文字说明方面出了问题。结合本案例，当地人除了对仕女图投入一瞥外，不知内装何物。即使消费者知道内装为茶叶，但是红茶还是绿茶？分量多少？质量如何？还是无从知道。因此上述包装不便于消费者了解商品，不了解何谈购买？因此，出口商品的销售包装上应有必要的文字说明，如商标、牌名、品名、产地、数量、规格、成分、用途和使用方法等。使用的文字必须简明扼要，并让顾客能看懂，必要时也可中外文同时并用。

一、商品包装的重要性和约定包装条件的意义

　　商品包装是指在商品流通过程中用于保护商品、方便储运、促进销售所采用的容器、材料及辅助物等的总称，也指为达到保护商品、方便储运、促进销售的目的而采用容器、材料及辅助物的过程中施加一定技术方法等的操作活动。

　　包装是实现商品价值和使用价值的重要手段之一，是商品生产和消费之间的桥梁。绝大多数商品只有通过适当的包装，才能进入流通领域进行销售，以实现其使用价值和价值。在当前国际市场竞争十分激烈的情况下，许多国家都把改进包装作为加强对外竞销的重要手段之一。因为，良好的包装不仅可以保护商品，还能宣传和美化商品，提高商品身价，吸引顾客，扩大销路，提高售价，并在一定程度上显示国家的科技、文化艺术水平。其作用主要是为了保护商品，便于运输、搬运、装运、储存，促使商品增值。

　　包装是国际贸易买卖合同中的主要交易条件之一。根据《联合国国际货物销售合同公约》第三十五条的规定，卖方必须按照合同规定的方式装箱或包装。如果卖方交付的货物未按合同规定的方式装箱或包装，就构成违约。如果卖方违约，买方有权提出索赔，甚至可以拒收货物。

二、商品包装的种类

进入国际贸易的商品可以分为三类，即裸装货(Nude Cargo)、散装货(Bulk Cargo)和包装货(Packed Cargo)。裸装货是指形态上自然成件数，无须包装或略加捆扎可成件的货物，如钢材、铜锭、车辆等；散装货是指无须包装，可直接装于运输工具，这类货物多为不易或不值得包装的货物，如小麦、煤、生铁等农矿产品；包装货是指必须经过一定包装才能进入市场的货物，大多数日用品和工业品都需要包装。

商品的包装，按其在流通领域中所起的作用的不同分为运输包装和销售包装，此外还有中性包装与定牌生产等。

(一) 运输包装

运输包装(Transport Package)又称大包装或外包装，是指以满足运输储存要求为主要目的的包装。它的作用主要在于保证商品的品质和数量，防止在储存、运输和装卸过程中发生货损货差，便于运输、储存、检验、计数、分拨，有利于节省运输成本。

1. 对运输包装的要求

(1) 必须适应商品的特性。

(2) 必须适应各种不同运输方式的要求。

(3) 必须考虑国家的法律规定和客户的要求。

(4) 要在保证包装牢固的前提下节省费用，便于各环节有关人员进行操作，以免使货物遭受损失。

2. 运输包装的分类

运输包装的方式主要有两种：单件运输包装和集合运输包装。

(1) 单件运输包装。单件运输包装是指根据商品的形态或特性将一件或数件商品装入一个较小容器内的包装方式。制作单件运输包装时，要注意选用适当的材料，并要求结构造型科学合理，同时还应考虑不同国家和地区的气温、湿度、港口设施和不同商品的性能、特点、形状等因素。

单件运输包装的种类很多：按照包装外形来分，常用的有包、箱、桶、袋等；按照包装的质地来分，有软性包装、半硬性包装和硬性包装；按照制作包装所采用的材料来分，一般常用的有纸质包装，金属包装，木制品包装，塑料包装，棉麻制品包装，竹、柳、草制品包装，玻璃制品包装和陶瓷包装等。

(2) 集合运输包装。集合运输包装是指将一定数量的单件商品组合成一件大的包装或装入一个大的包装容器内。集合运输包装的种类有集装箱、集装包或袋、托盘等。

集装箱(Container)一般由钢板、铝板等金属制成，多为正方形，可以反复使用周转，它既是货物的运输包装，又是运输工具的组成部分。目前国际上最常用的海运集装箱规格为8英尺×8英尺×20英尺和8英尺×8英尺×40英尺两种。

集装包和集装袋(Flexible Container)是用合成纤维或复合材料编织成的抽口式包或袋，适于装载已经包装好的桶装和袋装的多件商品。每包一般可容纳1～1.5吨重的货物。

托盘(Pallet)是在一件或一组货物下面所附加的一块垫板。为防止货物散落，需要用厚箱板纸、收缩薄膜、拉伸薄膜等将货物牢固包扎在托盘上，组合成一件"托盘包装"。每一托盘的装载量一般为 1～1.5 吨。此外，还有一种两面插入式托盘。

在国际贸易中，买卖双方究竟采用何种包装，应在合同中具体订明。

3. 运输包装的标志

为了便于运输、仓储、商检和验关工作的进行，以及发货人与承运人和承运人与收货人之间的货物交接，避免错发错运，做到安全运输，货物在运送之前，都要按一定的要求在运输包装上面书写、压印、刷制简单的图形、文字和数字，以资识别。这些图形、文字和数字，统称为运输包装的标志。运输包装上的标志，根据用途的不同可分为运输标志(Shipping Mark)、指示性标志(Indicative Mark)和警告性标志(Warning Mark)三种。

(1) 运输标志。运输标志又称作唛头，是指在商品的运输包装上书写、压印或刷制的图形、文字和数字。其主要作用是便于装卸、运输、保管过程中的有关人员识别，以防止错发错运。

传统的运输标志中包括几何图形、收货人代号、参考号码、原产地、目的地、体积、重量、件号等。后来，鉴于运输标志的内容差异较大，有的过于繁杂，不适应货运量增加、运输方式变革和计算机在运输与单据流转方面应用的需要，因此联合国欧洲经济委员会简化国际贸易程序工作组，在国际标准化组织和国际货物装卸协调协会的支持下，制定了一项运输标志向各国推荐使用。该标准化运输标志包括：① 收货人或买方名称的英文缩写字母或简称；② 参考号，如运单号、订单号或发票号；③ 目的地；④ 件号。至于根据某种需要而要在运输包装上刷写的其他内容如许可证号等，则不作为运输标志必要的组成部分。

例如：

ABC—— 收货人代号

S/C 2002——参考号

LONDON—— 目的地

1/25——件数代号

按国际贸易的惯例，运输标志可以由卖方提供，并且可以不在合同中做出具体规定。如果由买方提供，应在合同中规定提出唛头后通知交货方的日期以免影响备货、出运和结汇等一系列工作。

(2) 指示性标志。指示性标志又称注意标志或安全标志，是提示有关人员在装卸、运输和保管过程中需要注意的事项。指示性标志一般都是以简单、醒目的图形和文字在包装上标出，如"此端向上""小心轻放""保持干燥"等。

(3) 警告性标志。警告性标志又称危险品标志，它是针对易燃、易爆、有毒或具有放射性的货物，为了在运输、保管和装卸过程中，使有关人员加强防护措施，以保护物资和人身的安全而加在外包装上的标志。

我国国家技术监督局制定有《危险货物包装标志》，联合国政府间海事协商组织也制定了一套《国际海运危险品标志》。在运输危险品时一定要按照有关规定刷制警告性标志。上述运输包装上的各类标志，都必须按有关规定标示在运输包装上的明显部位，标志的颜色要符合有关规定的要求，防止褪色、脱落，使人一目了然，容易辨认。

(二) 销售包装

1. 销售包装的分类

(1) 挂式包装：有吊带、吊钩、吊孔、网兜等。

(2) 堆叠式包装：瓶类、罐类、盆类等。

(3) 易开式包装：易拉罐等。

(4) 携带式包装：有提手装置等。

(5) 透明式包装：可以使消费者直接了解商品的形态和造型，便于识别，以利选购。

(6) 喷雾式包装：香水、发胶等。

(7) 配套式包装：餐具、茶具等。

(8) 礼品式包装：外表美观、讲究，以显示礼品的名贵。

2. 销售包装的标示和说明

在销售包装上，一般都附有装潢画面和文字说明。在设计和制作销售包装时，应做好以下几方面的工作。

(1) 包装的装潢画面。要美观大方，富有艺术吸引力，并突出商品的特点，其图案和色彩要适应有关国家的民族习惯和爱好，以利扩大出口。

(2) 包装上的文字说明。它包括商标、品牌、品名、产地、数量、规格、成分、用途和使用方法等。要与装潢画面紧密配合、互相衬托、彼此补充，文字要简明扼要。

(3) 包装上的标签。它包括生产国别、制造厂商、货物名称、商品成分、品质特点、使用方法等。

3. 条码

条码(Product Code)是一种产品代码，由一组宽窄且间隔不等的平行线条及相应的数字组成。它可以表示商品许多信息，通过光电扫描输入电脑，从而判断出某件商品的生产国、制造厂、品名规格、价格等一系列产品信息，大大提高商品管理效率。国际上通用的包装上的条码有两种：美国、加拿大组织的统一编码委员会的 UPC 码(Universal Product Code)和国际物品编码委员会的 EAN 码(European Article Number)。EAN 除欧洲使用外，亚洲许多国家也使用此码。

这两种编码系统属同一类型，每个字符均由数条黑白相间的条纹组成，中间有两条窄条纹向下伸出少许，将条形码分成左右两部分。这两种条码虽然只能表示 0～9 十个数字，但具有高度的查核能力，扫描操作简单可靠。

我国于 1988 年 12 月建立了"中国物品编码中心"，并于 1991 年 4 月正式加入国际物品编码协会，该会分配给我国的国别号为"690、691、692"，凡适于使用条码的商品，特别是出口的商品，应在商品包装上印刷条码。

三、中性包装、定牌生产

采用中性包装和定牌生产，是国际贸易中常用的习惯做法。

中性包装(Neutral Packing)是指既不标明生产国别、地名和厂商名称，也不标明商标或品牌的包装。也就是说，在出口商品包装的内外，都没有原产地和厂商的标记。中性包装包括无牌中性包装和定牌中性包装两种。前者是指包装上既无生产国别和厂商名称，又无商标或品牌；后者是指包装上仅有买方指定的商标或品牌，但无生产国别和厂商名称。

采用中性包装，是为了打破某些进口国家与地区的关税和非关税壁垒以及适应交易的特殊需要(如转口销售等)，它是出口国家厂商加强对外竞销和扩大出口的一种手段。为了把生意做活，我们对国际贸易中的这种习惯做法，也可酌情采用。但使用时要注意避免发生知识产权纠纷。

定牌生产(Brand-name Good)是卖方按买方要求在其出售的商品或包装上标明买方指定的商标或牌号在国际或国内贸易中，有许多大百货商店、超级市场和专业商店，在其经营的商品中，有一部分商品使用该店专有的商标和牌名，这部分商品即是由商店要求有关厂商定牌生产的。在国际贸易中，定牌商品有的在其定牌商标下标明产地，有的则不标明产地和生产厂商。后一种做法，称为定牌中性。

在我国出口贸易中，如外商订货量较大，且需求比较稳定，为了适应买方销售的需要和有利于扩大出口，我们也可接受定牌生产，具体做法有下列几种。

(1) 在定牌生产的商品或包装上，只用外商所指定的商标或牌号，而不标明生产国别和出口厂商名称，这属于采用定牌中性包装的做法。

(2) 在定牌生产的商品或包装上，标明我国的商标或牌号，同时也加注国外商号名称或表示其商号的标记。

(3) 在定牌生产的商品或包装上，在采用买方所指定的商标或牌号的同时，在其商标或牌号下标示"中国制造"字样。

四、国际货物买卖合同中的包装条款

包装是货物说明的重要组成部分，包装条件是买卖合同中的一项主要条件。按照某些国家的法律规定，如卖方交付的货物未按约定的条件包装，或者货物的包装与行业习惯不符，买方有权拒收货物。如果货物虽按约定的方式包装，但却与其他货物混杂在一起，买方可以拒收违反约定包装的那部分货物，甚至可以拒收整批货物。

(一) 国际货物买卖合同中包装条款的基本内容

包装条款一般包括包装材料、包装方式、包装规格、包装标志和包装费用的负担等内容。

【例 3-10】 In Iron Drums of 25 kg Net Each.铁桶装，每桶净重 25 千克。

包装材料和包装方式在合同中均要写明。

包装费通常包含在售价中。只有当买方对包装有特殊要求时，才写上"包装费由买方负担"。

运输标志在合同中没有写明时，均由卖方设计确定。如买方对运输标志有特殊要求，必须在装运期若干天前提出具体内容，过时就由卖方自定。我国一般也可接受买方的标志，不过要经过审查。

(二) 订立国际货物买卖合同中的包装条款应注意的问题

为了订好包装条款，以利合同的履行，在商订包装条款时，需要注意下列事项：

　　(1) 要考虑商品特点和不同运输方式的要求。商品的特性、形状和使用的运输方式不同，对包装要求也不相同，必须从商品在储运和销售过程中的实际需要出发，使约定的包装科学、合理，并达到安全、适用和适销的要求。

　　(2) 确定商品包装时，一定要考虑有关国家相地区的现行法律、习惯、爱好。如我国不准用旧报纸作衬垫物，澳大利亚、新西兰禁用植物性材料做包装、不准用柳条筐装水果等。

　　(3) 考虑包装时必须与运输设备、港口条件相结合。如采用散装船时，必须了解装卸港是否有相应的传送设备。

　　(4) 对包装的要求应明确具体，明确规定包装材料、造型和规格。一般不宜采用"海运包装"和"习惯包装"之类的术语。

　　(5) 应订明包装费用由何方负担。关于包装费用，一般包括在货价之中，不另计收。但也有不计在货价之内而规定由买方另行支付的。究竟由何方负担，应在包装条款中做出明确的规定。包装由谁供应，通常有下列三种做法：

　　第一种，由卖方供应包装，包装连同商品一起交付买方。

　　第二种，由卖方供应，但交货后，卖方将原包装收回。

　　第三种，买方供应包装或包装物料。应明确规定买方提供包装或包装物料的时间，以及由于包装物料未能及时提供而影响发运时买卖双方所负的责任。

　　按照国际贸易惯例，包装费用一般都包括在货价之内，不另计价，在包装条款中无须另行说明。但如果买方有要求，则需要在包装条款中订明。

　　综上所述，包装是货物说明的组成部分，是商品生产的继续，是保护商品和美化商品的一种手段。包装条款是合同中的主要条件，如果一方违反约定的包装条件，另一方有权提出索赔，甚至可以拒收货物。

知识与技能训练

【单项选择题】

1. 根据现有商品的实际品质进行买卖叫做(　　)。
A. 凭样品成交　　B. 看货买卖　　　C. 凭规格买卖　　D. 凭产地买卖

2. 卖方根据买方提供的样品加工复制出一个类似的样品提供买方确认，经确认的样品叫(　　)。
A. 复样　　　　　B. 回样　　　　　C. 参考样品　　　　　D. 卖方样品

3. 在国际贸易中，对于某些品质变化较大而难以规定统一标准的农副产品，其表示品质的方法常用(　　)。
A. 良好平均品质　　　　　　　　B. 看货买卖
C. 上好可销品质　　　　　　　　D. 凭说明书买卖

4. 在国际贸易中，对生丝、羊毛、棉花等有较强的吸湿性商品，其计重办法通常为(　　)。
A. 毛重　　　　　B. 净重　　　　　C. 公量　　　　　D. 理论重量

5. 在国际贸易中，对技术型产品表示品质的方法是(　　)。
A. 凭规格买卖　　　　　　　　　B. 凭样品买卖

C．凭说明书买卖   D．凭商标或牌号买卖

6．对工业制成品交易，一般在品质条款中灵活制定品质指标，通常使用(   )。

A．品质公差   B．品质机动幅度

C．交货品质与样品大体相等   D．规定一个约量

7．品质公差条款一般用于(   )。

A．制成品交易   B．初级产品交易

C．纺织品交易   D．谷物类产品交易

8．品质机动幅度条款一般用于某些(   )。

A．制成品交易   B．初级产品交易

C．机电产品交易   D．仪表产品交易

9．根据国际商会《跟单信用证统一惯例》600号出版物之规定，对于"约量"允许其增减幅度不超过(   )。

A．3%   B．5%   C．10%   D．15%

10．"唛头"是运输标志中的(   )。

A．主要标志   B．目的地标志   C．原产地标志   D．件号标志

【多项选择题】

1．以说明表示商品品质的方法有(   )。

A．凭规格买卖   B．凭等级买卖

C．凭标准买卖   D．凭说明书买卖

E．凭商标或品牌买卖

2．以实物表示商品品质的方法有(   )。

A．看货买卖   B．凭样品买卖

C．凭规格买卖   D．凭等级买卖

E．凭标准买卖

3．在采用净重计重时，国际上通常计算包装重量的做法有(   )。

A．按实际皮重计算   B．按平均皮重计算

C．按习惯皮重计算   D．按约定皮重计算

E．按法定皮重计算

4．运输包装的主要作用在于(   )。

A．保护商品   B．防止货损货差

C．促进销售   D．宣传商品

E．吸引客户

5．按照国际标准化组织的建议和推荐，标准运输标志的内容包括(   )。

A．收货人的英文缩写字母或简称   B．参考号

C．目的地   D．件数号码

E．条码

6．包装条款的内容主要包括(   )。

A．包装材料   B．包装方式

C. 包装规格　　　　　　　D. 包装标志

E. 包装费用

【简答题】

1. 国际贸易合同中品质条款应包括哪些内容？

2. 何谓毛重、净重和以毛作净？

3. 国际贸易合同中数量条款有哪些内容？

4. 什么是定牌包装？中性包装？无牌中性包装？

【实训题】

1. 实训目的

熟悉国际贸易合同品名、品质、数量以及包装条款的主要内容。

2. 实训要求

熟悉合同品名品质、数量以及包装条款的注意事项；掌握合同中有关商品品质、数量、包装条款的写作技巧、运输标志及定牌生产和中性包装等问题。

3. 实训内容

1) 讨论案例

案例一： 有一年我国外贸公司向德国出口一批农产品，合同规定水分最高 15%，杂质不超过 3%，但在成交前，我方曾向对方寄过样品，合同订立后我方又电告对方"成交货物与样品相似"。货到德国后，买方出具了货物品质比样品低 7%的检验证明，并要求赔偿 600 英镑的损失。我方拒绝赔偿，并陈述理由说：此批商品在交货时是经过挑选的，因为是农产品，不可能做到与样品完全相符。但也不至于比样品低 7%。

问题：我方失误在哪里？是否可以该商品并非凭样成交为由而不予理赔？

案例二： 我国出口公司与美商凭样成交一批高级瓷器，复验期为 60 天，货到国外经美商复验后，未提出任何异议。但事隔一年，买方来电称：瓷器全部出现"釉裂"，只能削价处理销售，因此要求我方按成交价赔偿 60%，我方接电话后立即查看留存的复样，发现其釉下也有裂纹。

问题：我方应如何处理？

案例三： 出口彩色电视机 4000 台，装运时发现仅存 3900 台。

问题：卖方能否援引 5%的增减幅度以 3900 台彩色电视机交货，为什么？

案例四： 菲律宾客户与上海某自行车厂洽谈进口"永久牌"自行车 10 000 辆，但要求我方改用"剑"牌商标，并在包装上不得注明"Made in China"字样。

问题：买方为何提出这种要求？我方能否接受？为什么？

2) 自制唛头

根据下列条件填制合同的品质、数量和包装条款，并根据所给资料自制唛头一份。

品名：皮鞋；货号：JB602；交货品质与确认样本大致相同。

数量：6000 双，计 500 纸箱装。

我国北方公司与美国客商 Cute Co.签订一份皮鞋合同，共计 3000 件，合同号为09BF08USA06，价格条款为 CIF 纽约。根据资料制作一个标准唛头。

第四章

国际货物运输

学习目标

技能目标
准确、合理地选择适合货物运输的方式，缮制运输单据，填制装运条款。

知识目标
了解各种国际贸易货物运输方式、运输单据以及合同装运条款。

通晓具体货运方式的操作程序。

熟练运用和填制装运条款内容。

引言

国际货物运输是国际贸易不可分割的组成部分，在国际贸易中占有重要的地位。从事国际贸易的人员必须熟悉和掌握有关国际货物运输的基本知识，才能在磋商交易和签订合同时充分考虑运输方面的问题，使合同中的装运条款订得完整、明确、合理和切实可行，从而保证进出口商品交接任务的完成。

第一节　国际货物运输方式

在国际货物运输中，涉及的运输方式很多，其中包括海洋运输、铁路运输、公路运输、航空运输、邮政运输、集装箱运输、大陆桥运输以及由各种运输方式组合的国际多式联运等。具体使用哪一种运输方式，由买卖双方在磋商交易时约定。

入门案例

班轮运费的计算

某轮从上海港装运 10 吨，共计 11 立方米的蛋制品运往英国普利茅斯港，要求直航，查货物分级表得知蛋制品为 12 级，计算标准为 W/M；再从中国到欧洲地中海航线分级费率表查到 12 级货物的基本费率为 116 元/运费吨；另从附加费率表中查知普利茅斯港直航附加费每运费吨为 18 元，燃油附加费为 35%。试计算运费。

因该货物体积大于重量，所以运费吨为 11 吨。

运费总额 = 11 × [116 × (1 + 35%) + 18] = 1920.6 (元)

一、海洋运输

在国际贸易货物运输中，应用最广泛的是海洋运输。目前，其运量在国际贸易货物运输总量中占 85% 以上。海洋运输之所以被广泛采用，是因为它与其他国际货物运输方式相比，具有运量大、运费低、点多线长等优点。其不足在于受气候和自然条件的影响较大、风险较大等。海洋运输按经营方式不同，可分为班轮运输和租船运输两种。

(一) 班轮运输

班轮运输(Liner Transport)又称定期船运输，是指船舶在固定航线上和固定港口之间按事先公布的船期表和运费率往返航行，从事客货运输业务的一种运输方式。班轮运输比较适合于运输小批量的货物。

1. 班轮运输的特点

(1) "四固定"，即船公司按固定的船期表，沿固定航线，停靠固定港口来航行，并按照相对固定的运费率来收取运费。

(2) "一负责"，即货物由班轮公司负责配载和装卸，运费内已包括装卸费用，班轮公司和托运人双方不计滞期费和速遣费。

(3) 船货双方的权利、义务和责任豁免均以班轮公司签发的提单条款为依据。

(4) 班轮承运货物的品种、数量比较灵活，货运质量较有保证，且一般采取在码头仓库交接货物，故为货主提供了更便利的条件。

2. 班轮运费

班轮运费包括基本运费和附加费两部分。前者是指货物从装运港运到卸货港所应收取的基本运费，它是构成全程运费的主要部分；后者是指对一些需要特殊处理的货物，或者由于突然事件的发生或客观情况变化等原因而需另外加收的费用。

1) 基本运费

基本运费是指货物从装运港到目的港所应收取的费用，其中包括货物在港口的装卸费用，它是构成全程运费的主要部分。其计算标准主要有以下六种：

(1) 按货物实际重量计收运费，故称重量吨，运价表内用"W"表示。

(2) 按货物的体积/容积计收，故称尺码吨，运价表中用"M"表示。

(3) 按重量或体积计收，由船公司选择其中收费较高的作计费吨，运价表中以"W/M"表示。

(4) 按商品价格计收，即称为从价运费，运价表内用"AV"或"AD VAL"表示。从价运费一般按货物的FOB价格的百分之几收取。此外，在班轮运价表中还有"W/M OR AV""W/M PLUS AV"等标志。

(5) 按货物的件数计收，一般只对包装固定，包装内的数量、重量、体积也是固定不变的货物，才按每箱、每捆或每件等特定的运费额计收。

(6) 由货主和船公司临时议定，这种方法通常是在承运粮食、豆类、矿石、煤炭等运量大、货价较低、装卸容易、装卸速度快的大宗低值农副产品和矿产品时采用。在运价表中，以"OPEN"表示。

2) 附加费

班轮运费中的附加费是指针对某些特定情况或需作特殊处理的货物在基本运费之外加收的费用。附加费名目繁多，通常有超重附加费、超长附加费、直航附加费、转船附加费、港口附加费等。此外，船公司有时还根据各种不同情况临时决定增收某种费用，如燃油附加费、货币附加费、绕航附加费等。

3) 班轮运费的计算

(1) 当附加费为绝对值时：

$$班轮运费 = 运费吨 \times 等级运费率 + 附加费$$

(2) 当附加费是百分比时：

$$班轮运费 = 运费吨 \times 等级运费率 \times (1 + 附加费百分比)$$

【例4-1】 中国 K 货轮装运竹制品从青岛港至英国利物浦，其货物重量为 360 吨，尺码为 1350.5 立方米，要求直航。经查中国/欧洲、地中海航线件杂货班轮运输航线费率表，利物浦港口为该航线的非基本港；竹制品的等级为 8 级，计费标准为 M；西行(欧亚航线)的 8 级货物的基本费率为 USD110F/T。经查该航线直航附加费率表得知，直航利物浦的附加费率为基本运费的 38%，港口附加费率为 USD8.00F/T。试计算全程运费。

案例分析：因为该批货物运费的计算标准为 M，故选择尺码吨作为计费重量。

基本运费 = 110 × 1350.5 = 148 555 (美元)

附加费 = 110 × 1350.5 × 38% + 8 × 1350.5 = 67 254.9 (美元)

总运费 = 基本运费 + 附加费 = 215 809.9 (美元)

答：海运运费为 215 809.9 美元。

注：F/T 是运费吨(Freight Ton)的缩写，又称计费吨，是计算运费的一个特殊计量单位，是指按每一种货物的重量或体积(尺码)计算运费的单位，分为重量吨和尺码吨。

(二) 租船运输

租船运输又称不定期船运输，是指包租整船或部分舱位进行运输。租船方式主要有定期租船、定程租船、包运租船和光船租船四种。

1. 定期租船

定期租船(Time Charter)又称期租船，是指按一定期限租赁船舶的方式，即由船东(船舶出租人)将船舶出租给租船人在规定期限内使用，在此期限内由租船人自行调度和经营管理。租期可长可短，短则数月，长则数年。定期租船的特点是：在租赁期内，船舶由租船人负责经营和管理；一般只规定船舶航行区域而不规定航线和装卸港；除另有规定外，可以装运各种合法货物；船东负责船舶的维修和机械的正常运转；不规定装卸率和滞期、速遣条款；租金按租期每月(或 30 天)每载重吨计算；船东和租船人双方的权利和义务以期租船合同为依据。

2. 定程租船

定程租船(Voyage Charter；Trip Charter)又称航次租船，是指按航程租赁的方式。定程租船的特点是：无固定航线、固定装卸港口和固定航行船期，而是根据租船人(货主)的需要和船东供船的可能，经双方协商，在程租船合同中规定；程租船合同需规定装卸率和滞期、速遣条款；运价受租船市场供需情况的影响较大，租船人和船东双方的其他权利、义务一并在程租船合同中规定。定程租船以运输货值较低的粮食、煤炭、木材、矿石等大宗货物为主。

3. 包运租船

包运租船(Contract of Affreightment，COA)是指船舶所有人提供给租船人一定运力，在确定的港口之间，以事先约定的期限、航次周期和每航次较为均等的货运量，完成运输合同规定的总运量的一种租船方式。包运租船方式的主要特点如下：船舶出租期限的长短，完全取决于货物的总运量及船舶航次周期的所需时间；合同中不确定船名和船籍，一般仅规定船级、船龄和技术规范；船舶所运输的货物，主要是货运量比较大的干散货或液体散装货，租船人往往是业务量大和实力强的综合性工业企业、贸易公司、生产加工集团或大石油公司；以每吨货物的运费率作为基础，运费按船舶实际装运的货物数量计收。

4. 光船租船

光船租船(Demise or Bareboat Charter)是一种比较特殊的租船方式，是期租的一种派生租船方式，但它与期租不同的是船东不提供船员，仅仅是将一条船交给租船人使用。由租船人自行配备船员，负责船舶的经营管理和航行等各项事宜。在租赁期间，租船人实际上对船舶拥有支配权和公有权。光船租船有如下特点：船长和全部船员由租船人指派并听从租船人的指挥；船舶所有人不负责船舶的运输，租船人以承运人的身份经营船舶；以整船出租并按船舶的载重吨和租期计算租金；船舶的一切时间损失风险完全由租船人承担，即使在船舶修理期间，租金仍连续计算；从船舶实际交给租船人使用时起，船舶的占有权从船舶所有人转给租船人。

二、铁路、航空、邮政运输

我国的进出口货物，除通过海洋运输外，还有通过铁路运输、航空运输和邮政运输等方式。

(一) 铁路运输

铁路运输具有运输速度快、载运量较大、受气候影响小、准确性和连续性强等优点。在国际贸易中，铁路运输在国际货运中的地位仅次于海洋运输。在我国对外贸易运输中，铁路运输占有一定比重。

我国对外贸易货物使用铁路运输可分为国内铁路运输和国际铁路联运两部分。供应港、澳地区的货物由内地利用铁路运往香港九龙，或运至广州南部转船至澳门，即属国内铁路运输。国际铁路联运是指在两个或两个以上国际铁路运送中，使用一份运送票据，并以连带责任办理货物的全程运送，在由一国铁路向另一国铁路移交货物时，无须发货人、收货人参加的运输方式。我国对周边国家，如朝鲜、越南、蒙古、俄罗斯等国家的进出口货物，大部分采用铁路运输。通过国际铁路联运，使欧亚大陆连成一片，对发展我国与欧洲、亚洲国家的国际贸易提供了有利的条件。

(二) 航空运输

国际货物的航空运输具有许多优点：运送迅速；节省包装、保险和储存费用；可以运往世界各地而不受河海和道路限制；安全准时。因此，航空运输对易腐、鲜活、季节性强、紧急需要的商品运送尤为适宜，被称为"桌到桌快递服务"(Desk to Desk Express Service)。国际航空货运方式通常包括班机运输、包机运输、集中托运、陆空联运和航空快递等。

(1) 班机运输(Scheduled Flight)：指根据班期时刻表，按照规定的航线，定机型、定日期、定时刻的客、货、邮航空运输。班机运输一般有固定的航线，固定的始发站、途经站和目的站，是民航运输生产活动的基本形式。

(2) 包机运输(Charted Flight)：指包用民航飞机，在民航固定航线上或者非固定航线上飞行，用以载运旅客、货物或客货兼载的航空运输。包机运输可分为整机包机和部分包机两种形式。

(3) 集中托运(Consolidation)：指航空货运代理公司将若干单独发运的货物组成一整批货物，使用一份总运单整批发运到同一到站，或者运交某一预定的代理收货，然后再报关，分拨后交给实际收货人。

(4) 陆空联运：指以包括空运在内的两种以上的运输方式联合运输。陆空联运的种类有三种：一是火车—飞机—卡车的联合运输(Train-Air-Truck，TAT)；二是卡车—飞机的联合运输(Truck-Air，TA)；三是火车—飞机的联合运输(Train-Air，TA)。

(5) 航空快递(Air Courier)：又称快件、快运或速递，是指具有独立法人资格的企业将进出境的货物或物品从发件人(Consignor)所在地，通过自身或代理的网络送达收件人(Consignee)的一种快速运输方式。这种业务实际上是由专业经营该项业务的航空货运公司与航空公司合作，派专人用最快的速度，在货主、机场、用户之间传送急件的运输服务业务。这种运输方式特别适用于急需的药品和医疗器械、贵重物品、图纸资料、货样、单证和书报杂志等小件物品，也是目前航空货物运输中最快捷的运输方式。

(三) 邮政运输

邮政运输又称邮包运输(Parcel Post Transport)，是一种最简便的运输方式。各国邮政部门之间订有协定和公约，从而保证了邮件包裹传递的畅通无阻、四通八达，形成了全球性的邮政运输网，遂使国际邮政运输得以在国际贸易中被广泛使用。近年来，特快专递业务迅速发展。目前快递业务主要有国际特快专递(International Express Mail Service，EMS)和DHL 信使专递(DHL Courier Service)等。

三、集装箱运输、大陆桥运输与国际多式联运

集装箱运输、大陆桥运输、国际多式联运是目前国际货物运输使用较多的三种新型运输方式。

(一) 集装箱运输

集装箱运输(Container Transport)是以集装箱(Container)为运输单位进行运输的一种现代化的先进的运输方式，它可适用于各种运输方式的单独运输和不同运输方式的联合运输。集装箱运输的优点是加速货物装卸，提高港口吞吐能力，加速船舶周转，减少货损货

差，节省包装材料，减少运杂费用，降低营运成本，简化货运手续和便利货物运输等。集装箱运输是运输方式上的一大革命，它的出现和广泛运用，对国际贸易产生了很大的影响。

1. 集装箱运输的优越性

(1) 扩大成组单元，提高装卸效率，降低劳动强度。

(2) 减少货损、货差，提高货物运输的安全与质量水平。

(3) 缩短货物在途时间，降低物流成本。

(4) 节省货物运输包装费用，简化理货工作。

(5) 减少货物运输费用。

2. 集装箱运输的特点

(1) 集装箱运输是一种"门到门"运输。

(2) 集装箱运输是一种多式联运。

(3) 集装箱运输方式是一种高效率的运输方式。

(4) 集装箱运输是一种消除了所运货物外形差异的运输方式。

3. 集装箱运输交接方式

集装箱运输中，整箱货和拼箱货在船货双方之间的交接方式有以下九种。

(1) 门到门(Door to Door)：由托运人负责装载的集装箱，在其货仓或工厂仓库交承运人验收后，由承运人负责全程运输，直到收货人的货仓或工厂仓库交箱为止。这种全程连线运输，称为"门到门"运输。

(2) 门到场(Door to CY)：由发货人货仓或工厂仓库至目的地或卸箱港的集装箱装卸区堆场。

(3) 门到站(Door to CFS)：由发货人货仓或工厂仓库至目的地或卸箱港的集装箱货运站。

(4) 场到门(CY to Door)：由起运地或装箱港的集装箱装卸区堆场至收货人的货仓或工厂仓库。

(5) 场到场(CY to CY)：由起运地或装箱港的集装箱装卸区堆场至目的地或卸箱港的集装箱装卸区堆场。

(6) 场到站(CY to CFS)：由起运地或装箱港的集装箱装卸区堆场至目的地或卸箱港的集装箱货运站。

(7) 站到门(CFS to Door)：由起运地或装箱港的集装箱货运站至收货人的货仓或工厂仓库。

(8) 站到场(CFS to CY)：由起运地或装箱港的集装箱货运站至目的地或卸箱港的集装箱装卸区堆场。

(9) 站到站(CFS to CFS)：由起运地或装箱港的集装箱货运站至目的地或卸箱港的集装箱货运站。

(二) 大陆桥运输

大陆桥运输(Land Bridge Transport)是指使用横贯大陆的铁路或公路运输系统作为中间桥梁，把大陆两端的海洋运输连接起来的连贯运输方式。目前运用较广的是西伯利亚大陆桥及亚欧大陆桥。

此外，还有一种"OCP"运输方式。"OCP"是英文"Over-land Common Point"的缩写，意为"内陆公共点"。它是以美国落基山脉为界，界东的广大地区划为内陆地区，凡海运到美国西海岸港口再以陆路运往内陆地区的货物，如提单上表明按 OCP 条款运输，可享受比直达西海岸港口费率较低的优惠，陆运的运费率也可降低 5%左右，相反方向的运送也相同。这种优惠只适用于货物的最终目的地在 OCP 地区，而且必须经美国西海岸港口中转。

(三) 国际多式联运

根据《联合国国际货物多式联运公约》(以下简称《多式联运公约》)的解释，国际多式联运(International Multimodal Transport)是指按照多式联运合同，以至少两种不同的运输方式，由多式联运经营人将货物从一国境内接受货物的地点运往另一国境内指定交付货物的地点。国际多式联运大多以集装箱为媒介，把海洋运输、铁路运输、公路运输、航空运输等单一运输方式有机地结合起来，构成一种连贯的运输，是实现门到门运输的有效方式。

根据多式联运公约的规定和现行的多式联运业务的特点，开展国际多式联运应具备下列基本条件：

(1) 必须具有一个多式联运合同。

(2) 必须使用一份全程的多式联运单据(多式联运提单、多式联运运单)。

(3) 全程运输过程中必须至少使用两种不同的运输方式，而且是两种以上运输方式的连续运输。

(4) 必须使用全程单一费率。

(5) 必须有一个多式联运经营人对货物的运输全程负责。

(6) 如果是国际多式联运，则多式联运经营人接受货物的地点与交付货物的地点必须属于两个国家。

《多式联运公约》对多式联运经营人的规定为："多式联运经营人是指本人或通过其代表与托运人订立多式联运合同的任何人，他是事主，而不是发货人的代理人或代表，也不是参加多式联运的承运人的代理人或代表，负有履行合同的责任。"因此，多式联运经营人是一个独立的法律实体。

由于多式联运是在国家间以多种运输方式来完成的，不可能由一个经营人自己承担全部运输任务。他往往是在接受货主的委托后，自己办理一部分运输，而将其余的运输再委托给其他承运人。因此，多式联运经营人，对货主来说，它是货物的承运人，同货主签订多式联运合同；对其委托的承运人来说，它又是货物的托运人，自己以托运人的身份与其他承运人签订运输合同，所以它具有双重身份。但在多式联运方式下，根据合同规定，联运经营人始终是货物运输的总承运人，对货物全程运输负责。而将接受委托分段承担运输的实际承运人称为分承运人。国际上承办多式联运业务的企业多为一些规模较大的货运公司，它们与货主及各类运输公司都有着密切的业务关系，最具有利条件承办多式联运业务，国际上称这种办理多式联运业务的企业为"无船公共承运人"(NVOCC)。

第二节　国际货物买卖合同中的装运条款

国际货物买卖合同中的装运条款通常包括装运时间、装运港(地)和目的港(地)、分批装运和转运、装运通知、滞期和速遣条款等内容。

入门案例

请看下面这样一个装运条款样例：

Shipment: Shipment on or before Jan 31, 2011, from Lian Yungang to Long Beach USA, allowing partial shipments and transshipment.

装运：2011 年 1 月 31 日或以前装运，由中国连云港到美国长滩，允许转运和分批装运。

从此样例中可以看出，装运条款包含哪几部分内容？

此案例表明：装运条款包括装运期、装运港、目的港以及转运和分批装运等内容。

一、装运时间

装运时间是买卖合同的主要交易条件，卖方必须严格按照规定时间装运货物，如果提前或延迟，均构成违约，买方有权拒收货物、解除合同，同时提出损害赔偿要求。

1. 装运时间的规定方法

(1) 明确规定具体装运时间。一般不确定在某一个日期上，而是确定在一段时间内。这种规定方法，期限具体，含义明确，在国际货物买卖合同中采用较为普遍。

(2) 规定在收到信用证后若干天或若干月装运。这类规定方法的装运时间取决于信用证开证时间。为了防止买方拖延或拒绝开证，还应规定信用证开抵卖方的最初期限。

【例 4-2】 "收到信用证后 45 天内装运"，"买方必须最迟于××(日期)将有关信用证开抵卖方"，"买方如不按合同规定开证，则卖方有权按买方违约提出索赔"。

(3) 收到货款后若干天装运。这种方法表明买方需要预付货款，因此这种方式对卖方最有利。

2. 确定装运时间应注意的事项

(1) 应考虑货源和船源的实际情况，避免有船无货或有货无船的情况发生。

(2) 对装运期的规定要明确，避免使用"立即装运"和"尽速装运"等词语。

(3) 装运期限应当适度。期限长短应视不同商品和租船订舱的实际情况而定。

(4) 在规定装运期的同时，应考虑开证日期的规定是否明确合理。

二、装运港(地)和目的港(地)

装运港(Port of Shipping)是指货物起始装运的港口。装运港一般由出口方提出，经进口方同意后确定。目的港(Port of Destination)是货物最后卸货的港口。目的港则由进口方提出，经出口方同意后确定。装运港和目的港可分别规定一个，也可分别规定两个或两个以上，还可以规定选择港。

1. 装运港和目的港的规定方法

在买卖合同中，装运港和目的港的规定方法有以下几种：

(1) 在一般情况下，装运港和目的港分别规定各为一个。

(2) 有时按实际业务的需要，也可分别规定两个或两个以上。

(3) 在磋商交易时，如明确规定装运港或目的港有困难，可以采用选择港办法。规定选择港有两种方式：一种是在两个或两个以上港口中选择一个，如 CIF 伦敦选择港汉堡或鹿特丹，或者 CIF 伦敦/汉堡/鹿特丹；另一种是笼统规定某一航区为装运港或目的港，如"地中海主要港口""西欧主要港口"等。

买卖双方在确定装运港或目的港时，通常都是从本身利益和需要出发，根据产、销和运输等因素考虑的。特别是确定国外装运港和目的港时，应当格外谨慎。

2. 规定装运港和目的港注意事项

在规定装运港和目的港时应注意：应力求明确具体；不接受内陆城市为装运港或目的港；装卸港的具体条件；国外港口有无重名问题；选择港口不宜过多，并在一条航线上等。

三、分批装运和转运

1. 分批装运

分批装运又称分期装运(Shipment by Installment)，是指一个合同项下的货物分若干期或若干次装运。凡数量较大，或受运输、市场销售、资金等条件的限制，都可在买卖合同中规定分批装运条款。

一般来说，合同中关于分批装运的规定方法有：

(1) 笼统规定允许分批。合同中只原则性地规定允许分批，对于分批的具体时间、批次和数量均不作规定。这种规定方法对卖方较有利，他完全可以根据货源、运输条件灵活掌握。

【例 4-3】 Shipment from Shanghai to London July 2012 with Partial Shipment Allowed.

(2) 限时、限量、限批次允许分批。在合同中具体订明每批装运的时间和数量，限制了每一批的时间、数量，从而限制批次。这种规定方法往往是买方出于对货物的使用或销售需要而确定的，对卖方的限制较严，机动余地很小，其中任何一期没有按时按量装运，则该期就可能构成违约。

【例 4-4】 Shipment during June/July/August 2012 in Three Equal Monthly Lots.

国际商会《跟单信用证统一惯例》规定："运输单据表面上已注明是使用同一运输工具装运并经同一路线运输，即使运输单据上注明的装运日期不同或装货港、接受监管地或发运地点不同，只要运输单据注明是同一目的地，将不视为分批装运。"该惯例还规定："如信用证规定在指定的时期内分期付款及/或分期装运，任何一期未按信用证所规定期限付款/或装运时，信用证对该期及以后各期均告失效。"对这类条款受益人应严格遵守，必须按信用证规定的时间装运货物。

2. 转运

转运(Transshipment)是指货物从装运港(地)到目的港(地)的运输过程中，从一运输工具卸下，再装上同一运输方式的另一运输工具；或在不同运输方式情况下，从一种方式的运输工具卸下，再装上另一种方式的运输工具的行为。

《跟单信用证统一惯例》关于转运的规定：对"转运"一词按不同运输方式作了不同的解释，并作了淡化和从宽的处理；除非信用证另有规定，可准许转运；《跟单信用证统一惯例》中所谓"禁止转运"，仅指禁止海运港至港的货物运输的转运，但集装箱运输除外。

3. 合同装运条款中的分批与转运注意事项

(1) 在合同中如没有规定允许分批装运，不同国家的法律有不同的解释，所以应在合同中明确规定。

(2) 根据《跟单信用证统一惯例》，除非信用证明示不准分批装运，卖方即有权分批装运。

(3) 如果信用证中规定了每批装运时间和数量，若其中任何一期未按规定装运，则本期及以后各期信用证均失效。

(4) 按惯例，运输单据表面注明同一运输工具、同一航次、同一目的地的多次装运，即使其表面上注明不同的装运日期及不同的装运港、接受监管地或发运地，将不视作分批装运。

(5) 进口商如果要禁止任何形式的转运，在申请开证时也应明确列明禁止转运的条款。因为《跟单信用证统一惯例》规定："除非信用证另有规定，可准许转运。"

《跟单信用证统一惯例》中的禁止转运，实际上仅是禁止海运港至港除集装箱以外的货物运输的转运。因为《跟单信用证统一惯例》明确规定，即使信用证禁止转运，银行将接受如下提单：

① 注明将发生转运，前提是提单上已经证实有关货物是由集装箱、拖车及/或子母船["LASH" barge(s)]转运的，而且同一提单包括全程海运；

② 含有承运人有权转运的条款，但不包括诸如"Transshipment has taken place"等明确表示已转运的提单。

四、装运通知

装运通知(Shipping Advice)是在采用租船运输大宗进出口货物的情况下，在合同中加以约定的条款。规定这个条款的目的在于明确买卖双方的责任，促使买卖双方互相配合，共同做好船货衔接工作。

按照国际贸易的一般做法，在按FOB条件成交时，卖方应在约定的装运期开始以前，一般是30天或45天，向买方发出货物备妥通知，以便买方及时派船接货。买方接到卖方发出的备货通知后，应按约定的时间，将船名、船舶到港受载日期等通知卖方，以便卖方及时安排货物出运和准备装船。

此外，在货物装船后，卖方应在约定时间，将合同号、货物的品名、件数、重量、发票金额、船名及装船日期等项内容电告买方，以便买方办理保险并做好接卸货物的准备，及时办理进口报关手续。

五、装卸时间和装卸率

装卸时间(Lay Time，Lay Days)的长短和装卸率(Rate of Loading/Discharge)的高低，直接关系到船方的利害得失，故船方出租船舶时，都要求在定程租船合同中规定装卸时间、装卸率，并规定延误装卸时间和提前完成装卸任务的罚款与奖励办法，以约束租船人。

1. 装卸时间

装卸时间是指允许完成装卸任务所约定的时间，它一般以天数或小时数来表示。装卸时间的规定方法很多，主要有下列几种：

(1) 日或连续日，是指时钟连续走过 24 小时为一天，即按自然日计算，其中没有任何扣除，一般用于运输矿石、石油等少数几种不受天气影响的货物的租船合同中。这种规定对船东有利。

(2) 工作日，是指按港口习惯规定，属于正常工作的日子，因此星期日及节假日不算工作日。由于世界各港口工作日规定不同，因此这种概念不确切，容易产生争议，租船合同中很少使用。

(3) 累计 8 小时工作日，是指不论各港口工作时间如何规定，均以累计 8 个小时才作为一个工作日计算。

(4) 累计 24 小时工作日，是指不论各港口工作时间如何规定，均以累计达 24 个小时才作为一个工作日计算。

(5) 好天气工作日，是指既是工作日，又是好天气。若天气不好，虽然是工作日，但不能进行装卸作业，也不能算作工作日。天气好坏不是绝对的，必须根据承运货物能否装卸而定，有时双方意见不一致，应当及时由双方和港口方一起共同作出协商记录，日后凭此计算。

(6) 连续 24 小时好天气工作日，是指在好天气情况下，连续作业 24 小时算一个工作日，如中间因坏天气影响而不能作业的时间应予扣除。这种方法一般适用于昼夜作业的港口。当前，国际上采用这种规定的较为普遍，我国一般都采用此种规定办法。

例如，周一是好天气，从 9 时开始计算许可时间，则到周二(如果仍是好天气)9 时才是一个工作日。如果在此期间有 3 个小时因坏天气无法作业，则到周二 12 时才算一个工作日。这种规定比较合理，双方都愿意接受，所以租船市场上采用较多。我国租船公司的租船合同基本上也采用这种条款。

为了计算装卸时间，合同中还必须对装卸时间的起算和止算时间加以约定。关于装卸时间的起算时间，各国法律规定或习惯并不完全一致，一般规定在船长向承租人或他的代理人递交了"装卸准备就绪通知书"以后，经过一定的规定时间后，开始起算。关于止算时间，现在世界各国习惯上都以货物装完或卸完的时间，作为装卸止算时间。

2. 装卸率

装卸率是指每日装卸货物的数量。装卸率的高低，关系到完成装卸任务的时间和运费水平，装卸率规定过高或过低都不合适。规定过高，完不成装卸任务，要承担滞期费的损失；规定过低，虽能提前完成装卸任务，可得到船方的速遣费，但船方会因装卸率低，船舶在港时间长而增加运费，致使租船人得不偿失。因此，装卸率的规定应当适当。

六、滞期和速遣条款

在国际贸易中，大宗商品在程租船运输的情况下，买卖合同中应规定滞期、速遣条款。在合同规定的装卸时间内，如果租船人未能完成装卸作业，给船方造成了经济损失，为了补偿船方由此而产生的损失，应由租船人向船东支付一定的罚金，此项罚金称为滞期费(Demurrage)。反之，如果租船人在合同规定的时间内提前完成了装卸，给船方节约了船期，从而降低了费用成本增加了收益，船方对所节约的时间要给租船人一定金额的奖励，这种奖金称为速遣费(Dispatch Money)。在实际业务中，速遣费通常为滞期费的一半。

第三节　国际货物运输单据

不同的运输方式使用的运输单据各有不同，主要有海运提单、海运单、铁路运单、航空运单和多式联运单据等。

入门案例

我国某出口企业同某国 A 商达成一笔交易，买卖合同规定的支付方式为即期付款交单。我方按期将货物装出并由 B 轮船公司承运，并出具转运提单，货物经日本改装后，再由其他轮船公司船舶运往目的港。货到目的港后，A 公司已宣告破产倒闭。当地 C 公司伪造假提单向第二程船公司在当地的代理人处提走货物。

我方企业装运货物后，曾委托银行按跟单托收(付款后交单)方式收款，但因收货人已倒闭，货款无着落，后又获悉货物已被冒领，遂与 B 轮船公司交涉，凭其签发的正式提单要求交出承运货物。B 公司却借口依照提单第 13 条规定的"承运人只对第一程负责，对第二程不负运输责任"为由，拒不赔偿。于是，我方企业诉诸法院。试问：B 公司拒赔的理由是否成立？分析原因。

此案例表明：B 公司难辞其咎。其拒绝赔偿的理由不成立，因为货物在目的港被 C 公司提走，并非第二程运输中的"运输责任"所造成的损失。B 公司必须赔偿，这是由海运提单的性质决定的。

一、海运提单

1. 海运提单的性质和作用

海运提单(Bill of Lading，或 B/L)简称提单，是指由船长或船公司或其代理人签发的，证明已收到特定货物，允诺将货物运至特定的目的地，并交付给收货人的凭证。海运提单也是收货方在目的港据以向船公司或其代理提取货物的凭证。海运提单的性质和作用可以概括为以下三个方面：

(1) 提单是承运人或其代理人签发的货物收据(Receipt for the Goods)。

(2) 提单是一种货物所有权的凭证(Document of Title)。

(3) 提单是承运人与托运人之间订立的运输契约的证明(Evidence of the Contract Carriage)。

2. 海运提单的种类

海运提单可从不同角度进行分类，以下是主要的几种：

(1) 根据货物是否已装船，可分为"已装船提单"和"备运提单"。

① 已装船提单(On Board B/L；Shipped B/L)：承运人已将货物装上指定轮船后所签发的提单。

② 备运提单(Received for Shipment B/L)：承运人已收到托运货物等待装运期间所签发的提单。

(2) 根据提单有无批注条款，可分为"清洁提单"和"不清洁提单"。

① 清洁提单(Clean B/L)：货物在装船时"表面状况良好"，承运人在提单上未加任何有关货物受损或包装不良等批注的提单。

② 不清洁提单(Unclean B/L；Foul B/L)：承运人在提单上对货物表面状况或包装加有不良或存在缺陷等批注的提单。

(3) 根据提单是否可以流通转让，可分为"记名提单""不记名提单"和"指示提单"。

① 记名提单(Straight B/L)：提单上的收货人栏内填写特定的收货人名称。这种提单只能由该特定收货人提货，因此记名提单不能流通转让。

② 不记名提单(Bear B/L)：提单上的收货人栏不指明收货人，只注明提单持有人(Bearer)字样。这种提单无须背书转让，流通性强，风险大，实际业务中很少使用。

③ 指示提单(Order B/L)：提单上的收货人栏内仅填写"凭指示"(To order)，或"凭×××指示"(To Order of...)字样。这种提单经背书后可转让给他人提货。目前，在实际业务中，使用最多的是"凭指示"并经空白背书的提单，习惯上称为"空白抬头、空白背书"提单。

(4) 根据运输方式，可分为"直达提单""转船提单"和"联运提单"。

① 直达提单(Direct B/L)：轮船从装运港装货后，中途不经过换船而直接驶往目的港卸货所签发的提单。

② 转船提单(Transshipment B/L)：轮船从装运港装货后，不直接驶往目的港，需要在中途港换装另外船舶运往目的港所签发的提单。

③ 联运提单(Through B/L)：需经两种或两种以上的运输方式联运的货物，由第一程海运承运人所签发的，包括运输全程并能在目的港或目的地凭以提货的提单。

(5) 按提单使用的有效性，可分为"正本提单"与"副本提单"。

① 正本提单(Original B/L)：上面有承运人正式签字并注明船名和签发日期的提单。这种提单在法律上和商业上是公认的有效的单据。正本提单一般有若干份，若无明文规定，一般是一套两至三份并且必须在提单上注明签发的份数。此外，提单上必须标明"正本"字样，以区别于副本提单。

② 副本提单(Copy B/L)：与正本提单相对的提单，即提单上没有承运人签字盖章，只

供工作上参考使用。副本提单上一般都标有"Copy"或"Non-negotiable"字样，以区别于正本提单。

(6) 按船舶经营性质，可分为"班轮提单"与"租船提单"。

① 班轮提单(Liner B/L)：经营班轮运输的船公司出具的提单。这种提单通常有固定的印就格式，其背面条款不会因不同航次或面对不同的发货人而轻易改变。另外，除了一般条款外，班轮提单通常印有"光船条款"和"承运人身份条款"。这两个条款是指当班轮公司租进期租船时，提单上虽印就班轮公司的抬头，而实际使用的船舶却是期租船舶。该条款会使谁是承运人的问题更加复杂化。

② 租船提单(Charter Party B/L)：根据租船合同签发的一种提单。提单上一般批注有"根据××租船合同出立"字样。因此，这种提单要受租船合同条款的约束。

(7) 按签发时间，可分为"倒签提单"、"顺签提单"和"预借提单"

① 倒签提单(Antedated B/L)：通常是指承运人或其代理人应托运人的要求，在货物装船完毕后，以早于该票货物实际装船完毕的日期作为提单签发日期的提单。这是托运人为了使提单上记载的签发日期符合合同或信用证关于装运期的规定，以便能顺利结汇，承运人应托运人要求而倒填日期签发的提单，所以称为倒签提单。

承运人签发倒签提单的做法，掩盖了提单签发时的真实情况，将面临着承担由此而引起的风险责任。特别是当市场上货价下跌时，收货人可以"伪造提单"为由拒绝收货。

② 顺签提单(Postdated B/L)：通常是指货物装船完毕后，承运人或其代理人应托运人的要求，以晚于该票货物实际装船完毕的日期作为提单签发日期的提单。这是为了符合合同或信用证关于装运期的规定，应托运人要求而顺填日期签发的提单，所以称为顺签提单。

承运人签发顺签提单的做法同样掩盖了提单签发时的真实情况，也将面临着要承担由此而引起的风险责任。

③ 预借提单(Advanced B/L)：一般是指在信用证所规定的结汇期，即信用证的有效期即将届满或交货期限已过，而货物尚未装船或尚未装船完毕的情况下，托运人为了能及时结汇，而要求承运人提前签发的已装船清洁提单，即托运人为了能及时结汇而从承运人那里借用的已装船清洁提单。

当承运人签发这种提单时，不仅同样掩盖了提单签发时的真实情况，而且还将面临着承担比签发倒签提单更大的风险责任。

❖ **案例学习：**

我国某出口公司先后与伦敦 B 公司和瑞士 S 公司签订两份出售农产品合同，共计 3500 长吨，价值 8.275 万英镑。装运期为当年 12 月至次年 1 月。但由于原定的装货船舶出故障，只能改装另一艘外轮，致使货物到 2 月 11 日才装船完毕。在我公司的请求下，外轮代理公司将提单的日期改为 1 月 31 日。货物到达鹿特丹后，买方对装货日期提出异议，要求我公司提供 1 月份装船证明。我公司坚持提单是正常的，无须提供证明。结果买方聘请律师上货船查阅船长的船行日志，证明提单日期是伪造的，立即凭律师拍摄的证据，向当地法院控告并由法院发出通知扣留该船。经过 4 个月的协商，最后，我方赔款 2.09 万英镑，买方方肯撤回上诉而结案。请评析此案例。

分析： 本案例中的提单是倒签提单，卖方为了能顺利结汇，要求船方以早于实际装船日期而签发的提单，此类提单其性质是带有欺骗性的，一旦被买方识破，可以向卖方或船方索赔。

(8) 按提单格式，可分为"全式提单"和"简式提单"。

① 全式提单(Long form B/L)：既有正面记载的事项，特别是记载了承运人的名称，又有背面详细条款的提单。在没有特别约定的情况下，背面条款就是约束承托双方的条款。正本提单通常为全式提单。

② 简式提单(Short Form B/L)：上面只有正面的必要记载项目但无承运人名称和背面详细条款的提单。这种提单多用于租船合同所签发的提单并注有"所有条件均根据×年×月×日签订的租船合同"字样。简式提单上一般均印有"各项条款及例外条款以本公司正式全式提单内所印就的条款为准"字样。

除此之外，还有运费预付提单、运费到付提单、集装箱提单、转换提单、无船公共承运人提单、舱面货提单、并提单、分提单和过期提单等。

二、海运单

海运单(Seaway Bill)是证明海上货物运输合同和货物由承运人接管或装船，以及承运人保证据以将货物交给指定收货人的不可转让的海运单据。

根据上述定义，海运单具有以下性质和特征：

(1) 海运单不是物权凭证，因而是不可转让的运输单据。

(2) 托运人可以指示承运人将货物交付给特定的收货人。即使事先已经指定特定的收货人，载货船舶在运输途中，托运人也可以变更收货人。

(3) 使用海运单交付货物时，承运人只认"人"而不认"单"。由于海运单不是物权凭证，因而它不是收货人提货的凭证，承运人放货时只依据海运单上记载的"收货人"，即托运人所指定的收货人，只要该收货人能证明其"收货人"身份即可提货。换言之，即使某人持有海运单，若非为海运单所记载的收货人，也不能要求承运人放货。

海运单虽然在形式上与提单非常类似，但其本质上与提单是两种不同的运输单据。两者的区别表现为以下几点：

(1) 两者性质不同。海运单仅具有货物收据和运输合同或其证明的性质，不是物权凭证；而提单除具有货物收据、运输合同证明的性质外，它通常是物权凭证，可凭以提货。

(2) 两者流通性不同。海运单是一种非流通性单据，且记载了特定收货人，因而不能流通转让；而提单多为是流通性单据，可以采用背书或背书加交付的方式流通转让。

(3) 两者记载收货人方式不同。海运单"收货人"栏内只能记载特定的收货人，不能记载"凭指示"；而提单"收货人"栏内通常记载"凭指示"等。

(4) 两者交货方式不同。海运单载明的收货人提货时可以无须提示海运单，承运人仅凭收货人提示的身份证明交付货物；而提单的合法持有人和承运人只凭正本提单提货与交货。

(5) 海运单与记名提单不同。尽管海运单与记名提单两者均记载特定的收货人，且不能背书转让，但其本质是不同的。记名提单是提单的一种，是物权凭证，持有记名提单，其收货人可凭此提货；而海运单因其不是物权凭证，其收货人无法仅凭海运单提货。

三、铁路运输单据

1. 国际铁路联运运单

国际铁路货物联运所使用的运单是铁路与货主间缔结的运输契约。该运单从始发站随同货物附送至终点站并交给收货人，它不仅是铁路承运货物出具的凭证，也是铁路同货主交接货物、核收运杂费用和处理索赔与理赔的依据。国际铁路联运运单副本在铁路加盖承运日期戳记后发还给发货人，它是卖方凭以向银行结算货款的主要证件之一。

2. 承运货物收据

承运货物收据(Cargo Receipt)是承运人出具的货物收据，也是承运人与托运人签订的运输契约。我国内地通过铁路运往港、澳地区的出口货物，一般多委托中国对外贸易运输公司承办。当出口货物装车发运后，对外贸易运输公司即签发一份承运货物收据给托运人，以作为对外办理结汇的凭证。

四、航空运单

航空运单(Air Way Bill，AWB)是承运人与托运人之间签订的运输契约，也是承运人或其代理人签发的货物收据。航空运单还可作为承运人核收运费的依据和海关查验放行的基本单据。但航空运单不是代表货物所有权的凭证，也不能通过背书转让。收货人提货不是凭航空运单，而是凭航空公司的提货通知单。在航空运单的收货人栏内，必须详细填写收货人的全称和地址，而不能做成指示性抬头。

航空运单分为航空主运单和航空分运单两种。航空主运单(Master Air Way Bill，MAWB)是指航空公司签发给作为航空运输合同承运人的运输行(集中托运人)的货物收据。这种情况是指，当运输行作为航空运输公司运输合同承运人时，该运输行从不同的货主那里收到多批货物，然后再将其交给航空公司，并从航空公司那里获得包括全部装卸货物的航空运单，该运单称为航空主运单，其托运人为运输行而非实际货主。航空分运单(House Air Way Bill，HAWB)是指航空运输行向实际货主签发的多份航空货运单。航空分运单一般标注航空主运单和分运单的编号。运输行在办理集中托运业务、联运及门到门运输时使用航空分运单。

五、多式联运单据

多式联运单据(Multimodal Transport Documents，MTD)是多式联运合同的证明，也是多式联运经营人收到货物的收据和凭以交付货物的凭证。根据发货人的要求，它可以做成可转让的，也可做成不可转让的。多式联运单据如签发一份以上的正本单据，应注明份数，其中一份完成交货后，其余各份即失效。

附：提单样本

托运人 Shipper		中国对外贸易运输总公司 CHINA NATIONAL FOREIGN TRADE TRANSPORTATION CORP
收货人或提示 Consignee or order		直运或转船提单 DIRECT OR WITH TRANSSHIPMENT
通知地址 Notify address		Cable Telex SINOTRANS BEIJING

	转运港 Port of transshipment	Guangzhou 44464 Cgtrs CN Huangpu 44797 Tcahp CN Shanghai 33040 Cnccs CN Foshan 44775 Fatrs CN
船名 Vessel	装货港 Port of loading	Qingdao 32134 Chtqd CN Zhanjiang 45237 CN Tianjin 23141 Tjfft CN Shantou 45404 Cnccs CN Dalian PG 165 Cnccd CN Yantai 32603 Cftyt CN
卸货港 Port of discharge	最后目的地 Final destination	Xiamen 93011 Xmftb CN Jiangsu 34003 Njfft CN Fuzhou 92129 Cfttf CN Ningbo 37034 Ntran CN

标志和号码 Marks and Nos	件数和包装种类 Number and kind of packages	货名 Description of Goods	毛重（公斤） Gross weight (kgs)	尺码（立方米） Measurement(m³)
	以上细目由托运人提供 ABOVE PARTICULARS FURNISHED BY SHIPPER			

运费和费用
Freigh and charges
	SHIPPED on board in apparent good order and condition (unless otherwise indicated)the goods or packages specified here in and to be discharged at the mentioned port of discharge or as near thereto as the vessel may safely get and be always afoat.
	
	    The weight measure .marks and numbers .quality contents and value being particulars furnished by the Shipper are not checked by the Carrier on boarding
	
	    The Shipper. Consignee and the Holder of this Bill of loading hereby expressly accept and agree to all printed. written or stamped provisions .exceptions and conditions of this Bill of loading including those on the back hereof .
	
	    IN WITNESS whereof the number of original Bills of Loading stated below have been signed .one of which being accomplished .the other(s)to be void:

	运费支付地 Freight payable at 正本提单份数 Number of original Bs/L

	货单地点和日期
	Place and the ofissue 代表船长签字
	Signed for or on behalf of the Master
	                   代理
	                   as Agent

知 识 与 技 能 训 练

【单项选择题】

1. 国际贸易中最主要的运输方式是(   )。

A．航空运输   B．铁路运输

C．海洋运输   D．公路运输

2. 在班轮运价表中用字母"M"表示的计收标准为(   )。

A．按货物毛重计收   B．按货物体积计收

C．按商品价格计收   D．按货物件数计收

3. 仅次于海洋运输的一种主要运输方式是(   )。

A．铁路运输   B．公路运输

C. 航空运输　　　　　　　　　　D. 管道运输

4. 小件急需品和贵重货物,其有利的运输方式是(　　)。

A. 海洋运输　　　　　　　　　　B. 邮包运输

C. 航空运输　　　　　　　　　　D. 公路运输

5. 在国际买卖合同中,使用较普遍的装运期规定办法是(　　)。

A. 明确规定具体的装运时间　　　B. 规定收到信用证后若干天装运

C. 收到信汇、电汇或票汇后若干天装运　D. 笼统规定近期装运

6. 在规定装卸时间的办法中,使用最普遍的是(　　)。

A. 日或连续日　　　　　　　　　B. 累计 24 小时好天气工作日

C. 连续 24 小时好天气工作日　　D. 24 小时好天气工作日

7. 在进出口业务中,经过背书能够转让的单据有(　　)。

A. 铁路运单　　　　　　　　　　B. 海运提单

C. 航空运单　　　　　　　　　　D. 邮包收据

8. 按提单收货人抬头分类,在国际贸易中被广泛使用的提单有(　　)。

A. 记名提单　　　　　　　　　　B. 不记名提单

C. 指示提单　　　　　　　　　　D. 班轮提单

【多项选择题】

1. 海洋运输的优点是(　　)。

A. 通过能力大　　　　　　　　　B. 载运量大

C. 运输成本低　　　　　　　　　D. 风险大

E. 速度快

2. 航空运输优点在于(　　)。

A. 运输速度快　　　　　　　　　B. 运行时间短

C. 货物中途破损率小　　　　　　D. 运量较大

E. 运费一般不高

3. 装运时间的规定办法通常有(　　)。

A. 明确规定具体装运期限　　　　B. 规定在收到信用证后若干天

C. 规定在某一天装运完毕　　　　D. 规定在某一天内若干小时装运

E. 笼统规定近期装运

4. 按照提单收货人抬头分类,提单有(　　)。

A. 清洁提单　　　B. 不清洁提单　　　C. 记名提单

D. 不记名提单　　E. 指示提单

5. 按运输方式分,提单有(　　)。

A. 直运提单　　　B. 转船提单　　　C. 联运提单

D. 舱面提单　　　E. 集装箱提单

6. 按提单有无不良批注,可分为(　　)。

A. 清洁提单　　　B. 不清洁提单　　　C. 记名提单

D. 不记名提单　　E. 指示提单

【简答题】

1. 班轮运输的特点是什么？
2. 班轮运费包括哪些？
3. 租船运输主要包括哪些方式？
4. 国际航空货物运输的方式有哪些？
5. 集装箱货物运输的优点有哪些？
6. 什么叫分批装运？《跟单信用证统一惯例》对此有何规定？
7. 装卸时间的规定方法有哪些？
8. 提单的性质和作用是什么？
9. 何谓海运单？它与提单的区别有哪些？
10. 航空运单的种类有哪些？

【实训题】

1. 实训目的

通过几则案例的分析与训练，使学生更好地理解国际货物运输的基础知识，逐步提高其综合分析和处理运输事务的能力。

2. 实训要求

分小组讨论国际货物运输的方式及特点，了解运输单据的种类，掌握运输条款的内容及制订。

3. 实训内容

(1) 中国某公司从上海港以 CFR 条件向西非加那利群岛的纳斯帕尔玛斯出口洗衣粉 100 箱。该货物的内包装为塑料袋，每袋 1 磅；外包装为纸箱，每箱 100 袋。每箱的尺码为 47 厘米×39 厘米×26 厘米。经查，该商品为 7 级货物，计费标准为 M；中国至西非航线的 7 级货物基本运费为 USD367F/T；转船费为基本运费的 15%，燃油附加费为 33%，港口拥挤附加费为 5%，试计算全程运费。

(2) 出口商品到科威特 1000 箱，每箱体积为 40 厘米×30 厘米×20 厘米，毛重为 30 千克，查船公司运价表，该商品运费计算标准为 M/W，等级为 10 级，查中国至科威特为海湾航线 10 级，商品按每运费吨收费 222 港元，燃油附加费 26%，该批商品的运费为多少？

4. 案例分析

案例一：某对外贸易进出口公司(A 公司)于 5 月 23 日接到一张国外开来的信用证，信用证规定受益人为对外贸易进出口公司(卖方)，申请人为 E 贸易有限公司(买方)。信用证对装运期和议付有效期条款规定："Shipment must be effected not prior to 31st May，2012. The Draft must be negotiated not later than 30th June，2012."。A 公司发现信用证装运期太紧，23 日收到信用证，31 日装运就到期。所以有关人员即于 5 月 26 日(24 日和 25 日系双休日)按装运期 5 月 31 日通知储运部安排装运。储运部根据信用证分析单上规定的 5 月 31 日装运期即向货运代理公司配船。因装运期太紧，经多方努力才设法商洽将其他公司已配上的货退载，换上对外贸易进出口公司的货，勉强挤上有效的船期。

A 公司经各方努力终于 5 月 30 日装运完毕，并取得 5 月 30 日签发的提单。6 月 2 日备齐所有单据向开证行交单。6 月 16 日开证行来电提出："提单记载 5 月 30 日装运货物，不符合信用证规定的装运期限。不同意接受单据。"本案例中应吸取怎样的教训？

案例二：某国际贸易公司对国外乔治公司出口 500 吨花生。买方申请开来的信用证规定："分 5 个月装运：3 月份 80 吨，4 月份 120 吨，5 月份 140 吨，6 月份 110 吨，7 月份 50 吨。每月不许分批装运。装运从中国港口至伦敦。"

国际贸易公司接到信用证后，根据信用证规定，于 3 月 15 日在青岛港装运了 80 吨，于 4 月 20 日在青岛港装运了 120 吨，均顺利收回了货款。

国际贸易公司后因货源不足于 5 月 20 日在青岛港只装了 70.5 吨。经联系得知烟台某公司有一部分同样规格的货物，所以国际贸易公司要求"HULIN"轮再驶往烟台港继续装其不足之数。船方考虑目前船舱空载，所以同意在烟台港又装了 64.1 吨。国际贸易公司向银行提交了两套单据：一套是在青岛于 5 月 20 日签发的提单，其货量为 70.5 吨；另一套是在烟台于 5 月 28 日签发的提单，货量为 64.1 吨。

银行认为单据有两处不符点：① 在青岛和烟台分批装运货物；② 短量。

问题：不符点是否成立？分析原因。

案例三：CIF 出口合同中，下列装运条款是否正确。

运输方式：海上运输。

装运期限：3 月 31 日装船。

自天津新港至伦敦，装太古船公司所属船舶，并须附有英国劳合氏船级社证明。

目的港：欧洲主要港口。

案例四：我国某公司与英商按 CIF 伦敦签约，出口瓷器 1 万件，合同与 L/C 均规定"装运期 3 月份至 4 月份，允许转船"。我方于 3 月 30 日将 5000 件装上"万泉轮"，取得 3 月 30 日的提单，又在 4 月 2 日将余下的 5000 件装上"风庆轮"，取得 4 月 2 日的提单，两轮均在香港转船，两批货均由"曲兰西克"一轮运至目的港。试问：

(1) 本例做法是否属分批装运？为什么？

(2) 卖方能否安全收汇？为什么？

案例五：有一份合同，出售中国晶晶米 10 000 公吨，合同规定："自 2 月份开始，每月装船 1000 公吨，分十批交货。"卖方从 2 月份开始交货，但交至第五批大米时，大米品质有霉变，不适合人类食用，因而买方以此理由，主张以后各批交货均应撤销。试问：

(1) 上述情况，买方有无这种权利，为什么？

(2) 若此份合同交易的是一套大型成套的机械设备，再发生第五批品质不符，买方有无这种权利，为什么？

(3) 若此笔交易凭 L/C 支付，卖方第五批交货违反了交货期，买方有无这种权利，为什么？

案例六：我国内地 A 公司从香港 B 公司进口 A 套德国设备，合同价格条件为 CFR 广西梧州，装运港是德国汉堡，装运期为开出信用证后 90 天内，提单通知人是卸货港的外运公司。

合同签订后，A 公司于 7 月 25 日开出信用证，10 月 18 日香港 B 公司发来装船通知，11

月上旬 B 公司将全套议付单据寄交开证行，A 公司业务员经审核未发现不符并议付了货款。

船运从汉堡到广西梧州包括在香港转船正常时间应在 45～50 天内。12 月上旬，A 公司屡次查询梧州外运公司都无货物消息，公司怀疑 B 公司倒签提单，随即电询 B 公司，B 公司却答复已如期装船。

12 月下旬，A 公司仍未见货物，再次电告 B 公司要求联系其德国发货方协助查询货物下落。B 公司回电说德国正处圣诞节假期，德方无人上班，没法联络。A 公司无奈只好等待。

次年 1 月上旬，圣诞假期结束，B 公司来电，称货物早已在去年 12 月初运抵广州黄埔港，请速派人前往黄埔办理报关提货手续。此时货物海关滞报已 40 多天，待 A 公司办好所报关提货手续已是 1 月底，发生的滞箱费、仓储费、海关滞报金、差旅费及其他相关费用达十几万元。试评析此案例。

第五章

国际货物运输保险

学习目标

技能目标

掌握货运保险基本业务的操作流程以及订立合同的保险条款。

知识目标

了解和熟悉我国海陆空邮运输货物保险的险别。

了解伦敦保险业协会海运货物条款,能正确计算保险费。

学会操作货运保险基本业务以及订立合同的保险条款。

熟悉国际贸易货物运输及保险的基本流程。

引言

在国际贸易中,每笔成交的货物,从卖方交至买方手中,一般都要经过长途运输、装卸和存储等环节。在此过程中,货物可能遇到自然灾害或意外事故,从而使货物遭受损失。为了转嫁货物在运输途中的风险,或在货物遭受损失时能得到经济补偿,通常都要投保货物运输险。

国际货物运输保险包括海上货物运输保险、陆上货物运输保险、航空货物运输保险、邮包货物运输保险等多种形式。其中,海上货物运输保险的历史最久,业务量最大,在国际货物运输保险中占主要地位。了解国际货物运输保险的承保范围、正确订立海洋货物运输保险条款、掌握国际货物运输保险的操作流程是履行进出口业务不可缺少的一部分。

第一节　保　险　概　述

入门案例

有一份 FOB 合同,货物在装船后,卖方向买方发出了装船通知,买方已向保险公司投保了"仓至仓"条款一切险。但货物在从卖方仓库运往码头的途中,因意外而致损10%。事后卖方以保险单含有"仓至仓"条款,要求保险公司赔偿,但遭到保险公司拒绝。之后,卖方又请求买方以买方的名义凭保险单向保险公司索赔,但同样遭到保险公司拒绝。问题:在上述情况下,保险公司有无拒赔的权利?为什么?该案例有何启示?若该案的贸易条件为 CIF 时,情况又会如何?

此案例表明: 在 FOB 条件下,无论买方或卖方都无权向保险人索赔。因为在该案中双方均无可保利益。此种情况下,卖方应该投保陆运险。若在 CIF 条件下,则保险人不得拒赔。

一、保险的含义

"保险"一词,是从英文"insurance"和"assurance"翻译而来的,其英文的原意是以缴纳一定费用为代价来换取遭受危险损失时的补偿。这种解释在一定程度上反映了保险的基本特性。现在，多数学者都认为保险是一种经济补偿手段，是对危险造成的损失进行补偿的制度。它是人们为了保障日常生产和生活的稳定，对同类危险事故发生所造成的损失或经济需要，运用多数单位的力量建立共同准备金，并根据合理的数学计算建立的经济补偿制度或金钱给付的安排。

《中华人民共和国保险法》第二条将保险定义为：本法所称保险，是指投保人根据合同约定，向保险人支付保险费，保险人对于合同约定的可能发生的事故，因其发生所造成的财产损失承担赔偿保险金责任，或者当被保险人死亡、伤残、疾病或达到合同约定的年龄、期限时承担给付保险金的商业保险行为。

二、保险的种类

目前，国际上尚未形成一个固定的保险分类原则和统一的分类标准，因此保险的种类可以从不同的角度划分。角度不同，保险的种类则不同，有时同一种保险可以从不同的角度分类。常见的分类主要有以下几种。

(一) 按保险对象分类

这是一种最基本的分类方法。按照保险对象或标的不同，保险可分为财产保险和人身保险两大类。

1. 财产保险

财产保险(Property Insurance)有广义与狭义之分。这里所讲的是广义的财产保险。财产保险既包括以各种物质实体，如建筑物、货物、运输工具、农作物等有形财产作为保险标的的保险，也包括以与各种物质财产有关的无形财产，如运费、预期利润、专利、版权、责任、信用等作为保险标的的保险。在此类保险下，保险人必须对由于特定的自然灾害或意外事故造成的保险财产的毁灭、损失负经济赔偿责任。

2. 人身保险

人身保险(Personal Insurance)是以人的生命或身体作为保险对象的一种保险。保险人对被保险人因意外伤害、疾病、衰老等原因而导致丧失工作能力、伤残、死亡或年老退休等给付约定的保险金。

(二) 按保险的实施方式分类

按保险的实施方式不同，可以将保险分为强制保险和自愿保险两类。

1. 强制保险

强制保险(Compulsory Insurance)，又称法定保险。这是依据国家颁布的法律、法规的规定必须参加的保险。

2. 自愿保险

自愿保险(Voluntary Insurance)是保险人与被保险人在自愿的基础上，通过签订保险合同而成立的保险。

自愿保险的办法与形式比较灵活，易于满足各方面对保险的不同需要，是一般商业保险的主要实施形式。

(三) 按保险的性质分类

按保险的性质分类，可以将保险分为商业保险、社会保险和政策保险三类。

1. 商业保险

商业保险(Commercial Insurance)也是自愿保险，是指投保人与被保险人订立保险合同，根据保险合同约定，投保人向保险人支付保险费，保险人对可能发生的事故因其发生所造成的损失承担赔偿责任，或者当被保险人死亡、疾病、伤残或者达到约定的年龄期限时承担给付保险金责任的保险。财产保险、人身保险、责任保险、保证保险等均属商业保险性质。

2. 社会保险

社会保险(Social Insurance)，是社会保障的重要组成部分，是指国家通过立法对社会劳动者暂时或永久丧失劳动能力或失业时提供一定的物质帮助以保障其基本生活的社会保障制度。当劳动者遇到生育、疾病、死亡、伤残或失业等危险时，国家以法律的形式由政府指定的专门机构为其提供基本的生活保障。

3. 政策保险

政策保险(Policy Insurance)，是指政府为了某项特定政策的目的，以商业保险的做法而实施的保险，如为扶助农牧、渔业增产增收的种植业保险与养殖业保险，为促进出口贸易的出口信用保险。政策保险通常由国家设立专门机构或委托官方或半官方的保险公司具体承办。

(四) 按保障的范围分类

按保障的范围不同，保险大体可以分为财产保险、责任保险、保证保险和人身保险四类。其中财产保险和人身保险已在前面作过简单介绍，这里实际上是在原来广义的财产保险的基础上作进一步的分类。

1. 财产保险

这里所说的财产保险是狭义的财产保险，专指以各种物质财产为保险标的的保险。它包括除了责任保险和保证保险以外的各种与财产保险有关的保险，如海上保险、火灾保险、内陆运输险、盗窃保险、农业保险、运输工具险、工程保险等。

2. 责任保险

责任保险起源于 19 世纪，近年来，由于各种责任诉讼案件不断增多，责任保险业务越来越受到重视。责任保险主要有公众责任保险、职业责任保险、雇主责任保险和产品责任保险。

3. 保证保险

保证保险实质上是一种担保业务，这种担保业务有两种类型：一种是由保险人代被保险人向权利人提供担保，保证如果由于被保险人不履行契约义务或者有不法行为而使权利人遭受经济损失时，由保险人负赔偿责任。这种保险中最常见的是履约保证保险，保证被保险人履行所有合同责任，如工程将按合同规定完成，如果一幢建筑物没有按时完工，保证人(保险人)要对项目完成和雇佣另一个承包人的额外费用负责。另一种是保险人向被保险人提供担保，保证被保险人在同他人所建立的契约关系中，如因对方不履行契约义务而遭受损失时，承担赔偿责任，如"忠诚保证保险""信用保险"等。

4. 人身保险

人身保险是以人的生命和身体为保险对象的保险。人身保险又可以分为人寿保险(如死亡保险、生存保险、两全保险)、年金保险、人身意外伤害保险和健康保险。

(五) 按承担责任次序的不同和承保方式的不同分类

按保险人承担责任次序的不同以及承保方式的不同，保险可分为原保险和再保险。

1. 原保险

投保人与保险人经直接订立保险合同，建立保险关系，投保人将风险损失转嫁给保险人，原保险的投保人不能是保险机构，即原保险合同是保险人与一般单位或个人之间开展的保险业务活动。

在原保险中，一般情况下，每笔保险业务只有一个投保人与一个保险人。人们通常所说的保险是指原保险。但有时根据需要，由两个或两个以上的保险人共同承保同一标的的同一风险，且保险金额不超过标的的保险价值，这种保险一般称为"共同保险"，简称"共保"。在发生赔偿责任时，其赔款按保险人各自承保的金额比例或责任限额比例等分摊，分别向同一个被保险人赔付。若出现保险金额低于保险标的的实际保险价值的不足额保险，其不足部分视为被保险人自保，当发生损失时，不足额部分由被保险人自负。这种不足额保险也可视同保险人和被保险人的共同保险。若两个或两个以上的保险人共同承保同一保险标的的同一风险，当所有保险人的保险金额相加超过保险价值时，这种保险一般称为重复保险。

2. 再保险

再保险，又称"分保"，是原保险的保险人为了分散本身承担的风险，在支付事先商定的保险费条件下，将所承保的风险责任的一部分转让给其他的一个或几个保险人承担。再保险的投保人本身就是保险人，即原保险，又称保险分出公司；再保险业务中接受原保险人转让保险责任的人，为再保险人或称保险分入公司。

三、保险的原则

(一) 最大诚信原则

最大诚信原则是指保险合同的双方当事人在签订和履行保险合同时，必须保持最大限度的诚意，双方都应遵守信用，互不欺骗和隐瞒，投保人应向保险人如实申报保险标的的主要风险情况，否则保险合同无效。

最大诚信原则主要涉及三个方面的问题，即告知、陈述和保证。由于告知与陈述的内容很近，因而《中华人民共和国保险法》(以下简称《保险法》)和《中华人民共和国海商法》(以下简称《海商法》)将两者合并，统称为告知。

1. 告知

1) 告知的概念

告知主要是指，投保人或被保险人在签订保险合同前或同时，应将他所知道的或在通常业务中应当知道的与保险标的有关的重要事实尽量告诉保险人，通常称为告知义务。告知存在于合同签订之前，它并不是合同规定的义务，而是保险立法加诸投保人或被保险人的特别义务。但是，告知义务的履行并不是保险合同成立前提条件，只是合同上权利存续的条件；违反告知义务，保险合同仍可成立，只是保险人有权解除保险合同而已。

2) 告知的范围

根据《海商法》第二百二十二条的规定以及其他国家保险法的规定，被保险人在订立保险合同前应向保险人告知的重要事实，包括被保险人实际知道的重要事实和在通常业务中应当知道的或称推定知道的重要事实。

在一般情况下，下列事项常被认为是重要事实：

(1) 表明保险标的可能遭受比正常风险更大的风险的事实。例如，在海上保险中，由于某种原因，将航运习惯上原应装入船舱内运送的货物，改为装于舱面(甲板)上运送。

(2) 表明被保险人的投保具有特殊动机的一切事实。例如，被保险人为了在保险标的发生损失时，能向保险人获得超额的保险赔款，在海上船舶保险中加保了运费及船舶费用的超额附加险；在海上运输货物保险中高估保险标的的价值，期望超额保险。

(3) 表明保险标的有疑问的事实。例如，保险标的中包含有"二手货""清仓销售货"，因而加重保险人承担责任的事实。

(4) 损害保险人的代位请求权，影响其向第三者责任方进行追偿的事实。例如，被保险人在同承运人订立的保险合同中，加入了免除承运人某些责任的条款。

(5) 保险人提出询问的事项。

3) 告知的方式

从各国保险立法来看，关于投保人或被保险人的告知方式一般分为以下两种方式。

(1) 无限告知，又称客观告知，即法律对告知的内容没有确定性的规定，而是只要事实上与保险标的危险状况有关的任何重要事实或情况，投保人或被保险人都有义务如实告知保险人，而且必须与客观存在的事项相符。目前，法国、比利时及英美法系的一些国家大都采取这一告知方式。

(2) 询问回答告知，又称主观告知，即保险人在投保单上将自己所要了解的事项列出，由投保人或被保险人逐项回答。凡投保单上所询问的事项都被认定为重要事实，投保人或被保险人只需逐项如实回答，即认为已履行了告知义务；对保险人询问以外的问题，投保人或被保险人没有告知义务，即使询问以外的情况具有重要性，亦不负告知义务。采取这种方式不仅符合现代保险技术进步的趋势，而且也足以保护被保险人的利益。目前多数国家都采取询问回答告知方式。

4) 违反告知义务的法律后果

在保险业务中，一方当事人(一般指被保险人)在订立保险合同时，未将重要事实告知另一方当事人(一般指保险人)即构成违反告知义务。对违反告知义务的法律后果，各国保险法律的规定不尽相同，主要分为保险合同无效和保险人有权解除保险合同两种。

有的国家法律对被保险人违反告知义务，不考虑其是否故意行为，只要不告知的事项属于重要事实，均规定保险人有权解除合同。英国 1906 年《海上保险法》的规定就是如此。有的国家则区别故意的违反和非故意的违反，对其法律后果作不同的规定。目前，世界上大多数国家采取这种做法。我国《海商法》和《保险法》的规定也是如此。

2. 陈述

在保险业务中，陈述一般是指在保险合同的磋商过程中，由投保人或被保险人(或他们的代理人)将其所知悉的与保险标的有关的事实，向保险人所做的说明。陈述可以采用口头的方式或书面的方式进行；可以由投保人或被保险人主动做出或根据保险人的询问做出。投保人或被保险人所做出的陈述，可以在保险合同成立之前撤回或改正。

3. 保证

保证(Warranty)是指保险人要求投保人或者被保险人对某一事项的作为或不作为、履行某项条件以及某种事态的存在或不存在等作出承诺。

在一般商业合同中，保证是一项从属于主要合同条款的许诺，若一方违反保证仅仅使另一方具有请求赔偿的权利而已。但保险合同中的保证则是合同赖以成立的基础，若被保险人在保险有效期内，违背了其在保险合同中所做的保证，则无论违背的事项是否重要，是否给保险人造成损害，保险人均可以从被保险人违反保证之日起解除保险合同，除非保险单另有明文规定。因此，保证是保险合同中的重要条款之一，被保险人必须严格遵守。

(二) 保险利益原则

1. 保险利益及其原则的概念

保险利益(Insurable Interest；Insured Interest)又称可保利益或可保权益，是指投保人或被保险人在保险标的上因具有某种利害关系而享有的为法律所承认、可以投保的利益。投保人或被保险人的这种经济利益，可因保险事故的发生而受到损失；也可因不发生保险事故而继续享有。

保险利益是一种利益关系，就财产保险而言，保险利益体现为投保人或被保险人的经济利益因保险标的的完好而存在，因保险标的的损毁而受损。就人身保险而言，保险利益体现为投保人的利益因被保险人的健在而得到保障，因被保险人的伤亡而受损。

可保利益是保险合同的效力要件。世界各国的保险法都规定投保人或被保险人必须对保险标的具有可保利益，才能同保险人订立有效的保险合同。若投保人或被保险人对保险标的没有可保利益或超越可保利益的范围，则他们同保险人所签订的保险合同无效。

综上所述，可保利益原则是指投保人或被保险人必须对保险标的拥有可保利益；投保人或被保险人对保险标的不拥有可保利益的，保险合同是无效合同或不得向保险人请求赔偿保险金。

2. 保险利益的构成条件

并不是投保人或被保险人对保险标的的任何利益关系都可以构成可保利益，可保利益的构成必须符合下列条件：

(1) 可保利益必须是合法的利益。投保人或被保险人对保险标的所具有的利益必须是合法的、可以主张的利益，而不应是违反法律规定、通过不正当的手段获得的利益。如果是属于违法行为所获得的利益，如海上走私或者是属于违反国家利益或社会公共利益而产生的利益，都不能作为可保利益而订立保险合同，即使订立了也属无效合同。

(2) 可保利益必须是可以用货币计算的经济利益。无论是财产保险、责任保险还是保证保险，当保险事故发生并造成损失时，需要保险人保障的是投保人或被保险人在经济利益上的损失。因此，可保利益必须是在经济上有价值、可以用货币计算的利益。财产的价值一般是可以估算的，否则补偿就难以实现；虽然人身保险中人的生命和身体的价值是无法用金钱来确定的，但被保险人的生病、伤残、死亡等会使其本人或其受益人在经济上受到损失，因此可以成为可保利益。

(3) 可保利益必须是确定的、可以实现的利益。可保利益无论是既得利益或是预期利益，都必须是确定的、客观存在的且可以实现的利益，而不是仅凭主观的臆测、推断可能获得的利益。例如，对某些财产具有所有权、共有权、使用权等，其利益随物权的存在而产生。若是预期利益，虽在签订合同时尚不存在，但只要它是客观上可以实现的，并且在保险事故发生前或发生时是可以确定的，那么就可以成为可保利益，如承运人对运费的利益、进口商对购买的商品的合理利润。

3. 保险利益在国际贸易中的应用

在国际贸易中，买卖双方所采用的贸易术语决定了双方所承担的风险的转移时间，而风险的转移时间又与可保利益转移的时间有关。因此，保险货物在从卖方仓库运至买方仓库的整个运输过程中发生的货损货差或灭失，究竟谁享有可保利益以及谁对保险人享有损害赔偿请求权，这就取决于买卖双方在交易中所采用的不同贸易术语。国际贸易中常用的贸易术语对风险转移时间的规定，以及由此决定的可保利益的转移时间具体如下：

(1) EXW(工厂交货)。在这一贸易术语下，卖方在合同规定的日期或期间内，于指定地点将合同货物置于买方支配之下(即货物已经特定化，并为买方的提货做好准备，可供买方前来提取)，风险即告转移。因此，可保利益也于此时转移给买方。买方若已将货物办理了保险，对此后货物遭受的损失，则有权向保险人要求损害赔偿。

(2) D 组术语。在该组术语下，卖方于规定的日期或期限内，在边境、目的港船上、目的港码头或指定目的地的约定地点，将货物置于买方支配之下，风险即告转移。在此之前的风险应由卖方办理保险，在此期间发生的损失，由于卖方享有可保利益，所以只能由卖方向保险人索赔。在货物被置于买方支配之后的风险，应由买方办理保险，在此期间发生的损失，也只有买方有权向保险人索赔。

(3) FAS(装运港船边交货)。在该术语下，卖方承担货物的风险责任至货物交到船边为止，在此之前，卖方承担风险并享有可保利益。货物由卖方交到买方的船边后，买方享有可保利益，若此时货物发生损失，买方有权向保险人索赔，此时卖方已无可保利益。由于卖方承担货交船边前的风险且享有可保利益，因此卖方一般都要投保内陆运输险。

(4) FOB 和 CFR 术语。在这两种贸易术语下，按照《2020 年通则》的解释，卖方承担货物在装运港装上船之前的风险，此时卖方对货物享有可保利益；货物装上船之后，风险由卖方转移给买方，此时买方享有可保利益。

按照国际贸易惯例，在这两种术语下，由买方投保海上运输货物的风险。而按照海上货运保险条款的规定，保险人承担的责任期限是"仓至仓"条款，即自货物发运地仓库至目的地收货仓库。但由于货物在装运港装上船之前，风险尚未转移，买方尚无可保利益。若在此期间发生损失，尽管保险责任期限是"仓至仓"条款，买方也无权就此项损失向保险人索赔；若卖方没有办理货物自发运地至装运港装上船之间的保险，此时卖方也无权向保险人索赔。由此可见，FOB 和 CFR 条件下，买方投保的海上货运保险是于货物在装运港越过船舷之后才生效的，尽管保险责任期限是"仓至仓"条款，但买方对货物在装上船之前并无可保利益，因而保险人对在此期间发生的损失不向买方负责。保险人对买方所负的赔偿责任仅限于货物在装运港越过船舷之后至目的地收货仓库为止，由承保风险所造成的损失。至于货物自发运地仓库至装运港码头越过船舷之前的风险应由卖方自己办理保险或者委托买方在投保时代保。

(5) CIF 术语。在该术语下，货物的风险及可保利益的转移时间和地点与 FOB、CFR 相同。所不同的是，在 CIF 术语下，卖方以自己的名义投保海上货运保险，当货物在装运港越过船舷后，卖方以背书的方式将保险单转让给了买方。因此，若货物自卖方发运地仓库到越过船舷前这段期间发生损失，可以由卖方向保险人索赔，因为卖方为保险单上的被保险人，享有可保利益；从理论上讲，也可以由买方向保险人索赔，因为 CIF 条件下，保险单经卖方背书转让之后，保险单的受让人(买方)即享有与让与人(卖方)相同的保险索赔权利。由此可见，CIF 下的买方可以按照仓至仓的原则，对全程运输过程中的损失享有向保险人索赔的权利。

(三) 补偿原则

保险补偿原则(Principle of Indemnity)，是指在财产保险中，当保险标的发生了承保责任范围内的损失时，保险人应当按照保险合同条款的规定履行全部赔偿责任；但保险人的赔偿金额不得超过保险单上的保险金额或被保险人遭受的实际损失，即不能超过被保险人对保险标的所具有的可保利益；保险人的赔偿不应使被保险人因此而获得额外利益。

❖ **案例学习**

按照房子价值 100 万元投保，后遭受火灾全损，损失时房子的市场价值为 80 万元，应赔偿多少？

分析：赔偿 80 万元，以实际损失为限。此例中，遭受火灾全损时，房子市场价值为 120 万元，应赔偿 100 万元，以保险金额为限。

❖ **案例学习**

某人贷款购房，以 60 万元的房子抵押贷款 40 万元，银行将抵押品投保财产险，房屋后遭受全损，银行应获得多少赔偿？

分析：赔偿 40 万元，以保险利益为限。

(四) 代位追偿原则

1. 代位追偿原则的概念

代位追偿(Subrogation)，又称代位求偿或代位请求，是指在财产保险中，当保险标的发生了保险责任范围内的事故造成损失时，根据法律或合同，第三者需要对保险事故引起的保险标的的损失承担损害赔偿责任，保险人向被保险人履行了损失赔偿责任之后，在其已赔偿的金额的限度内，有权站在与被保险人相同的地位向该第三者索赔，即代位被保险人向第三者进行追偿。保险人享有的这种权利称为代位追偿权。

代位追偿原则根源于补偿性的保险合同。当保险标的发生承保责任范围内的损失时，被保险人按补偿原则有权向保险人要求赔偿，这种赔偿是建立在保险合同的基础之上的，是根据合同产生的权利。若该项损失是由第三者的责任造成的，被保险人根据民法中有关侵权或违约的规定，有权要求侵权者或违约者对损失进行损害赔偿，这种赔偿是建立在民法的基础之上的，是根据民事法律产生的权利。被保险人的这两项权利均符合法律要求，两项赔偿请求权均受法律的保护。就被保险人而言，他的两项债权同时成立，保险人不能以保险标的的损失是由于第三者的责任所致为由而拒绝履行保险合同的赔偿责任；同理，第三者也不能以受损的标的已有保险为由解除自己的民事损害赔偿责任。在这两种法律权益同时依法并存的情况下，被保险人因依法享有双重赔偿请求权而有可能获得双重的补偿。这种双重补偿无疑将会使被保险人获得超过其实际损失的补偿，从而出现因损失而获得额外利益的情况。这种获利不符合保险补偿原则。为解决这个矛盾，绝大多数国家的保险法都规定，保险人在赔付被保险人之后，可以采取代位追偿的方式向负有责任的第三者索赔。这样可以使被保险人既能及时取得保险赔偿，又可以避免双重获利，同时第三者也不能逃脱其应承担的法律责任。因此，代位追偿原则是保险法中特有的法律关系，但它只适用于"补偿性"的财产保险合同，而不适用于非补偿性的人身保险合同。

2. 代位追偿的范围

我国《保险法》第四十五条第一款规定："因第三者对保险标的的损害而造成保险事故的，保险人自向被保险人赔偿保险金之日起，在赔偿金额范围内代位行使被保险人对第三者请求赔偿的权利。"

《保险法》第四十五条第三款规定："保险人依照第一款行使代位请求赔偿的权利，不影响被保险人就未取得赔偿的部分向第三者请求赔偿的权利。"

《保险法》第四十六条第一款规定："保险事故发生后，保险人未赔偿保险金之前，被保险人放弃对第三者请求赔偿的权利的，保险人不承担赔偿保险金的责任。"第三款规定："由于被保险人的过错致使保险人不能行使代位请求赔偿的权利的，保险人可以相应扣减保险赔偿金。"

(五) 重复保险分摊原则

1. 重复保险的含义

我国《保险法》第四十条第三款规定："重复保险(Double Insurance)，是指投保人对同一保险标的、同一保险利益、同一保险事故分别向两个以上的保险人订立保险合同的保险。"当被保险人拥有多份承保同一损失的保险单，即重复保险时，若保险标的发生损失，则应在各个保险人之间进行分摊该损失，以免被保险人获得额外利益。这就是重复保险的分摊原则，该原则也是保险补偿原则派生出来的又一保险基本原则。

2. 重复保险的构成条件

根据我国《保险法》和大多数国家保险立法对重复保险所下的定义可以看出，构成重复保险必须同时满足下列条件。

(1) 必须是对同一保险标的和同一保险事故投保。这里的"同一"一词并非要求投保人所投保的所有保险合同所承保的保险标的和保险事故绝对相一致，只是要求存在相同的标的和相同的保险事故。而当次相同的保险标的因相同的保险事故造成损失时，各保险人都应对此负责，即重复保险的各个保险合同都是针对相同标的的相同保险事故而承保的。

(2) 必须是对同一可保利益投保。这一条件要求同一投保人对于同一保险标的有相同的可保利益。反之，若为了不同的可保利益而以同一保险标的、同一保险事故向两个或两个以上的保险人订立保险合同，则不构成重复保险。

(3) 必须是两个以上的保险人订立保险合同。这一条件是指投保人是向两个以上的保险人订立数个保险合同才构成重复保险。若投保人向同一个保险人就同一保险标的、同一可保利益、同一保险事故先后订立数个保险合同，不构成重复保险；若投保人就同一保险标的、同一保险事故和同一可保利益与数个保险人订立一个保险合同，也不构成重复保险。这种情况一般是指共同保险。

(4) 必须是保险期间重叠的投保。保险期间的重叠分为全部重叠和部分重叠。全部重叠是指投保人同数个保险人订立的数个保险合同，其保险的起讫时间完全相同。部分重叠是指投保人同数个保险人订立的数个保险合同，其起讫时间虽非完全相同，但有时间上的重叠性，即时间有交叉性，所以部分重叠又称交叉重叠。保险期间的全部重叠或者部分重叠都可以构成重复保险的条件。

(5) 必须是每个保险人均应对损失负责的投保。若同一个保险标的、同一可保利益，因同一保险事故而发生损失，尽管同数个保险人订立了数个保险合同，但只有一个保险人对此保险事故负责，而其余保险人按照各自保险单条款的规定对此事故不负责任，则此损失只能由一个保险人承担，不存在重复保险。若数个保险人均应对损失负责，但如果按顺序责任赔偿，导致只由一个保险人负责赔款，这种情况不属于重复保险。

3. 重复保险的分摊方式

根据各国保险实务的做法，保险人分摊损失的方式一般有以下几种：

(1) 比例责任分摊。这种分摊方式是指将各保险人的保险金额相加作为分母，以各保险人承保的保险金额作为分子，得出各保险人应分摊的比例，然后按该比例分摊损失金额。各保险人承担的保险赔偿责任总和不得超过保险价值或实际损失额。

(2) 责任限额分摊。这种分摊方式又称独立责任法，是指各保险人的分摊额不是以其承保的保险金额作为分摊基础，而是按照各保险人在没有其他保险人重复保险的情况下，单独应负的最高责任限额的总和作为分母，以各保险人的最高责任限额作为分子，按比例分摊损失金额。

(3) 连带责任分摊。这种方式是指，投保人与保险人约定，当保险标的发生损失时，被保险人有权向数个保险人中的任何一个或全体请求承担全额的赔偿责任。只要被保险人向其中的一个保险人提出请求，该保险人履行了赔付义务后，对其他保险人享有请求权，其他保险人应承担的责任，仍按其承保的保险金额与总保险金额的比例分别计算。由于这种方式是保险人之间负连带责任，因而对保险人不利。

(4) 顺序责任分摊。这种方式是指按重复保险合同订立的先后顺序分摊赔偿责任。由最先签发保险单的保险人首先负责赔偿，只有在最先签单的保险人依照保险金额承担赔偿责任后，若有剩余损失或前一保险人无力承担的损失，才由后签单的保险人负责赔偿，以此类推。

(5) 平均分摊。这种方式一般适用于责任保险中。在该险中，虽然不是经常性的，但有时也会出现重复保险。在责任保险中有时没有规定保险金额，一旦出现重复保险，各保险人对保险责任一般平均分摊，而不是比例分摊。

此外，大多数国家的保险立法规定，当投保人重复保险时，有义务将重复保险的情况通知每一保险人，否则有可能导致保险人有权解除合同或保险合同无效。我国《保险法》第五十六条也规定了投保人的通知义务。

(六) 近因原则

在保险理赔工作中，还有一项必须遵循的基本原则，即近因原则，它是在保险标的发生损失时，用来确定保险标的所受损失应否获得保险赔偿的一项重要依据。

1. 近因的含义

从表面上看，近因本身并不难理解，其基本含义就是舍其远因，取其近因。在整个因果关系的链条中，往往是一环扣一环，甚至是没有尽头的。一件事情的发生总有其原因，而这一原因可能又是另一件事情的结果。在确定承保风险与保险标的的损失发生之间的因果关系时，一般不能追根溯源，而应舍远就近。英国学者约翰·T·斯蒂尔对近因作了如下定义："近因是指引起一系列事件发生，由此出现某种后果的、能动的、起决定作用的因素；在这一因素作用的过程中，没有来自新的独立渠道的能动力量的介入。"

2. 近因原则的含义

保险人对其承保风险所引起的保险标的的损失承担责任，其前提条件是承保风险的发生与保险标的的损失之间必须存在一定的因果关系，换言之，承保风险是"因"，保险标的的损失是"果"。近因原则是指造成保险标的损失的最主要、最有效的原因。也就是说，保险事故的发生与损失事实的形成有直接因果关系。按照这一原则，当被保险人的损失是直接由于保险责任范围内的事故造成的，保险人才给予赔偿。这是因为现实中保险标的的损失是由多种风险事故同时或者连续发生造成的，而这些风险事故往往同时有可保风险、非可保风险或除外风险。近因原则是判断保险人是否需要赔偿的标准。

英国 1906 年颁发的《海上保险法》第五十五条第一款规定："根据本法规定，除保险单另有约定外，保险人对由其承保危险近因所致的任何损失，均负赔偿责任，但对非由其承保危险近因所致的任何损失，均不负赔偿责任。"

3. 近因原则的应用

在实际保险业务中，如何应用近因原则确定致损的原因也是比较困难的，虽有上述基本原则，但在实际判定案情时，哪一种原因作为近因比较复杂。以下是综合有关判例而得出的一些具体法则。

(1) 单一事件导致的损失。若保险标的损失的发生没有其他事件的介入而被中断，这唯一的事件就是损失的近因。若它属于保险单中承保的风险，保险人对损失应予赔偿，反之，则不予赔偿。例如，货物在运输途中遭受雨淋浸泡损失，若按中国保险条款，加保了淡水雨淋险，保险人对该损失予以赔偿；若只投保了平安险或水渍险，保险人则不予赔偿。

(2) 数个原因同时发生致损。当各个原因所引起的损失结果可以划分时，保险人对所有承保风险引起的损失均需负责，但对不保风险和除外风险所致的损失不需负责；当各个原因所致的损失无法划分时，当数个原因之中既有承保风险，又有非承保风险，保险人对全部损失予以负责，当数个原因中既有承保风险，又有除外风险，保险人对损失全都不予负责。

(3) 数个原因先后连续发生致损。当前因为承保风险，即近因为承保风险，保险人应承担赔偿责任；当前因为除外风险，即近因为除外风险，保险人不承担赔偿责任；当前因为保单不保风险，而后引起的原因属保单承保风险，保险公司应承担赔偿责任；当前因为保单不保风险，而后引起的原因属保单除外风险，保险公司不承担赔偿责任。

(4) 数个原因先后间断发生致损。如果数个原因对损害结果的形成均有直接的实质的影响，即它们均为近因。此种情形下，判定保险人如何承担责任与数个原因同时致损基本一致；如果新出现的原因具有现实性、支配性和有效性，那么在此之前发生的原因就被新的原因所取代，可以不予考虑。

第二节 海上货物运输保险承保范围

在海运货物保险中，都要明确承保责任的范围和保险的险别，这是保险人和被保险人履行权利和义务的依据。在办理货物运输保险时，当事人应根据货物的性质、包装情况、运输方式以及自然气候等因素全面考虑，合理选择。

入门案例

某轮载货后，在航行途中不慎发生搁浅，事后反复开倒车，强行起浮，使船上轮机受损并且船底划破，致使海水渗入货舱，造成货物部分损失。该船行驶至邻近的一个港口船坞修理，暂时卸下大部分货物，前后花费了10天时间，增加支出各项费用，包括员工工资。当船修复后装上原货起航后不久，A舱起火，船长下令对该舱灌水灭火。A舱原载文具用品、茶叶等，灭火后发现文具用品一部分被焚毁，另一部分文具用品和全部茶叶被水浸湿。试分别说明以上各项损失的性质。

此案例表明：本案例中的损失属于单独海损的有：搁浅造成的损失、A舱被焚毁的一部分文具用品，因为该损失是由于风险本身所导致的。属于共同海损的有：强行起浮造成的轮机受损以及船底划破而产生的修理费以及船员工资等费用、A舱被水浸湿的另一部分文具用品和全部茶叶，因为该损失是由于为了大家的利益而采取的对抗风险的人为措施所导致的。

海上货物运输保险承保的范围，包括海上风险、海上损失与费用以及海上风险以外的其他外来原因所造成的风险与损失。正确理解海上货物运输保险的范围，对于我们了解保险条款，选择投保险别，以及一旦货物发生损坏和灭失如何正确处理索赔等方面，都具有十分重要的意义。

一、风险

它包括海上风险(Perils of the Sea)和外来风险(Extraneous Risks)。前者包括自然灾害和意外事故，但并不包括海上的一切危险。后者包括一般外来风险和特殊外来风险。

(一) 海上风险

1. 自然灾害

自然灾害(Natural Calamities)是指不以人的意志为转移的自然界力量所引起的灾害，如恶劣气候、雷电、地震、海啸、火山爆发、洪水等。其含义分别解释如下：

(1) 恶劣气候(Heavy Weather)，又叫暴风雨(Wing Storm)，是指海上发生的飓风、大浪引起船只颠覆和倾斜造成船体机械设备的损坏或者因此引起的船上所载货物相互挤压碰撞而导致破碎、泄漏、凹瘪等损失。

(2) 雷电(Lightning)，是指被保险货物在海上或陆上运输过程中，由雷电所直接造成的，或者由于雷电引起火灾所造成的损害。

(3) 地震(Earthquake)，是指由于地壳发生急剧的自然变化，使地面发生震动、坍塌、地陷、地裂等造成的保险货物的损失。

(4) 海啸(Tsunami)，是指由于海底地壳发生变异，有的地方下陷，有的地方升高引起剧烈震荡而产生巨大波浪，致使保险货物遭受损害或灭失。

(5) 火山爆发(Volcanic Eruption)，是指由于火山爆发产生的地震以及喷发出的火山岩灰造成的保险货物的损失。

(6) 洪水(Flood)，是指因江河泛滥、山洪暴发、湖水上岸及倒灌或暴雨等致使保险货物遭受泡损、淹没、冲散等损失。

(7) 浪击落海(Washing Overboard)，是指存放在舱面上的货物在运输过程中受海浪的剧烈冲击而落海造成的损失。我国现行海运货物保险条款的基本险条款不保此项风险，但该项风险可以通过附加投保舱面险而获得保障。

2. 意外事故

意外事故(Fortuitous Accident)是指人或物体遭受到外来的突然的、非意料中的事故，如船舶搁浅、触礁、沉没、碰撞，以及火灾、爆炸等。因此，意外事故并不是泛指海上所有的意外事故，而仅指运输工具遭遇的以下事故：

(1) 搁浅(Grounded)，是指船舶在航行中，由于意外或异常的原因，船底与水下障碍物紧密接触，牢牢地被搁住，并且持续一定时间失去进退自由的状态。

(2) 触礁(Stranding)，是指船舶在航行中触及海中岩礁或其他障碍物如木桩、渔栅等造成的一种意外事故。

(3) 沉没(Sunk)，指船舶因海水浸入失去浮力，船体全部沉入水中，无法继续航行的状态，或虽未构成船体全部沉没，但是大大超过船舶规定的吃水标准，使应浮于水面的部分浸入水中无法继续航行，由此造成保险货物损失系沉没责任。如果船体只有部分浸入水中而仍能航行，则不能视为船舶沉没。

(4) 碰撞(Collision)，是指载货船舷同水以外的外界物体发生的猛力接触，如与码头、船舶、灯塔、流冰等相撞，由此造成的船上货物的损失。船只同海水的接触以及船只停泊在港口内与其他船并排停靠码头旁边，因为波动相互挤擦，均不能作为碰撞。

(5) 倾覆(Capsized)，是指船舶在航行中遭受自然灾害或意外事故导致船体翻倒或倾斜，失去正常状态，非经施救不能继续航行，由此造成保险货物的损失，属倾覆责任。

(6) 火灾(Fire)，是指由于意外、偶然发生的燃烧失去控制，蔓延扩大而造成的船舶和货物的损失。海上货物运输保险不论是直接被火烧毁、烧焦、烧裂，或者间接被火熏黑、灼热或为救火而致损失，均属火灾风险。

(7) 爆炸(Explosion)，是指物体内部发生急剧的分解或燃烧，迸发出大量的气体和热力，致使物体本身及其周围的其他物体遭受猛烈破坏的现象。

(二) 外来风险

外来风险可分为一般外来风险和特殊外来风险两类。

1. 一般外来风险

一般外来风险是指由于一般外来原因所造成的风险，主要包括偷窃、淡水雨淋、渗漏、短量、钩损、玷污、碰损、串味、雨淋、受潮受热、生锈以及短少和提货不着等。其含义分述如下：

(1) 偷窃，一般是指暗中的窃取，不包括公开的攻击性的劫夺。

(2) 淡水雨淋，是指由于淡水、雨水或融雪而导致货物损坏的损失。

(3) 渗漏，是指流质或者半流质的物质因为容器的破漏引起的损失。

(4) 短量，是指货物在运输过程中发生重量短少。

(5) 钩损，是指货物在装卸搬运的操作过程中，由于挂钩或用手钩不当而导致货物的损失。

(6) 玷污，是指货物在运输途中受到其他物质的污染所造成的损失。

(7) 碰损，主要是指金属制品在运输途中因受震动、受挤压而造成变形等损失。

(8) 串味，是指货物受到其他异味物品的影响而引起变味导致的损失。

(9) 受潮受热，是指由于气温的骤然变化或者船上的通风设备失灵，使船舱内的水汽凝结，引起发潮发热导致货物的损失。

(10) 生锈，是指货物在运输过程中发生锈损现象。

(11) 短少和提货不着，是指货物在运输途中被遗失而未能运到目的地，或运到目的地发现整件短少，未能交给收货人。

2. 特殊外来风险

特殊外来风险是指战争、种族冲突或一国的军事、政治、国家政策法令和行政措施等的变化，如战争、罢工、交货不到、被拒绝进口或没收等。

二、海上损失和费用

海上损失和费用是指被保险人因被保险货物在运输途中遭遇海上风险而造成的损失和引起的费用，通常表现为两种形式：一种是货物本身遭到损坏或灭失的损失；另一种是为营救货物而支出的费用。按各国保险业习惯，海上损失和费用也包括与海运相连接的陆上或内河运输中所发生的损失和费用两种。

运输途中被保险货物本身遭到损坏或灭失的损失，按其损失程度可分为全部损失和部分损失两种。

(一) 全部损失

全部损失(Total Loss)简称全损，是指运输途中的整批货物或不可分割的一批货物的全部损失。全损有实际全损(Actual Total Loss)和推定全损(Constructive Total Loss)之分。

1. 实际全损

实际全损是指被保险货物完全灭失或完全变质，或者货物实际上已不可能归还被保险人。构成被保险货物"实际全损"的情况有下列几种：

(1) 保险标的的完全灭失。例如，船只遭遇海难后沉没，货物同时沉入海底。

(2) 保险标的物丧失已无法挽回。例如，船只被海盗劫去，货物被敌方扣押等。虽然船、货物本身并未遭到损失，但被保险人已失去了这些财产。

(3) 保险标的物已丧失商业价值或失去原有用途。例如，茶叶经水泡后，虽没有灭失，仍旧是茶叶，但已不能饮用，失去商业价值。

(4) 船舶失踪，达到一定时期。例如，半年仍无音讯，则可视为全部灭失。

2. 推定全损

推定全损是指货物在海上运输途中遭遇承保风险后，虽未达到完全灭失的状态，但是进行施救、整理和恢复原状所需的费用，或者再加上续运至目的地的费用总和估计要超过货物在目的地的完好状态的价值。在这种情况下，被保险人可以要求保险人按部分损失赔偿，也可要求按全损赔偿。如果要求按全损赔付，被保险人必须向保险人发出委付通知。所谓委付(Abandonment)是指被保险人表示愿意将保险标的物的全部权利和义务转移给保险人，并要求保险人按全损赔偿的行为。委付必须经保险人同意接受后才能生效。

(二) 部分损失(Partial Loss)

部分损失是指被保险货物的损失没有达到全部损失的程度。部分损失又可分为共同海损(General Average)与单独海损(Particular Average)。

1. 共同海损

共同海损是指载货船舶在海运途中遇到危及船、货的共同危险，船方为了维护船舶和货物的共同安全或使航程得以继续完成，有意地并且合理地做出的某些特殊牺牲或支出的特殊费用。共同海损的成立应具备以下条件：

(1) 船方在采取措施时，必须确有危及船、货共同安全的危险存在，不能主观臆测可能有危险发生而采取措施。

(2) 船方所采取的措施必须是有意的、合理的。有意的是指共同海损的发生必须是人为的、有意识行为的结果，而不是一种意外的损失。

(3) 所做出的牺牲或支出的费用必须是非常性质的。非常性质是指这种牺牲或费用不是通常业务中所必然会遇到或支出的。

(4) 构成共同海损的牺牲和费用支出必须是有效的。经过采取某种措施后，船舶和货物的全部或一部分最后安全抵达航程的终点港或目的港，避免了船货的同归于尽。

共同海损牺牲和费用应该由船舶、货物和运费三方共同按最后获救的价值的比例分摊，这种分摊叫做共同海损分摊。

2. 单独海损

单独海损是指货物受损后，未达到全损程度，而且是单独一方的利益受损，并只能由该利益所有者单独负担的一种部分损失。例如，某公司出口核桃仁 100 公吨，在海运途中遭受暴风雨，海水浸入舱内，核桃仁受水泡变质，这种损失只是使该公司一家的利益遭受影响，跟同船所装的其他货物的货主和船东利益并没有什么关系，因而属于单独海损。

以上表明，共同海损和单独海损是有区别的，这主要表现在以下两个方面：

(1) 造成海损的原因有别。单独海损是承保风险所直接导致的船货损失；共同海损则不是承保风险所直接导致的损失，而是为了解除船、货共同危险有意采取合理措施而造成的损失。

(2) 损失的承担责任有别。单独海损由受损方自行承担；而共同海损则应由各受益方按照受益大小的比例共同分摊。

❖ 案例学习

海轮的舱面上装有 1 000 台拖拉机，航行中遇大风浪袭击，450 台拖拉机被卷入海中，海轮严重倾斜，如不立即采取措施，则有翻船的危险，船长下令将余下的 550 台拖拉机全部抛入海中。请问：这 1 000 台拖拉机的损失属于何种性质？

分析：这 1 000 台拖拉机中，前 450 台属于单独海损，余下的 550 台属于共同海损。

❖ 案例学习

有一货轮在航行中与流冰相撞，船身一侧裂口，海水涌进，舱内部分货物遭浸泡。船长不得不将船驶上浅滩，进行排水，修补裂口，尔后为了起浮，又将部分笨重货物抛入海中。请问：这一连串的损失都是单独海损吗？

分析：此案中海水涌进导致仓内部分货物遭浸泡属于单独海损，之后为了起浮，将笨重货物抛入海中属于共同海损。

(三) 海上费用

保险人承担的费用是指保险标的发生保险事故后，为减少货物的实际损失而支出的合理费用。海上费用包括以下两种：

1. 施救费用

施救费用是指在遭遇保险责任范围内的灾害事故时，被保险人或其代理人、雇佣人员和保险单证受让人等为抢救保险标的物，以防止其损失扩大所采取的措施而支出的费用。

2. 救助费用

救助费用是指保险标的物遇到上述灾害事故时，由保险人和被保险人以外的第三者采取救助行为而向其支付的报酬。

三、外来风险的损失

外来风险的损失是指海上风险以外的其他外来风险所造成的损失，按不同的原因，又可分为一般外来风险的损失和特殊外来风险的损失。前者是指在运输途中由于偷窃、短量、钩损、碰损、雨淋、玷污等一般外来风险所致的损失；后者是指由于军事、政治、国家政策法令以及行政措施所致的损失，如由于战争、罢工、交货不到、拒收等特殊外来风险所造成的损失。

第三节　中国海运货物保险条款

中国人民保险公司制定的"中国保险条款"(China Insurance Clauses，简称 CIC)，将海运货物保险险别，分为基本险和附加险两类。

> **入门案例**
>
> 　　我国 A 公司按照 CIF 价格条件与某国 B 公司签订了一单 2000 公吨食用糖的生意，投保一切险。由于货轮陈旧，速度慢，加上沿途尽量多装货物，停靠码头的次数和时间太多，而且要穿过赤道，结果航行了 3 个月才到达目的港。卸货后发现食用糖因为长时间受热，已经变质，根本无法出售。请问：这种情况保险公司是否应该赔偿？为什么？
> 　　**此案例表明：**由于货物在运输途中受潮受热属于一切险的承保范围，保险公司应当承当赔偿责任。

在我国，进出口货物运输保险最常用的保险条款是"中国保险条款"。该条款是由中国人民保险公司根据我国保险业务的实际情况，参照国际保险市场的习惯做法制定，并经中国人民银行及中国保险监督管理委员会审批颁布的。我国的海洋运输货物保险的险别，按照能否单独投保可分为基本险和附加险两类。基本险可以单独投保，而附加险不能单独投保，只有在投保某一种基本险的基础上才能加保附加险。

一、基本险险别

按照中国人民保险公司 1981 年 1 月 1 日修订的海洋运输货物保险条款的(Ocean Marine Cargo Clauses)规定，海洋运输货物保险的基本险别分为平安险、水渍险和一切险三种。

（一）平安险

保险公司对平安险(F.P.A.，Free from Particular Average)的承保责任范围是：

(1) 被保险货物在运输途中由于恶劣气候、雷电、海啸、地震、洪水等自然灾害造成整批货物的全部损失或推定全损。当被保险人要求赔付推定全损时，须将受损货物及其权利委付给保险公司。被保险货物用驳船运往或运离海轮的，每一驳船所装的货物可视作一个整批。

(2) 由于运输工具遭受搁浅、触礁、沉没、互撞、与流冰或其他物体碰撞以及失火、爆炸等意外事故造成货物的全部或部分损失。

(3) 在运输工具已经发生搁浅、触礁、沉没、焚毁意外事故的情况下，货物在此前后又在海上遭受恶劣气候、雷电、海啸等自然灾害所造成的部分损失。

(4) 在装卸或转运时由于一件或数件货物落海造成的全部或部分损失。

(5) 被保险人对遭受承保责任内危险的货物采取抢救、防止或减少货损的措施而支付的合理费用，但以不超过该批被救货物的保险金额为限。

(6) 运输工具遭遇海难后，在避难港由于卸货所引起的损失，以及在中途港、避难港由于卸货、存仓以及运送货物所产生的特别费用。

(7) 共同海损的牺牲、分摊和救助费用。

(8) 运输契约订有"船舶互撞责任"条款，根据该条款规定应由货方偿还船方的损失。

(二) 水渍险

保险公司对水渍险(W.A.，With Average；W.P.A.，With Particular Average)的承保责任范围，除包括上述平安险的各项责任外，还负责被保险货物由于恶劣气候、雷电、海啸、地震、洪水等自然灾害所造成的部分损失。

责任范围：水渍险 = 平安险 + 自然灾害造成的部分损失。

(三) 一切险

一切险(All Risks)的责任范围是，除包括上述平安险和水渍险的各项责任外，还负责被保险货物在运输途中由于一般外来风险所造成的全部或部分损失。

责任范围：一切险=水渍险+一般外来原因造成的全部或部分损失。

投保人可根据货物的特点、运输路线等情况选择投保平安险、水渍险和一切险三种险别中的任一种。

对海洋运输货物保险的三种基本险别，保险公司规定有下列除外责任(Exclusions)：

(1) 被保险人的故意行为或过失所造成的损失。

(2) 属于发货人责任所引起的损失。

(3) 在保险责任开始前，被保险货物已存在的品质不良或数量短差所造成的损失。

(4) 被保险货物的自然损耗、本质缺陷、特性以及市价跌落、运输延迟所引起的损失或费用。

(5) 属于海洋运输货物战争险条款和货物运输罢工险条款规定的责任范围和除外责任。

❖ **案例学习**

我方按 CIF 条件出口瓷器一批，投保平安险，在装船时有 10 箱因吊钩脱钩而落海。请问：这一损失是否可以向保险公司索赔？

分析： 根据 CIF 条款，在装卸转船过程中，被保险货物一件或数件落海而造成的全部损失或部分损失也在平安险责任范围之内，据此，本例所述之损失完全可以向保险公司进行索赔。

与国际保险市场的习惯做法一样，我国的海洋运输货物保险条款规定的保险责任起讫

期限，也是采用"仓至仓"条款，即保险公司的保险责任自被保险货物运离保险单所载明的起运地仓库或储存处所开始运输时生效，包括正常运输过程中的海上、陆上、内河和驳船运输在内，直至该项货物到达保险单所载明目的地收货人的最后仓库或储存处所或被保险人用作分配、分派或非正常运输的其他储存处所为止。如未抵达上述仓库或储存处所，则以被保险货物在最后卸载港全部卸离海轮后满60天为止。如在上述60天内被保险货物需转运至非保险单所载明的目的地时，则以该项货物开始转运时终止。

以上三种基本险别的索赔时效，自被保险货物在最后卸载港全部卸离海轮后起算，不超过两年。

二、附加险险别

附加险是对基本险的补充和扩大。投保人只能在投保一种基本险的基础上才可加保一种或数种附加险。目前，中国保险条款中的附加险有一般附加险和特殊附加险两种。

(一) 一般附加险

一般附加险(General Additional Risk)所承保的是由于一般外来风险所造成的全部或部分损失，其险别共有下列11种。

(1) 碰损、破碎险(clash and breakage)：承保被保险货物在运输过程中因震动、碰撞、受压所造成的破碎和碰撞损失。

(2) 串味险(Taint or risk of Odour)：承保被保险的食用物品、中药材、化妆品原料等货物在运输过程中因受其他物品的影响而引起的串味损失。

(3) 淡水雨淋险(Fresh Water Rain Damage)：承保被保险货物因直接遭受雨淋或淡水所造成的损失。

(4) 偷窃、提货不着险(T.P.N.D.，Theft Pilferage and Non-Delivery)：承保被保险货物因偷窃行为所致的损失和整件提货不着等的损失。

(5) 短量险(Shortage)。承保被保险货物在运输过程中因外包装破裂或散装货物发生数量散失和实际重量短缺的损失，但不包括正常的途耗。

(6) 渗漏险(Leakage)：承保被保险货物在运输过程中因容器损坏而引起的渗漏损失，或用液体储藏的货物因液体的渗漏而引起的货物腐败等损失。

(7) 混杂、玷污险(Intermixture and Contamination)：承保被保险货物在运输过程中因混进杂质或被玷污所造成的损失。

(8) 钩损险(Hook Damage)：承保被保险货物在装卸过程中因遭受钩损而引起的损失，并对包装进行修补或调换所支付的费用负责赔偿。

(9) 受潮受热险(Sweat and Heating)：承保被保险货物在运输过程中因气温突变或由于船上通风设备失灵致使船舱内水汽凝结、发潮或发热所造成的损失。

(10) 锈损险(Rust)：对被保险的金属或金属制品等一类货物在运输过程中发生的锈损负责赔偿。

(11) 包装破裂险(Breakage of Packing)：承保被保险货物在运输途中因搬运或装卸不慎，致使包装破裂所造成的短少、玷污等损失。此外，为继续运输安全需要而产生的修补包装或调换包装所支付的费用也均由保险公司负责赔偿。

当投保险别为平安险或水渍险时，可加保上述 11 种一般附加险中的一种或数种险别。但如已投保了一切险，就不需要再加保一般附加险，因为保险公司对于承保一般附加险的责任已包含在一切险的责任范围内。

(二) 特殊附加险

特殊附加险(Special Additional Risk)所承保的是由于特殊外来风险所造成的全部或部分损失，共有下列八种。

(1) 战争险(War Risks)。根据中国人民保险公司海洋运输货物战争险条款的规定，海运战争险负责赔偿直接由于战争、类似战争行为和敌对行为、武装冲突或海盗行为所致的损失，以及由此而引起的捕获、拘留、扣留、禁止、扣押所造成的损失，还负责各种常规武器(包括水雷、鱼雷、炸弹)所致的损失以及由于上述责任范围而引起的共同海损的牺牲、分摊和救助费用，但对使用原子或热核制造的武器所造成的损失和费用不负赔偿责任。战争险的保险责任起讫是以水上危险(Water Borne)为限，即自货物在启运港装上海轮或驳船时开始，直到目的港卸离海轮或驳船时止。如不卸离海轮或驳船，则从海轮到达目的港的当日午夜起算满 15 天，保险责任自行终止；如在中途港转船，不论货物是否在当地卸货，保险责任以海轮到达该港或卸货地点的当日午夜起算满 15 天为止，只有在此期限内装上续运海轮，保险责任才继续有效。

(2) 罢工险(Strike Risks)。对被保险货物由于罢工、工人被迫停工或参加工潮、暴动等人员的行动或任何人的恶意行为所造成的直接损失，和上述行动或行为所引起的共同海损的牺牲、分摊和救助费用负责赔偿。但对在罢工期间由于劳动力短缺或不能使用劳动力所造成的被保险货物的损失，包括因罢工而引起的动力或燃料缺乏使冷藏机停止工作所致的冷藏货物的损失，以及无劳动力搬运货物，使货物堆积在码头淋湿受损，不负赔偿责任。罢工险对保险责任起讫的规定与其他海运货物保险险别一样，采取"仓至仓"条款。按国际保险业惯例，已投保战争险后另加保罢工险，不另增收保险费。如仅要求加保罢工险，则按战争险费率收费。

(3) 黄曲霉素险(Aflatoxin Risk)。对被保险货物因所含黄曲霉素超过进口国的限制标准，被拒绝进口、没收或强制改变用途而遭受的损失负责赔偿。

(4) 交货不到险(Failure to Delivery Risk)。对不论由于任何原因，从被保险货物装上船舶时开始，不能在预定抵达目的地的日期起 6 个月内交货的，负责按全损赔偿。

(5) 舱面险(On Deck Risk)。对被保险货物存放舱面时，除按保险单所载条款负责外，还包括被抛弃或被风浪冲击落水在内的损失。

(6) 进口关税险(Import Duty Risk)。当被保险货物遭受保险责任范围以内的损失，而被保险人仍须按完好货物价值完税时，保险公司对损失部分货物的进口关税负责赔偿。

(7) 拒收险(Rejection Risk)。对被保险货物在进口港被进口国的政府或有关当局拒绝进口或没收，按货物的保险价值负责赔偿。

(8) 货物出口到中国香港(包括九龙)或中国澳门存仓火险责任扩展条款(F.R.E.C. for Storage of Cargo at Destination HongKong, including Kowloon, or Macao)。被保险货物运抵目的地中国香港(包括九龙在内)或中国澳门卸离运输工具后，如直接存放于保单载明的过户银行所指定的仓库，本保险对存仓火险的责任至银行收回押款解除货物的权益时止，或运输险责任终止时起满 30 天时止。

被保险人不论已投保何种基本险别，均可另行加保有关的特殊附加险别。

第四节 其他运输方式下的货运保险

入门案例

某年，国内某卷烟厂从德国进口总价值为 58 万欧元的琳克卷烟包装机组，按照 FOB 价格条件向中国平安保险总公司投保。平安保险公司于 7 月 22 日签发了货物运输保险单，启运日期为 7 月 22 日，承保条件为一切险及战争险。进口设备在 9 月 12 日顺利运抵到达口岸——广州黄埔港，同月 16 日、17 日卸离海轮，存放于黄埔港码头。卷烟厂于 10 月 21 日向中国人保某分公司办理了国内陆上货物运输保险，11 月 3 日前往黄埔港提货，11 月 4 日装载进口设备的 5 辆大货车行驶在广东新丰路段上，由于一辆卧铺大客车强行超车，一辆大货车为防止正面碰撞采取紧急刹车右转，但车尾仍然相撞，造成大货车冲出车道，坠入深谷。大货车上装载的一台透明纸卷烟机、3 台电器控制设备被摔得支离破碎。试分析，保险公司是否应对卷烟厂所遭受的机器设备损失负赔偿责任？

此案例表明： 由于卷烟厂办理了国内陆上货物运输保险，而大货车在行驶过程中遇到的车祸属于陆运险的承保范围，因而保险公司应当承担赔偿责任。

一、陆上运输货物保险

根据中国人民保险公司制定的《陆上运输货物保险条款》的规定，陆运货物保险的基本险别有陆运险(Overland Transportation Risks)和陆运一切险(Overland Transportation All Risks)两种，此外还有陆上运输货物战争险，它也具有基本险性质。

(一) 陆运险和陆运一切险

陆运险的承保责任范围与海洋运输货物保险条款中的"水渍险"相似。保险公司负责赔偿被保险货物在运输途中遭受暴风、雷电、洪水、地震自然灾害，或由于运输工具遭受碰撞、倾覆、出轨，或在驳运过程中因驳运工具遭受搁浅、触礁、沉没、碰撞，或由于遭受隧道坍塌、崖崩或失火、爆炸意外事故所造成的全部或部分损失。此外，被保险人对遭受承保责任内危险的货物采取抢救、防止或减少货损的措施而支付的合理费用，保险公司也负责赔偿，但以不超过该批被救货物的保险金额为限。

陆运一切险的承保责任范围与海上运输货物保险条款中的"一切险"相似。保险公司除承担上述陆运险的赔偿责任外，还负责被保险货物在运输途中由于一般外来原因所造成的全部或部分损失。

以上责任范围均适用于火车和汽车运输，并以此为限。

陆运险与陆运一切险的除外责任与海洋运输货物险的除外责任相同。陆上运输货物险的责任起讫也采用"仓至仓"责任条款。保险人负责自被保险货物运离保险单所载明的启运地仓库或储存处所开始运输时生效，包括正常运输过程中的陆上和与其有关的水上驳运在内，直至该项货物运达保险单所载目的地收货人的最后仓库或储存处所，或被保险人用作分配、分派的其他储存处所时止。如未运抵上述仓库或储存处所，则以被保险货物运抵最后卸载的车站满 60 天时止。

(二) 陆上运输货物战争险

陆上运输货物战争险(火车)(Overland Transportation Cargo War Risks "by Train")是陆上运输货物险的特殊附加险，只有在投保了陆运险或陆运一切险的基础上方可加保。加保陆上运输货物战争险后，保险公司负责赔偿在火车运输途中由于战争、类似战争行为和敌对行为、武装冲突所致的损失，以及各种常规武器包括地雷、炸弹所致的损失。但是，由于敌对行为使用原子或热核武器所致的损失和费用，以及根据执政者、当权者或其他武装集团的扣押、拘留引起的承保运程的丧失和挫折而造成的损失除外。陆上运输货物战争险的责任起讫以货物置于运输工具时为限，即自被保险货物装上保险单所载起运地的火车时开始到保险单所载目的地卸离火车时为止。如果被保险货物不卸离火车，则以火车到达目的地的当日午夜起计算，满 48 小时为止；如在运输中途转车，不论货物在当地卸载与否，保险责任以火车到达该中途站的当日午夜起计算满 10 天为止。如货物在此期限内重新装车续运，仍恢复有效。但如运输契约在保险单所载目的地以外的地点终止时，该地即视作本保险单所载目的地，在货物卸离该地火车时为止，如不卸离火车，则保险责任以火车到达该地当日午夜起满 48 小时为止。

二、我国航空运输货物保险

根据中国人民保险公司 1981 年 1 月 1 日修订的《航空运输货物保险条款》(Air Transportation Cargo Insurance Clauses)规定，航空运输货物保险的基本险别分为航空运输险(Air Transportation Risks)和航空运输一切险(Air Transportation All Risks)两种，此外还有航空运输货物战争险。

(一) 航空运输险与航空运输一切险

航空运输险的承保责任范围与海洋运输货物保险条款中的"水渍险"大致相同。保险公司负责赔偿被保险货物在运输途中遭受雷电、火灾、爆炸或由于飞机遭受恶劣气候或其他危难事故而被抛弃，或由于飞机遭受碰撞、倾覆、坠落或失踪等意外事故所造成的全部或部分损失。

航空运输一切险的承保责任范围除包括上述航空运输险的全部责任外，保险公司还负责赔偿被保险货物由于一般外来原因所造成的全部或部分损失。航空运输险和航空运输一切险的除外责任与海洋运输货物险的除外责任基本相同。

航空运输货物险的两种基本险的保险责任也采用"仓至仓"条款，但与海洋运输险的"仓至仓"责任条款不同的是：如货物运达保险单所载明目的地而未运抵保险单所载明的收货人仓库或储存处所，则以被保险货物在最后卸载地卸离飞机后满 30 天保险责任即告终止。如在上述 30 天内被保险货物需转送到非保险单所载明的目的地时，则以该项货物开始转运时终止。

(二) 航空运输货物战争险

航空运输货物战争险(Air Transportation Cargo War Risks)是航空运输货物险的一种附加险，只有在投保了航空运输险或航空运输一切险的基础上经过投保人与保险公司协商方可加保。

加保航空运输货物战争险后，保险公司承担赔偿在航空运输途中由于战争、类似战争行为和敌对行为、武装冲突以及各种常规武器和炸弹所造成的货物的损失，但不包括因使用原子或热核制造的武器所造成的损失。航空运输货物战争险的保险责任是自被保险货物装上保险单所载明的启运地的飞机时开始，直到卸离保险单所载明的目的地的飞机时止。如果被保险货物不卸离飞机，则以载货飞机到达目的地的当日午夜起计算，满 15 天时止。如被保险货物在中途转运时，保险责任以飞机到达转运地的当日午夜起算，满 15 天时止；待装上续运的飞机，保险责任再恢复有效。

三、我国邮包运输保险险别与条款

根据中国人民保险公司 1981 年 1 月 1 日修订的《邮包保险条款》(Parcel Post Insurance Clauses)的规定，邮包保险基本险别分为邮包险(Parcel Post Risks)和邮包一切险(Parcel Post All Risks)两种，此外还有邮包战争险。

(一) 邮包险和邮包一切险

保险公司对邮包险的承保责任范围是负责赔偿被保险邮包在运输途中由于恶劣气候、雷电、海啸、地震、洪水等自然灾害，或由于运输工具搁浅、触礁、沉没、碰撞、出轨、倾覆、坠落、失踪，或由于失火、爆炸意外事故所造成的全部或部分损失。另外，还负责被保险人对遭受承保责任内危险的货物采取抢救、防止或减少货损的措施而支付的合理费用，但以不超过该批被救货物的保险金额为限。

邮包一切险的承保责任范围除包括上述邮包险的全部责任外，还负责被保险邮包在运输途中由于一般外来原因所致的全部或部分损失。

但是，这两种险别，保险公司对因战争、敌对行为、武装冲突或罢工所造成的损失，直接由于运输延迟或被保险物品本质上的缺陷或自然损耗所造成的损失，以及属于发货人责任和被保险邮包在保险责任开始前已存在的品质不良或数量短差所造成的损失，被保险人的故意行为或过失所造成的损失，不负赔偿责任。

邮包险和邮包一切险的保险责任是自被保险邮包离开保险单所载启运地点寄件人的处所运往邮局时开始生效，直至被保险邮包运达保险单所载明的目的地邮局，自邮局签发到货通知书当日午夜起算，满 15 天时止。但在此期限内，邮包一经递交至收件人的处所时，保险责任即行终止。

(二) 邮包战争险

邮包战争险(Parcel Post War Risks)是邮政包裹保险的一种附加险，只有在投保了邮包险或邮包一切险的基础上经过投保人与保险公司协商方可加保。

加保邮包战争险后,保险公司负责赔偿被保险邮包在运输过程中直接由于战争、类似战争行为和敌对行为、武装冲突或海盗行为以及各种常规武器包括水雷、鱼雷、炸弹所造成的损失。此外,保险公司还负责赔偿在遭受以上承保责任范围内危险引起的共同海损的牺牲、分摊和救助费用。但保险公司不承担因使用原子或热核制造的武器所造成的损失和费用的赔偿。邮包战争险的保险责任是自被保险邮包经邮局收讫后自储存处所开始运送时生效,直至该项邮包运达保险单所载明的目的地邮局送交收件人时止。必须指出的是,在附加险方面,除战争险外,海洋运输货物保险中的一般附加险和特殊附加险险别和条款均可适用于陆运、空运、邮运运输货物保险。

第五节 英国伦敦保险业协会海运货物保险条款

在国际保险市场上,伦敦保险业协会所制定的《协会货物保险条款》(Institute Cargo Clauses,ICC)对世界各国有着广泛的影响。目前,世界上许多国家在海运保险业务中直接采用该条款,还有许多国家在制定本国保险条款时参考或采用该条款的内容。在我国,按CIF条件出口,虽然一般以中国人民保险公司所制定的保险条款为依据,但如果国外客户要求按英国伦敦保险协会所制定的货物保险条款为准,我们也可酌情接受。因此,我们对英国伦敦保险协会海运货物保险条款,也必须有所了解,以利于订好保险条款和正确处理有关货运保险事宜。

入门案例

某公司出口一批陶瓷,投保了ICC(C)险,由A、B两轮联运。A轮在途中遭遇暴风雨袭击,船舶激烈颠簸,陶瓷相互碰撞发生部分损失;B轮在途中与C轮发生碰撞事故,陶瓷又发生部分损失。试分析上述损失保险人是否给予赔偿。

此案例表明:货主只能就B轮导致的损失要求保险人赔偿,A轮所造成的损失不属于承保责任范围。

协会货物条款最早制定于1912年。为了适应不同时期国际贸易、航运、法律等方面的变化和发展,该条款已先后经过多次补充和修改。由于该条款是在S.G.保险单的基础上,随着国际贸易和运输的发展,不断增添有关附加或限制某些保险责任的条文,后来经过对这些加贴条文加以整理,从而成为一套伦敦协会货物保险条款,但因该条款条理不清,措辞难懂,又缺乏系统的文字组织,被保险人难以正确理解,因而不能适应日益发展的国际贸易对保险的需要。为此,伦敦保险业协会对其进行了修订。修订工作于1982年1月1日完成,并于1983年4月1日起正式实行。同时,新的保险单格式代替原来的S.G.保险单格式,也自同日起使用。

所谓S.G.保单是劳爱德S.G.标准保单的简称。它是1906年英国议会通过的海上保险法的第一附件,成为英国法定的海上标准保险单。由于英国长期以来在海上保险业的主导地位,使得S.G.保单对全世界保险业有着非同寻常的影响。但是由于该保险单拟定时是将船、货一起作为保险标的承保的,与现代航运业的现状完全背离,所以已于1983年4

月 1 日起被废止。

2009 年，英国又对 ICC 1982 予以修订。ICC 2009 扩展了保险责任起讫，对保险人援引免责条款做出了一定的限制，对条款中易于产生争议的用词做出了更加明确的规范。新条款中的文字、结构等也更加简洁、严密，便于阅读和理解。

一、ICC 2009(A)、(B)和(C)的承保风险

（一）ICC 2009(A)的承保风险

ICC 2009(A)对其承保风险的规定采取"一切风险减除外责任"的方式，并未列举具体承保风险的名称。因此，只需弄清楚它的"除外责任"，便不难理解其所承保的风险及其含义。

(A)险的除外责任主要有以下几种：

(1) 一般除外责任是指被保险人故意的不法行为所造成的损失或费用；保险标的自然渗漏、重量或容量的自然损耗或自然磨损；由于包装或准备的不足或不当所造成的损失或费用；因保险标的内在缺陷或特征所造成的损失或费用；直接由于延迟所引起的损失或费用；因船舶所有人、经理人、租船人经营破产或不履行债务所造成的损失或费用；因使用任何原子或热核制造的武器所造成的损失或费用。

(2) 不适航、不适货除外责任主要是指被保险人在保险标的装船时已知船舶不适航，以及船舶、运输工具、集装箱等不适货而造成的损失或费用。

(3) 战争除外责任是指由于战争、内战、敌对行为等所造成的损失和费用；由于捕获、拘留、扣留等(海盗除外)所造成的损失；由于漂流水雷、鱼雷等所造成的损失或费用。

(4) 罢工除外责任是指由于罢工、被迫停工所造成的损失或费用；由于罢工者、被迫停工工人等造成的损失或费用；任何恐怖主义者或出于政治动机而行动的人所致损失或费用。

（二）ICC 2009(B)的承保风险

I.C.C.(B)险对承保风险的规定是采用"列明风险"的方式，即把所承保的风险一一列举，凡属承保责任范围内的损失，无论是全部损失还是部分损失，保险人按损失程度均负责赔偿。

(B)险承保的风险是灭失或损害要合理归因于以下几种原因：

(1) 火灾、爆炸。

(2) 船舶或驳船触礁、搁浅、沉没或者倾覆。

(3) 陆上运输工具倾覆或出轨。

(4) 船舶、驳船或运输工具同水以外的任何外界物体碰撞。

(5) 在避难港卸货。

(6) 地震、火山爆发、雷电。

(7) 共同海损牺牲。

(8) 抛货。

(9) 浪击落海。

(10) 海水、湖水或河水进入船舶、驳船、运输工具、集装箱、大型海运箱或储存处所。

(11) 货物在装卸时落海或跌落造成整件的全损。

(B)险的除外责任方面，除对"海盗行为"和恶意损害险的责任不负责外，其余均与(A)险的除外责任相同。

(三)　ICC 2009(C)的承保风险

ICC(C)的风险责任规定，也和(B)险一样，采用"列明风险"的方式，可仅对"重大意外事故"(Major Casualties)所致损失负责，对非重大意外事故和自然灾害所致损失均不负责。(C)险的承保风险是灭失或损害要合理归因于以下几种原因。

(1) 火灾、爆炸。

(2) 船舶或驳船触礁、搁浅、沉没或倾覆。

(3) 陆上运输工具倾覆或出轨。

(4) 船舶、驳船或运输工具与水以外的任何外界物体碰撞。

(5) 在避难港卸货。

(6) 共同海损牺牲。

(7) 抛货。

(C)险的除外责任与(B)险完全相同。恶意损害险是新增加的附加险别，承保被保险人以外的其他人(如船长、船员等)的故意破坏行动所致被保险货物的灭失或损坏。但是，恶意损害如果是出于政治动机的人的行动，不属于恶意损害险承保范围，而应属罢工险的承保风险。由于恶意损害险的承保责任范围已被列入(A)险的承保风险，所以只有在投保(B)险和(C)险的情况下，才在需要时可以加保。

二、战争险的承保风险与除外责任

战争险主要承保由于下列原因造成标的物的损失：

(1) 战争、内战、革命、叛乱、造反或由此引起的内乱，或交战国或针对交战国的任何敌对行为。

(2) 捕获、拘留、扣留、禁制或扣押，以及这些行动的后果或这方面的企图。

(3) 遗弃的水雷、鱼雷、炸弹或其他遗弃的战争武器。

战争险的除外责任与ICC(A)险的"一般除外责任"及"不适航、不适货除外责任"大致相同。

三、罢工险的承保风险与除外责任

罢工险主要承保保险标的物的下列损失：

(1) 罢工者、被迫停工工人或参与工潮、暴动或民变人员造成的损失和费用。

(2) 罢工、被迫停工、工潮、暴动或民变造成的损失和费用。

(3) 任何恐怖主义者或任何人出于政治目的采取的行动所造成的损失和费用。

罢工险除外责任也与ICC(A)险中的"一般除外责任"及"不适航、不适货除外责任"大致相同。

除上述五种主要险别外，还有一种附加险别，即恶意损害险。它所承保的是被保险人以外的其他人(如船长、船员等)的故意破坏行动所致被保险货物的灭失或损害。这种风险仅在 ICC(A)险中被列为承保风险的范畴，而在 ICC(B)险和 ICC(C)险中均列为"除外责任"。因此，如被保险人需要对此风险取得保险保障，在其投保 ICC(B)险或 ICC(C)险时，就需另行加保"恶意损害险"。

四、协会海运货物保险的保险期限

保险期限是指保险人承担保险责任的起讫期限，也就是保险的有效期。英国伦敦保险协会海运货物保险条款和海运货物战争险条款对保险期限的规定，同上述我国海运货物保险与海运货物战争险条款对保险期限的规定大体相同，但其规定比我国有关条款的规定更为详细，在此不赘述。

第六节　国际货物运输保险实务

进出口货物自起运地运往目的地时，一般都需要办理运输货物保险。由卖方还是买方向保险人办理保险手续，主要取决于贸易合同中采用的贸易术语，如在中国出口时，若采用 FOB 或 CFR 条件成交，投保手续由国外买方办理；若采用 CIF 条件成交，则由中国卖方办理。但无论由何方投保，均涉及投保险别的选择、保险金额的确定、保险费的计算、投保手续的办理、保险条款的制定、保险索赔等问题。

入门案例

我国某外贸公司按 CIF 贸易术语对外发盘，下列险别作为保险条款是否妥当？如有不妥，试予更正。

(1) 一切险，偷窃、提货不着险，串味险。

(2) 平安险、一切险、受潮受热险、战争险、罢工险。

(3) 水渍险、碰撞破损险。

(4) 偷窃、提货不着险，钩损险，战争险，罢工险。

此案表明基本险可以单独投保，附加险不能单独投保，投保了一切险就不用再投保一般附加险。

(1) 一切险或平安险(或水渍险)加偷窃、提货不着险(串味险)。

(2) 一切险或平安险加受潮受热险；或一切险(平安险)加战争险(罢工险)。

(3) 正确。

(4) 附加险不能单独投保，要在基本险基础上投保。

一、投保险别的选择

保险人承担的保险责任是以险别为依据的，不同的险别所承保的责任范围不同，其保险费率也不相同。在中国海运货物保险条款三种基本险中，平安险的责任范围最小，水渍险次之，一切险最大。与此相对应，平安险的费率最低，水渍险次之，一切险最高。因此，被保险人在选择保险险别时，应该根据货物运输的实际情况予以全面衡量，既要考虑使货物得到充分保障，又要尽量节约保险费的支出，降低贸易成本，提高经济效益。

二、保险单据的种类

保险单据是保险人与被保险人之间权利、义务的契约，是被保险人或受让人索赔和保险人理赔的依据，是进出口贸易结算的主要单据之一。在国际货物贸易中，保险单据可以背书转让。我国常用的保险单证主要有保险单、保险凭证、预约保险单等。

1. 保险单

保险单(Insurance Policy)，俗称大保单，是投保人与保险人之间订立的一种正规保险合同。目前，我国国内的保险公司大都出具这种保险单。

2. 保险凭证

保险凭证(Insurance Certificate)，俗称小保单，是一种简化的保险合同。在法律上与保险单具有同等法律效力。

3. 预约保险单

预约保险单(Open Policy)，是一种没有总保险金额限制的预约保险总合同，是保险公司对被保险人将要装运的属于约定范围内的一切货物自动承保的总合同。在承保范围内的被保险货物一经启运，保险公司即自动承保。

4. 批单

保险单出立后，投保人如需要补充或变更其内容时，可根据保险公司的规定，向保险公司提出申请，经同意后即另出一种凭证，注明更改或补充的内容，这种凭证即称为批单(Endorsement)。保险单一经批改，保险公司即按批改后的内容承担责任。其批改内容如涉及保险金额增加和保险责任范围扩大，保险公司只有在证实货物未发生出险事故的情况下才同意办理。批单原则上须粘贴在保险单上，并加盖骑缝章，作为保险单不可分割的一部分。

三、保险金额与保险费的计算

(一) 保险金额的计算

保险金额(Insured Amount)是指保险人承担赔偿或者给付保险金责任的最高限额，也是保险人计算保险费的基础。投保人在投保货物运输保险时应向保险人申报保险金额。保险金额是根据保险价值(Insurable Value)确定的。保险价值一般包括货价、运费、保险费以及预期利润等。如保险人与被保险人未约定保险价值的，根据我国《海商法》第二百一十九条(2)规定："货物的保险价值是保险责任开始时货物在启运地的发票价格或者非贸易商品在启运地的实际价格以及运费和保险费的总和。"这个价格相当于 CIF 价格，不包括预期利润。我国《海商法》第二百二十条又规定："保险金额由保险人与被保险人约定。保险金额不得超过保险价值；超过保险价值的，超过部分无效。"

在国际货物买卖中，凡按 CIF 或 CIP 条件达成的合同一般均规定保险金额，而且保险金额通常还需在发票金额的基础上增加一定的百分率，即所谓"保险加成"，这是由国际贸易的特定需要决定的。如合同对此未作规定，按《跟单信用证统一惯例》(国际商会第600 号出版物)的规定，卖方有义务按 CIF 或 CIP 价格的总值另加 10%作为保险金额。这部分增加的保险金额就是买方进行这笔交易所支付的费用和预期利润。如买方要求按较高的金额投保，而保险公司也同意承保，卖方亦可接受，但由此而增加的保险费在原则上应由买方承担。

保险金额的计算公式为：

$$保险金额 = CIF(或 CIP)价 \times (1 + 投保加成率)$$

由于保险金额一般是以 CIF 或 CIP 价格为基础来确定的，因此在仅有货价与运费(即已确定 CFR 或 CPT 价)的情况下，CIF 或 CIP 价可按下列公式计算：

$$CIF(或 CIP)价 = \frac{CFR(或 CPT)价}{1 - 保险费率 \times (1 + 保险加成率)}$$

为简化计算程序，中国人民保险公司制定了一份保险费率常数表(见表 5-1)，将CFR(或 CPT)价格直接乘以表内所列常数，便可算出 CIF 或 CIP 价格。我国进口货物的保险金额，在原则上虽也按进口货物的 CIF 或 CIP 价格计算。但在目前，我国进口合同较多采用 FOB(或 FCA)条件，为简化手续、方便计算，一些企业与保险公司签订预约保险合同，共同议订平均运费率(也可按实际运费计算)和平均保险费率。其计算保险金额的公式如下：

$$保险金额 = FOB(或 FCA)价格 \times (1 + 平均运费率 + 平均保险费率)$$

这里的保险金额即估算的 CIF(或 CIP)价而不另加成。如投保人要求在 CIF(或 CIP)价基础上加成投保，保险公司也可接受。

表 5-1 保险费率常数表(节选)

%	常数	%	常数	%	常数
0.03	1.000 330	0.2	1.002 205	0.39	1.004 308
0.04	1.000 440	0.23	1.002 536	0.4	1.004 119
0.05	1.000 550	0.24	1.002 647	0.43	1.004 752
0.07	1.000 771	0.25	1.002 758	0.44	1.004 861
0.08	1.000 881	0.28	1.003 090	0.45	1.004 975
0.1	1.001 101	0.29	1.003 311	0.48	1.005 308
0.12	1.001 332	0.3	1.003 643	0.49	1.005 419
0.14	1.001 542	0.33	1.003 754	0.5	1.005 530
0.15	1.001 653	0.34	1.003 865	0.53	1.005 861
0.18	1.001 984	0.35	1.004 198	0.54	1.005 975
0.19	1.002 094	0.38	1.006 532	0.55	1.006 087

(二) 保险费的计算

被保险人投保时，需向保险人缴纳一定数额的保险费(简称保费)，保险人只有在被保险人承诺或实际缴付保险费的条件下，才有可能承担相应的保险赔偿责任。

投保人交付保险费是保险合同生效的前提条件。在被保险人支付保险费前，保险人可以拒绝签发保险单据。保险费是保险人经营业务的基本收入，也是保险人所掌握的保险基金(即损失赔偿的基金)的主要来源。保险费率是计算保险费的依据。我国进出口货物保险费率是我国保险公司在货物损失率和赔付率的基础上，参照国际保险费率水平，并根据我国对外贸易发展的需要而制定的。

目前，我国的出口货物保险费率按照不同商品、不同目的地、不同运输工具和不同险别分别有"一般货物费率"和"指明货物加费费率"两大类。前者适用于所有的货物，后者仅适用于特别订明的货物。凡未列入"指明货物加费费率"中的货物，统属"一般货物费率"的范围。保险费率表中还有"货物运输战争险、罢工险费率"和"其他规定"。"其他规定"是解决上述三项费率表中所不能解决的问题，如一般附加险和特殊附加险的收费标准、转运及联运货物计费方法、内陆运输和保险责任扩展加费等。

凡属"指明货物加费费率"表中所列的货物，如投保一切险，则在计算费率时，应先查出"一般货物费率"，然后再加上"指明货物加费费率"。例如，从上海通过海运运往某港某货物投保一切险，一般货物费率为 0.6%，指明货物加费费率为 1.5%，则应收费率为 2.1%。

保险公司收取保险费的计算方法为

$$保险费 = 保险金额 \times 保险费率$$

如按 CIF 或 CIP 加成投保，上述公式可改为

$$保险费 = CIF(或\ CIP)价 \times (1 + 投保加成率) \times 保险费率$$

进口货物保险费率有"进口货物保险费率"和"特约费率"两种。"进口货物保险费率"分"一般货物费率"和"指明货物加费费率"两项。"一般货物费率"按不同运输方式，分险别和地区制定，但不分商品，除"指明货物加费费率"中列出的商品以外，还适用于其他一切货物。至于"指明货物加费费率"，是对一些指定的商品投保一切险时采用。"特约费率"是各保险公司在进口货物保险费率的基础上，与有关企业协商拟订的，是一种优惠的费率，主要适用于预约保险合同项下的进口货物。

四、办理投保手续

投保人向保险人投保，是一种签订合同的法律行为。投保人就是要约人，习惯上多以书面形式提出，经保险人承诺，双方确立了合同关系。按照保险的一般原则，投保人对保险标的必须拥有可保利益，保险合同才有效。这是办理投保的前提条件。但在国际货物运输保险中，一般并不要求投保人在投保时必须拥有可保利益，只要求在保险货物发生损失，被保险人要求损失赔偿时具有可保利益，即拥有预期的可保利益即可办理。

(一) 出口货物的投保

按 FOB 或 CFR 条件成交的出口货物，由买方承担货物越过船舷后运输途中的风险，并由买方自行办理保险。但卖方在履行交货之前(即货物在装运港装船之前)一段时间内，仍承担货物可能遭受意外损失的风险，需要自行安排这段时间内的保险事宜，投保相应险别。

按 CIF 条件成交的出口货物，虽然仍由买方承担运输途中的风险，但卖方负有办理保险的责任。卖方一般应在出口货物从装运地仓库运往码头之前办妥投保手续。投保人应向保险公司办理投保，需要书面提出申请，这种书面申请称为要保书或投保单。各国保险公司投保单格式虽有不同，但内容基本一致，一般都包括被保险人名称、货物名称、包装及数量、标志、保险金额、船名或装运工具、开航日期、航程或路程、投保险别和赔款地点。

投保单是投保人在投保时对保险标的及有关事实的告知和陈述，也是保险人签发保险单和确定保险费的依据。

(二) 进口货物的投保

我国进口货物，除 CIF 合同应由国外卖方办理保险外，FOB 和 CFR 等合同项下的进口货物，均须由国内买方办理投保手续，其方式有以下两种：

1. 订立预约保险合同

我国各进口公司为了简化手续，并防止进口货物在国外装运后因信息传递不及时而发生漏保或来不及办理投保等情况，对进口货物的保险可以采取预约保险的做法。

预约保险合同通常规定：各进出口公司成交的从国外进口至国内的全部贸易货物，凡贸易合同规定由中国进口公司办理保险的，都属于预约保险合同范围之内，保险公司对合同范围内的货物，负有自动承保的责任；在合同范围内进口货物若有需要在国外保险者，各有关公司应事先将贸易合同内容通知保险公司，以免重复保险。

2. 逐笔办理投保

这种投保方式适用于不经常有货物进口的单位。在采用这种方式投保时，货主必须在接到国外的装船(运)通知后，立即向保险公司索取并填写《进口货物国际运输预约起运通知书》送交保险公司。此项通知书经保险公司签章后完成了投保手续。

进口商投保后，由于买卖双方处于不同国家，距离遥远，若出现信息传递失误，买方投保的日期可能在货物装船以后或货交承运人以后，甚至可能出现投保时货物已经在运输途中发生损失的情形。按照国际货运保险的惯例，若投保时货物已经发生损失，只要进口商的投保是善意的，事先并不知情，保险合同仍然有效，保险人仍需按照保险合同的规定予以赔偿。反之，若进口商在投保时已经知道货损事件，则该投保行为属于保险欺诈，保险合同无效。

五、国际货物买卖合同中常见的保险条款

保险条款是国际货物买卖合同中不可缺少的内容，应在买卖合同中明确规定保险由谁

办理、保险费由谁承担、按什么保险条款、投保哪些险别、保险金额如何确定等内容，以便双方遵守执行，避免出现纠纷。若买卖合同的一方对保险有特殊要求，应事先在买卖合同中约定。有的国家规定必须在本国保险公司投保，因此中国进出口货物一般不能使用CIF 或 CIP 贸易术语。

(一) 以 FOB、CFR、FCA、CPT 等条件成交的保险条款

(1) 保险由买方自行办理，买卖合同中的保险条款可订为："保险由买方负责。"(Insurance：To be Covered by the Buyer.)

(2) 买方委托卖方代办保险时，保险条款可订为："保险由买方委托卖方按发票金额110%代为投保陆运一切险，按中国人保公司 1981 年 1 月 1 日《陆上运输货物保险条款》负责，保险费由买方负担。"(Insurance：To be effected by the Seller on behalf of the Buyer for 110% of total invoice value against Overland Transportation All Risks, as per Overland Transportation Cargo Clauses of People's Insurance Company of China，dated 1/1/1981，premium to be for the buyer's account.)

(二) 以 CIF、CIP 等条件成交的保险条款

此时按《2020 年通则》的规定应由卖方负责办理保险，买卖双方在合同中须详细规定保险条件。保险条款的内容一般包括由何方办理保险、投保何种险别、如何确定保险金额及采用何种保险条款等。

1. 投保海运水渍险，加保偷窃、提货不着险

此时，保险条款可订为："保险由卖方按发票金额的 110%投保水渍险和偷窃、提货不着险，以中国人民保险公司 1981 年 1 月 1 日《海洋运输货物保险条款》为准。"(Insurance：To be covered by the Seller for 110% of total invoice value against With Particular Average，including Risk of Theft，Pilferage and Non-delivery，as per Ocean Marine Cargo Clause of People's Insurance Company of China，dated 1/1/1981.)

2. 投保海运一切险，扣除一定的免赔率

此时，保险条款可订为："保险由卖方按发票金额的 110%投保空运一切险和战争险，以中国人保公司 1981 年 1 月 1 日《航空运输货物保险条款》和《航空运输货物战争险》负责。"(Insurance：To be covered by the Seller for 110% of total invoice value against Air Transportation All Risks and War Risks，as per Air Transportation Cargo Clauses of People's Insurance Company of China and Air Transportation War Risks，dated 1/1/1981.)

六、保险索赔

进出口货物在保险责任有效期内发生属于保险责任范围内的损失，被保险人按照保险单的有关规定向保险公司提出赔偿要求，称为保险索赔。在索赔工作中，被保险人应做好下列工作：

1. 损失通知

当被保险人获悉或发现被保险货物已遭损失，应立即通知保险公司或保险单上所载明的保险公司在当地的检验、理赔代理人，并申请检验。保险公司或指定的检验、理赔代理人在接到损失通知后应立即采取相应的措施，如检验损失、提出施救意见、核实损失原因、确定保险责任和签发检验报告等。检验报告是被保险人向保险公司申请索赔时的重要证据。

2. 向承运人等有关方面提出索赔

被保险人或其代理人在提货时发现被保险货物整件短少或有明显残损痕迹，除向保险公司报损外，还应立即向承运人或有关当局(如海关、港务当局等)索取货损货差证明。如货损货差涉及承运人、码头、装卸公司等方面责任的，还应及时以书面形式向有关责任方提出索赔，并保留追偿权利，有时还要申请延长索赔时效。

3. 采取合理的施救、整理措施

被保险货物受损后，被保险人应迅速对受损货物采取必要合理的施救、整理措施，防止损失的扩大。被保险人收到保险公司发出的有关采取防止或者减少损失的合理措施的特别通知的，应当按照保险公司通知的要求处理。因抢救、阻止或减少货损的措施而支付的合理费用，可由保险公司负责，但以不超过该批被救货物的保险金额为限。

4. 备妥索赔单证

被保险货物的损失经过检验，并办妥向承运人等第三者责任方的追偿手续后，应立即向保险公司或其代理人提出赔偿要求。提出索赔时，除应提供检验报告外，通常还需提供其他单证，包括：保险单或保险凭证正本；运输单据，包括海运提单、海运单、铁路或公路运单、航空运单、邮包收据、多式运输单据等；发票；装箱单或重量单；向承运人等第三者责任方请求赔偿的函电及其他必要的单证或文件；货损货差证明；海事报告(Sea Protest)摘录或海事声明书；列明索赔金额及计算依据，以及有关费用的项目和用途的索赔清单。

对易碎和易短量货物的索赔，应了解是否有免赔的规定，即所谓不论损失程度(Irrespective of Percentage，I.O.P.)均予赔偿或规定免赔率。免赔率有相对免赔率(Franchise)和绝对免赔率(Deductible)之分。如果损失额没有超过免赔率，则保险公司不予赔偿。超过免赔率，相对免赔率不扣除免赔率，全部予以赔偿；绝对免赔率则要扣除免赔率，只赔超过部分。我国保险公司现在实行的是绝对免赔率，但现行的伦敦保险业协会的协会货物条款中则无免赔率的规定。

在保险业务中，为了防止被保险人双重获益，保险人在履行全损赔偿或部分损失赔偿后，在其赔付金额内，要求被保险人转让其对造成损失的第三者责任方要求全损赔偿或相应部分赔偿的权利，这种权利称为代位追偿权(Right of Subrogation)，或称代位权。在实际业务中，保险人需首先向被保险人进行赔付，才能取得代位追偿权。其具体做法是，被保险人在获得赔偿的同时签署一份权益转让书，作为保险人取得代位权的证明。保险人便可凭此向第三者责任方进行追偿。

知识与技能训练

【单项选择题】

1. 在保险人所承保的海上风险中，恶劣气候、地震属于(　　)。

A．自然灾害　　　　　　　　B．意外事故

C．一般外来风险　　　　　　D．特殊外来风险

2. 在保险人所承保的海上风险中，搁浅、触礁属于(　　)。

A．自然灾害　　　　　　　　B．意外事故

C．一般外来风险　　　　　　D．特殊外来风险

3. 在海运过程中，被保险物茶叶经水浸已不能饮用，这种海上损失属于(　　)。

A．实际全损　　　　　　　　B．推定全损

C．共同海损　　　　　　　　D．单独海损

4. 某外贸公司出口茶叶5公吨，在海运途中遭受暴风雨，海水涌入仓内，致使一部分茶叶发霉变质，这种损失属于(　　)。

A．实际全损　　　　　　　　B．推定全损

C．共同海损　　　　　　　　D．单独海损

5. 战争、罢工风险属于(　　)。

A．自然灾害　　　　　　　　B．意外事故

C．一般外来风险　　　　　　D．特殊外来风险

6. 在国际货物保险中，不能单独投保的险别是(　　)。

A．平安险　　　　　　　　　B．水渍险

C．战争险　　　　　　　　　D．一切险

7. 根据我国《海洋货物运输保险条款》的规定，承保范围最小的基本险别是(　　)。

A．平安险　　　　　　　　　B．水渍险

C．一切险　　　　　　　　　D．罢工险

8. 为了防止运输中货物被盗，应该投保(　　)。

A．平安险　　　　　　　　　B．一切险

C．偷窃、提货不着险　　　　D．一切险加保偷窃、提货不着险

9. 根据现行伦敦保险协会条款之规定，承包风险最小的险别是(　　)。

A．ICC(A)　　　　　　　　　B．ICC(B)

C．ICC(C)　　　　　　　　　D．ICC(D)

10. 下列(　　)不适用"仓至仓"条款。

A．水渍险　　　　　　　　　B．战争险

C．偷窃、提货不着险　　　　D．一切险

【多项选择题】

1. 在海上保险业务中，属于自然灾害风险的有(　　)。

A．恶劣气候　　B．雷电　　C．海啸　　D．地震　　E．洪水

2．在海上保险业务中，属于意外事故的有(　　　)。

A．搁浅　　　　B．触礁　　　C．沉没　　　D．碰撞　　　E．失踪、失火、爆炸

3．在海上保险业务中，构成被保险货物"实际全损"的情况有(　　　)。

A．保险标的物完全灭失

B．保险标的物丧失已无法挽回

C．保险标的物发生变质，失去原有使用价值

D．船舶失踪达到一定时期

E．收回保险标的物所有权花费的费用将超过收回后的标的价值

4．在海运保险业务中，构成共同海损的条件是(　　　)。

A．共同海损的危险必须是实际存在的

B．消除船货共同危险而采取的措施是有意合理的

C．必须属于非常性质的损失

D．费用支出是额外的

E．必须是承保风险直接导致的船、货损失

5．根据我国现行《海洋货物运输保险条款》的规定，能够独立投保的险别有(　　　)。

A．平安险　　B．水渍险　　C．一切险　　D．战争险　　E．罢工险

6．为防止运输途中货物被偷窃，应投保(　　　)。

A．偷窃、提货不着险　　　　　B．一切险

C．平安险加保偷窃险　　　　　D．水渍险加保偷窃险

【简答题】

1．根据中国人民保险公司《海洋运输货物保险条款》的规定，平安险的责任范围有哪些？

2．什么是自然灾害？其包括哪些风险？

3．什么是意外事故？海上风险中意外事故包括哪些？

4．什么是一般外来风险？其包括哪些内容？

5．什么是特殊外来风险？其包括哪些风险？

6．什么是实际全损？构成实际全损有哪几种情况？

7．什么是共同海损？什么是单独海损？二者有何区别？

8．构成共同海损应具备哪些条件？

9．海上运输货物保险保障的费用有哪些？其各自含义是什么？

10．海运货物保险的一般附加险有哪些？

【实训题】

1．实训目的

使学生在初步掌握国际货物运输保险理论的基础上，逐步学会办理保险手续，了解保险的险别及承保范围，掌握保险费的计算。

2．实训要求

分小组讨论保险险别及承保范围，保险责任起讫规定等内容，并掌握如何计算保险费。

3. 实训内容

1) 计算题

报价为每公吨 2000FOB 美元，客户要求改报 CIF 价加一成投保一切险和战争险，投保一切险费率为 1%，战争险费率为 0.03%，求保费。

2) 案例分析

案例一： 某公司出口一批商品到美国某港口，原报 CFR 美国东海岸某港口，总金额为 20 000 美元，现进口商来电要求改报 CIF 价格，目的地不变，并按 CIF 价加成 10%投保海运一切险及战争险，假设运至美国东海岸的该项货物海运一切险的保险费率为 0.8%，战争险的保险费率为 0.05%，计算 CIF 价格、保险金额及保险费。

案例二： 某货轮从天津新港驶往新加坡，在航行途中船舶货舱起火，大火蔓延到机舱，船长为了船、货的共同安全，下令往舱内灌水，火很快被扑灭。但由于主机受损，无法继续航行，于是船长雇用拖轮将船拖回新港修理，修好后重新驶往新加坡。这次造成的损失共有：

(1) 1000 箱货被火烧毁。

(2) 600 箱货被水浇湿。

(3) 主机和部分甲板被烧坏。

(4) 拖轮费用。

(5) 额外增加的燃料和船上人员的工资。

请问：

(1) 1000 箱货被火烧毁属于(　　)损失。

A. 实际全损　　　B. 推定全损　　　C. 共同海损　　　D. 单独海损

(2) 600 箱货被水浇湿属于(　　)损失。

A. 实际全损　　　B. 推定全损　　　C. 共同海损　　　D. 单独海损

(3) 主机和部分甲板被烧坏属于(　　)损失。

A. 实际全损　　　B. 推定全损　　　C. 共同海损　　　D. 单独海损

(4) 拖轮费用属于(　　)损失。

A. 实际全损　　　B. 推定全损　　　C. 共同海损　　　D. 单独海损

(5) 额外增加的燃料和船上人员的工资属于(　　)损失。

A. 实际全损　　　B. 推定全损　　　C. 共同海损　　　D. 单独海损

案例三： 我国 A 公司与某国 B 公司于 2012 年 10 月 20 日签订购买 52 500 吨化肥的 CFR 合同。A 公司开出信用证规定，装船期限为 2013 年 1 月 1 日至 1 月 10 日，由于 B 公司租来运货的"雄狮号"在开往某外国港口途中遇到飓风，结果装货至 2013 年 1 月 20 日才完成。承运人在取得 B 公司出具的保函的情况下签发了与信用证条款一致的提单。"雄狮号"于 1 月 21 日驶离装运港。A 公司为这批货物投保了水渍险。2013 年 1 月 30 日"雄狮号"途经达尼尔海峡时起火，造成部分化肥烧毁。船长在命令救火过程中又造成部分化肥湿毁。由于船在装货港口的延迟，使该船到达目的地时赶上了化肥价格下跌，A 公司在出售余下的化肥时价格不得不大幅度下降，给 A 公司造成很大损失。

请根据上述事例，回答以下问题：

(1) 途中烧毁的化肥损失属(　　)损失。

A．实际全损　　　B．推定全损　　　C．共同海损　　　D．单独海损

(2) 途中烧毁的化肥损失应由(　　)承担。

A．A 公司　　　B．B 公司　　　C．船公司　　　D．保险公司

(3) 途中湿毁的化肥损失属(　　)损失。

A．实际全损　　　B．推定全损　　　C．共同海损　　　D．单独海损

(4) 下列说法错误的是(　　)。

A．A 公司不可向承运人追偿由于化肥价格下跌造成的损失

B．A 公司可以向承运人追偿由于化肥价格下跌造成的损失

C．承运人可以向托运人 B 公司追偿责任

D．B 公司出具的保函对当事的双方有效

(5) 不是构成共同海损的条件是(　　)。

A．共同海损的危险必须是实际存在的，不是主观臆测的

B．消除船、货共同危险而采取的措施必须是合理的

C．必须是属于非正常性质的损失

D．采取措施后，船方和货方都作出了一定的牺牲

第六章

国际货款的收付

学习目标

技能目标

了解支付工具的种类和内容，掌握汇付、托收和信用证的种类和使用，重点掌握信用证的性质、特点及业务流程，熟悉银行保证书、备用信用证、国际保理以及福费廷的基本业务流程。

知识目标

掌握汇付和托收的业务流程，并会使用汇付与托收进行国际贸易结算。

重点掌握信用证的含义、性质、特点及业务程序，掌握合同中支付条款的签订，并能够处理相关案例。

引言

在国际货物买卖中，货款的收付直接影响买卖双方资金的周转和融通，以及各种金融风险和费用的负担，所以这是关系到买卖双方利益的问题。货款的结算主要涉及支付工具、付款时间、付款地点及支付方式等问题，买卖双方必须对此取得一致的意见，并在合同中做出明确的规定。

在国际货物买卖中，货款的收付直接影响买卖双方资金的周转和融通，以及各种金融风险和费用的负担，所以这是关系到买卖双方利益的问题。货款的结算主要涉及支付工具、付款时间、付款地点及支付方式等问题，买卖双方必须对此取得一致的意见，并在合同中做出明确的规定。

第一节　支付工具

入门案例

甲为汇票的出票人，指定乙为执票人，丙为受票人。乙将该汇票背书转让给丁，丁在到期日前向受票人丙提示汇票并获承兑。但至汇票到期日，丙以资金周转困难为由，拒绝向丁付款。问：丁此时有何权利？如何行使？

此案例表明：丁有向其前手进行追索的权利，因为在本案例中，甲、乙都是丁的前手，丁是甲和乙的后手。前手对后手担保汇票必然会有被承兑或付款的责任，如汇票在合理时间内提示遭到拒付，则持票人立即行使追索权，向背书人和出票人即其前手追索票款。

国际贸易货款的收付，采用现金结算的较少，大多使用非现金结算，即使用代替现金作为流通手段和支付手段的信贷工具来结算国家间的债权债务。票据是国际通行的结算和信贷工具，是可以流通转让的债权凭证。

票据有广义和狭义之分。广义的票据是指商业上的权利单据(Document of Title)，如股票、债券、仓单、提单、保险单、汇票、本票、支票等；狭义的票据是指以支付金钱为目的的特定凭证。国际结算中的票据就是指这种狭义的票据，主要有汇票、本票和支票，其中以使用汇票为主。

一、汇票

(一) 汇票的含义和基本内容

汇票(Bill of Exchange；Draft)是一人(出口商)以另一人(进口商)作为受票对象的无条件书面命令，由发出命令的人(出票人)签发，要求受票人见票时或者在将来的固定时间或可以确定的时间，将确定数额的钱款支付给某人或其指定的人或持票人。

我国《票据法》关于汇票的定义：汇票是出票人签发的，委托付款人在见票时或者在指定日期无条件支付确定的金额给收款人或持票人的票据。

英国《票据法》关于汇票的定义：一个人向另一个人签发的，要求见票时或在将来的固定时间或可以确定的时间,对某人或其指定人或持票人支付一定金额的无条件书面支付命令。

各国票据法对汇票内容的规定不同，一般应包括下列基本内容：① 应载明"汇票"字样；② 无条件支付命令；③ 一定金额；④ 付款期限；⑤ 付款地点；⑥ 受票人，又称付款人；⑦ 受款人；⑧ 出票日期；⑨ 出票地点；⑩ 出票人签字。汇票样本如图 6-1 所示。

```
凭
Drawn under ………………………………..………………..

信用证        第        号
L/C  No.…………………..……………..

日期
Dated ……………………..……………..

按            息            付款
Payable  with  interest  @…...………..% per annum

号码        汇票金额                        中国，  厦门    年  月  日
No: ……………….Exchange for            Xiamen ，China…………….…..

见票                                    日后(本 汇 票 之 副 本 未 付)
At……..………….Sight of this  FIRST  of Exchange (Second of exchange being unpaid)
pay to the order of  BANK OF CHINA， XIAMEN  BRANCH…或 其 指 定 人

付金额
The sum of

To………………………………..…... .
```

图 6-1 汇票样本

上述基本内容，一般为汇票的要项，但并不是汇票的全部内容。按照各国票据法的规定，汇票的要项必须齐全，否则受票人有权拒付。

(二) 汇票的种类

汇票从不同的角度可分为以下几种：

1. 按照出票人的不同，汇票分为银行汇票和商业汇票

1) 银行汇票(Banker's Draft)

银行汇票是指出票人是银行，受票人也是银行的汇票。

2) 商业汇票(Commercial Draft)

商业汇票是指出票人是商号或个人，付款人可以是商号、个人，也可以是银行的汇票。

2. 按照有无随附商业单据，汇票可分为光票和跟单汇票

1) 光票(Clean Bill)

光票是指不附带商业单据的汇票。银行汇票多是光票。

2) 跟单汇票(Documentary Bill)

跟单汇票是指附带有商业单据的汇票。商业汇票一般为跟单汇票。

3. 按照付款时间的不同，汇票分为即期汇票和远期汇票

1) 即期汇票(Sight Draft)

即期汇票是指在提示或见票时立即付款的汇票。

2) 远期汇票(Time Bill or Usance Bill)

远期汇票是指在一定期限或特定日期付款的汇票。

远期汇票的付款时间，有以下几种规定办法：

(1) 见票后若干天付款(At × Days after Sight)。

(2) 出票后若干天付款(At × Days after Date of Draft)。

(3) 提单签发日后若干天付款(At × Days after Date of Bill of Lading)。

(4) 指定日期付款(Fixed Date)。

一张汇票往往可以同时具备几种性质，如一张商业汇票同时既可以是即期的跟单汇票；一张远期的商业跟单汇票，同时又可以是银行承兑汇票。

(三) 汇票的使用

汇票的使用有出票、提示、承兑、付款等。如需转让，通常经过背书行为转让。汇票遭到拒付时，还要涉及做成拒绝证书和行使追索权等法律权利。

1. 出票

出票是指出票人在汇票上填写付款人、付款金额、付款日期和地点以及受款人等项目，经签字交给受票人的行为。汇票在出票时，对受款人通常有三种写法：

(1) 限制性抬头。例如，"仅付甲公司"(Pay A Co. Only)或"付××公司，不准流通"(Pay X Co. not Negotiable)，这种抬头的汇票不能流通转让，只限××公司收取货款。

(2) 指示性抬头。例如，"付××公司或指定人"(Pay X Co. or Order 或 Pay to the Order of X Co.)，这种抬头的汇票，除××公司可以收取票款外，也可以经过背书转让给第三者。

(3) 持票人或来人抬头。例如，"付给来人"(Pay Bearer)或"付给持票人"(Pay Holder)这种抬头的汇票，无须由持票人背书，仅凭交付汇票即可转让。

2. 提示

提示(Presentation)是指持票人将汇票提交付款人要求承兑或付款的行为。

付款人见到汇票叫见票(sight)，提示分为承兑提示和付款提示。

3. 承兑

一张远期汇票须要先办理承兑手续。承兑(Acceptance)是指付款人对远期汇票表示承担到期付款责任的行为。

承兑行为包括：在汇票正面上写明"承兑"字样，注明承兑日期，并由付款人签字，交还持票人。

承兑交付可以有两种：付款人承兑后，将汇票交给持票人留存，于到期时由持票人向承兑人提示付款；付款人承兑后，把汇票留下，而以"承兑通知书"交给正当持票人，到期凭以付款。

4. 付款

对即期汇票，在持票人提示汇票时，付款人即应付款(Payment)；对远期汇票，付款人经过承兑后，在汇票到期日付款。付款后，汇票上的债务即告终止。

在汇票的付款人向持票人做正当付款后，付款人一般均要求收款的持票人在票面签字，注上"付讫"(Paid)字样，并收回汇票，从而结束汇票上所反映的债权、债务关系。

5. 背书

汇票是一种流通工具，可以在票据市场上流通转让。

背书(Endorsement)是转让汇票权利的一种法定手续，即由汇票持有人在汇票的背面签上自己的名字或再加上受让人的名字，并把汇票交给受让人的行为。

6. 拒付

持票人提示汇票要求承兑时，遭到拒绝承兑(Dishonor by Non-Acceptance)，或持票人提示汇票要求付款时，遭到拒绝付款(Dishonor by Non-Payment)，或付款人避而不见，破产或死亡等，以致付款已事实上不可能时，均称为拒付(Dishonor)。

7. 追索

持票人在汇票被拒付时，对其前手(背书人、出票人)有行使请求偿还汇票金额及费用的权利(包括利息及做成"拒付通知"、"拒付证书"的公证费用等)，这种行为称为追索(Recourse)。

8. 贴现

贴现(Discount)是持票人(即收款人)将未到期的汇票卖给银行，从而提前取得资金的一种融资方式。

二、本票

(一) 本票的含义与主要内容

本票(Promissory Note)是一人制作给另一人的无条件书面承诺，本票由制票人签发，保证见票时或者在将来的固定时间或可以确定的时间，将确定数额的钱款支付给某人或其指定的人或持票人。

简言之，本票是出票人对受款人承诺无条件支付一定金额的票据。

各国票据法对本票内容的规定各不相同。我国《票据法》规定，本票必须记载下列事项：① 表明"本票"字样；② 无条件的支付承诺；③ 确定的金额；④ 收款人的名称；⑤ 出票日期；⑥ 出票人签字。本票上未记载规定事项之一的，本票无效。

(二) 本票的种类

本票可分为商业本票和银行本票。由工商企业或个人签发的称为商业本票或一般本票。由银行签发的称为银行本票。商业本票又可按付款时间分为即期本票和远期本票两种。即期本票就是见票即付的本票。而远期本票则是承诺于未来某一规定的或可以确定的日期支付票款的本票。而银行本票则都是即期的。

(三) 本票与汇票的区别

作为支付工具，本票与汇票都属于票据的范畴，但两者又有所不同，其主要区别有(如表 6-1 所示)：

(1) 本票的票面有两个当事人，即出票人和收款人；而汇票则有三个当事人，即出票人、付款人和收款人。

(2) 本票的出票人即是付款人，远期本票无须办理承兑手续；而远期汇票则要办理承兑手续。

(3) 本票在任何情况下，出票人都是绝对的主债务人，一旦拒付，持票人可以立即要求法院裁定，命令出票人付款；而汇票的出票人在承兑前是主债务人，在承兑后，承兑人是主债务人，出票人则处于从债务人的地位。

表 6-1 本票与汇票的区别

项 目	本 票	汇 票
性质不同	无条件支付承诺	无条件支付命令
基本当事人不同	出票人与收款人	出票人、付款人与收款人
有无承兑行为	没有	有
提示的形式不同	只有提示承兑	有提示承兑和提示付款两种形式
主债务人不同	出票人始终是主债务人	承兑前是出票人，承兑后是承兑人
是否做拒绝证书	不需要	需要
开出的张数	一张	一套，即一式两份或数份

三、支票

支票(Cheque；Check)是以银行为受票人的无条件书面命令，由出票人签发，要求银行见票时将确定数额的钱款支付给某人或持票人。

(一) 支票的含义与主要内容

支票是以银行为付款人的即期汇票，即存款人对银行签发的由银行对某人或其指定人或持票人即期支付一定金额的无条件书面支付命令。

出票人在签发支票后,应负票据上的责任和法律上的责任。前者是指出票人对收款人担保支票的付款;后者是指出票人签发支票时,应在付款银行存有不低于票面金额的存款。如存款不足,支票持有人在向付款银行提示支票要求付款时,就会遭到拒付。这种支票叫做空头支票。开出空头支票的出票人要负法律上的责任。

我国《票据法》规定,支票必须记载下列事项:① 表明"支票"字样;② 无条件的支付委托;③ 确定的金额;④ 付款人名称;⑤ 出票日期;⑥ 出票人签字。支票上未记载规定事项之一的,支票无效。

(二) 支票的种类

按我国《票据法》,支票可分为现金支票和转账支票两种。现金支票只能用于支取现金;转账支票只能用于通过银行或其他金融机构转账结算。但有些国家规定,支取现金或是转账,通常可由持票人或收款人自主选择。但一经画线就只能通过银行转账,而不能直接支取现金。因此,就有"画线支票"和"未画线支票"之分,画线支票又可分为普通画线支票和特别画线支票,非画线支票可通过画线或加注行名成为普通画线支票或特别画线支票,画线支票只有在出票人签名授权后才能转变为非画线支票。

(三) 支票的使用

支票的使用有一定的有效期,由于支票是代替现金的即期支付工具,所以有效期较短。我国《票据法》规定,支票的持票人应当自出票日起 10 日内提示付款;异地使用的支票,其提示付款的期限由中国人民银行另行规定。超过提示付款期限的,付款人可以不预付款,出票人仍应当对持票人承担票据责任。

(四) 支票与汇票的比较

支票与汇票的比较如表 6-2 所示。

表 6-2　支票与汇票的比较

项　　目	支　票	汇　票
性质不同	出票人对受票行的付款授权书	出票人对受票人的付款命令或委托书
出票人、受票人身份是否受限制	出票人仅限于银行的存款客户,受票人仅限于吸收存款的银行	没有限制
有无承兑行为	没有	有
提示的形式不同	只有提示付款	有提示承兑和提示付款两种形式
主债务人不同	出票人自流通期间始终是主债务人	出票人在承兑前是主债务人,承兑后承兑人是主债务人
付款期限不同	只有即期付款	有即期和远期之分
能否止付	可以有止付	没有,在被承兑后,承兑人必须付款

第二节　汇付和托收

入门案例

我国某公司与外商达成一项出口合同，付款条件为付款交单，见票后 90 天付款。当汇票及所附单据通过托收行寄抵进口地代收行后，外商及时在汇票上履行了承兑手续。货抵目的港时，由于用货心切，外商出具信托收据向代收行借得单据，先行提货转售。汇票到期时，外商因经营不善，失去偿付能力。代收行以汇票付款人拒付为由通知托收行，并建议我公司直接向外商索取货款。对此，你认为我公司应如何处理？

此案例表明：在采用远期付款交单方式进行结算时，会出现付款日期晚于货到日期，为了减少货物在港时间长带来的费用和损失，买方往往采用凭信托收据借单，该案例就属于此种情况。但借单的许可又分两种情况。如果银行借单给进口人非出自出口人的指示，而是代收行自己向进口人提供的信用便利，则代收行借出单据后汇票到期不能收到货款，代收行应对委托人(本案中的代收行)负全部责任，向我方支付汇票上的货款。但如果代收行的借单行为系出口人指示，即是由出口人授权银行凭信托收据借给进口人，则日后如果进口人在货售出后倒闭，汇票到期收不到货款这一责任应由出口人自己承担风险。

一、汇付

(一) 汇付方式的含义及其当事人

汇付(Remittance)又称汇款，是指付款人主动通过银行或其他途径将款项汇交收款人。国际贸易货款的收付如采用汇付，一般是由买方按合同约定的条件(如收到单据或货物)和时间，将货款通过银行，汇交给卖方。

在汇付业务中通常有四个关系人：汇款人、收款人、汇出行和汇入行。

汇款人在委托汇出行办理汇款时，要出具汇款申请书。这是汇款人和汇出行之间的一种契约。汇出行一经接受申请就有义务按照汇款申请书的指示通知汇入行。汇出行与汇入行之间，事先订有代理合同，在代理合同规定的范围内，汇入行对汇出行承担解付汇款的义务。

(二) 汇付的种类

汇付方式可分为信汇、电汇和票汇三种。

1. 信汇

信汇(Mail Transfer，M/T)是指汇出行应汇款人的申请，将信汇付款委托书寄给汇入行，授权解付一定金额给收款人的一种汇款方式。

信汇方式的优点是费用较为低廉，但收款人收到汇款的时间较迟。

2. 电汇

电汇(Telegraphic Transfer，T/T)是指汇出行应汇款人的申请，采用电传、SWIFT(环球银行间金融电讯网络)等电信手段将电汇付款委托书给汇入行,指示解付一定金额给收款人的一种汇款方式。电汇方式的优点是收款人可迅速收到汇款，但费用较高。M/T、T/T 程序如图 6-2 所示。

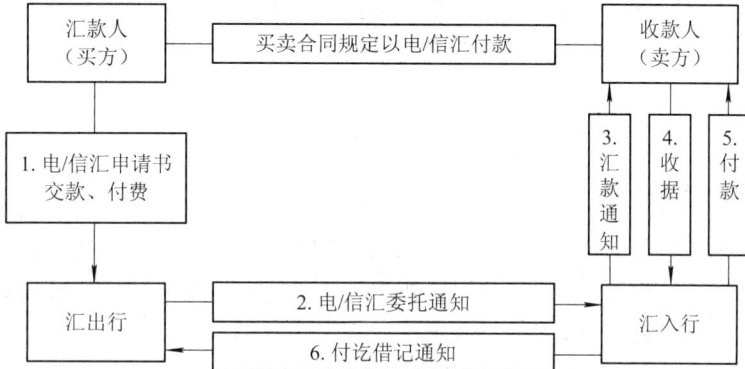

图 6-2　电汇\信汇业务程序

3. 票汇

票汇(Remittance by Banker's Demand Draft，D/D)是指汇出行应汇款人的申请，代汇款人开立以其分行代理行为解付行的银行即期汇票，支付一定金额给收款人的汇款方式。

票汇与电汇、信汇的不同之处在于，票汇的汇入行无须通知收款人取款，而由收款人持票登门取款，这种汇票除有限制和流通的规定外，经收款人背书，可以转让流通，而电汇、信汇的收款人则不能将收款权转让。票汇程序如图 6-3 所示。

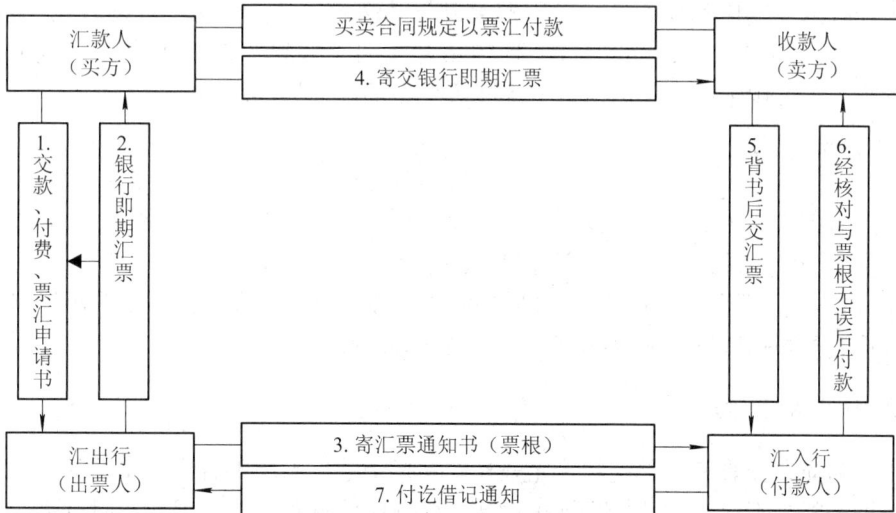

图 6-3　票汇业务程序

(三) 汇付方式的性质及其在国际贸易中的使用

在国际贸易中使用汇付方式结算货款，银行只提供服务，因此使用汇付方式完全取决于买卖双方的信任，卖方交货出单据后，买方是否按时付款，则取决于买方的信用。据此，汇付方式的性质属于商业信用。

在国际贸易中，汇付方式通常用于预付货款(Payment in Advance)、订货付现(Cash with Order)和赊销(Open Account)等业务。采用预付货款和订货付现，对卖方来说，就是先收款后交货，资金不受积压，对卖方最为有利；反之，采用赊销时，对卖方来说，就是先交货后收款，卖方不仅要占压资金，并且还要承担买方不付款的风险，因此对卖方不利，而对买方最为有利。此外，汇付方式还用于支付订金、分期付款、货款尾数以及佣金等费用。

二、托收

(一) 托收的含义

国际商会制定的《托收统一规则》对托收(Collection)作了如下定义：托收是指由接到托收指示的银行根据所收到的指示处理金融单据和/或商业单据以便取得付款或承兑，或凭付款或承兑交出商业单据，或凭其他条款或条件交出单据。

金融单据(Financial Documents)是指汇票、本票、支票、付款收据或其他用于取得付款或款项的凭证。

商业单据(Commercial Documents)是指发票、运输单据、物权单据或其他类似单据，或除金融单据以外的其他单据。

托收方式一般都通过银行办理，所以又叫银行托收。银行托收的基本做法是：出口人根据买卖合同先行发运货物，然后开立汇票(或不开汇票)，连同商业单据，向出口地银行提出托收申请，委托出口地银行(托收行)通过其在进口地的代理行或往来银行(代收行)向进口人收取货款。

有关托收业务的国际惯例是由国际商会制订并修订的《托收统一规则》，即国际商会第 522 号出版物(简称《URC 522》)，于 1996 年 1 月 1 日起实施。《托收统一规则》自公布实施以来，被各国银行所采用，已成为托收业务的国际惯例。

(二) 托收方式的当事人

托收方式的当事人主要有：委托人和付款人(即买卖合同的出口人和进口人)、托收行和代收行(即受出口人的委托向进口人收取货款的进、出口地的银行)。

委托人在委托银行办理托收时，须随附一份托收委托书，在委托书中明确提出各种指示。银行接受委托后，则按照委托书的指示内容办理托收。

(三) 托收的种类

托收分为光票托收和跟单托收。光票托收是指金融单据不附有商业单据的托收，即仅把金融单据委托银行代为收款。跟单托收是指金融单据附有商业单据或不附有金融单据的商业单据的托收。国际贸易中货款的收取大多采用跟单托收。在跟单托收情况下，根据交单条件的不同，又可分为付款交单和承兑交单两种：

1. 付款交单

付款交单(Documents against Payments，D/P)是指出口人的交单是以进口人的付款为条件，即出口人发货后，取得装运单据，委托银行办理托收，并在托收委托书中指示银行，只有在进口人付清货款后，才能把商业单据交给进口人。付款交单流程如图6-4所示。

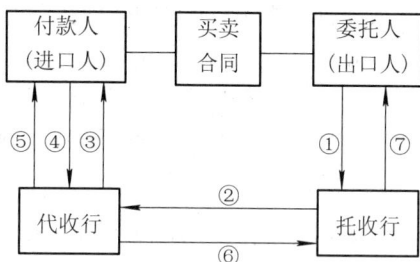

图6-4　付款交单流程示意图

① 出口人按买卖合同规定装货后，填写托收申请书，开立即期汇票，连同货运单据(或不开立汇票，仅将货运单据)交托收行委托代收货款。

② 托收行根据托收申请书缮制托收委托书，连同汇票(或没有汇票)、货运单据寄交进口地代收银行委托代收。

③ 代收行按照委托书的指示向进口人提示汇票与单据(或仅提示单据)。

④ 进口人审核单据无误后付款。

⑤ 代收行交单。

⑥ 代收行办理转账并通知托收行款已收妥。

⑦ 托收行向出口人交款。

按付款时间的不同，付款交单又可分为即期付款交单和远期付款交单。

1) 即期付款交单

即期付款交单(Documents Against Payment at Sight，D/P at Sight)是指出口人发货后开具即期汇票连同商业单据，通过银行向进口人提示付款交单，进口人见票后立即付款，在付清货款后向银行领取商业单据。

2) 远期付款交单

远期付款交单(Documents against Payment after Sight，D/P after Sight)是指出口人发货后开具远期汇票连同商业单据，通过银行向进口人提示，进口人审核无误后即在汇票上进行承兑，于汇票到期日付清货款后再领取商业单据。

以上说明，不论是即期付款交单或是远期付款交单，进口商必须在付清货款之后，才能取得单据，提取或转售货物。

在远期付款交单条件下，如果付款日期和实际到货日期基本一致，仍不失为对买方的一种资金融通，进口人可以不必在到货之前提前付款。但如果付款日期晚于到货日期，买方为了抓住有利行市，不失时机地转售货物，可以采取两种做法：一是在付款到期日之前提前付款赎单，扣除提前付款日至原付款到期日之间的利息，作为买方的一种提前付款的现金折扣。二是代收行对于资信较好的进口人，允许进口人凭信托收据(Trust Receipt)借取货运单据，先行提货。

所谓信托收据，就是进口人借单时提供的一种书面信用担保文件，用来表示愿意以代收行的受托人身份代为提货、报关、存仓、保险、出售，并承认货物所有权仍属银行，货物售出所得的货款，应于汇票到期时交银行。这是代收行自己向进口人提供的信用便利，而与出口人无关。因此，如代收行借出单据后，到期不能收到货款，则代收行应对委托人负全部责任。但如系出口人指示代收行借单，就由出口人主动授权银行凭信托收据借单给进口人，即所谓"远期付款交单凭信托收据借单"(D/P，T/R)，那么进口人在承兑汇票后可以凭信托收据先行借单提货。日后如果进口人在汇票到期时拒付，则与银行无关，应由出口人自己承担风险。这种做法的性质与承兑交单差不多，因此使用时必须从严掌握。

2. 承兑交单

承兑交单(Documents against Acceptance，D/A)是指出口人的交单以进口人在汇票上承兑为条件，即出口人在装运货物后开具远期汇票，连同商业单据，通过银行向进口人提示，进口人承兑汇票后，代收银行即将商业单据交给进口人，在汇票到期时，方履行付款义务。由于承兑交单是进口人只要在汇票上办理承兑之后，即可取得商业单据，凭以提取货物。所以，承兑交单方式只适用于远期汇票的托收。承兑交单是出口人先交出商业单据，其收款的保障依赖进口人的信用，一旦进口人到期不付款，出口人便会遭到货物与货款全部落空的损失。因此，出口人对这种方式一般采用很慎重的态度。

(四) 托收的性质及其利弊

托收的性质为商业信用。银行办理托收业务时，只是按委托人的指示办事，并不承担对付款人必然付款的义务。如进口商破产或丧失清偿债务的能力，出口人则可能收不回或晚收到货款。在进口人拒不付款赎单后，除非事先约定，银行没有义务代为保管货物。如货物已到达，出口人还要承担在进口地办理提货、交纳进口关税、存仓、保险、转售以至被低价拍卖或被运回国内的损失。在承兑交单条件下，进口人只要在汇票上办理承兑手续，即可取得商业单据，凭以提取货物；出口人收款的保障就是进口人的信用，一旦进口人到期不付款，出口人便会遭到货款全部落空的损失。所以，承兑交单比付款交单的风险更大。跟单托收对出口人虽有一定的风险，但对进口人却很有利，不但可免去申请开立信用证的手续，不必预付银行押金，减少费用支出，而且有利于资金融通和周转。由于托收对进口商有利，所以在出口业务中采用托收，有利于调动进口商采购货物的积极性，从而有利于促进成交和扩大出口，故许多出口商都把采用托收作为推销库存货和加强对外竞销的手段。

(五) 使用托收方式应注意的问题

为了加强对外竞销能力和扩大出口，在我国出口业务中，针对不同商品、不同贸易对象和不同国家与地区的贸易习惯做法，适当采用托收方式是必要的，如运用得当也是有利的。为了有效地利用托收方式，必须注意下列事项：

(1) 调查和考虑进口人的资信情况和经营作风，成交金额应妥善掌握，不宜超过其信用程度。

(2) 了解进口国家的贸易管制和外汇管制条例，以免货到目的地后，由于不准进口或收不到外汇而造成损失。

(3) 采用托收方式之前，卖方应对进口国的"习惯做法"或"商业惯例"有足够的了解。例如，拉美地区的一些国家通常将远期付款交单与承兑交单作同样的处理，只要进口方承兑了远期汇票便能够得到全套货运单据提取货物，这无疑使卖方风险大大增加。针对这类"习惯"或"惯例"，出口方应仔细考虑能否接受，并在合同的支付条款中对托收方式的具体做法做出明确的规定。

(4) 出口合同应争取按 CIF 或 CIP 条件成交，由出口人办理货运保险，或投保出口信用险。在不采取 CIF 或 CIP 条件时，应投保卖方利益险。

(5) 对托收方式的交易，要建立健全管理制度，定期检查，及时催收清理，发现问题应迅速采取措施，以避免或减少可能发生的损失。

(6) 在托收方式下，出口方可以通过保理业务(Factoring)转移风险。保理业务即承购应收账款业务，20 世纪 80 年代后期开始在西方广为流行，它是指出口方在托收方式下出售商品，将全套跟单汇票卖断给承购应收账款的财务公司或专门组织(统称保理公司)，从而收回部分或全部货款的业务。

第三节 信 用 证

入门案例

南亚某银行开来即期付款信用证，金额为 USD72000，受益人为江苏某公司。11月10日，议付行 A 审核后，确认单证相符，并将全套单据寄往开证行索汇，但至11月25日，A 仍未收到该证下款项，也未收到开证行发出的拒付通知。经查邮件记录，开证行已于11月15日签收了该单据，根据国际惯例，开证行应该最迟于11月21日发出付款电或拒付电，A 行于是在11月23日发电至开证行催收："根据 UCP600 第16条(F)款，开证行在收到单据的翌日起5个工作日内没有拒付，应该履行付款责任，请贵行立刻支付款项及迟付利息。"开证行未及时回应。11月30日，A 行再次向开证行催款，12月1日，开证行来电称：受益人未按照信用证单据条款第五条规定将副本单据通过 EMAIL 发送给申请人。经查，信用证中无上述规定，A 行立即致电开证行进行交涉。12月6日，申请人直接发邮件给受益人明确表示拒绝接受该证项下货物。随后 A 行又收到开证行回电，称：开证申请人再次证实，他们没有收到通过 EMAIL 发送的副本单据，因此他们不会付款。当日，A 行回电强调：根据 UCP600 第14条规定，开证行应并仅基于单据本身确定其是否在表面上构成相互交单，提醒开证行不应介入单据之外的贸易纠纷，必要时将直接向其总行投诉并将交涉升级至该国央行。12月7日，开证行付款。

此案例表明：信用证属于银行信用，开证行承担第一付款责任，信用证是一份自足文件，信用证是一种单据买卖。

信用证(Letter of Credit，L/C)支付方式是随着国际贸易的发展，在银行与金融机构参与国际贸易结算的过程中逐步形成的。信用证支付方式把由进口人履行付款责任，转为由银行付款。因此，在一定程度上解决了进出口人之间互不信任的矛盾，同时也为进出口双方提供了资金融通的便利。所以，信用证付款已成为国际贸易中普遍采用的一种支付方式。

一、信用证的含义及其特点

信用证是开证行根据申请人的要求和指示，或因其自身需要，向受益人开立的，在一定期限内凭规定的单据支付一定金额的书面承诺。

《UCP600》明确规定："信用证各有关当事人处理的只是单据，而不是单据所涉及的货物、服务或其他行为。"

(一) 含义

信用证是一种有条件的银行付款承诺，是银行(开证行)根据买方(申请人)的要求和指示或以其自身的名义，向卖方(受益人)开立的、在一定期限内凭指定的符合信用证条款单据，即期或在一个可以确定的将来日期，兑付一定金额的书面承诺。

《跟单信用证统一惯例》对信用证有如下的定义：信用证意指无论其如何命名或描述的一项约定，该约定不可撤销并由此相当于开证行对于相符提示予以付款的明确承诺。承付意指：

(1) 对于即期付款信用证即期付款。

(2) 对于延期付款信用证做出延期付款承诺并于到期日付款。

(3) 对于承兑信用证承兑由受益人出具的汇票并于到期日付款。

这段定义的实质内涵是：信用证是银行有条件的承诺付款的文件。这里包括三层意思：① 银行对信用证负第一性的付款责任；② 银行的付款责任是有条件的；③ 银行的付款方式有三种。

(二) 信用证的特点

1. 信用证是一种银行信用

信用证支付方式是一种银行信用，由开证行以自己的信用做出付款的保证。在信用证付款的条件下，银行处于第一付款人的地位。《UCP600》规定，信用证是一项约定，按此约定，根据规定的单据在符合信用证条件的情况下，开证银行向受益人或其指定人进行付款、承兑或议付。信用证开出后，便构成开证行的确定承诺。可见，信用证开出后，开证银行是首先付款人，开证银行对受益人的责任是一种独立的责任。

2. 信用证是一种自足的文件

信用证的开立以买卖合同作为依据，但信用证一经开出，就成为独立于买卖合同以外的另一种契约，不受买卖合同的约束。《UCP600》规定，信用证与其可能依据的买卖合同或其他合同，是相互独立的交易。即使信用证中提及该合同，银行也与该合同无关，且不受其约束。所以，信用证是独立于有关合同以外的契约，是一种自足的文件。

3. 信用证是一种单据的买卖

在信用证方式之下，实行的是凭单付款的原则。《UCP600》规定："在信用证业务中，各有关方面处理的是单据，而不是与单据有关的货物、服务及其他行为。"所以，信用证业务是一种纯粹的单据业务。在信用证业务中，只要受益人提交的单据符合信用证规定，开证行就应承担付款责任。反之，单据与信用证规定不符，银行有权拒绝付款。但应指出，按《UCP600》规定，银行虽有义务"合理小心地审核一切单据"，但这种审核，只是用以确定单据表面上是否符合信用证条款，开证银行只根据表面上符合信用证条款的单据付款。所以在信用证条件下，实行所谓"严格符合的原则"。

(三) 信用证的开立形式

信用证的开立形式主要包括信开与电开两种。

1. 信开

信开是指开证银行将特定信用证的各项内容打印在本银行已印就的、固定格式的空白信用证上，然后以航空邮寄的方式传递给通知行。以这种形式开立的信用证传递速度较慢，现在已较少使用。

2. 电开

电开是指开证银行以电报、电传、SWIFT 等电信手段将特定信用证的各项内容传递给通知行。以这种形式开立的信用证传递速度快，在国际贸易中被普遍使用。在具体操作时，电开信用证又可以分为以下几种：

(1) 简电开。简电开即开证行只以电信手段将信用证的主要内容传递给通知行，然后将包括各项详细内容的信用证航空邮寄给通知行。以这种形式开立的信用证内容非常简单，难以作为出口商交单议付的依据，因此在其中往往会出现"详情后告"等语句，说明该信用证只作参考，不具有法律效力。

(2) 全电开。全电开是指开证行将特定信用证的全部内容以电信方式传递给通知行，信用证的内容完整，有法律效力，是卖方交单议付的依据。

(3) SWIFT 信用证。SWIFT 是"全球银行金融电信协会"的简称，该组织成立于1973年，设有自动化的国际金融电信网，供成员银行进行外汇、证券交易或办理托收、信用证业务。利用 SWIFT 开立信用证具有速度快、成本低的好处，深受各个国家和地区银行的欢迎，被广泛使用。我国收到的信用证电开本中 SWIFT 信用证占了很大比重。

通过 SWIFT 开立或通知信用证，必须使用 SWIFT 使用手册规定的代号，利用 SWIFT 系统设计的特殊格式，信用证的各项内容也必须符合国际商会《跟单信用证统一惯例》的有关规定，否则便会被拒绝。应注意的是，SWIFT 信用证可以省略银行的承诺条款，但并不免除银行应承担的各项义务。

(四) 信用证支付方式的作用

采用信用证支付方式，对出口商来说，可以保证出口商凭单取得货款，并可以取得资金融通；对进口商来说，可以保证按时、按质、按量收到货物，并可提供资金融通。对银行来说也有一定的好处，如收取各种手续费以及利用资金的便利。

二、信用证的当事人

信用证所涉及的当事人主要有开证申请人、开证银行、通知银行、受益人、议付行和付款行等。

1. 开证申请人

在国际贸易中，信用证的开证申请人(Applicant)一般是进口商或买方，是向银行提出申请开立信用证的人。

跟单信用证的程序开始于买方向其银行申请开立以卖方为受益人的跟单信用证。

2. 开证银行

接受开证申请人委托开立信用证的银行即是开证行(Opening Bank，Issuing Bank)。开证行也被称做开证人、授予人。

开证银行在从买方那里得到指示后，(通常是买方的业务主办行)便开立了以卖方为受益人的跟单信用证，并将信用证发给通知行(常常是卖方银行)。

开证行是以自己的名义对信用证下的义务负责的。虽然开证行同时受到开证申请书和信用证本身两个契约约束，但是根据《UCP600》第三条规定，开证行依信用证所承担的付款、承兑汇票或议付或履行信用证项下的其他义务的责任，不受开证行与申请人或申请人与受益人之间产生纠纷的约束。

开证行在验单付款之后无权向受益人或其他前手追索。

3. 受益人

国际贸易中，信用证的受益人(Beneficiary)是出口商或卖方。受益人同时还是信用证汇票的出票人、货物运输单据的托运人。

卖方从通知行那里收到了信用证的通知，履行了信用证条款条件后，得到支付。卖方是跟单信用证的受益人。

受益人与开证申请人之间存在一份贸易合同，而与开证行之间存在一份信用证。受益人有权依照信用证条款和条件提交汇票及/或单据要求取得信用证的款项。受益人交单后，如遇开证行倒闭，信用证无法兑现，则受益人有权向进口商提出付款要求，进口商仍应负责付款。这时，受益人应将符合原信用证要求的单据通过银行寄交进口商进行托收索款。如果开证行并未倒闭，却无理拒收，受益人或议付行可以诉讼，也有权向进口商提出付款要求。

4. 其他当事人

(1) 通知银行(Advising Bank，Notifying Bank)。在从开证行和买方那里得到指示后，通知行(常常是卖方所在地银行)通知信用证中的卖方。通知行一般是卖方常规的业务往来银行。

通知行只负责鉴别 L/C 的真实性，不承担其他义务。

通知行的责任是及时通知或转递信用证，证明信用证的真实性并及时澄清疑点。

如通知行不能确定信用证的表面真实性，即无法核对信用证的签署或密押，则应毫不延误地告知从其收到指示的银行，说明其不能确定信用证的真实性。

如通知行仍决定通知该信用证，则必须告知受益人，它不能核对信用证的真实性。

通知行对信用证内容不承担责任。

(2) 保兑银行(Confirming Bank)。保兑行在经开证行授权或应其请求对不可撤销的信用证加以保证兑付后，即构成开证行以外的保兑行的确定责任，但以向保兑行提交规定的单据并符合信用证条款为条件。

通常由通知行做保兑行。但是，通知行有权做出是否加保的选择。

保兑银行具有与开证银行相同的责任和地位。

保兑行一旦对该信用证加具了保兑，就对信用证负独立的确定的付款责任。保兑行付款后无权向受益人或其他前手追索票款。

(3) 议付银行(Negotiating Bank)。议付行是准备向受益人购买信用证项下单据的银行。议付行可以是通知行或其他被指定的愿意议付该信用证的银行。议付行的议付是建立在开证行保证偿付的基础上的。如果开证行倒闭或者拒付，议付行有权向受益人追索。

(4) 承兑行(Accepting Bank)。远期信用证如要求受益人出具远期汇票的，会指定一家银行作为受票行，由它对远期汇票做出承兑，这就是承兑行。

如果承兑行不是开证行，承兑后又最后不能履行付款，开证行应负最后付款的责任。若单证相符，而承兑行不承兑汇票，开证行可指示受益人另开具以开证行为受票人的远期汇票，由开证行承兑并到期付款。承兑行付款后向开证行要求偿付。

(5) 付款银行(Paying Bank)。付款行是在信用证中规定的应负付款责任的银行。它可以是开证行，也可以是在信用证中由开证行所指定的一家银行。

付款行在向受益人无追索权地付款后，可从开证行那里得到偿付。如果开证行资信不佳，付款行有权拒绝代为付款。但是，付款行一旦付款，即不得向受益人追索，而只能向开证行索偿。

(6) 偿付银行(Reimbursement Bank)。偿付银行是指信用证中规定的在付款行或任何议付行根据信用证支付货款后应向其做出偿付的银行。

偿付行的偿付不视为开证行终局性的付款，因为偿付行不审查单据。若开证行见单后发现单证不符，可向议付行或付款行追索货款。

如果索偿行未受到偿付行的偿付，开证行不能免除其本身偿付的责任。

采用信用证方式结算货款，从进口人向银行申请开出信用证，一直到开证行付款后又向进口人收回垫款，其中经过多道环节，并需办理各种手续。加上信用证的种类不同，信用证条款有着不同的规定，这些环节和手续也各不相同。

三、信用证的业务流程

由于信用证种类不同，信用证条款的规定各异，其业务环节和手续也不尽相同，但从信用证方式支付的一般运作程序来看，主要经过九个环节：

(1) 进出口双方在进出口合同中规定采用信用证方式收付货款。

(2) 开证申请人向当地银行提出开证申请。按照合同的各项规定填写开证申请书，并交纳押金或提供其他担保，要求开证行向受益人开出信用证。

(3) 开证银行开立信用证。开证行根据开证申请书的内容，向受益人开出信用证，寄交给出口人所在地的通知行，由其转递或通知受益人。

(4) 审查和修改信用证。通知行核对印鉴无误后，将信用证转递或通知受益人。受益人接到信用证通知或收到信用证原件后，应立即进行审查，审查信用证应首先根据合同进行，如发现有的信用证条款不能接受，应及时要求开证人通知开证行修改。

(5) 交单议付。受益人审核信用证与合同相符后，按信用证规定装运货物。受益人发货后，备妥信用证规定的各项货运单据，开出汇票，在信用证有效期限内，送当地议付行议付。

(6) 议付行垫付货款。议付行按信用证条款审核单据无误后，按照汇票金额扣除利息或手续费，将货款垫付给受益人。

(7) 议付行寄单索偿。议付行将汇票和货运单据寄开证行(或其指定的付款行)索偿。

(8) 开证行付款。开证行(或其指定的付款行)审核单据无误后，付款给议付行。

(9) 开证人付款赎单。开证行将全部票款拨还议付银行后，应立即通知开证申请人付款赎单。开证人接到开证银行通知后，也应立即到开证银行核验单据，认为无误后将全部票款及有关费用，一并向开证银行付清并赎取单据。开证人付款赎单后，即可凭装运单据向承运机构提货。

即期跟单信用证业务程序如图 6-5 所示。

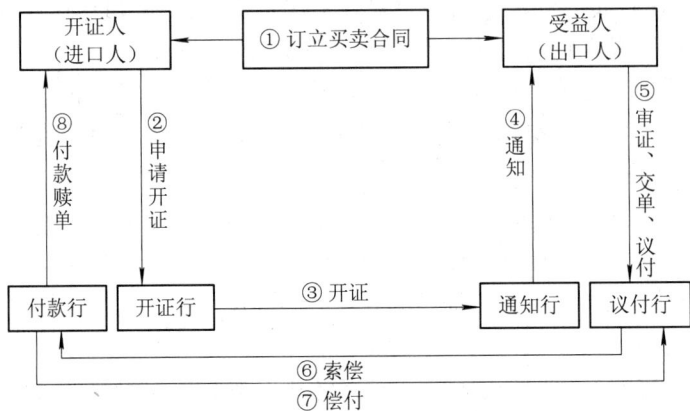

图 6-5　即期跟单信用证业务程序示意图

四、信用证的主要内容

信用证虽然没有统一的格式，但其基本项目是相同的，主要包括以下几个方面。

(1) 对信用证本身的说明，如信用证的种类、性质及其有效期和到期地点、交单期限等。

(2) 对货物的要求，包括货物的名称、品种、规格、数量、包装、金额、价格等。

(3) 对运输的要求，如装运的最后期限、起运地和目的地、运输方式、可否分批装运和转运等。

(4) 对单据的要求。单据主要可分为三类：① 货物单据(以发票为中心，包括装箱单、重量单、产地证、商检证明书等)；② 运输单据(如提单，这是代表货物所有权的凭证)；③ 保险单据(保险单)。除上述三类单据外，还有可能提出其他单证，如寄样证明、装船通知电报副本等。

(5) 特殊要求。根据进口国政治经济贸易情况的变化或每一笔具体业务的需要，可以作出不同规定，如要求通知行加保兑、限制由某银行议付。

(6) 开证行对受益人及汇票持有人保证付款的责任条款，如根据国际商会《跟单信用证统一惯例》开立的文句、开证行签字和密押等。

五、信用证的种类

信用证可根据其性质、期限、流通方式等特点，分为以下几种：

(一) 以信用证项下的汇票是否附有货运单据划分

1. 跟单信用证

跟单信用证(Documentary L/C)是开证行凭跟单汇票或仅凭单据付款的信用证。单据是指代表货物或证明货物已交运的单据而言。前者指提单，后者指铁路运单、航空运单、邮包收据等。国际贸易所使用的信用证大部分是跟单信用证。

2. 光票信用证

光票信用证(Clean L/C)是指开证行凭不附单据的汇票付款的信用证。有的信用证要求汇票附有非货运单据，如发票、垫款清单等，也属光票信用证。在采用信用证方式预付货款时，通常是用光票信用证。

(二) 以开证行所负的责任为标准划分

1. 不可撤销信用证

不可撤销信用证(Irrevocable L/C)是指信用证一经开出，在有效期内未经受益人及有关当事人的同意，开证行不得片面修改和撤销，只要受益人提交的单据符合信用证规定，开证行必须履行付款义务。这种信用证对受益人较有保障，在国际贸易中使用最为广泛。凡是不可撤销信用证，在信用证中应注明"不可撤销"(Irrevocable)字样，并载有开证行保证付款的文句。

2. 可撤销信用证

可撤销信用证(Revocable L/C)是指开证行对所开信用证不必征得受益人或有关当事人的同意有权随时撤销或修改的信用证。凡是可撤销信用证，应在信用证上注明"可撤销"(Revocable)字样，以资识别。这种信用证对出口人极为不利，因此出口人一般不接受这种信用证。需要指出的是，开证银行撤销或修改可撤销信用证的权利，并非漫无限制。(《UCP600》中不再存在可撤销信用证)。

(三) 按有没有另一银行加以保证兑付划分

1. 保兑信用证

保兑信用证(Confirmed L/C)是指开证行开出的信用证，由另一银行保证对符合信用证条款规定的单据履行付款义务。对信用证加保兑的银行，叫作保兑行(Confirming Bank)。

按《UCP600》规定，信用证一经保兑，即构成保兑行在开证行以外的一项确定承诺。

保兑行与开证行一样承担付款责任，保兑行是以独立的"本人"(Principal)身份对受益人独立负责，并对受益人负首先付款责任。保兑行付款后对受益人或其他前手无追索权。

信用证的"不可撤销"是指开证行对信用证的付款责任。"保兑"则是指开证行以外的银行对信用证的付款责任。不可撤销的保兑的信用证，则意味着该信用证不但有开证行不可撤销的付款保证，而且还有保兑行的兑付保证。两者的付款人都是负第一性的付款责任。所以，这种有双重保证的信用证对出口商最为有利。

2. 不保兑信用证

不保兑信用证(Unconfirmed L/C)是指开证银行开出的信用证没有经另一家银行保兑。当开证银行资信较好或成交金额不大时，一般都使用这种不保兑的信用证。

(四) 按付款方式的不同划分

1. 即期付款信用证

即期付款信用证(Sight Payment L/C)是指采用即期兑现方式的信用证，证中通常注明"付款兑现"(Available by Payment)字样。即期付款信用证的付款行可以是开证行，也可以是出口地的通知行或指定的第三国银行。付款行一经付款，对受益人均无追索权。以出口地银行为付款人的即期付款信用证的交单到期地点在出口地，便于受益人交单取款，可以及时取得资金。所以，这种信用证对受益人最为有利。而付款行为开证行本身或第三国银行，交单到期地点通常规定在付款行所在地，受益人要承担单据在邮寄过程中遗失或延误的风险。

2. 延期付款信用证

延期付款信用证(Deferred Payment L/C)是指开证行在信用证中规定货物装船后若干天付款，或开证行收单后若干天付款的信用证。延期付款信用证不要求出口商开立汇票，所以出口商不能利用贴现市场资金，只能自行垫款或向银行借款。

3. 承兑信用证

承兑信用证(Acceptance L/C)是指付款行在收到符合信用证规定的远期汇票和单据时，先在汇票上履行承兑手续，待汇票到期日再行付款的信用证。按《UCP600》规定，开立信用证时不应以申请人作为汇票的付款人。承兑信用证的汇票付款人可以是开证行或其他指定的银行，不论由谁承兑，开证行均负责该出口方汇票的承兑及到期付款。由于承兑信用证是以开证行或其他银行为汇票付款人，故这种信用证又称为银行承兑信用证(Banker's Acceptance L/C)。

4. 议付信用证

议付信用证(Negotiation L/C)是指开证行允许受益人向某一指定银行或任何银行交单议付的信用证。议付是指议付行对汇票和(或)单据付出对价。只审单据而不支付对价，不能构成议付。议付信用证又可分为公开议付信用证和限制议付信用证。

(1) 公开议付信用证(Open Negotiation L/C)，又称自由议付信用证(Freely Negotiation L/C)，是指开证行对愿意办理议付的任何银行作公开议付邀请和普遍付款承诺的信用证，即指任何银行均可按信用证条款自由议付的信用证。

(2) 限制议付信用证(Restricted Negotiation L/C)，是指开证银行指定某一银行或开证行本身自己进行议付的信用证。

公开议付信用证和限制议付信用证的到期地点都在议付行所在地。这种信用证经议付后，如因故不能向开证行索得票款，议付行有权对受益人行使追索权。

(五) 根据付款时间的不同划分

1. 即期信用证

即期信用证(Sight L/C)是指开证行或付款行收到符合信用证条款的跟单汇票或装运单据后，立即履行付款义务的信用证。这种信用证的特点是出口人收汇迅速、安全，有利于资金周转。

在即期信用证中，有时还加列电汇索偿条款(T/T Reimbursement Clause)。这是指开证行允许议付行用电报或电传等电信方式通知开证行或指定付款行，说明各种单据与信用证要求相符，开证行或指定付款行应立即用电汇将货款拨交议付行。因此，带有电汇索偿条款的信用证，出口方可以加快收回货款。付款后如发现单据与信用证规定不符，开证行或付款行有行使追索的权利。这是因为此项付款是在未审单的情况下进行的。

2. 远期信用证

远期信用证(Usance L/C)是指开证行或付款行收到信用证的单据时，在规定期限内履行付款义务的信用证。远期信用证主要包括承兑信用证(Acceptance L/C)和延期付款信用证(Deferred Payment L/C)。

3. 假远期信用证

假远期信用证(Usance L/C Payable at Sight)的特点是，信用证规定受益人开立远期汇票，由付款行负责贴现，并规定一切利息和费用由进口人负担。这种信用证，表面上看是远期信用证，但从上述条款规定来看，出口人却可以即期收到十足的货款，因而习惯上称之为"假远期信用证"。这种假远期信用证对出口人而言，实际上仍属即期收款，但对进口人来说，要承担承兑费和贴现费。因此人们把这种信用证又称为买方远期信用证(Buyer's Usance L/C)。

进口商开立假远期信用证可以套用付款行的资金，并可摆脱某些进口国家外汇管制法令上的限制。

假远期信用证与远期信用证的区别，主要有以下几点：

(1) 开证基础不同。假远期信用证是以即期付款的贸易合同为基础；而远期信用证是以远期付款的贸易合同为基础。

(2) 信用证的条款不同。假远期信用证中有"假远期"条款；而远期信用证中只有利息由谁负担条款。

(3) 利息的负担者不同。假远期信用证的贴现利息由进口商负担；而远期信用证的贴现利息由出口商负担。

(4) 收汇时间不同。假远期信用证的受益人能即期收汇；而远期信用证要等汇票到期才能收汇。

（六）根据受益人对信用证的权利可否转让划分

1. 可转让信用证

可转让信用证(Transferable L/C)是指信用证的受益人(第一受益人)可以要求授权转让的银行将信用证全部或部分转让给一个或数个受益人(第二受益人)使用的信用证。可转让信用证是指受益人(即第一受益人，往往是中间商)根据信用证有关条款的规定，有权要求信用证的付款、承兑或议付行，经特别授权作为转让行，将信用证金额的全部或部分转让给另一个或几个第二受益人(即真正供货人)使用。可转让信用证上必须注明"可转让"(Transferable)字样。

根据《UCP600》的规定，只有注明"可转让"(Transferable)字样，信用证方可转让。可转让信用证只能转让一次，信用证允许分批装运/支款，在总和不超过信用证金额的前提下，可分别按若干部分办理转让，即可转让给几个第二受益人。信用证只能按原证规定条款转让，但信用证金额、单价、到期日、交单日及最迟装运日期可以减少或缩短，保险加成比例可以增加，信用证申请人可以变动。信用证在转让后，第一受益人有权以自身的发票(和汇票)替换第二受益人的发票(和汇票)，其金额不得超过信用证规定的原金额。在替换发票(和汇票)时，第一受益人可在信用证项下取得自身发票和第二受益人发票之间的差额。另外，信用证的转让并不等于合同的转让，如第二受益人不能按时履行义务，第一受益人仍要对合同的履行负责。在实际业务中，要求开立可转让信用证的第一受益人，通常是中间商，为了赚取差额利润，中间商可将信用证转让给实际供货人，由供货人办理出运手续。

2. 不可转让信用证

不可转让信用证(Non-transferable L/C)是指受益人不能将信用证的权利转让给他人的信用证。凡信用证中未注明"可转让(Transferable)"者，就是不可转让信用证。

（七）循环信用证

循环信用证(Revolving L/C)是指信用证金额被全部或部分使用后，仍恢复到原金额，可多次使用，直至信用证规定的次数或总金额用完为止。循环信用证上必须注明"循环"(Revolving)字样，该信用证特别适用于在相当长的时间内分批交货的大宗交易。

循环信用证可以分为按时间循环与按金额循环两种。前者指受益人可以在若干个连续的规定时间段内连续议付信用证金额，直到议付次数达到信用证规定的次数；后者指受益人可以按信用证金额连续使用信用证，直至该证规定的总金额用完为止。另外，若信用证允许将前次未议付完的信用证余额移到下一次一并使用，则该证属于积累循环信用证，否则便属于非积累循环信用证。

如果循环信用证在出口商议付后自动恢复到原金额，则它属于自动循环；若信用证在出口商议付后，要有开证行的通知才能恢复原金额，则它属于非自动循环；而半自动循环是指受益人交单议付后，如果在若干天内未收到开证行停止循环的通知，信用证就可以恢复到原金额继续使用。

循环信用证与一般信用证的不同之处就在于：一般信用证使用后即告失效；而循环信用证则可多次循环使用。

循环信用证的优点在于：进口方可以不必多次开证从而减少开证费用，同时也可简化出口方的审证、改证等手续，有利于合同的履行。所以，循环信用证一般在分批均匀交货的情况下采用。

(八) 对开信用证

对开信用证(Reciprocal L/C)是指两张信用证的开证申请人互以对方为受益人而开立的信用证。对开信用证的特点是第一张信用证的受益人(出口人)和开证申请人(进口人)就是第二张信用证的开证申请人和受益人，第一张信用证的通知行通常就是第二张信用证的开证行。两张信用证的金额相等或大体相等，两证可同时互开，也可先后开立。对开信用证多用于对销贸易或加工贸易。

(九) 对背信用证

对背信用证(Back to Back L/C)，又称从属信用证或转开信用证，是中间商在收到以其为受益人的信用证后，以该证为担保，请求通知行或其他银行开出的、以信用证项下货物的真正供货人为受益人的新的信用证。开出对背信用证的银行也被称为第二开证行。

对背信用证的开出及使用与可转让信用证的转让使用很相似，它们的区别在于：对背信用证毕竟是独立于原证的新的信用证，第二开证行对供货人要承担第一性的付款责任，信用证的表面也不注明"对背信用证"字样。实际上，这笔交易中的供货人、进口商及原证的开证行很可能都不知道中间商会对背开出信用证。因为，中间商为了保住商业秘密，不愿将货源或商业渠道予以公开，以赚取其中间的利润。

总之，信用证的种类繁多，交易双方应根据交易具体情况合理选择，并在合同中做出明确的规定。

六、信用证方式的利弊分析

信用证是国际结算的重要组成部分，信用证业务集结算和融资为一体，为国际贸易提供综合服务，对进出口商及银行有着积极作用。对出口商的有利方面主要表现在：

(1) 凭单取款。只要出口商提供的单据符合"单、证相符"和"单、单相符"，即能取得货款，有较为安全的保障。

(2) 外汇保证。在外汇管制严格的国家，出口商如能按时收到信用证，可以保证出口商履约交货后，按时收取外汇。

(3) 资金融通。出口商在交货前，可凭进口商开来的信用证作抵押，向出口地银行借取打包贷款，用以收购、加工、生产出口货物和打包装船；或出口商在收到信用证后，按规定办理货物出运，并提交汇票和信用证规定的各种单据，作押汇取得货款。这是出口地银行对出口商提供的资金融通，从而有利于资金周转，扩大出口。

信用证对进口商的有利方面主要有：

(1) 保证取得代表货物的单据。

(2) 保证按时、按质、按量收到货物。

(3) 提供资金融通。进口商在申请开证时，通常要交纳一定的抵押保证金，如开证行认为进口商资信较好，给予一定的信用额度，进口商就有可能在少交或免交抵押保证金的情况下履行开证义务。

信用证对银行的作用：开证行只承担保证付款责任，它贷出的只是信用而非资金，加上进口商在申请开证时要向银行交付一定的押金或担保品，银行并无多大风险，即使商品不足，仍可向进口商追偿。此外，在信用证业务中，银行每做一项服务均可取得各种收益，如开证费、通知费、议付费、保兑费、修改费等各种费用。

总之，信用证方式在国际贸易结算中的有利作用主要表现在以下两个方面：

一是安全保证。通过信用证方式可以缓解买卖双方互不信任的矛盾，而且可以使本来彼此不熟悉或并不了解的买卖双方，以及资历和声誉一般的中小企业，只要采用信用证方式结算货款，也能顺利地进行交易。

二是资金融通作用。在信用证业务中，银行不仅可以提供信用和服务，而且可以通过打包贷款、出口押汇向出口商融通资金，还可以通过信托收据借款、进口押汇向进口商进行融资。

但是，信用证方式在国际贸易结算中并不是完美无缺的，存在着各种风险。例如，出口商面临的风险：买方不按时开证、不按照合同规定条件开证或估计设下陷阱使卖方无法履行合同，或履行交货、交单后因不符信用证规定被拒付等。再如，进口商可能面临的风险：受益人变造单据使之与信用证条款相符，甚至制作假单据，也可从银行取得款项，从而使进口商受害。此外，使用信用证方式在具体业务上较之汇付和托收，一般手续繁琐，费用较多，业务成本较高。而且无论是申请开证，还是审证、审单，技术都要求较高，稍有不慎，容易产生疏漏、差错，以致造成损失。

第四节　银行保证书和备用信用证

入门案例

某年，福建某轻工业品进出口公司(下称轻工)与香港安保有限公司(下称安保)签订了10万双运动鞋、金额为105万美元的来料加工合同。合同规定：轻工必须向当地银行申请出具不可撤销的银行保证书，金额为12万美元，用于保证第一批1万双运动鞋按时、按质、按量装船交货，另9万双不再出具银行保函。鉴于此，轻工于同年9月份向福建某中行申请开立有关保函，该中行在办理保函业务时，发现合同中检验条款订立不合理：以外方确认的鞋样作为验货标准，未阐明发生争议时，由谁复检。于是，提请轻工修改，但轻工称时间太紧，无法洽谈修改，并表示愿意承担由此引起的一切后果。在此情况下，该中行对外方提供的保函格式作了技术性修改，将"如果中方未能按时装船交货，在任何情况下，我行保证赔款"条款改为"由于中方主观原因造成未能按时转船交货，我行保证赔款"。同时，还对交货期、保函生效期等进行了修改。轻工在收到安保材料的第三天即寄出第一次鞋样，而安保却拖延多日才回复说样品不合格。其后，轻工又先后四次寄出鞋样，但安保仍以各种理由拒绝确认(报我方商检局证实，这些复制鞋样完全符合对方鞋样)，致使中方无法安排生产交货，以此达到向担保行索赔的目的。后担保行在各方积极配合下，充分运用保函中的自我保护条款、外方理亏之处和法律手段，挫败了诈骗分子的阴谋，保障了轻工的权益，也维护了自身的信誉。

在进出口业务中，除了汇付、托收与信用证外，银行保函也是较常见的一种支付方式。

一、银行保函的概念及当事人

(一) 银行保函的概念

银行保函(Letter of Guarantee，L/G)又称银行保证书，是银行应申请人的要求向受益人开立的，担保申请人一定履行某种义务，并在申请人未能按规定履行其责任或义务时，由担保行代其支付一定金额，或做出一定经济赔偿的书面文件。它属于银行信用。

在实际业务中，保函既可以由银行开出，也可以由保险公司、担保公司、其他机构或个人开出，在本节中我们涉及的仅仅是银行开立的保函。

在银行保函业务中，根据保函中对责任条款的不同规定方法，银行既可能承担第二性的付款责任，也可能承担第一性的付款责任。若银行只在符合保函规定的条件下才向受益人付款，该银行承担的就是第二性的付款责任。如果银行在受益人向其提交保函规定的书面文件时就对其付款，而不管申请人是否真的未履行合同项下的义务，则银行承担的就是第一性的付款责任，这种保函被称为"见索即付保函"(Demand Guarantee)或"无条件保函"(Unconditional L/G)，这种保函在保函业务中比较多见。

(二) 银行保函的当事人

银行保函的当事人主要有以下 4 个：

(1) 申请人(Applicant)。申请人也称委托人，是向银行申请开立保函的人。它负担保函项下的一切费用及利息，并按银行要求预支部分或全部押金。在银行根据保函对受益人付款后，它要立即偿还银行的垫款。

(2) 受益人(Beneficiary)。受益人是收到保函并有权凭保函及符合保函规定的各种文件向银行索偿的人。

(3) 担保行(Guarantor Bank)。担保行是按申请人的申请书为其开出保函的银行。它有义务按保函规定的条件对受益人付款，在申请人不能偿还垫款时有权处置申请人的押金或抵押品，并向其追索不足部分。

(4) 通知行(Advising Bank)。通知行是受担保行的委托，向受益人通知保函的银行。

除此之外，保函业务中有时还会遇到转开行、保兑行、偿付行等当事人。

二、银行保函的主要内容

银行保函并没有统一格式，在内容上应力争做到清晰、准确、简洁。保函中最重要的是责任条款(即承诺条款)，说明担保行在何种条件下、凭何种单据或文件对受益人予以偿付。除此之外，保函中还应规定受益人向担保行要求偿付的方式及路线、保函的金额与所用货币、保函的有效期、各当事人的名称与地址、与保函有关的文件以及货物或工程项目的情况以及各种特殊条款。

三、银行保函的种类

银行保函的使用范围大大超出了一般货物买卖的范畴，其种类也多种多样。

(一) 出口保函

出口保函是银行应货物与劳务出口方的申请向进口方开出的，广泛应用于招标与投标、国际工程承包等业务中。常见的出口保函有以下几种：

(1) 投标保函。投标保函(Tender Guarantee)是担保行应投标人的申请向招标人开立的，保证投标人在开标前不中途撤标或单方面修改原报价，中标后一定与招标人签约并在规定期限内提交履约保函，否则担保行将按保函金额对招标人予以赔偿。投标保函金额一般为投标金额的 1%～5%。有效期至开标日。若投标人中标，有效期便自动延长到投标人与招标人签约并提交履约保函时为止。

(2) 履约保函。履约保函(Performance Guarantee)是担保行应经济合同的中标人的申请向招标人开立的，保证中标人在签约后一定履行合同规定的义务，否则担保行将按保函金额对招标人予以赔偿。履约保函金额通常为合同金额的 5%～20%，有效期至合同执行完毕之日止，但有时也可以延长至货物质量保证期或工程维修期满止。

(3) 还款保函。还款保函(Repayment Guarantee / Refund Guarantee)也叫预付金保函，是担保行应货物或劳务卖方申请向买方开立的，保证卖方在收到预付金后一定履约，否则担保行负责将预付金退还。还款保函有效期一般至合同执行完毕之日止，但也可以规定该保函在预付金扣减完毕时失效。

以上只是最常见的三种出口保函，除此之外，出口保函中还包括保留金保函或留置金保函、质量保函或维修保函等。

(二) 进口保函

进口保函是银行应进口方的申请，向出口方开立的保函，一般有以下几种：

(1) 付款保函。付款保函(Payment Guarantee)是担保行根据进口方的申请向出口方开立的，保证进口方在出口方按合同规定交货后一定支付货款或保证在进口方不付款时由担保行按合同金额付款。付款保函通常出现在凭货物付款的交易中，其有效期就是合同规定的进口方付清价款的日期。

(2) 延期付款保函。延期付款保函(Deferred Payment Guarantee)常用于大型机械、成套设备的进口。在这种交易中，进口方一般要按合同规定对出口方支付一定比例的定金，同时提交延期付款保函，由担保行保证出口方在交单时可收取部分货款，而绝大部分货款及利息则被分为若干等份，在交货之后的若干年内分若干次连续收取。如果进口方不能按规定付款，由担保行代付。延期付款保函的金额为定金外的全部货款，有效期直至应付清最后一笔货款及利息的日期。

(3) 分期付款保函。分期付款保函(Progressive Payment Guarantee)与延期付款保函在性质与用途上很相似。它是进口方在合同签订后支付定金时向出口方提交的，由担保行保证进口方在出口方交单时支付大部分货款，余款的一部分在设备投产、进口方验收后支付，另一部分在设备质量保证期满后支付。若进口方不能按时逐笔付清定金外的全部货款，则由担保行代付。

(三) 对销贸易保函

对销贸易是将进口与出口联系在一起的交易，在具体实践中经常涉及银行保函。目前较为常见的对销贸易保函主要有以下几种：

(1) 补偿贸易保函。补偿贸易保函(Compensation Guarantee)是担保行应机器设备进口方的申请向出口方开出的保函，保证进口方在收到符合合同规定的设备后，一定以该设备生产出的产品，或双方约定的其他产品，或现汇向出口方或其指定的第三方偿付设备价款及利息，否则将由担保行代为支付。

(2) 来料加工保函与来件装配保函。来料加工保函(Processing Guarantee)与来件装配保函(Assembly Guarantee)分别为来料加工与来件装配业务服务，但它们在性质、做法上非常相似。在保函中，担保行向供料或供件方保证，进料或进件方在收到合乎合同规定的原料或元件后，一定加工成符合合同规定的成品并交付给供料或供件方，或以现汇偿付原料、元件的价款及利息，否则须由担保行代付。

除以上介绍的几种保函外，保函还有赔偿保函、租赁保函、账户透支保函、借款保函等许多种。作为银行信用凭证，保函因其适用范围广、有效期长等特点而受到普遍欢迎。但由于担保行在保函业务中所承担的风险较大，所以银行在办理保函业务时的收费也较高。

四、备用信用证

备用信用证又被称为商业票据信用证、担保(或保证)信用证、履约信用证，是开证行根据开证申请人的申请对受益人开立的、承诺在开证人未能履约时，凭受益人提交的符合该备用信用证规定的汇票及其他文件对受益人付款的书面凭据。

备用信用证是一种特殊的光票信用证，也属于银行信用，但只在必要时才起作用。如果开证人已还款或已履约，则该信用证就不发生作用，也就因此被称为"备用"信用证。

备用信用证是法律禁止办理保函业务的国家与地区的商业银行开立的，用来替代银行保函，因此它的许多性质、特点都与保函相似而不同于一般的跟单信用证。它与一般跟单信用证的区别主要表现在以下几方面：

(1) 备用信用证往往备而不用，只在开证人不履行信用证所述业务时才发生作用。而一般的跟单信用证项下，只要受益人提交的单据符合信用证的规定，开证行就必须付款。

(2) 备用信用证多用于货物买卖以外的多种交易，其使用范围比一般的跟单信用证更广。

(3) 备用信用证不要求受益人提供货运单据，受益人通常只需要一张索款通知，开证行见索即付。一般的跟单信用证下，受益人必须按信用证中的规定提供全套货运单据，然后才能从银行得到票款。尽管备用信用证与一般的跟单信用证有很大差异，但它毕竟是信用证的一种，也适用国际商会的《跟单信用证统一惯例》。

第五节　国际保理

　　某电子企业，出口欧美，虽然贸易双方约定用 90 天远期信用证方式结算，但该公司对收款的安全性还是心存疑虑，尤其是在人民币对美元汇率节节走高的形势下，担心货款在 90 天收回时结汇后收益降低，吞噬了本来就很微薄的利润。

　　中国民生银行介入后，买断了其应收账款涉及的国家风险、地区风险和开证行的信用风险，并提前给该公司出具出口收汇核销专用联，帮助其办理核销退税手续，而且不需占其在银行的授信额度，及时排解了企业困难。

　　随着经济全球化时代的发展，市场主动权逐步由卖方转向了买方，导致世界贸易市场的竞争日趋激烈。随着买方市场的形成和不可逆转，出口商为扩大出口，并力求使自己的商品占领国际市场，除了以高质量、低价格作为竞争手段外，尤其重视在结算方式上向买方提供更有竞争力的贸易条件。传统的结算工具——信用证，对出口商有利而对进口商收取货物风险较大，所以近年来，信用证结算的比例逐年下降，而受进口商欢迎的赊销方式逐渐盛行。国际保理，由于能很好地解决赊销中出口商面临的资金占压和进口商信用风险问题，近年来在国际上得到了迅猛发展，成为各国出口商加强国际市场竞争能力，推动出口贸易发展的新动力。在西欧和北美，国际保理业务的发展尤为迅猛，国际保理业务已占其对外贸易量的 60%，基本上取代了信用证，可见国际保理在国际贸易中的作用越来越重要。

一、国际保理的定义

　　要了解国际保理(International Factoring)，必须先了解保理。保理，又称保付代理。英国保理理论权威弗瑞迪·萨林格(Mr. Freddy Salinger)在《保理法律与实务》(*Factoring Law and Practice*)中将保理界定为"以提供融资便利，或使卖方免去管理上的麻烦，或使卖方免除坏账风险，或以上任何两种或全部为目的而承购应收账款的行为(债务人因私人或家庭成员消费所产生的及长期付款或分期付款的应收账款除外)"，这个定义在英国被广泛采用。

　　而在美国，较为流行的定义是《商业律师》一书中提到的："保理业务是指承做保理的一方同以赊销方式出售商品或提供服务的一方达成一个带有连续性的协议，由承做保理方针对由出售的商品和提供服务而产生的应收账款提供以下服务：① 以即付方式买下所有应收账款；② 负责有关应收账款的会计分录及其他记账工作；③ 到期收回债款；④ 承担债务人资不抵债的风险(即信用风险)。"

　　根据《国际保理公约》的定义，保理是指卖方、供应商或出口商与保理商间存在一种契约关系。根据该契约，卖方、供应商或出口商将其现在或将来的基于其与买方(债务人)订立的货物销售或服务合同所产生的应收账款转让给保理商，由保理商为其提供下列服务中的至少两项：贸易融资、销售分户账管理、应收账款的催收、信用风险控制与坏账担保。

根据以上对保理支付的定义，我们可将其归纳如下：保付代理(Factoring)又称承购应收账款，是保付代理商(或保理商，Factor)与出售货物的供应商(Supplier)之间的一项综合金融安排。从地理角度划分，保理业务分为国内保理与国际保理，在国际结算中使用的是国际保理。

国际保理(International Factoring)是指出口商以挂账、承兑交单等方式销售货物时，保理商买进出口商的应收账款，并向其提供资金融通、进口商资信评估、销售账户管理、信用风险担保、账款催收等一系列服务的综合金融服务方式。根据这一安排，供应商售出货物后，将以发票形式表示的应收账款的债权以无追索权方式断售给保理商，即可获得保理商提供的货款催收、贸易融资、坏账担保、账务管理等多项服务。

二、国际保理的特点

与其他付款方式及信用保险方式相比，国际保理有着独有的特点，下面我们以出口保理为例，对此进行一个简单的对比：

(一) 出口保理与出口信用保险的比较

出口保理与出口信用保险的比较如表 6-3 所示。与国际保理"保付代理"的内涵相比较，出口信用保险是各国政府为支持本国产品出口，保障企业收汇权益、由国家提供基金并通过其认可的保险机构向出口商提供的一种政策性保险业务，它承保了出口企业在经营出口业务中的一般商业保险公司不愿或不能承保的境外商业信用风险和政治风险。所以，国际保理业务和出口信用保险都能在商业信用方式下为出口商提供风险保障，两者是替代产品。

表 6-3　出口保理与出口信用保险的比较

项　目	出　口　保　理	出　口　信　用　保　险
费用	1%～1.5%(发票金额)	4%(出口金额)
最高保障(核准额度内)	100%	70%～90%
赔偿期限(货款到期日起)	90 天	120～150 天
进口商资信调查评估	详细	一般
财务信用风险保障	全部	部分
应收账款追收及管理	有	无
财务会计记录及管理	有	无
贸易融资的提供	有	无

国际保理业务的优势表现在以下几方面：

1. 较好地满足出口商融资需求

国际保理的核心内容就是通过收购债权的方式提供融资。出口信用保险本身不带有融资性质，只是在进口商采用汇票结算时可以向银行进行票据贴现。

2. 给予出口商较充分的收款保障

典型的国际保理业务所采用的法律依据是无追索权的债权转让，出口商在批准的信用额度内可以获得 100%的收汇保障，同时将大部分出口相关的信用、货币、利率、转付等风险都转移给保理商。另外，在保理业务下应收账款的付款期限可以得到保证。而出口商投保出口信用保险通常只能获得 70%～90%的风险保障，因为出口信用保险机构一般要求出口商自己也承担一定比例的损失，且在我国出口信用保险的现状中经营管理体制不顺，保险公司作为一家商业性机构，势必从商业角度出发考虑问题，在风险控制方面势必受到制约，可能引起拖延、拒绝赔付等纠纷。

3. 对出口商及出口商品的限制较少

国际保理业务早先主要用于服装和纺织品行业金额小、批量多的贸易，现代保理业务则发展到更多的行业，如运输、通信、电子、娱乐、制造、印刷、出版及服务业，对普通标准商品基本适用。同时其突出的优点是对难以从银行获得信用额度和贷款的中小企业没有特殊限制。而出口信用保险的服务对象过窄，一般只对大中型企业提供服务。在我国，出口信用保险对投保产品的国产化率也有具体的规定。例如，我国对于中长期出口信用保险的出口产品规定：出口商品属于机电、成套设施等资本性货物或高新技术产品；中国产品或服务在合同金额中不少于 70%(船舶不少于 50%)。

4. 综合服务水平较为完善

国际保理制度是完全建立在商业化运作基础上的模式，能为出口商提供高水平的综合服务。典型的是能提供财务管理与追收及账目记录管理。企业将这些复杂的职能外包给保理商，可以大大减少工作量，将精力更加集中于其核心业务。保理制度还能提供多种货币的分类服务，可以满足交易双方在结算方面对不同货币的要求。而出口信用保险受政策性限制，对服务功能的重视和开发远不及保理。

5. 合理的成本

从会计成本看，国际保理的成本可能比出口信用保险中 0.7%～1.0%的保费要高，但保理服务的精髓在于经济成本上的绝对优势。它可以在一年以上的合同期内连续不断地收购应收账，并且没有信用额度限制，使出口商可以始终保持充裕的流动资本以供不断订货，完成订单，扩大出口销售。由此产生的收入往往可以弥补甚至超过保理服务开支。

6. 信息服务优势

国际保理业务的信息服务系统是建立在先进的计算机网络通信技术之上的，能使其成员在几分钟内完成对某一买家的资信调查和授信。因此，保理信息服务系统具有速度快的优点。而出口信用保险机构要全面评估商业信用风险和国际风险，所需收集的信息量非常大，涉及国家政治、经济、法律、人文环境等诸多因素。所以，出口信用保险的信息服务系统的缺点表现为评估周期长、成本高。从动态方面看，国际保理是比出口保险更综合、更全面，也更有优势的应收账服务。

(二) 出口保理与其他付款方式的比较

出口保理与其他付款方式的比较如表 6-4 所示。

表 6-4　国际保理与信用证、付款交单以及承兑交单付款方式的比较

项　　目	出 口 保 理	信 用 证	付 款 交 单	承 兑 交 单
信用种类	银行	银行	商业	商业
出口商费用	有	有	有	有
进口商费用	无	有	有	有
进口商财务灵活性	极高	极低	一般	极高
收汇风险	几乎无	极低	较高	极高
出口商竞争力	极高	极低	较高	极高

　　出口保理与信用证两种付款方式由于加入了银行信用，使得货款的支付与收取得到了更大的保障。从目前国际上采用的支付方式来看，出口保理与信用证所占的比例也明显高于付款交单与承兑交单，从出口保理与信用证两者的对比来看，虽然信用证支付方式目前仍然是主流，但是近些年来，国际保理业务量不断上升，所占比例也不断扩大，因此我们有必要对出口保理的内容和性质做进一步的熟悉和了解。从以上的对比可以看出，出口保理在进口商财务灵活性、收汇风险以及出口商竞争力等方面比信用证支付方式有比较优势。同时，出口保理也克服了信用证支付方式在以下几个方面的不足：

　　(1) 信用证弱化了合同的约束作用。合同是买卖双方的意愿达成一致的表现，合同的形成意味着买卖双方必须按照合同约定履行各自的权利和义务。然而信用证的引入却弱化了合同的约束作用。由于信用证与其可能作为其依据的合同是相互独立的交易，即使信用证中提及该合同，银行也与该合同无关，并且不受该合同的约束。而交易双方则必须依照合同条款与信用证条款双重规则办事。虽然理论上说信用证条款与合同条款应该完全一致，但实际操作中并非完全如此。买方经常利用合同在先、信用证在后的便利，在申请开立信用证时，更改合同中某些非本质的条款，或者不经卖方同意添加一些合同中没有涉及的内容；卖方也同样利用信用证的条款来逃避合同义务。比如，要求买方在信用证的条款中修改或添加一些内容，如果买方不能按照要求做到，则拒绝履约。信用证在保证货物和货款安全方面的作用使得人们对信用证条款的重视远远超过了对合同条款的重视。有时，出口卖方为了争取客户，简便交易手续，更有不经签约直接按照信用证的条款行事的。在这种情况下，一旦发生贸易纠纷，买卖双方的利益都得不到很好的保障。而出口保理则在一定程度上使得交易双方把精力都集中在合同上，不用花费精力去研究信用证的相关条款。《国际保理通则》中的相关规定也在保障买卖双方利益的同时，要求双方遵守商业道德，按照合同约定履约，否则，违约的一方将不能从保理商那里得到其商业利益的保障。"重合同、守信用"是对交易双方的唯一约束。同时，如果交易进程中发现原合同的纰漏，双方可经过协商对合同进行必要的补充或修改，而不必经过第三方的同意。由此可见，国际保理中单一的以合同条款为规则的交易和方便的对合同的补充、修改能够充分体现交易双方的意愿，简化程序，节省交易时间，这些都是采用信用证支付方式所不能比拟的。

　　(2) 信用欺诈。《UCP600》规定在信用证业务中，有关各方当事人处理的是单据，而不是单据中所涉及的货物、服务或其他行为。银行开立信用证实际上是进行单据的买卖，

这就给利用信用证进行欺诈提供了条件。不法商人作为买方，可以利用在信用证中设立软条款赋予开证申请人或开证行单方面的主动权，从而使信用证随时因开证申请人或开证行的单方面行为而解除，以此来达到骗取货物的目的；同时，卖方则可以通过伪造、篡改单据等行为达到单据之间的"单单统一"，信用证与单据的"单证统一"，从银行骗取货款。由于信用证的使用，国际货物的买卖实际上由一种交易变成了两种交易——"货物交易"和"单据交易"。而由于单据在信用证交易中具有的重要性，"单据交易"又凌驾于"货物交易"之上。从某种程度上说，"单据交易"怂恿了欺诈的发生。相反，由于国际保理方式对于合同交易与本身的重视，在很大程度上避免了上述"单据交易"带来的不利影响。同时，由于国际保理的货款支付采取的是先交货后付款的方式，进口买方的利益同时得到了保障，这在很大程度上也能避免欺诈的发生。

三、国际保理的功能

国际保理具有资信调查与银行信用的双重功能。首先，保理公司一般都是国际上知名的商业银行或银行的附属机构，保理业务的操作受国际保理商联合会(FCI)《国际保理通则》的规范。在商品与合同相符的条件下保理商将承担付款责任。这对出口商来说就有了支付保障，如果国外进口商到期无法支付货款，责任就由保理商承担。其次，由于保理商向出口商提供的是进口商的信用风险担保，为了使得自身风险最小化，其势必要利用自身在金融行业的优势，事先对进口商进行资信评估，了解其资信状况、清偿能力和财务状况，确保出口商的出口有所依据，进口商的进口有偿付能力。银行信用的介入，使得出口商一方面无须花费过多精力对进口商的资信状况进行调查，同时又获得了银行的支付保障。

(一) 国际保理业务带来的益处

保理业务的功能特点有别于传统的结算方式。在国际结算领域中，保理业务尤其适用于非信用证项下的进出口贸易结算，与托收、汇款等非信用证结算方式相比，保付代理可为进、出口商提供更为周到、便利及可靠的服务。国际保理业务能为出口商和进口商带来增加营业额、风险保障、节约成本、简化手续、扩大利润等益处，具体如表 6-5 所示。

表 6-5　国际保理对出口商与进口商的益处

益　　处	对　出　口　商	对　进　口　商
增加营业额	对于新的或现有的客户提供更有竞争力的 O/A、D/A 付款条件，以拓展海外市场，增加营业额	利用 O/A、D/A 优惠付款条件，以有限的资本，购进更多货物，加快资金流动，扩大营业额
风险保障	进口商的信用风险转由保理商承担，出口商可以得到 100% 的收汇保障	因公司的信誉和良好的财务表现而获得进口商的信贷，无须抵押
节约成本	资信调查、账务管理和账款追收都由保理商负责，减轻业务负担，节约管理成本	省却了开立信用证和处理繁杂文件的费用

续表

益　　处	对 出 口 商	对 进 口 商
简化手续	免除了一般信用证交易的繁琐手续	在批准信用额度后，购买手续简化，进货快捷
扩大利润	由于出口额扩大、降低了管理成本、排除了信用风险和坏账损失，利润随之增加	由于加快了资金和货物的流动，生意更发达，从而增加了利润
账款催收追缴	有	无
以预支方式提供融资	有	无

(二) 国际保理业务中的风险及其防范

国际保理在促进国际贸易发展、给交易各方带来利益的同时，也不可避免地产生了一些潜在的风险因素。为了更好地利用保理这一支付方式，就有必要对各种风险因素进行分析，在实际操作过程中将国际保理业务的风险降到最低，实现利益的最大化与多赢局面。

国际保理业务主要涉及出口商、进口商和保理商三方当事人，因为进口商完全是凭着自身的信用声誉来获得保理商对其债务的担保，所以风险主要由保理商和出口商来承担。

1. 保理商面临的风险及其防范

保理商买断出口商应收账款，便成为货款债权人，同时也承担了原先由出口商承担的应收账款不能收回的风险。如果保理商从融资时对进口商的审查缺乏客观性和全面性，高估了进口商的资信程度，对进口商履约情况做出错误判断；或者进口商提供了虚假的财务信息，伪造反映其还款能力的真实数据；或者保理商的事中监督不够得力，进口商的资信水平原来不错，但在履约过程中，由于进口的商品不适销对路、进口国的政治经济状况发生突然变化等客观原因使得资信水平下降，无法继续履约等，上述种种因素都可能导致保理商遭受巨额损失且难以得到补偿。同样的情况会出现在出口商一方。在保理商为出口商提供了融资服务的情况下，出现了货物质量与合同不符，进口商拒付货款的问题，保理商同样可能会因为出口商破产而导致融资款的无法追偿。

一般来说，保理商可以从以下几个方面来实现对风险的控制：

1) 做好对进出口商的资信调查

据世界贸易组织的有关资料显示，世界上有 70%左右的公司都存在着或多或少的财务问题，因此在国际保理业务的整个过程中，保理商要全方位、深层次、多渠道地对进出口商的综合经济情况和综合商业形象进行调查。其内容包括进出口商的工商注册情况、财务状况、公司结构、管理人员情况、历史重大交易额、法庭诉讼记录以及专业信用评估机构对该公司的信用等级评估等。在对进出口商进行资信评价时，要注意把静态分析和动态分析结合，不仅要对其过去的资信状况作全面的了解和分析，也要根据其生产经营发展的变化趋势，对其未来的资信做出预测；不仅要对新发展的客户进行调查，对那些有过保理业务合作的进出口商也必须坚持信用调查。通过资信调查，保理商可以掌握进出口商的公司资料，从而可以确定与之交易的方式，达到减小交易风险的目的。

2) 选择合适的保理类型

对于不同的保理类型，保理商面临的风险是有所区别的，因此保理商要根据对进出口商的了解程度、资信评价结果以及客观经济形势等多方面因素选择恰当的保理方式。从国际保理业务操作实践看，双保理商保理模式的应用明显多于单保理模式。在国际双保理中，出口保理商将该出口债权转让给进口保理商，进口保理商在其核准的信用销售额度内无追索权地接受该债权转让，并负责对进口商催收货款、承担进口商到期不付款的风险。在这种安排下，出口保理商可以依赖进口保理商对债务人核准的信用额度来弥补业务风险，从而达到了转移、分散风险的目的。同时，保理商在不敢保证进口商的资信水平时，可优先采用有追索权的保理方式。这样不管买方因何种原因不能支付，保理商对卖方都有追索权。可见，在有追索权的保理业务方式下，保理商的风险大大降低。

3) 注重保理协议条款

国际保理通过保理协议来表现其法律关系的实质——债权的转移。保理协议明确了保理商与出口商之间的权利义务关系，同时间接影响着销售合同，关系到保理商能否取得无瑕疵的应收账款所有权。

保理协议通常以如下几类条款来保障应收账款的安全性：

(1) 出口商担保条款。保理商应要求向出口商保证，所有应收账款在让给保理商时是有效的，债务额同发票额一致，进口商将接受货物和发票，对此不存在任何争议、扣减、抗辩、抵消；出口商对此应收账款具有绝对权利，不存在任何第三者担保权益及阻碍；未经保理商同意，出口商不得变更销售合同的任何条款；出口商必须披露其所知晓的有关债权的全部事实；销售合同中的支付条件、折扣幅度、法律适用和法院选择等条款，须符合保理合同的有关规定。

(2) 通知条款。多数国家的民法规定，通知债务人是债权让与生效的要件之一。在国际保理实践中，让与通知具有重要意义。它可以防止进口商向出口商支付，同时具有划分进口商的抗辩对象的效力。对进口商的让与通知关系到保理商能否及时有效地获得支付，所以在保理协议中通常都会对通知的方式做出详细的规定，如规定在发票上注明"该债权已经让与给保理商，进口商应直接向保理商支付"的字样。

(3) 附属权利转让条款。债权让与的法律性质决定了在债权让与给受让人后，与债权有关的附属权利也随其转移。因此，在保理协议中通常也都规定，一些附属权利随着保理商对债权的购买自动转移给保理商。这些权利主要有从属于应收账款所有权的起诉权、对货物的留置权等救济权利、汇付背书代理权、能够证明受让债权的文件的所有权以及其他从属权利。保留对最后一项资料的权利，是为了避免出口商破产时，其财产管理人不提供给保理商能够证明其购买出口商应收账款的证据。

(4) 追索条款和保障追索条款。出口商在保理协议中做出上述保证，并不意味着违反保证的情形不会发生。一旦关于已保理的应收账款发生争议，保理协议中必须规定就这些债款保理商对出口商享有追索权。但是，追索可能因出口商丧失清偿能力而落空。为此，保理合同中还应规定，出口商就其所享有的债权的保障，保理商有权向出口商行使抵消，有权合并出口商名下的其他账户。

2. 出口商面临的风险及其防范

在国际保理业务中，出口商则主要承担货物的质量风险。保理业务不同于信用证以单证相符为付款依据，而是在商品和合同相符的前提下保理商才承担付款责任。如果由于货物品质、数量、交货期等方面的纠纷而导致进口商不付款，保理商不承担付款的风险，故出口商应严格遵守合同。另外，进口商可能会联合保理商对出口商进行欺诈。尽管保理商对其授信额度要负 100%的责任，但一旦进口商和保理商勾结，特别是出口商对刚接触的客户了解甚少时，如果保理商夸大进口商的信用度，又在没有融资的条件下，出口商容易造成财货两空的局面。

对出口商而言，保障货物质量不发生争议的措施就是降低风险的措施。除了要选择信誉良好的进口商和保理商之外，出口商还要做到以下两点：

1) 仔细研究合同质量条款，防止欺诈

由于在保理业务中进出口双方对产品存在争议时，保理商概不承担付款责任。因此，出口商要特别注意销售合同中和质量有关的条款，确保和买方在产品质量问题上不出现争议。

(1) 品质条款。出口商对品质条款的规定一定要给予足够的重视，因为其内容一旦出现疏漏，挑剔的进口方就很有可能指控出口商违约。但是，由于合同中商品品质表示方法的局限性，国际贸易实务中卖方交付的货物很难做到和合同中规定的货物质量绝对一致。因此，出口商在订立品质条款时应注意以下问题：对那些很难做到与合同规定的品质完全相符的产品，在合同中应规定商品品质的公差和机动幅度，以避免交货品质与合同稍有出入而造成违约的风险；对条款内容的规定，语言应明确、具体、严密、准确，一般不要用"大约""左右""公平合理"等模糊字眼，以避免不应有的纠纷；为避免所交货物与样品不完全一致而产生的违约，出口商可要求在合同中加列"交货品质与样品大致相符"等字句；在不是凭样品买卖的交易中，买卖方在提交样品时，应注明"参考样品"或"仅供参考"，以免发生误会；在以说明表示商品品质时，合同中应注明规格、等级、标准颁布、制定的年代、版本等，明确规定说明书的法律效力，图案说明应与商品内容、品质完全一致。

(2) 检验条款。按照合同检验条款得出的结果，是确定卖方所交货物的品质等是否符合合同的依据，同时是买方对货物品质、包装等提出异议、拒收货物、提出索赔的依据。同一种商品，检验时间、检验地点、检验机构、检验标准及检验方法的不同都可能对检验结果产生比较大的影响，因此在买卖合同中应明确规定商品检验的时间与地点，以何种检验机构签发的何种检验证书为准，采用的检验标准和具体的检验方法。出口商对于进口商在签订合同后，要求改用出口商不熟悉的检验机构或检验标准应特别注意防范，以保证不被不法进口商诈骗。

2) 严格遵守、履行合同，按合同办事

保理合同和销售合同主体不同、标的各异，是两个独立的合同，但出口商是保理合同的一方当事人，同时也是销售合同的一方当事人，这样两个原本独立的合同就通过共同的一方当事人——出口商联系起来：保理合同的标的是产生于销售合同的应收账款权利，销售合同中的条款影响产生于该合同的应收账款能否成为保理合同的标的，并制约保理商的收款权。因此，保理商为维护自身的权益，就会通过保理合同要求出口商在销售合同中列入某些条款。而身受两个合同约束的出口商，应切实全面地履行自己在两个合同项下的义务，做到在两个合同中权利义务的协调，从而使保理业务带来的效益达到最优。

四、国际性保理机构

随着国际保理业务的全球化发展，一些国际性的保理机构相继成立，最著名的有：① 国际保理协会(International Factors，IF)；② 哈拉尔海外公司(Heller Oversea Corporation，HOC)；③ 国际保理商联合会(Factors Chain International，FCI)。

上述机构中，FCI 的规模和影响最大。FCI 成立于 1968 年，总部设在荷兰的阿姆斯特丹，是一个由各国保理公司参与的开放性的跨国民间会员组织，目前有来自 50 多个国家的 150 多个会员。与国际保理协会和哈拉尔海外公司不同的是，FCI 允许一国的多家保理公司加入该组织；而前两者只允许一个国家的一家保理公司加入其中。FCI 的宗旨是促进保理业务在全球范围内的竞争与发展，为会员提供国际保理业务在全球范围内的竞争与发展，为会员提供国际保理业务的统一标准、规章制度以及人员的业务培训，并负责会员间的组织协调，以提高保理业务的服务水准。

中国银行于 1992 年在国内率先推出国际保理业务，并于 1993 年加入 FCI，成为 FCI 的正式成员。1993 年以来，我国的中国银行等金融机构已经相继成为国际保理商联合会的成员，促进了我国保理的组织机构和业务操作与国际接轨。目前，中国银行已经与 FCI 在美、德、意、法、日等 20 多个国家的近 50 余家会员公司签署了国际保理协议，与其展开了广泛的保理业务合作，积累了相当的业务经验。

五、国际保理的服务项目

作为一种综合性的金融服务安排，保付代理业务包括多种服务项目，比较常见的包括资信调查和信用评估、销售分户账管理及应收账款催收、信用风险保障、贸易融资等内容，客户可以根据需要选择服务项目。

1. 资信调查和信用评估

资信调查和信用评估是保理的主要服务项目之一。在国际保理业务中，保理商为确保在业务成功的同时降低其所承担的风险，将通过其广泛的国际信息网络系统，多渠道地对进口地的市场状况、进口商的资信及财务状况等基本情况进行详尽的资信调查及信用评估。保理商将调查评估结果反馈至出口商，并向其提出相应的建议与忠告，帮助其核定进口商的信用额度等。另外，保理商还可为出口商提供市场信息，帮助其寻找目标市场中的潜在买方，帮助卖方拓宽销售渠道，增加贸易机会。

2. 销售分户账管理及应收账款催收

销售分户账是出口商与进口商进行货物买卖交易的账务记录。保理商承购了出口商的应收账款后，即全面承担了向进口商催收账款的责任。由于保理商多为银行的业务部门或附属机构，因此具有管理客户账户的便利及相关经验。当保理商与客户签订保理协议后，即开始提供销售分户账管理服务。保理商利用计算机系统，将每一客户的消息资料输入计算机，进行计算机记账、催收、计息、结算等全面账务服务。同时，保理商还可利用其与银行、国际催账组织、律师的密切联系，以安全经济的方式向进口商追收款项，并按照保理协议规定的付款方式与期限，向出口商支付款项。

3. 贸易融资

保理商以无追索权方式购入应收账款后，若出口商提出融资要求，保理商可立即向其预付发票金额80%左右的货款，以利于出口商资金周转。货款的其余部分将在从进口商处收回全部货款后付清；若保理商向进口商收讨货款未果，保理商无权向出口商追索其融资款项。

4. 信用风险保障

保理商在与出口商正式签订保理协议前，会在对进口商进行资信调查、评估及考核的基础上，为出口商核定出口销售信用额度，即"已核准应收账款"(Approved Receivables)。在协议执行过程中，保理商可根据客户资信变化状况、收汇考核实绩、自身业务能力等，随时调整客户的销售信用额度。若出口商在此额度内向进口商销售货物，保理商将提供100%的信用风险保障，即进口商未能按期、如数支付货款时，保理商将提供坏账担保，向出口商全额支付其承购的应收账款数额。但出口商出售给保理商应收账款必须是正当的、毫无争议的债务求偿权，如因产品质量、服务、交货期等贸易纠纷所造成的呆账或坏账，保理商不负担赔偿责任。对于未经审核的信用额度或是信用额度以外所产生的应收账款，即所谓的"未核准应收账款"(Unapproved Receivables)，保理商的责任仅为代收，而不承担付款保证责任。

六、国际保理的类型

从不同的角度划分，保付代理业务有多种类型，较常见的分类有以下几种：

1. 到期保理与融资保理

到期保理(Maturity Factoring)是指出口商(卖方)以无追索权方式将出售货物或服务的应收账款转让给保理商，保理商在发票到期日从债务人(进口商)处收回货款，在扣除相关费用后，将净款付给出口商。或者由双方约定，无论保理商可否从债务人处收回款项，保理商将于双方约定的平均到期日向供应商支付款项；供应商则应通知其债务人直接向保理商付款。

融资保理(Financed Factoring)是指应供货人的要求，保理商在购入应收账款后立即预付供应商约发票金额80%的款项，其余部分待从买方处收回全部货款后再行支付，保理商对预付的融资款项无追索权。由于供应商可以该种方式获得保理商提供的贸易融资，故融资保理在保理业务中广泛应用。

2. 国内保理与国际保理

国内保理(Domestic Factoring)业务的有关当事人处于同一国家和地区，保理商主要为国内商贸活动提供服务。在国内保理中，由于买卖双方均在同一个国家或地区，所以一般采用单保理方式。供应商和保理商签订保理协议后，在保理商为其客户核定的信用额度内发货寄单，并将发票副本提交保理商。保理商则负责信用控制、售后账务管理、收款和坏账担保。货款回收后，保理商将剩余的20%货款扣除费用和贴息后转入供应商的银行账户。

国际保理(International Factoring)业务的有关当事人地处不同国家和地区，保理商主要为国际贸易活动提供综合服务。由于国际保理涉及语言、贸易习惯、法律适用、司法管辖权等诸多因素，故其业务难度与风险明显高于国内保理。所以国际保理商多为实力雄厚、经验丰富、具有广泛国际联系的银行附属机构或专门的国际保理公司。国际保理的运作有两种方式：仅涉及一方保理商的单保理方式和涉及双方保理商的双保理方式。目前国际保理多采用双保理方式。

3. 双保理与单保理

在国际保理业务中，其运作又可分为双保理(Double Factoring；Two Factors)与单保理(Single Factoring)两种形式。双保理业务需涉及两个保理商，即出口保理商及进口保理商。出口商出运货物后，将应收账款所有权转让出口保理商，后者需通过进口保理商的协作，对进口商进行资信调查及催收账款。在双保理运作过程中，出口商及进口商只需同各自的保理商进行业务往来，极为便利。国际保理业务多采用双保理运作机制，即当买卖双方经过谈判，决定采用保理结算方式后，出口商即向本国出口保理商提出申请，签订保理协议，并提交需要确定信用额度的进口商名单。出口保理商再从进口国选择进口保理商，由进口保理商对进口商进行资信调查，确定有关的信用额度。出口商在信用额度内发货后，将发票和货运单据直接寄交进口商，并将发票副本送出口保理商。如有融资需求，出口保理商即以预付款方式向出口商提供不超过 80% 的发票金额的无追索权短期贸易融资。到期后，进口商将全部货款付给进口保理商，进口保理商则立即将款项交给出口保理商。出口保理商扣除有关费用及贴息后，将剩余的 20% 货款付给出口商。在双保理的整个过程中，进出口双方都只需和本地的保理商接触，没有语言和社会习惯等方面的障碍，方便易行。

单保理业务一般只涉及一个保理商，通常为进口保理商。进、出口商决定以保理业务结算债权债务后，若出口国家无保理商，出口商则需通过进口国家的保理商对进口商进行资信调查，并凭以确定信用额度。货物出运后，出口商将所有单据直接寄交进口商，而将发票副本寄送进口保理商，委托其向进口商催收销售货款。进口保理商将承担信用额度内的收账风险责任。进口商须于发票到期日向进口保理商支付货款，后者将全部款项转付出口商。进口保理商也可应出口商的要求，于收到出口商的发票副本后对其预付 80% 的销售货款，其余部分于收回全部货款后支付。由于单保理只有一个保理商从中运作，为出口商增加了诸多不便及工作量，故通常只有在不具备双保理业务条件的情况下，进、出口商才会考虑利用单保理结算货款。在国际保理业务实务中，单保理的应用较少。

4. 出口保理与进口保理

根据保理商对不同客户提供的服务，国际保理可分为出口保理(Export Factoring)和进口保理(Import Factoring)。出口保理是出口国的保理商为出口商提供的保理服务。服务项目主要包括：对进口商进行资信调查和信用评估、出口信用风险保障、销售账户管理及催收账款以及贸易融资等。

进口保理是进口国的保理商为进口商提供的保理服务。服务项目主要包括：根据进口商的财务及资信状况，为其提供对外付款保证或代垫付款项，以使进口商以赊付方式达成进口交易，加速资金周转，节约成本开支。

5. 无追索权保理和有追索权保理

无追索权保理(Without Recourse Factoring)是指保理商在收到出口商交来的发票等单

据后，在已核准应收账款内提供 80%的预付款。若进口商到期无理拒付或无力付款，保理商对出口商所预付的款项无追索权；此外，保理商对余下的款项也要承担付款责任。无追索权保理是典型的保理服务形式。

有追索权保理(Recourse Factoring)是指保理商向出口商支付款项后，若遇到进口商无理拒付或无力付款，有权要求出口商偿还所付款项。有追索权保理实际上不具备信用风险保证功能，不属于标准意义上的保理业务。

6. 明保理和暗保理

明保理(Opened Factoring)指债权转让一经发生，供应商须以书面形式将保理商的参与情况通知买方，并指示买方将货款直接付给保理商。暗保理(Undisclosed Factoring)指供应商不将债权转让以及保理商参与情况通知买方，买方仍将货款付给供应商，供应商收到货款后转付给保理商，即保理业务的整个操作过程只在供应商与保理商之间悄悄进行。根据《中华人民共和国合同法》(以下简称《合同法》)第五章第七十七条至第八十三条规定：供应商对自有的应收账款可以转让，但须在购销合同中约定可以转让，且其必须通知买方；债权转让后，保理商同时取得与债权有关的从属权利，买方对供应商的抗辩可以向保理商主张。因此，国内保理业务只可能是明保理，且保理商须在保理合同中明确规定供应商的合同义务，如售后服务、产品质量、交货方式、交货期、交货地点等不因债权的转让而转让，从而避免由保理商承担本身无法承担的合同义务。

除以上几种分类方法外，保理业务还可以分为代理保理、背对背保理等形式。同时，由于保理业务是一项多功能的金融服务，保理商可根据客户需要灵活调整业务内容，所以保付代理虽有不同业务类型，但在实务中，经常出现若干种保理形式交织并用的情况，从而形成综合性保理业务。例如，进、出口双方多采用双保理的国际保理进行贸易结算，而又以无追索权保理居多，出口商亦通常要求保理商提供融资保理服务。

七、国际保理业务运作流程

由于目前国际保理业务中比较常用的为双保理形式，我们下面就以双保理形式为例，介绍国际保理业务中的基本当事人及基本的业务流程。

(一) 国际保理业务的基本当事人

1. 保理商

在保理业务问世之初，保理商(Factor)的原始形态是货物买卖双方的中介人。当买方向其支付佣金后，中介人即代表卖方出售商品、办理款项催收、担保买方付款，这些中介人因此被称为"代理人"或"保理商"。19 世纪初期开始，保理商的职能逐步扩展为收取应收账款、提供短期贸易融资、信用风险保障及账务管理。在保理业务主要发源地美国，保理商曾主要集中于国际商业中心纽约，其重点服务对象为纺织品、玩具、地毯等轻纺行业。第二次世界大战后，保理商积极拓展业务领域，其业务范围扩展至家具、鞋类、玻璃器皿、塑料及电子产品等生产和贸易行业，使得保理商的声誉及业务影响能力大为提高。20 世纪60 年代中期，美国的一些大商业银行相继收购了多家著名的保理公司，从而使保理商以更充足的资金来源及良好的信誉形象为客户提高多元化服务。因此，现代保理商多为银行的附属机构或与银行有着密切往来关系的独立结构。

在国际双保理业务中，保理商又可分为出口保理商(Export Factoring)与进口保理商(Import Factoring)。出口保理商根据与出口商签订的保理业务协议，通过进口保理商的协作，为出口商提供进口商资信调查、购入应收账款、款项催收、销售分户账管理、贸易融资、风险担保等服务；进口保理商同意向进口商代收以出口发票表示的，并已经转让给出口保理商的应收账款。进口保理商负责核准进口商的信用额度、提供信用风险担保、向进口商催收货款。进口保理商应对其核准的信用额度内的坏账损失承担付款责任。

2. 出口商

出口商(Exporter)即供应商，其应与出口保理商签订保理业务协议，并委托其办理协议约定的保理事项。

3. 进口商

进口商(Importer)应通过进口保理商办理款项结算，对出口商提供的货物或劳务所产生的应收账款有必须付款的义务。

在国际双保理业务流程中，有两家保理商参与运作，分工明确，极大地便利了进、出口交易双方。根据国际惯例，出口保理商只对出口商负责，无须与进口商发生直接业务往来；进口保理商虽然负责向进口商催收款项，但与出口商无直接的契约关系，它只对出口保理商负有协议约定范围内的责任。

(二) 国际保理业务运作流程

国际保理业务具体运作步骤如图 6-6 所示。

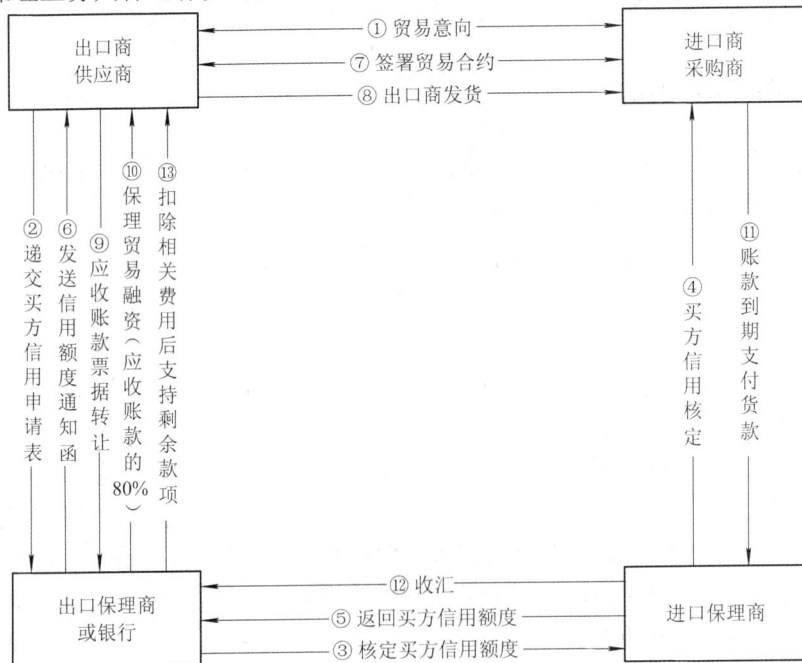

图 6-6　国际保理业务流程示意图

① 出口商与进口商有贸易意向或新一轮贸易需求。

② 出口商向出口保理商递交买方信用额度申请表，为海外买方申请信用额度。

③ 出口保理商向进口保理商申请评估买方资信情况并等待核准进口商的信用额度。

④ 进口保理商对进口商的商业资信进行调查和评估，并初步确定进口商的信用额度。

⑤ 进口保理商向出口保理商通知对进口商的信用额度结果。

⑥ 出口保理商向出口商通知信用额度结果。

⑦ 出口商与进口商签订贸易合约，同时与出口保理商签署国际保理业务相关协议。

⑧ 在被核准信用额度的情况下，出口商装运货物向进口商发货。

⑨ 出口商向出口保理商提供发货凭证及有关应收账款债权转让声明及发票副本。

⑩ 出口保理商向出口商提供发票金额 80%比例的贸易融资。

⑪ 账款到期后，进口商向进口保理商支付货款。

⑫ 进口保理商将货款转付给出口保理商，不时向出口保理商寄送对账单的付款报告表。

⑬ 出口保理商扣除相关费用后，将余款支付给出口商。

八、国际保理业务的收费

保理业务中，保理商将根据其所提供的服务项目、客户资信状况以及销售交易量等因素向客户收取一定的业务费用。对出口保理而言，常见的保理商向出口商收取的费用一般包括以下几个部分：

1. 服务佣金

服务佣金是保理商向出口商收取的提供各项保理服务的报酬，计收标准一般参照下列因素制定，通常为出口发票金额的 1%～3%：① 年预期销售额；② 付款方式及赊销交易的付款期限；③ 平均发票面值；④ 进口市场状况；⑤ 出口产品类型；⑥ 业务风险程度；⑦ 需处理的单据与文件数量。

2. 进口商资信调查费用

由于保理商或其代理公司需要花费人力、财力对进口商进行资信调查与信用评估，并凭以核定信用额度，故保理商对此项服务将收取一定的费用以弥补其付出的成本。

3. 融资利息

若保理商向出口商提供了贸易融资，即在信用额度内预付出口货物发票金额 80%的货款时，保理商将按银行贷款利率计收融资利息。

4. 银行转账费用

保理商在收到货款后，一般通过银行划转出口商，故出口商需支付相应的银行转账费用。

第六节　福　费　廷

入门案例

北京某家有进出口经营权的医疗设备制造公司，参与泰国一大型成套医疗设备国际招标项目，标的价值为 1000 万美元。一旦中标，泰国进口商将向中标公司开立由泰国盘谷银行出具的 3 年远期承兑信用证。北京的这家公司为了取得出口合同，理所当然要满足进口商要求的支付条款，即向进口商提供 3 年信贷，另外还向进口商提供 5 万美元作为中标的回扣。但该公司不想在 3 年后才收到货款，更不想承担延期付款下的任何风险。在这种情况下，福费廷便是适合的解决办法。那么如何进行操作才能达到目的呢？

  福费廷业务是一种国际流行的贸易融资方式，它为出口商贴现已经承兑的、通常由进口方银行担保的远期票据。目前，全球年均福费廷交易量约占世界贸易额的 1%，由于该融资方式的独特优势，因而正日益受到各国金融机构的重视和青睐，特别是在欧美及亚太地区的设备贸易中得到广泛使用。

一、福费廷的概述

(一) 福费廷的概念

  福费廷即英文 For Fatting 的音译，该词最初来源于法语 a forfeit，字面意思是"放弃权力"。福费廷是一种中期的、利率固定的、无追索权的出口贸易融资方式，具体地说是指出口商向进口商提供货物或服务后，金融机构作为融资商从出口商那里无追索权 (Without Recourse) 地购买经进口商承兑的，并通常由进口商所在地银行担保的远期票据。由于这种业务是由提供融资的机构(通常是银行)无追索权地买断远期票据，因此在国内通常也将这种方式称为包买票据业务，而融资商(即商业银行)，通常被称为包买商(Forfaitor)。福费廷这一概念的核心就是包买商无追索权地买断远期汇票：① 买断远期汇票，就意味着向出口商即期付款；② 无追索权，就意味着银行的付款是终止性的。

  该融资方式可单独或与其他融资产品联合用于建筑项目、机器设备、大宗农产品及能源等大型进出口业务的出口前融资、出口后融资、结构性贸易融资和项目融资，融资期为 1 个月到 10 年，金额可由 10 万美金到 2 亿美金，操作手续简便，报批材料简单(一份申请书、一份承诺书、一份协议即可，不需要任何财务报表)，因而在国际市场上发展非常迅速。

(二) 福费廷的产生和发展

  福费廷业务起源于瑞士，是针对买方市场中进口商往往采用"赊买"的付款方式而导致出口企业资金流转困难的现实问题所进行的金融创新。

  第二次世界大战以后，为了医治战争创伤，重建家园，各国都需要进口大量建设物资和日用品。例如，东欧各国向美国购买大量谷物，因为缺乏外汇资金而需要向银行贷款，但银行融资能力有限，于是瑞士苏黎世银行协会首先开创了福费廷融资业务。到了 20 世纪 50 年代后期，随着各国经济实力的恢复与发展，资本性货物的贸易越来越多，出口竞争日益加剧，资本性货物的卖方市场逐步转变为买方市场，买方已不再满足传统的 90～180 天的融资期限，要求延长付款期限。由于这种不断延长的信贷期限大大超出了卖方本身资金所承受的限度，卖方不得不向银行提出时间越来越长的融资需求，当时的银行无法提供出口商所希望得到的融资服务，于是福费廷融资方式就进一步活跃起来。因为它有效地解决了进出口双方的矛盾—— 使买方达到了延期付款的目的，卖方也融到了资金，因而在德国等西欧国家得到推广。进入到 20 世纪 80 年代，由于第三世界国家债务危机的困扰，再加上国际局势动荡不安，正常的银行信贷受到抑制，而福费廷业务却持续增长，逐渐由欧洲向亚洲及全世界发展。福费廷二级市场也在这一时期逐渐形成，使福费廷的交易方式日益灵活、交易金额日益增加，而且票据种类也不断扩大，形成了一个世界范围内的福费廷交易市场。

近年来，福费廷业务在一些发展中国家和东欧国家的设备贸易中运用较为普遍，发展前景良好。随着我国经济，特别是金融业国际化进程的不断加速，该业务正被国内银行引进。目前，以外贸外汇业务为特色的中国银行凭借其在世界各地的代理行网络，成为国内开展福费廷业务的领头羊。其实早在 20 世纪 90 年代初，中国银行一些海外分行就陆续开办了福费廷业务，2001 年起中国银行境内分行全面推出了福费廷业务，2002 年中国银行江苏省分行、浙江省分行、重庆市分行等 20 个省级分行及其辖内部分分行和总行营业部均已开办了福费廷业务，金额总计约 1.15 亿美元。截至 2003 年 8 月中旬，境内分行又累计办理了近 2 亿美元的福费廷业务，同比增长 300%，并被国际福费廷协会(International Forfeiting Association，IFA)批准为正式成员，这标志着中国银行正式打入了福费廷国际交易市场，该行全面推出的福费廷业务已处于国内领先地位。紧随其后的中国工商银行亦于 2004 年 3 月正式成为国际福费廷协会的会员，工行自 2001 年开始办理福费廷业务，业务稳步发展，2003 年工行全年福费廷业务量达到 8447 万美元。另外，我国的两家政策性银行—— 中国进出口银行、国家开发银行以及一些新兴的股份制银行如中国民生银行也先后开办了该项业务，随着我国外贸业务的发展，相信今后会有更多的中外资银行参与到这一新兴业务中。

二、福费廷的特点

(一) 福费廷业务的特点

在福费廷融资方式的不断发展中，逐步显示出鲜明的两大业务特征：一是无追索权的融资，即出口商的汇票贴现是一种权利的卖断，包买商在出口商处买断的票据到期时，即使到期无法承兑，亦无权向出口商追索；二是应收账款的贴现，出口商将远期应收账票据卖给包买商，在债权凭证上加注"无追索权"，承诺放弃其一切权益，获得包买商的即期付款，其实质是将债权卖给包买商，实际上是一种债权贴现。除了这两个最基本特征外，与其他融资方式相比，福费廷还具有以下几个特点：

(1) 福费廷业务中的远期票据产生于销售货物或提供技术服务的正当贸易，包括一般贸易和技术贸易。

(2) 福费廷是融合商业信用和银行信用于一体的融资方式。远期商业汇票或本票须经进口方银行承兑或担保后方可办理福费廷业务。

(3) 福费廷业务的票据期限一般在 1～5 年，属中期贸易融资。但随着福费廷业务的发展，其融资期限扩充到 1 个月至 10 年不等，时间跨度很大。

(4) 传统的福费廷业务属批发性融资工具，融资金额由 10 万美金至 2 亿美金。可融资币种类为主要交易货币，如美元、日元、英镑等。

(5) 福费廷不仅有初级市场，而且还存在全球范围内的二级市场，这是一个无形市场。

包买商买下出口商的债权凭证后，为了使资金不积压，便在二级市场上将一些票据转卖给其他的包买商。他可以出售某笔交易的全套单据，也可以只出售其中的一部分。

(6) 出口商支付承担费。在承担期内，包买商因为对该项交易承担了融资责任而相应限制了他承做其他交易的能力，以及承担了利率和汇价风险，所以要收取一定的费用。

(二) 福费廷业务的优势

福费廷业务从产生到目前在世界上广泛流行，成为一种有效的融资方式，是与其自身的特点分不开的。应该认识到福费廷业务在以下几个方面对出口商极具吸引力：

(1) 由于是无追索权的融资，出口商可以提前锁定成本、固定收益，消除了出口商的国家风险、汇率风险、利率风险和信用风险。

(2) 由于货款贴现，赊卖变为立即收款，有利于企业融通资金，扩展业务，提高资金使用效率，同时便于进行会计核算，财务结构更趋合理。

(3) 出口商获得福费廷融资商无追索权贴现款后，被视为正常收汇，银行可出具出口收汇核销专用联，供出口商及时办理出口收汇核销和出口退税手续。

(4) 福费廷融资利率合理，主要取决于进口国及开证行的风险程度，一般是伦敦市场同业拆借利率(London Interbank Offered Rate，LIBOR)加上国家风险系数，目前有些低风险国家的利率接近或低于押汇利率。

(5) 手续简便，方便易行。

因此，从产品本身的特性而言，该业务具有很强的实用性和可操作性。

(三) 福费廷业务的有关事项

1. 福费廷业务适用的出口商

利用这一融资方式的出口商应满足以下条件：

(1) 同意向进口商提供期限为 1 个月至 5 年甚至更长期限的贸易融资。

(2) 同意进口商以分期付款的方式支付货款，以便汇票、本票或其他债权凭证按固定时间间隔依次出具，以满足福费廷业务需要。

(3) 除非包买商同意，否则债权凭证必须由包买商接受的银行或其他机构无条件地、不可撤销地进行保付或提供独立的担保。

2. 福费廷业务使用的债权凭证

由于汇票和本票的广泛使用，并且世界各国有较为统一的票据法规，因此在包买票据业务中，汇票和本票是最常见的债权凭证。此外，发票和其他形式的应收账款也可以作为债权凭证。

在业务过程中常见的票据主要有：

(1) 出口商出具的并已经被进口商银行承兑的汇票。

(2) 由进口商往来银行开出的远期信用证下已承兑汇票。

(3) 进口商出具的以出口商为收款人的本票。

(4) 包买商可接受的第三者加注了保付签字(Pereval)的汇票和本票。

3. 福费廷业务的申请手续

福费廷业务的申请手续是：

(1) 出口商与银行磋商在出口中使用福费廷事宜。

(2) 银行就融资的金额、货币、期限及贴现的票据、担保和进出口的具体情况进行了了解，表明承做意愿。决定承做的，提供贴现率等报价。

(3) 出口商向银行确认报价后，与进口商签署贸易合同，在合同中明确规定使用福费廷。

(4) 出口商发货并取得福费廷所需的票据。

(5) 出口商将票据提交给银行进行贴现。

(6) 银行将贴现金额付给出口商。

4. 福费廷业务涉及的法律关系

办理福费廷业务时，必须注意两个期限：选择期和承担期。出口商向包买商提出融资要求后，包买商一般可以根据具体情况提出自己的报价，如果包买商的报价可以接受，出口商将在报价的有效期内要求包买商确认报价，包买商在确认报价的同时确定其承担责任的期限，即选择期，通常为几天，出口商则将已确定的融资费用计入成本并向进口商提出报价，报价经进口商接受后，出口商则在选择期内尽早通知包买商将要利用融资的决定，选择期至此结束。从货物买卖合同成立到实际缴付货物也有一段时间，这段短则数月、长可达一年的时间就是承担期。

在选择期内，包买商的报价属福费廷合同关系成立之前的要约，一旦报价，则构成包买商明确的责任，且确定了有效期，则在期限内不可撤销，如经出口商承诺，则双方的福费廷合同成立。当然，如果包买商未给予选择期，则要求出口商立即承诺。如出口商未能在选择期内承诺，福费廷的合同关系即无法成立或可将其视为新的要约。

在承担期内，包买商和出口商均应根据已经成立的福费廷合同对该笔融资交易承担契约责任。理论上讲，双方会签订合同书，但在实务中也可不签订正式的合同书，而是以双方往来的信函或以其他方式作为合同成立的证明。无论何种情况，如果违约或单方中止交易，责任方须承担违约责任。这种违约责任的发生主要有以下两种情况：

(1) 如果因某种特殊情况，出口商不能正常交货并出售作为债权凭证的有关票据，那么出口商必须承担包买商为提供融资而发生的筹资费用以及为消除业务风险而在金融市场上采取防范措施而发生的全部业务费用。

(2) 如果包买商因某种原因而无法正常提供融资或被迫中止交易，那么包买商必须承担出口商由于重新安排融资(并且通常是成本更高的融资)而发生的全部费用和利息损失。

在提交单据和贴现付款阶段，双方处于合同的履行过程中。信用证项下的福费廷应先办理信用证项下的交单、承兑，待承兑后办理福费廷业务。福费廷只是对信用证项下已承兑汇票所做的一种融资。此时，汇票是福费廷业务的债权凭证，包买商应履行其合同义务，对已承兑汇票进行无追索权的贴现。

在汇票到期后，包买商或持票人直接向汇票承兑人(一般为开证行)请求付款，出口商不会参与其中。一般来讲，包买商与出口商之间的福费廷合同关系到贴现付款阶段就结束了。

三、福费廷与国际保理、出口信用保险的区别

与众多的贸易融资产品相比较，福费廷业务特色独具，但在实际运行中，人们往往容易将其与国际保理、出口信用保险等业务混淆，因而有必要将这几种业务进行一个比较。

(一) 福费廷与国际保理的区别

从概念上讲，国际保理是出口商将其出口的应收账款委托或贴现给出口保理商后，预先从出口保理商那里收回部分货款，再由出口保理商向进口商或者进口保理商收取货款的一种融资与结算方式；而福费廷是银行或金融机构对出口商持有的经进口商承兑的远期汇票进行无追索的贴现，在收取一定费用后，付予出口商现款的一种出口信贷融资方式。虽然在形式上二者是很相似的，都是由某专门机构购买国际贸易中的远期债权来实现融资与结算的目的，但实际上，它们之间存在着较大的区别。具体区别如表 6-6 所示。

表 6-6　福费廷与国际保理的比较

项　　目	福　费　廷	国　际　保　理
功能侧重点	融资	结算
单据	合同规定单据 + 远期承兑汇票	合同规定单据 + 应收账款转让通知
标的物	资本性商品	非资本性商品
出口商的风险承担	无	有
信贷额度	无	有

从表中可以看出，福费廷和国际保理的区别主要体现在以下五个方面。

(1) 功能分析。从功能侧重点来看，福费廷业务的融资性较强，而国际保理业务更侧重于结算。在福费廷项下，出口商把远期承兑汇票贴现给银行并支付相应的费用，取得现款后，便立刻解除了与银行的任何关系，若今后进口商破产倒闭或因其他原因不履行付款义务，均与出口商无关，一切风险和损失由银行承担，这正是体现了无追索权原则。鉴于出口商可及时地从银行获得完全融资，所以融资是福费廷业务的主要功能。与福费廷不同的是，国际保理业务中的保理机构事先根据进口商资信状况确定信贷限额，出口商只能按这一额度贴现，而不是完全贴现，剩余未贴现部分要等进口商把款项完全付给保理机构后，出口商才能取得扣除费用后的剩余部分。因此，出口商不能像福费廷那样在贴现后与保理机构解除责权关系，其货款的完全取得有赖于整个结算过程的顺利进行。

(2) 单据差别。在福费廷下，贸易合同签订后，出口商向进口商签发远期汇票，并要求取得进口商往来银行的担保，其发运设备后，将全套货运单据通过银行寄给进口商，并索回经进口商承兑且附有银行担保的汇票。然后，按照与银行的预先约定，办理汇票贴现，银行再通过其代理或分支机构向进口商提示汇票要求付款。在国际保理中，出口商除应按合同规定制作有关单据外，还应增做"应收账款转让通知"，以便将货物的债权转让给保理机构。出口商将发票副本和到期向保理机构付款的指示书寄给进口商，同时将发票和付款指示书的副本以及货运单据交给保理机构。保理机构收到这些单据后，即为出口商按信贷额度办理贴现。

(3) 标的物不同。两者虽然都应用于延期付款条件下的国际贸易中，但福费廷业务主要针对资本性商品，如大型设备等，交易金额大，付款期限长，并在较大的企业间进行；而国际保理业务主要适用于非资本性商品，是适应进口商不愿意开立信用证、出口商又不愿意采用托收方式结算的一种折中选择，期限多在一年以下，成交金额不大，且都在中小企业间进行。

(4) 出口商承担风险的区别。在福费廷下，出口商向银行贴现远期汇票后，便把票据拒付的风险完全转嫁给了银行，出口商则有效地避免了收取货款的风险。出口商转嫁这种风险的代价是必须向银行支付较高的费用，但实际上这些费用往往都被加在货价上由进口商承担了。而在国际保理业务项下，保理机构并不承担第一付款责任，而只是在进口方倒闭无力支付的情况下，在其提供的信贷额度内，有条件地履行付款责任。保理机构对未核准的应收账款不承担任何责任，出口商仍面临着赊销及托收项下的各种风险。

（5）付款机制不同。福费廷和国际保理业务的付款机制是有区别的，主要是因为是否存在信贷额度。国际保理需要先确定对出口商的信贷额度，然后在信贷额度内对汇票办理贴现付款，对于信贷额度外的货款则要待进口商完全支付后再支付给出口商，即对未核准的应收账款，保理机构只承担代收责任，而不承担付款责任。福费廷业务则无此规定，只需按原先约定提交汇票贴现，便可取得完全融资。

（二）福费廷与出口信用保险的区别

出口信用保险是一种风险防范的融资方式，但担保费率较高，增加出口商的负担，而且常常是发生呆账后 4～6 个月才可获得 80%～90%赔偿，若通过法律程序索债，赔付期会更长，影响出口企业的成本。而福费廷业务是一种票据卖断业务，出口商在货物装船后，将数十张经进口商所在地一流银行担保的票据一次性卖断给承做福费廷业务的银行，提前取得现款，既转移了信贷风险和汇率风险，又锁定了利率，预知业务成本。所以与出口信用保险相比，福费廷的风险更小。

从表 6-7 可以看出，福费廷与出口信用保险的区别体现为以下几个方面。

（1）从风险承担者看，出口信用保险项下，进口商信用风险一般由保险公司和出口商共同承担，在出现坏账时，保险公司一般只赔偿 70%～90%，而且索赔手续烦琐、耗时；而福费廷业务中，银行承担全部信用风险。

（2）从保险比例看，保险公司提供的出口信用保险只承担出口应收账款 80%的风险，余下的部分对于出口商而言，仍面临敞口风险；而福费廷融资商是对 100%的出口货值进行融资。

（3）从贸易融资的提供看，出口信用保险是保障出口企业收汇安全的政策性保险业务，是国际上公认的支持出口、防范收汇风险的有效手段，是一种事后的保障；而福费廷是银行向出口商提供的一种贸易融资工具，便利出口商的资金周转。

表 6-7　福费廷与出口信用保险的比较

项　　目	福　费　廷	出口信用保险
风险承担者	融资商	保险公司和出口商
保险比例	80%	100%
贸易融资的提供	有	无
获得融资时间	短	长
融资范围	宽	窄

（4）从获得融资的时间看，保险公司通常是等确认出口应收账款成为呆坏账的 6 个月后，才予以赔付；如需通过法律途径解决则需要更长时间；而福费廷融资商是在进口商或进口商的银行承兑票据后的数日后即可以给出口商入账。

（5）从融资范围看，保险公司正在逐步提高费率，而且拒绝受理高风险国家和地区的业务申请；而福费廷融资商提供的费率固定，国家覆盖面相对较广。

几乎所有的出口商的货物或技术均可使用福费廷融资，但福费廷更适用于资本性商品，如机电产品和成套设备及其他大型设备等，这种贸易的特点是交易金额较大，可运用于金额为 50 万美元或以上的合同，付款期限较长，一般为 3～5 年，最长可达 10 年。福费廷不仅可以在签署出口合同时使用，亦可用于过去的出口交易产生的应收账款。其业务范围可包括：经开证行/保兑行有效承兑的远期承兑信用证或远期议付信用证；经付款行有效承诺的延期付款信用证；经进口商所在地银行保付签章的本票或汇票。

四、福费廷业务操作程序

(一) 基本操作流程

下面以本节入门案例来详细介绍一下福费廷业务的操作流程：

第一步，询价。该医疗设备制造公司为将融资成本合理地计入出口设备单价中，针对此项招标内容及条件，联系几家经营福费廷业务的商业银行作为融资商，要求融资商提供一个出口到泰国的 3 年期福费廷融资报价。但是如果出口商没有事先与福费廷融资商联系，而跟进口商达成出口协议，就可能出现事先估计的融资成本低于实际的融资成本，使得合同在执行前就面临亏损的可能。

第二步，报价。福费廷融资商将会要求医疗设备制造公司提供一些基本资料，以了解整个合同交易的来龙去脉，然后针对此笔业务，融资商的市场营销人员可以利用其掌握的资料，调查泰国的国家风险额度、泰国盘谷银行是否在融资商可接受的银行名单内、其信用额度余额是否足够、其贴现率是多少等，这是融资商对外报价的主要依据。如果泰国盘谷银行属于融资商可接受的范围以内，融资商将很快把融资价格和条件通知给该公司；如果该融资商不能接受泰国的风险，出口商可多找几个福费廷融资商询价，因为不同融资机构对不同国家地区的情况介入深度不同，其相应的风险评估和掌握是不同的。

融资商的报价内容包括以下几部分。

(1) 提供融资收取的贴现费用。这是出口商要负担的一项主要费用，也是融资商对外报价的主要依据，是按照一定的贴现率计算出来的。这个贴现率对出口商来说是非常重要的，是融资商向出口商提供融资所确定的一个固定利率。贴现率主要取决于国内票据贴现市场的利率，但还要加上一定比率的风险溢价。

(2) 融资商向出口商收取的承诺费。在福费廷合同签署日起至融资支付日止，融资商保证，一旦接到该公司按融资协议要求提供的各项必需的单证凭据后，就要立即无条件地向该公司支付贴现款项。这样，融资商就要为出口商预先安排资金头寸以备随时进行付款，但如果出口商因种种原因未能履行出口合同，融资商将蒙受资金损失，所以就要收取承诺费。

(3) 出口商若没有中标就放弃福费廷合同的选择权费。这是因为在国际招标中，中标与否是不确定的，所以医疗设备制造公司应该同福费廷融资商签订具有选择权的条款。

(4) 延期费。这是指融资商为补偿票据到期日与实际收款日之间可能出现的付款延期带来的损失而向出口商收取的费用。医疗设备制造公司收到各融资商的报价后，就可以做出对自己有利的选择了。

第三步，签约。医疗设备制造公司将融资成本和基本的出厂价格及其给进口商的回扣核算到设备价款中，即通过调整产品单价将福费廷融资成本转嫁给进口商，从而使得该出口合同与即期收汇出口合同有相同的预期利润率。医疗设备制造公司接受融资商的报价后，就要与融资商签订福费廷融资协议。本案例中出口商参与的是国际招标，可以要求融资商允许他有选择权，即中标后就办理福费廷；不中标就放弃，但出口商必须向融资商支付一笔选择费。

第四步，履约。若该医疗设备制造公司中标，将与进口商签订有关设备出口合同。进口商应按照合同规定的日期向泰国盘谷银行申请开立远期承兑信用证。机器设备制造公司接到国内银行通知并收到信用证后，就开始备货、运输，货物被运往目的地。然后向议付银行提供所有信用证规定所需提交的文件，当议付文件被接纳后，开证银行便发出延期付款的本票或汇票给医疗设备制造公司，医疗设备制造公司只需将该本票或汇票以"无追索权"的形式背书后提供给福费廷融资商。融资商将要求出口商或议付银行提供信用证项下的全套副本单据，以及出口商对其出口单据真实性的证明材料和保证书。审核无误后，融资商按福费廷协议规定支付折现的款项给该医疗设备制造公司，并提供一份贴现清单，列明贴现票据面值、贴现率、期限、承诺费等事项。同时，将此贴现清单抄送一份给进口开证银行留作参考。到此为止，出口商的收款的任务就完成了，再也无须为未来3年内与这笔交易有关的种种风险或延迟付款而操心。

第五步，索偿。在本票或汇票到期前，福费廷融资商将开证行承兑的汇票或本票寄交开证银行，收取有关款项。泰国盘谷银行应按照融资商的付款指示将款项汇到融资商指定的账户上。如果泰国盘谷银行因为各种原因未能如期付款，对于融资商来说，就只能对开证银行进行起诉了。因为它不能向出口商行使追索权。当然，如果由于进口国出现政治动荡、自然灾害等不可抗力因素导致开证银行无法偿付，福费廷融资商只能独自承担一切损失，这与出口商没有什么关系了。

(二) 福费廷业务的两种模式

按照福费廷业务项下的结算工具不同，福费廷业务可分为两种模式：一种是普通票据项下的福费廷业务，另一种是信用证项下的福费廷业务。

1. 普通票据项下的福费廷业务

在此运作模式下，融资行直接对出口商提供的已经进口商银行担保或承兑的商业汇票或本票进行贴现，对出口商无追索权地融资付款。担保行可通过出具单独的银行保函或直接在票据上保付签字，即加有 PER AVAL 字样并加上保付行签字来承担对商业票据的担保责任。此运作模式下的操作流程如图 6-7 所示。

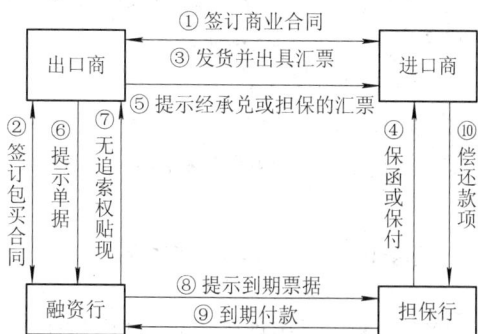

图 6-7　普通票据项下福费廷业务流程图

2. 信用证项下的福费廷业务

此种运作模式是在信用证结算方式下进行的，实际上是信用证结算方式的一个环节。在出口商将单据交给融资行，并提出福费廷业务申请后，融资行审单并寄给开证行，开证行在确认单单相符、单证一致后，向出口商出具承兑电文。融资行根据开证行的有效承兑电文向出口商无追索权地贴现付款，完成福费廷交易。此运作模式下的操作流程如图6-8所示。

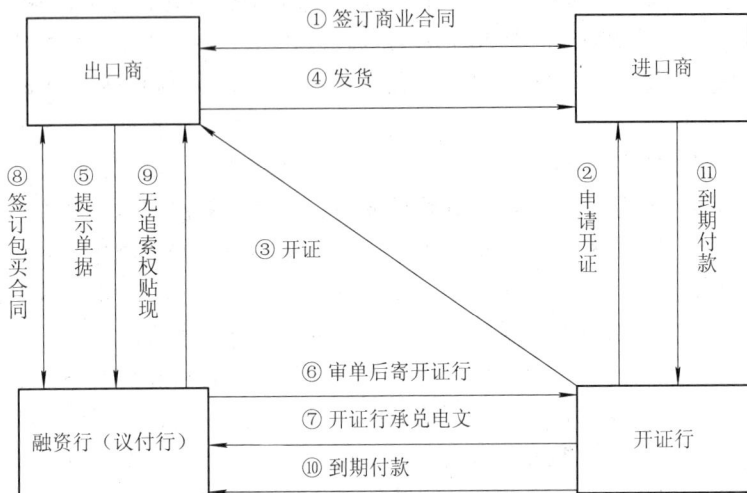

图6-8　信用证项下福费廷业务流程图

第七节　支付方式的选择与支付条款

入门案例

甲国的 A 公司出口农产品给乙国的 B 公司。双方商定用信用证方式结算。由于商品的数量不易控制，B 公司在申请开证时，难以确定金额。请分析在这种情况下，可以怎样结合不同的结算方式，既可以保证收汇，又有数量和金额变化的灵活性？

本案可以采用信用证与汇款相结合的方式，即主体货款用信用证方式，余款用汇款方式在货物发运后支付。在货物发运前，先开立信用证，规定凭装运单据支付若干金额，待装运完毕核算装运数量，或货物到达目的地经检验后，将余款用汇款方式支付。主体货款用信用证方式，在货物发运前，先开立信用证，可以保证收汇的安全；余款用汇款方式，在货物到达进口国后支付，考虑到了数量和金额变化的灵活性。通过不同结算方式的结合，满足了结算中不同方面的需要。

一、合同中的信用证条款内容

开证日期、信用证的类别、付款时间、信用证金额、信用证的有效期、信用证的到期地点等。

(一) 即期信用证支付条款

买方应通过卖方所接受的银行于装运月份前 30 天开出并送达卖方不可撤销即期信用证，于装运月份后 15 天在中国议付有效。

The Buyer shall open through a bank acceptable to the Seller an Irrevocable Sight Letter of Credit to reach the Seller 30 days before the month of shipment. Valid for negotiation in China until the 15th day after the month of shipment.

(二) 远期信用证支付条款

买方应通过卖方可以接受的银行于装运月份前××天开出并送达卖方不可撤销的见票后 45 天付款的信用证，有效期至装运月份后 15 天在上海议付。

The Buyer shall open through a bank acceptable to the Seller an Irrevocable Letter of Credit at 45 days' sight to reach the Seller ×× days before the month of shipment. Valid for negotiation in Shanghai until the 15th day after the month of shipment.

(三) 信用证支付条款规定应注意的问题

信用证支付条款的主要内容应包括以下几个方面：

1. 开证时间

通常在出口合同中规定开证时间的三种方法：

(1) 在装运月份前＿＿＿天开到卖方。

(2) 不迟于＿＿＿月＿＿＿日开到卖方。

(3) 接卖方货已备齐的通知后＿＿＿天内开证。

另外，在合同内还应明确规定买方逾期开证的处理方法(卖方是否有权撤销合同)。

2. 开证银行

出口合同中一般应规定开证银行的资信地位。

3. 受益人

一般情况下应规定"以卖方为受益人"。但如在异地装运，或代理其他企业达成的交易，也可以规定装运地或被代理的企业为受益人。

4. 信用证种类

(1) 在买卖合同中应明确规定买方开立的信用证必须是不可撤销的。

(2) 还应在合同中规定信用证的类别。例如，是即期的还是远期的，如是远期的，必须规定付款期限的计算方法。

5. 信用证金额

(1) 信用证金额在实践中一般规定为发票金额的 100%。

(2) 如果涉及额外费用需在信用证金额外支付者，则必须在合同中明确有关信用证应作相应的规定，以免影响收汇。

(3) 如在合同中对装运数量订有"约"数或"溢短装条款"的，则应要求买方在信用证内规定装运数量多交或少交的百分率或注明"约"数，同时，对信用证金额作相应的增加或在金额前注明"约"数字样，以有利于货物溢装时能收足货款。

6. 到期日和到期地点

(1) 到期日(即信用证的有效期)是指开证银行付款、承担即期付款、延期承兑或议付责任的期限。

(2) 到期地点是指被交付单据并要求付款、承兑或议付的银行的所在地，即在信用证有效期内应向何地的指定银行交单为准。

> ❖ **案例学习**
>
> 　　信用证规定，装船时间不得迟于 2 月 1 日，信用证的有效期为 2 月 15 日之前，在中国议付有效。因运输问题，经买方同意，开证行通知议付行装船期修改为"不迟于 2 月 11 日"。出口方如期出运后，于 2 月 20 日备妥全套单据向银行办理议付，却遭到拒付。请分析银行拒付的原因。
>
> 　　**分析**：信用证一旦超过了有效期，该信用证实际上就作废了，因为信用证是银行开出来的有条件的付款保障，所以买方不管向你做了任何承诺，开证行一概不管，开证行只按照信用证的规定行事。此案例中，对装船期进行了修改，但信用证的有效期没有顺延，银行拒付的理由就是信用证已经过期。

二、支付方式选择

在进出口业务选择支付方式时，一般要对各种因素进行全面考虑，如对方资信状况与经营作风的好坏、货物本身是否畅销、市场竞争是否激烈、交易金额是否较大等，并在此基础上确定采用一种对交易双方都比较安全的支付方式。但为了吸引客户，促成交易，有时也需要采用对对方较为有利、对自己风险较大的支付方式。

信用证方式因属于银行信用的性质，被认为是最安全的一种支付方式，因而受到出口方的欢迎，尤其是在我国的出口贸易中使用最多。但是，这种方式并非十全十美。例如，买方在申请开证时除向银行交纳手续费之外，往往还要提供开证押金或其他担保，而信用证从开立到最终付款通常需要相当长的一段时间，这就造成了进口方相当数量的资金占用，影响其资金周转，进而影响其正常经营，这可谓信用证支付方式最大的缺点。

近几年来，国际市场早已从原来的卖方市场转为买方市场，而且市场上产品更新换代的速度越来越快，进口商对交货速度的要求也越来越高。信用证的缺点在不断变化的市场中愈来愈明显，不能适应市场的要求，用更灵活的付款方式替代信用证的呼声日益高涨。在这种背景下，国际保理业务出现，并使传统的托收支付方式在国际贸易结算中得到了广泛应用。

另外，由于国际贸易金额日益增大，交易条件日趋复杂，交易双方有时将各种支付方式结合在一起，采用综合支付方式，主要有以下几种情况：

(1) 汇付与托收相结合，以汇付方式支付定金，以付款交单的托收方式支付大部分货款。

(2) 汇付与信用证相结合，以信用证支付大部分货款，货到目的地经检验计算出真实重量及确切的货款总额，或经安装调试证明货物品质完全合格后，以汇付方式支付货款余额。这种方式常见于粮食、矿砂等散装货物或成套设备的交易。

(3) 汇付与银行保函或备用信用证相结合，常见于大型机械、成套设备的交易。进口方以汇付方式支付定金及每期货款与利息，同时以银行保函或备用信用证为出口方的收款提供可靠保证。

(4) 托收与信用证相结合，是指部分货款以信用证方式收取，部分货款通过托收方式来收取。应特别注意，出口方的全套货运单据要随附在托收项下的汇票下，而信用证部分则凭出口方开出的光票付款。

(5) 托收与银行保函或备用信用证相结合，是指货款以托收方式收取，同时进口方要开出银行保函或备用信用证，为出口方的收款提供保证。

> ❖ 案例学习
>
>   甲国的 A 公司出口机电设备给乙国的 B 公司。由于货款金额大，B 公司在申请开证时，银行要求其支付较高的押金。B 公司的流动资金比较紧张，觉得支付该数量的押金比较困难。B 公司转而与 A 公司商量采用托收的结算方法，但 A 公司基于收汇安全的考虑，认为全额托收不可接受。
>
>   问题：请分析在这种情况下，可以怎样结合不同的结算方式，既可以使 B 公司少付押金，又可以保证 A 公司的收汇安全？作为 B 公司的开证行，应该在信用证中怎样注明？在出口合同中，又应怎样反映？
>
>   分析：本案可以采用信用证与托收相结合的方式，即部分信用证、部分收托的结算方式。进口商可开立交易总额若干成的不可撤销信用证，其余部分可用付款交单方式由出口人另开立汇票，通过银行向进口商收取。通常的做法是：信用证规定受益人(出口商)开立两张汇票，属于信用证部分货款，凭光票付款。全套货运单据，则附在托收部分汇票项目下，按即期或远期付款托收。

在实践中，为防止开证银行未收妥全部货款前，即将货运单据交给进口商，要求信用证必须注明在全部付清发票金额后方可交单的条款，如下：

Payment by irrevocable letter of credit to reach the sellers ×× days before the month of shipment stipulating that the remaining ××% against ××% of the invoice value available against clean draft while the draft on D/P sight basis. The full set of shipping documents shall accompany the collection draft and shall only be released after full payment of the invoice value. If the buyers fail to pay the full invoice value the shipping documents shall be held by the issuing bank at the seller's disposal.

在出口合同中，也应规定相应的支付条款，以明确进口商的责任。这种做法，对进口商来说，可减少开证金额，少付开证押金，少垫资金；对出口商来说，因有部分信用证的保证，且信用证规定货运单据跟随托收汇票，开证银行须待全部货款付清后，才能向进口商交单，所以，收汇比较安全。

知识与技能训练

【单项选择题】

1. 汇票债务人承担汇票付款责任次序在承兑后是(　　)。

A. 出票人——第一背书人——第二背书人

B. 承兑人——出票人——第一背书人

C. 承兑人——第一背书人——第二背书人

D. 出票人——承兑人——第一背书人

2. 以下属于顺汇方法的支付方式是(　　)。

A. 汇付　　B. 托收　　C. 信用证　D. 银行保函

3. 当汇出行在汇入行有账户时,汇出行可采用(　　)的方式偿付汇入行。

A. 主动贷记汇入行在汇出行的账户

B. 主动贷记汇出行在汇入行的账户

C. 授权汇入行借记汇出行在汇入行的账户

D. 借记汇入行在汇出行的账户

4. 对于出口商而言,承担风险最大的交单条件是(　　)。

A. D/P at Sight　　　　　　B. D/P after at Sight

C. D/A after at Sight　　　　D. T/R

5. 根据跟单托收业务的流程图,即期 D/P、远期 D/P、D/A 做法步骤不同主要发生在(　　)之间。

A. 委托人与托收行　　　　　B. 委托人与代收行

C. 托收行与代收行　　　　　D. 代收行与付款人

6. D/P·T/R 意指(　　)。

A. 付款交单　　　　　　　　B. 承兑交单

C. 付款交单凭信托收据借单　D. 承兑交单凭信托收据借单

7. 一份信用证如果未注明是否可以撤销,则是(　　)。

A. 可以撤销的　　　　　　　B. 不可以撤销的

C. 由开证行说了算　　　　　D. 由申请人说了算

8. 背书人在汇票背面只有签字,不写被背书人名称,这是(　　)。

A. 限定性背书　　　　　　　B. 特别背书

C. 记名背书　　　　　　　　D. 空白背书

9. 通知行的责任是(　　)。

A. 及时转递信用证

B. 保兑、及时转递信用证

C. 及时转递信用证、证明信用证的真实性并及时澄清疑点

D. 保兑、及时转递信用证、证明信用证的真实性并及时澄清疑点

10. 银行审核单据的合理时间是不超过收到单据次日起的(　　)个工作日。

A. 7　B. 5　C. 3　D. 1

【多项选择题】

1. 汇票关于收款人的记载又称"抬头",其填写方法主要有(　　)。

A. 限制性抬头　B. 空白抬头　C. 指示性抬头　D. 来人抬头

2. 根据结算工具的传递方式不同,汇款结算方式包括(　　)。

A. D/D　B. D/P　C. M/T　D. T/T

3. 属于银行信用的国际贸易结算方式的有(　　)。

A. 信用证　B. 托收　C. 汇付　D. 汇款　E. 银行保函

4. 托收结算方式根据是否附有货运单据可分为( )。

A．付款交单 　 B．承兑交单 　 C．光票托收 　 D．跟单托收

5. 常见的信用证结算方式下的欺诈风险有( )。

A．伪造信用证和单据

B．"软条款"信用证

C．以次货、假货、垃圾货等进行诈骗

D．开立无贸易背景的信用证

6. 一般由中间商作为中介达成的交易，在结算时一般使用( )。

A．可转让信用证 　 　 　 　 B．对开信用证

C．预支信用证 　 　 　 　 　 D．对背信用证

7. 信用证结算方式的特点主要包括( )。

A．信用证是银行信用 　 　 　 B．信用证是自足文件

C．信用证是单据业务 　 　 　 D．开证行处于第二付款人地位

8. 根据是否向出口商提供融资，保理业务可分为( )。

A．到期保理 　 　 　 　 　 　 B．标准保付代理

C．公开型保理 　 　 　 　 　 D．隐蔽型保理

9. 福费廷业务的特点有( )。

A．主要为大型资本货物交易提供资金融通

B．通常是为客户的一项交易提供一项融资服务，而不是综合服务

C．包买商银行有追索权贴现

D．付款期限较长

E．福费廷业务中的票据必须经进口国银行担保

10. 银行保函可以解决交易中存在的如下问题：( )。

A．买方怀疑卖方的交货能力

B．卖方怀疑买方的支付能力

C．预付和迟付的矛盾

D．在合约的执行过程中，因一方的违约导致另一方的损失

E．买卖双方的资金不足

【简答题】

1. 简述汇票与支票的区别。

2. 什么是托收？跟单托收有几种交单条件？对出口商和进口商最有利的交单条件各是什么？

3. 简述信用证的性质。

4. 简述备用证与银行保函的异同。

5. 简述福费廷业务的特点。

【实训题】

1. 实训目的

通过信用证的实际处理和相关案例的分析，使学习者能够了解信用证各当事人与合同

当事人之间的关系，掌握信用证各条款的内容，并能结合合同等文件对信用证进行分析和审核，从而了解在一笔贸易中，买方对卖方在单据方面的制作要求，以便作好制单工作的各种前期准备工作。

2. 实训要求

熟练掌握各种支付工具的应用，以及合同中支付条款的内容，会根据客户要求进行各种支付单据的综合使用，订立国际贸易合同中的支付条款。根据信用证样本审核信用证，并填制简单单据。

3. 实训内容

信用证业务的审核和相关案例分析。

(1) 根据所给信用证样本，完成下面的操作。L/C 样本如下：

FROM: VOLKSBANK SCHORNDORF, HAMBURG, GERMANY

TO: BANK OF CHINA, HEBEI BRANCH

Form of Doc. Credit *40 A: IRREVOCABLE

Doc. Credit Number *20: 17-4-1520

Date of Issue　　　　　31C: 2017/11/18

Expiry　　　　　*31 D: DATE 2018/01/18 IN THE COUNTRY OF BENEFICIARY

Applicant　　　*50: LUCKY VICTORY INTERNATIONAL

　　　　　　　STUTTGART STIR. 5,

　　　　　　　D-84618, SCHORNDORF,

　　　　　　　GERMANY

Beneficiary　　　*59: HEBEI MACHINERY IMP. AND EXP. CORP (GROUP)

　　　　　　　720 DONGFENG ROAD

　　　　　　　SHIJIAZHUANG

　　　　　　　CHINA

Amount　　　*32B: Currency USD Amount 67200.00

Pos. / Neg. Tol. (%) 39A:　　5/5

Available with /by *41D: ANY BANK

　　　　　　　BY ACCEPTANCE

Draft at　　42C: DRAFTS AT 30 DAYS SIGHT

　　　　　　FOR FULL INVOICE VALUE

Drawee　　42A: VOLKSBANK SCHORNDORF,

　　　　　　HAMBURG, GERMANY

Partial Shipments 43P: ALLOWED

Transshipment　　43T: ALLOWED

Loading in Charge 44A: TIANJIN

For Transport to　　44B: HAMBURG

Latest Date of Ship. 44C: 2018/01/03

Descript. of Goods 45A:

STAINLESS STEEL SPADE HEAD,

ART. NO. S821/29099, 4500PCS, USD9.60 PER PC.,

ART. NO. F807/22199, 2500PCS, USD9.60 PER PC.,

AS PER S/C NO. 17HM23600256 DATED NOV. 10, 2017.

CIF HAMBURG

Documents Required　46A:

+SIGNED COMMERCIAL INVOICE IN TRIPLICATE.

+FULL SET OF CLEAN ON BOARD OCEAN BILLS OF LADING MADE OUT TO ORDER OF WIM
BOSMAN BV, P. O. BOX 54064, NL-3008, JB HAMBURG, MARKED "FREIGHT PREPAID" AND NOTIFY
APPLICANT.

+GSP CERTIFICATE OF ORIGIN FORM A

+PACKING LIST IN TRIPLICATE.

+INSURANCE POLICY ISSUED TO THE APPLICANT, COVERING RISKS AS PER INSTITUTE CARGO
CLAUSE (A) INCLUDING WAREHOUSE TO WAREHOUSE CLAUSE UP TO FINAL DESTINATION AT
SCHORNDORF, FOR AT LEAST 110 PCT OF THE CIF VALUE, MARKED PREMIUM PAID, SHOWING
CLAIM PAYABLE IN GERMANY.

Additional Cond.　　47A :

1. A HANDING FEE OF USD 80.00 WILL BE DEDUCTED IF DISCREPANCY DOCUMENTS
PRESENTED.

2. ALL DOCUMENTS MUST BE IN ENGLISH.

3. ALL DOCUMENTS INDICATING THIS L/C NUMBER.

Presentation Period　　48: DOCUMENTS TO BE PRESENTED WITHIN 15 DAYS AFTER THE DATE OF
SHIPMENT, BUT WITHIN THE VALIDITY OF THE CREDIT.

Details of Charges 71B: ALL BANKING CHARGES AND EXPENSES OUTSIDE THE ISSUING BANK ARE
FOR BENEFICIARY'S ACCOUNT.

有关资料如下：

发票号码：17HM236-22　　　　　　　　　　发票日期：2017 年 12 月 25 日

提单号码：CANEI29-30554　　　　　　　　提单日期：2017 年 12 月 30 日

船名：BUSSAN SENATOR V. 872W　　　　　装运港：天津港

集装箱：1×20' FCL CY/CY　　集装箱号：HJCU874765-4　　封号：053288，

普惠制产地证号：SJZ9/80060/0010

商品编号：8201.1000

海运费：USD1500.00

净重：7.20KGS/CTN

毛重：7.60KGS/CTN

每 5 个一捆(BUNDLE)，共 1400 捆

尺码：(64×18×11)CM/CTN

唛头：

LUCKY

98HM23600256

HAMBURG

NO. 1 1400

请把汇票制作完整，如图 6-9 所示

Drawn under ....

信用证　　　　　　第　　号
L/C No..

日期
Dated ....

按　　　　　　　息　　　　　　付款
Payable with interest @...................% per annum

号码　　　　汇票金额　　　　　中国，　广州　　年　月　日
No:..................Exchange for..................Guangzhou , China..................

见票　　　　　　　日后(本汇票之副本未付)
At.........................Sight of this FIRST of Exchange (Second of exchange being unpaid)
pay to the order of **BANK OF CHINA, TIANJIN BRANCH** 或其指定人

付金额
The sum of

To...
....

图 6-9　汇票

(2) 讨论案例。

案例一： 我国某外贸公司受国内用户委托，以外贸公司的名义作为买方与外国一家公司 (卖方)签订了一项进口某种商品的合同，支付条件为：即期付款交单。在履行合同时，卖方未经该外贸公司同意，就直接将货物连同全套单据都交给了国内的用户，但该国内用户在收到货物后遇财务困难，无力支付货款。在这种情况下，国外卖方认为，我国外贸公司作为合同的当事人——买方，根据买卖合同的支付条款，要求我外贸公司支付货款。试问：我外贸公司是否有义务支付货款？理由是什么？

案例二： 我某公司向日本某商以 D/P 见票即付方式推销某商品，对方答复：如我方接受 D/P 见票后 90 天付款，并通过他指定的银行代收则可接受。试分析日方提出此项要求的出发点是什么？

案例三： 中方某公司受到国外开来的不可撤销信用证，由设在我国境内的某外资银行通知并加以保兑，中方在货物装运后，正拟将有关单据交银行议付时，忽接到该外资银行通知，由于开证行已宣布破产，该行不承担对该信用证的议付货款责任，但可接受我方出口公司委托向买方直接收取货款的业务。对此，你认为中方应该如何处理为好？

案例四： 甲国的 A 公司出口机电设备给乙国的 B 公司。A 公司为了收汇安全，希望 B 公司预预付货款，而 B 公司为了保证能收到货物，希望采用托收的结算方式。双方需要寻找一种较为平衡的结算方式。考虑到信用证结算费用较高，他们不打算使用信用证结算方式。请分析在这种情况下，可以怎样结合不同的结算方式？

第七章

国际货物买卖合同争议的预防与处理

学习目标

技能目标

掌握检验、索赔、不可抗力的实务操作要领及有关案例分析，掌握仲裁条款内容及基本做法。

知识目标

了解合同违约和救济的一般原则；理解商品检验、索赔、不可抗力和仲裁的概念与内容。

掌握进出口商品的检验程序，掌握商品检验、索赔、不可抗力和仲裁条款的订立以及合同争议的处理。

引言

国际贸易买卖双方分处两国，相距较远，不可能当面点交货物，而且在长途运输过程中，可能会遇到各种风险，造成不同程度的货物损失，因此，一般买卖双方都要对商品进行检验。经过检验发现任何一方有违约行为，受害方都可以提出索赔。在履行合同的过程中，如果发生人力不可抗拒的事件，致使合同不能履行或者不能如期履行，按照合同中规定的不可抗力条款，可以免除合同当事人的责任。在合同的执行过程中，对于买卖双方的责任和义务如果发生争议，而双方不能经过协商解决的，可按照合同中订立的仲裁条款执行。

国际贸易合同交易条款中，分为必要交易条款和一般交易条款。品质、数量、包装、价格、运输、保险、支付条款为必要交易条款；检验、索赔、异议、不可抗力和仲裁条款为合同一般交易条款。

第一节　商　品　检　验

入门案例

某合同商品检验条款中规定以装船地商检报告为准。但在目的港交付货物时却发现品质与约定规格不符。买方经当地商检机构检验并凭其出具的检验证书向卖方索赔。卖方却以上述商检条款拒赔。卖方拒赔是否合理？

此案例表明：卖方拒赔是有理由的。因为合同规定商品检验以装船地商检报告为准，这决定了卖方交货品质的最后依据是装船地商检报告书。在此情况下，买方在目的港收到货物后，可以再行检验，但原则上无权提出异议。所以，卖方拒赔是合理的。

在国际货物买卖中，商品检验是指对卖方交付货物的质量、数量和包装进行检验或鉴定，以确定卖方所交货物是否符合买卖合同的规定。商品检验工作是国际货物买卖中交易双方交接货物必不可少的业务环节。

根据各国的法律、国际惯例及国际公约规定，除双方另有约定外，当卖方履行交货义务后，买方有权对所收到的货物进行检验，如发现货物不符合合同规定，而且确属卖方责任，买方有权要求卖方损害赔偿或采取其他补救措施，甚至可以拒收货物。国际货物买卖合同中检验条款的主要内容有：检验时间和地点、检验机构、检验标准和方法以及检验证书等。

一、商品检验的概念及内容

(一) 商品检验的含义

商品检验(Commodity Inspection)简称商检，是指商品检验机构对卖方拟交付货物或已交付货物的品质、数量、重量、包装、安全性能、卫生指标、残损情况、货物装运技术条件等所进行的检验、鉴定和管理工作。

(二) 商品检验的作用

商品检验是随着国际货物买卖的发展而产生和发展起来的，它在国际货物买卖中占有十分重要的地位。国际货物买卖中，由于交易双方处于不同的国家，相距遥远，做到当面验货较难，所以很容易在交货的品质或数量(重量)等问题上发生争议。加之货物在长途运输过程中难免会发生残损、短少甚至灭失，尤其是在凭单证交接货物的象征性交货条件下，更易引发交易双方在责任归属上的争议。因此，为了便于查明货损原因，确定责任归属，以利货物的交接和交易的顺利进行，就需要商品检验机构以公证的第三方身份对货物进行检验或鉴定，并出具检验证书，作为买卖双方交接货物、结算货款和向有关方面进行索赔的依据。所以，合同中检验条款是与品质条款和数量条款相对应的，是它们的继续。品质条款和数量条款是卖方对买方在商品的品质、数量上的担保，而检验是对这些担保的保证。再者，在国际贸易中买方收到了卖方所交的货物并不等于买方已接受了货物，他有权对商品进行检查。各国法律对有关检验规定是不同的，究竟如何决定检验的问题，在合同条款上一定要写明确。

(三) 商品检验的内容

在国际贸易中，商品的种类繁多。商品的不同，商品检验的内容也有所不同。下面介绍几种在进出口商品检验中比较常见的内容。

1. 品质检验

品质检验主要是对商品的外观、化学成分、物理性能等进行检验。一般有两种方法：仪器检验和感官检验。仪器检验是利用各种有关仪器和机械对商品进行物理检验、化学分析和微生物检验等，感官检验是指通过耳、鼻、眼、口、手对商品进行鉴定。

2. 数量(重量)检验

商品数量(重量)检验是根据合同规定的计量单位和计量方法对商品的数量(重量)进行检验，来确定与合同规定是否一致。因数量(重量)检验的各种方法都有一定的局限性，实际业务中允许有一定的合理误差。

3. 包装检验

包装检验主要是检验商品包装的牢固性和完整性，看其是否适合商品的性质和特点，是否适于货物流转过程中的装卸、搬运，是否符合买卖合同及其他有关规定，是否有合乎标准或合同规定的内包装和衬垫物料或填充物料，同时还要对包装标志的各项内容进行核对，看其是否与合同规定相符。

4. 卫生检验

卫生检验是指对进出口贸易中与人类生命健康密切相关的肉、蛋、奶制品及水果等都进行卫生检验，对发现细菌或寄生虫的产品一律不准出口和进口。

5. 残损检验

进口商品残损检验是鉴定受损货物的残损程度，并出具证明，作为向有关方面索赔的依据。商品的残损主要指商品的残破、短缺、生锈、发霉、虫蛀、油浸、变质、受潮、水渍、腐烂等情况。进口商品残损检验的依据主要包括发票、装箱单、保险单、重量单、提单、商务记录及外轮理货报告等有效单证或资料。

除上述检验内容外，进出口商品检验还包括船舱检验、监视装载、签封样品、签发产地证书和价值证书、委托检验等项内容。

二、商品检验机构

在进出口货物的检验过程中，买卖双方除了自行对货物进行必要的检验外，通常还要委托商品检验机构作为公正的第三方对商品进行各方面的检验和鉴定，并出具真实、公正、具有权威性的检验证书。商品检验机构是指根据客户的委托或有关法律、法规的规定对进出口商品进行检验、鉴定和管理的机构，简称检验机构或商检机构。

(一) 国际上商品检验机构的类型

在国际贸易中，可供买卖双方选用的商品检验机构很多。凡是开展进出口贸易的国家或地区，一般都设有商品检验机构。虽然商品检验机构的种类繁多，名称各异，但在国际上，商品检验机构大体可归纳为以下三种。

1. 官方商检机构

官方商检机构是指由政府出资设立，按照国家有关部门法律、法规对进出口商品进行强制性检验、检疫和监督管理的机构。目前，国际上比较著名的官方商检机构有美国粮谷检验署(FGES)、美国食品药物管理局(FDA)、法国国家实验室检测中心和日本通商产业检验所。

2. 半官方商检机构

半官方商检机构是指有一定的权威，由政府授权，代表政府进行某项商品检验或某一方面的检验管理工作的民间机构。例如，国际上著名的美国担保人实验室(Underwriter's Laboratory)就属于这一类机构。根据美国政府规定，凡是进口与防盗信号、化学危险品以及与电器、供暖、防水等有关的产品，必须经这一半官方商检机构检验认证合格，并贴上该实验室的英文缩写标志"UL"，才能进入美国市场。

3. 非官方商检机构

非官方商检机构是指由私人开设，具有专业检验、鉴定技术能力的公证行和检验公司。在国际上有些机构历史悠久，权威性很高，如瑞士日内瓦通用鉴定公司(SGS)、英国劳埃氏公证行(Lloyd's Surveyor)、日本海事鉴定协会(NKKK)、中国香港天祥公证化验行等。

(二) 中国的商品检验机构

在我国，商品检验机构主要有国家商检局及其设在各地的检验机构和外国在中国境内设立的进出口商品检验鉴定机构，这些机构的设立必须经过国家商检局的审核同意，可以在指定的范围内接受委托办理进出口商品检验，并接受国家商检局和各地商检机构的监督管理。

中华人民共和国国家质量监督检验检疫总局(General Administration of Quality Supervision, Inspection and Quarantine of the People's Republic of China)简称国家质检总局(AQSIQ)，该机构由原国家进出口商品检验局、卫生部卫生检疫局、农业部动植物检疫局合并而成，原各机构相应的职责也统一由出入境检验检疫局负责。"三检合一"有利于消除多部门带来的重复管理、重复检验检疫、重复收费、通关效率低、企业负担重等一系列弊端。2001年4月，国家质量监督检验检疫总局成立，成为我国现时主管质量监督和检验检疫工作的最高行政执法机关。原国家质量技术监督局和原国家出入境检验检疫局的职能合并入总局，但合并以后，检验检疫职能不变。

我国检验检疫部门的工作职责如下：

1. 组织实施进出口商品法定检验和监督管理

法定检验是一种强制性的检验，是指依照国家法律，由授权的检验机构对法律规定必须检验的商品，按法律规定的程序进行检验；经检验合格并签发证明书后，才允许商品进口和出口。因此，法定检验是不依当事人的意愿而强制实施的。很多国家采取法定检验的目的是为了严格把好出口商品质量关，符合出口合同和外销的要求，提高出口商品在国际市场上的信誉；保证进口商品的质量，保护本国消费者的利益。属于法定检验的出口商品，未经检验不准出口。属于法定检验的进口商品，未经检验不准销售、使用。检验依据主要有原产地规则、安全规范、卫生法规标准、动植物检疫法规、环保法规等。

2. 办理鉴定业务

鉴定业务是指接受对外贸易关系人以及国内外有关单位或者外国检验机构的委托，办理规定范围内的进出口商品鉴定业务，签发各种鉴定证书，作为办理进出口商品的交接、结算、计费、理算、通关计税、索赔、仲裁等有效凭证。鉴定是非强制性的。鉴定依据有买卖合同、L/C、租船合同、海运提单、保险合同。

3. 对进出口商品的检验工作实施监督管理

监督管理是指商检机构通过行政管理手段，对本地区进出口商品的收货人、发货人及生产、经营、储运单位以及国家出入境检验检疫局或地方机构指定或者认可的检验机构和认可的检验人员的检验工作进行监督管理。具体内容包括：向法定检验商品的出口生产企业派出检验人员，参与监督出口商品出厂前的质量检验工作；进出口商品检验合格后加施商检标识或封识；对进出口商品进行质量认证，实行出口质量许可制度和进口安全质量许可制度；通过考核，认可符合条件的检验机构；对指定或认可的商检机构的工作进行监督检查。

三、检验的时间和地点

合同中的商品检验条款主要有：检验时间和检验地点的确定；检验机构、检验标准和检验方法的选择。根据国际上的习惯做法和我国的业务实践,关于买卖合同中检验时间和地点的规定方法,主要有以下四种。

(一) 在出口国检验

(1) 在产地检验,即货物离开生产地点(如工厂、农场或矿山)之前,由卖方或其委托的检验机构人员或买方的验收人员对货物进行检验或验收。在货物离开产地之前的责任,由卖方承担。

(2) 在装运港/地检验,即以离岸质量、重量(或数量)为准。货物在装运港/地装运前,由双方约定的检验机构对货物进行检验,该机构出具的检验证书作为决定交货质量、重量或数量的最后依据。按此做法,货物运抵目的港/地后,买方如对货物进行检验,即使发现质量、重量或数量有问题,但也无权向卖方提出异议和索赔。

(二) 在进口国检验

(1) 在目的港/地检验,即以到岸质量、重量(或数量)为准。在货物运抵目的港/地卸货后的一定时间内,由双方约定的目的港/地的检验机构进行检验,该机构出具的检验证书作为决定交货质量、重量或数量的最后依据。如果检验证书证明货物与合同规定不符并确属卖方责任,卖方应予负责。

(2) 在买方营业处所或最终用户所在地检验。对一些需要安装调试进行检验的成套设备、机电仪产品以及在卸货口岸开件检验后难以恢复原包装的商品,双方可约定将检验时间和地点延伸和推迟至货物运抵买方营业所或最终用户的所在地后的一定时间内进行,并以该地约定的检验机构所出具的检验证书作为决定交货质量、重量或数量的依据。

(三) 出口国检验、进口国复验

这种做法是装运港/地的检验机构进行检验后,出具的检验证书作为卖方收取货款的依据,货物运抵目的港/地后由双方约定的检验机构复验,并出具证明。如发现货物不符合同规定,并证明这种不符情况系属卖方责任,买方有权在规定的时间内凭复验证书向卖方提出异议和索赔。这一做法对买卖双方来说,比较公平合理,它既承认卖方所提供的检验证书是有效的文件,作为双方交接货物和结算货款的依据之一,并给予买方复验权。因此,我国进出口贸易中一般都采用这一做法。

近年来,在检验的时间、地点及具体做法上,国际上也出现了一些新的做法和变化。例如,在出口国装运前预检验,在进口国最终检验,即在买卖合同中规定货物在出口国装运前由买方派员自行或委托检验机构人员对货物进行预检验,货物运抵目的港/地后,买方有最终检验权和索赔权。采用这一做法,有的还伴以允许买方或其指定的检验机构人员在产地或装运港或装运地实施监造或监装。对进口商品实施装运前预检验,这是当前国际贸易中较普遍采用的一种行之有效的质量保证措施。在我国进口交易中,对关系到国计民生、价值较高、技术又复杂的重要进口商品和大型成套设备,必要时也应采用这一做法,以保障我方的利益。

(四) 装运港(地)检验重量、目的港(地)检验品质

在国际贸易中对大宗商品交易检验时,为调和买卖双方在商品检验时间与地点问题上的矛盾，有时也规定在出口国检验重量，进口国检验品质，习惯称为"离岸重量和到岸品质"。在这种做法下，以装运港商检机构验货后出具的重量检验证书为卖方交货重量的最后依据，而以目的港商检机构验货后出具的品质检验证书为卖方交货品质的最后依据。若货到目的港(地)后，经检验发现货物品质与合同规定不符，而且确属卖方责任所致，则买方可凭检验证书向卖方提出异议和索赔；但若是货物重量出现不符，则买方不得向卖方提出异议。

应注意的是，在实际业务中对进出口商品检验时间与地点的规定，经常因交易中所采用的贸易术语的不同而有所不同。例如，在采用 E 组或 D 组术语时，卖方要将货物实际交付给买方，这时商品检验应在卖方对买方交货的地点进行，若货物经检验合格后，买方就接受货物，卖方也就不再对货物承担责任。但若采用 F 组或 C 组术语，卖方只要按合同的规定在装运港将货物装上船舶，并提交符合合同的单据，就完成了交货义务，而货物风险在货物越过装运港船舷开始就转移给了买方，但此时买方并未收到货物，也就无法对货物进行检验。在这种情形下，"出口国检验，进口国复验"便是对双方最合理的规定方法。

四、检验方法和标准

(一)　检验方法

商品检验方法是指对进出口商品检验时抽样的数量和方法。在检验中一般采用感官检验、化学校验、物理检验、微生物学检验等。买卖双方在合同中应对商品的检验方法做出具体规定。检验方法和检验标准涉及许多复杂的技术问题。同一商品，用不同的检验方法，其结果也不相同。在出口方面，我国一般应按我国有关标准规定的方法进行检验，如对方要求按对方或第三国的标准进行检验，应和商检部门研究，征得有关部门同意后再定，但不能接受用与我国不进行贸易国家的标准进行检验或复验。如果合同中没有规定检验方法的，出口商品按我国商检部门规定的方法检验；进口商品按国际贸易习惯通用的方法检验。

(二)　检验标准

商品检验标准是检验和衡量进出口商品的某些指标是否合格的依据。在国际货物买卖合同中，要明确商品检验标准，因为可供检验和衡量的标准有很多种，如生产厂家标准、行业标准、国家标准、国际标准等。即使是同一种商品，对其检验的标准不同，检验结果也会大不相同。因此，买卖双方在合同中应明确商品检验标准。但应注意，买卖双方约定的标准不能与国家法律规定使用的标准相冲突，否则，该项合同会被确认无效。因此，商品检验标准的具体内容，应根据商品的种类、特性及进出口国家有关法律或行政法规的规定而定。在国际贸易中，买卖双方在选用何种标准时一般要遵循以下原则：

(1) 法律或行政法规规定强制性标准的，按照法律或行政法规规定的检验标准进行检验。例如，我国出口棉坯布时，不得违反国家商检局颁布的《全国出口棉布检验要求》中关于该商品质量方面的规定。

(2) 法律或行政法规没有规定必须使用的标准，按照买卖双方在合同中约定的标准进行检验。凭样成交的，则应当按照样品检验。

(3) 法律或行政法规规定的标准，如果低于买卖合同中约定的标准，则按照合同中约定的标准进行检验。

(4) 如果法律或行政法规没有规定必须使用的标堆，而且买卖合同中也没有约定检验标准或约定的检验标准不明确的，则按照生产国的标准检验。没有生产国标准，则按国际通用标准检验；如果生产国标准和国际通用标准都没有，则按进口国的标准检验。此外，卖方提供的品质证明书、使用说明书也可作为检验标准。

(5) 在信用证支付的交易中，信用证中规定的标准也是必须注意的。也就是说，既要符合合同中规定的标准，也要符合信用证中规定的标准。如果合同和信用证中规定不一致，则按信用证规定的标准进行检验。

在进口方面，我国原则上采用如下做法：按生产国的标准进行检验；按买卖双方协商同意的标准和方法检验；按国际标准或国际习惯进行检验。如合同规定需要按国外标准检验，而我方又没有该项商品的标准，应及时向对方索取，并且还应在合同中规定有取样的权利。

五、商检证书

商品检验证书(Inspection Certificate)简称商检证书，是商检机构对进出门商品实施检验或鉴定后出具的证明文件。

(一) 检验证书的种类

国际贸易中的检验证书种类繁多，卖方要提供的检验证书应根据商品的特性、种类、贸易习惯以及政府的有关法规而定。目前，常见的检验证书主要有以下几种：

(1) 品质检验证书(Inspection Certificate of Quality)：根据合同规定的各种检验方法，对报验商品的质量、规格、等级进行检验后出具的书面证明文件。

(2) 重量检验证书(Inspection Certificate of Weight)：利用合同规定的计重方法对商品的重量予以鉴定后出具的书面证明。

(3) 数量检验证书(Inspection Certificate of Quantity)：证明商品实际数量的书面文件。

(4) 卫生检验证书(Sanitary Inspection Certificate)：又称为健康检验证书(Inspection Certificate of Health)，即对食用动物产品、食品等商品实施卫生检验后出具的证明商品已经检验和检疫合格，可供食用的书面文件。

(5) 兽医检验证书(Veterinary Inspection Certificate)：对动物商品进行检验，表明其未受任何传染病感染的书面证明。皮、毛、绒及冻畜肉等货物都须进行此项检验。

(6) 消毒检验证书(Disinfection Inspection Certificate)：证明某些出口的动物产品已经过消毒处理，符合安全、卫生要求的书面文件。

(7) 熏蒸检验证书(Inspection Certificated of Fumigation)：证明谷物、油籽、豆类等出口商品及包装用木材与植物性填充物等，已经过熏蒸杀虫的书面文件。其中还要记录熏蒸使用的药物种类和熏蒸时间。

(8) 产地检验证书(Inspection Certificate of Origin)：对出口产品的原产地的书面证明，包括一般的产地检验证书、普惠制产地证书、野生动物产地证书等几种。

(9) 价值检验证书(Inspection Certificate of Value)：证明出口商品的价格真实、可靠的书面文件，可以作为进口国进行外汇管理和对进口商品征收关税的依据。

(10) 验残检验证书(Inspection Certificate on Damaged Cargo)：证明进口商品的残损情

况、判断残损原因、估定残损价值的书面文件，供有关当事人对外索赔使用。

(11) 验舱证书(Inspection Certificate on Tank / Hold)：有时要对准备装货的船舱的现状和设备条件进行检验，如冷藏舱室检验、油轮密固检验、干货舱清洁检验、油舱清洁检验等，如果检验认为符合运载契约和商检局规定的技术要求则签发此种证书。

(12) 货载衡量单(On Cargo Weight & Measurement)：商检局有时根据承运人或托运人的申请，对进出口船运货物的尺码吨位和重量吨位进行衡量，并签发此种证书。

在实际的进出口业务中，由于交易的商品不同，需提供的检验证书的种类也不相同，买卖双方应在合同中做出检验证书的具体约定。此外，提供检验证书的种类还要符合有关国家的法律、法规及对外贸易政策的规定。例如，我国规定，对动物产品除出具品质证书、重量证书外，还需提供兽医证书；而对食用动物产品，除出具品质证书、重量证书外，还需提供卫生检验证书。

(二) 检验证书的作用

商品检验证书的种类虽然很多，但作用基本相同，主要有以下几点：

1. 作为买卖双方交接货物的依据

国际货物买卖中，卖方有义务保证所提供货物的质量、数(重)量、包装等与合同规定相符。因此，合同或信用证中往往规定卖方交货时须提交商检机构出具的检验证书，以证明所交货物与合同规定相符。

2. 作为索赔和理赔的依据

如合同中规定在进口国检验，或规定买方有复验权，则若经检验货物与合同规定不符，买方可凭指定检验机构出具的检验证书，向卖方提出异议和索赔。

3. 作为买卖双方结算货款的依据

在信用证支付方式下，信用证规定卖方须提交的单据中，往往包括商检证书，并对检验证书名称、内容等做出明确规定。当卖方向银行交单，要求付款、承兑或议付货款时，必须提交符合信用证要求的商检证书。

4. 作为海关验关放行的凭证

凡属于法定检验的商品，在办理进出口清关手续时，必须提交检验机构出具的合格检验证书，海关才准予办理通关手续。

六、检验条款

(一) 检验条款的主要内容

国际贸易买卖合同中货物检验条款的内容一般包括：关于检验权的规定、检验时间和地点、检验机构、检验证书、检验标准与方法等。检验条款除了包括以上内容外，有时还需明确买方对不符货物向卖方索赔的期限。

买卖合同中的检验条款实例如下：

It is mutually agreed that the Certificate of Quality and Weight issued by ×× surveyor at the port of shipment shall be part of the documents to be presented for negotiation under the relevant L/C. The Buyer shall have the right to re-inspect the qulity and weight of the cargo.The re-inspection fee shall be borne by the Buyer. The claim with the cargo, if any, shall be lodged to the Seller within × ×days after arrival of the cargo at the port of destination,and the inspection report issued by an impartial organization agreed by the seller shall be provided.

买卖双方同意以装运港××检验机构签发的品质和重量检验证书作为信用证项下议付所提交的单据的一部分，买方有权对货物的品质和数量进行复验，复验费由买方承担。买方对于装运货物的任何索赔，须于货物到达目的港后××天内提出，并须提供经卖方同意的公证机构出具的检验报告。

(二) 订立检验条款的注意事项

1. 关于检验权问题

检验权关系到买卖双方由哪方决定商品品质、数量或包装是否符合合同的问题。在国际贸易中，对检验权一般有下列三种不同的规定方法：

(1) 以离岸品质、重量为准。在此种条款下，买方在货物到达后，原则上不能对货物的品质和数量提出异议。这种做法对卖方比较有利。

(2) 以到岸品质、重量为准。在此种条款下，买方可以根据目的港检验机构签发的检验证书向卖方提出品质、数量方面的异议。这种做法显然对买方有利。

(3) 以装运港的检验证书作为议付货款的依据，但在货到目的港后允许买方有复验权。如复验后发现货物的品质、数量与合同不符，买主可根据交验的结果向卖方提出索赔。这种做法比较公平合理，兼顾到买卖双方的利益，在国际贸易中使用比较普遍。

2. 关于检验机构

在国际贸易中，进行商品检验的机构主要有三类：一是由国家设立的商品检验机构，在我国就是商品检验局；二是由私人或同业公会、协会开设的公证行；三是生产、制造厂商或产品的使用部门设立的检验机构。

3. 关于检验的期限

商检的时间一般就是品质、数量索赔的期限。在检验条款中通常都规定，买方必须于货物到达目的港后若干天内(如 60 天内)进行检验；或规定买方应于货物在目的港卸货后若干天内进行检验，如果超过规定的期限不进行检验，买方就失去检验的权利等。

4. 关于检验的标准和方法

由于各国对同一商品规定的品质标准不完全一致,每个国家的标准(包括各同业公会的标准)各年的版本又有可能不同，内容也有差异，因此在签订合同时，如按标准确定商品品质，要注明标准来源国家名称和使用具体版本。对于可能有多种检验方法检验的商品，应明确采用哪一种。

❖ 案例学习

我国 A 公司某年 8 月向美国 B 公司以 T/T 付款方式出口医疗设备用微型轴承，累计金额达 28 万美元。合同品质条款对微型轴承规格进行了明确规定，但没有明确检验方法和标准，规定买方有复验权，并应在合理时间内提出质量异议，否则无权就质量问题向卖方提出索赔。B 公司在收到货物后迟迟没有汇付货款，A 公司经函询 B 公司得知，该商品的最终用户声称收到的产品存在质量问题。A 公司向 B 公司交涉并说明产品系根据国际标准进行检验证明合格。经几次交涉未果，至次年 11 月，A 公司在久未能收到货款的情况下，在美国对 B 公司提出起诉，要求对方付款。B 公司在收到起诉书后，随即对 A 公司提出反诉，理由是经检验发现其中价值 2 万美元的商品规格与标准的规定误差较大，不符合合同规定。法院经审理做出判决：认定 A 公司提供的价值 2 万美元产品存在质量问题，因而货款中应扣除该金额，同时支持 B 公司的反诉中提出的索赔要求，要求 A 公司支付因质量问题而导致 B 公司蒙受的经济损失 16 万美元。最终判决 A 公司向 B 公司支付 5 万美元。

七、进出口货物的检验程序

凡属法定检验检疫商品或合同规定需要检疫机构进行检验检疫并出具检验检疫证书的商品，对外贸易关系人均应及时提请检疫机构检验。我国进出口商品的检验程序主要包括四个环节：报验、抽样、检验和签发证书。

(一) 报验

进出口报验是指对外贸易关系人向检疫机构申请检验。凡属检验范围内的进出口商品，都必须报验。

1. 出口商品的报检程序

1) 报检要求

报检人在报检时应填写规定格式的报检申请单，提供与出入境检验检疫有关的单证资料、按规定缴纳检验检疫费用；报检人申请撤销报检时，应书面说明原因，经批准后方可办理撤销手续，报检后 30 天内未联系检验检疫事宜的，作自动撤销报检处理；报检人申请更改证单时，应填写更改申请单，交附有关函电等证明单据，并退还原证单，经审核同意后方可办理更改手续。品名、数(重)量、检验检疫结果、包装、发货人、收货人等重要项目更改后与合同、信用证不符的，或者更改后与法律法规不符的，均不能更改。

2) 填写"出口检验申请单"

其主要内容有：报检号(商检机构受理报检的编号，由商检机构受理报检人员填写)；报检单位(填写报检单位全称并加盖公章或报检专用章)；报检日期(报检当天日期)；存货地点(出口货物存放处的详细地址)；卖方或发货人(合同上的卖方或信用证的受益人，要求用中英文填写)；收货人(合同上的买方或信用证的开证人)；品名(按合同、信用证中所列名称填写)；报检数量(按实际申请检验数量填写注明计量单位)；生产部门(生产出口商品的企业名称)；输往国别(出口货物的最终销售国)；H.S.编码(按《商品分类及编码协调制度》填写 8 位数字，如皮革服装的 H.S.编码为 "4203.1000")；净重/毛重(按实际申请检验净重/毛重填写，并注明计量单位名称)；成交单价及总值(按出口合同或发票所列货物的成交单价和总值填写并注明货币名称)；收购单价及总值(外贸经营单位向生产经营部门收购商品的人民币值)；运输方式(填海运、陆运、空运、邮运、多式联运等多种运输方式之一)；标记及号码(唛头，须按出口货物的报关单或明细单所列内容填写，应与实际货物运输包装所示一致)；结汇方式(支付货款的方式)；出运口岸(办理报关出运的地点或口岸)；商品包装情况(按实际包装填写，使用的包装材料及包装情况是否良好应加以注明，如箱装，填"纸箱包装，包装完好")；备注(如对检验证书的内容有特殊要求或有其他需要特别说明的可在此注明)。

3) 出口商品检验时应提供的单证和资料

应提供进出口货物合同或销售确认书或订单、信用证及有关函电、生产经营部门出具的厂检单证、商检机构签发的"出口商品运输包装容器性能检验结果单"；发货人委托其他单位代理报检时，应加附委托书(原件)，凭样成交的应提供成交样品、商检机构签发的"出口商品预验结果单"；按照国家法律、行政法规规定实行卫生注册及出口质量许可证的商品，必须提供商检机构批准的注册编号或许可证编号；出口危险品货物时，必须提供危险品包装容器的性能检验和使用鉴定合格证；出口锅炉、压力容器，需提供锅炉监察机构审核盖章的安全性能检验报告等。

4) 出口商品报验时应注意的事项

(1) 关于出口报检的时间，要求最迟应于报关或装运出口前 10 天向商检机构申请报检。对检验周期较长的商品，如羊绒，还需增加相应抽样、检验、化验等工作的时间。

(2) 每份"出口检验申请单"仅限填报一批商品。

(3) 需签发外文证书的，有关栏目应用打字机填写相应的外文。

(4) 要求商检机构出具证书的，应及时向商检机构提出申请。但发现有违反我国政策法令、不合要求的，应及时向外国进口商提出修改意见。

2. 进口商品的报检程序

进口商品的报验人应在一定期限内填写"入境货物报验单"，填明申请检验鉴定项目的要求，并附合同、发票、海运提单(或铁路、航空、邮包运单)、品质证书、装箱单；接货、用货部门已验收的应附验收记录答资料，向当地检疫部门申请检验；如货物有残损、短缺，还须附理货公司与轮船大副共同签署的货物残损报告单、大副批注或铁路商务记录等有关证明材料。

报验后，如发现报验单填写有误或客户修改信用证使货物数量、规格有变动时，可提出更改申请，填写"更改申请单"，说明更改事项和原因。

(二) 抽样

商检机构接受报验之后，及时派人员到货物堆存地点进行现场检验鉴定。其内容包括货物的数量、重量、包装、外观等项目。现场检验一般采取国际贸易中普遍使用的抽样法(个别特殊商品除外)。抽样时须按规定的抽样方法和一定的比例随机抽样，以便样品能代表整批商品的质量。

(三) 检验

商检机构接受报验之后，根据抽样和现场检验记录，认真研究申报的检验项目，确定检验内容。仔细核对合同(信用证)对品质、规格、包装的规定，弄清检验的依据，确定检验标准、方法，然后进行抽样检验、仪器分析检验、物理检验、感官检验、微生物检验等。

(四) 签发证书

对于出口商品，经检验检疫部门检验合格后，凭《出境货物通关单》进行通关。如合同、信用证规定由检疫部门检验出证，或国外要求签发检疫证书的，应根据规定签发所需证书。

对于进口商品，经检验检疫后签发《入境货物通关单》进行通关。凡由收货、用货单位自行验收的进口商品，如发现问题，应及时向检验检疫部门申请复验。如复验不合格，检验检疫机构即签发检疫证书，以供对外索赔。

第二节　索　赔

国际货物买卖履约时间长，涉及面广，业务环节多，一旦货物在生产、收购、运输、货款支付等任何一个环节发生意外或差错，都可能给合同的顺利履行带来影响。加上国际市场变幻莫测，一方当事人往往有可能在市场行情发生不利时，不履行合同义务或不完全履行合同义务，致使另一方当事人的权利受到损害，从而导致索赔与理赔，甚至引起争议。

入门案例

我国华东某公司以 CIF 术语于 5 月从澳大利亚进口巧克力食品 2000 箱，以即期不可撤销信用证为支付方式，目的港为上海。货物从澳大利亚某港口装运后，出口商凭已装船清洁提单和投保一切险及战争险的保险单，向银行议付货款。货到上海港后，经我方公司复验后发现下列情况：① 该批货物共有 8 个批号，抽查 16 箱，发现其中 2 个批号涉及 300 箱内含沙门氏细菌超过进口国的标准；② 收货人实收 1992 箱，短少 8 箱。③ 有 21 箱货物外表情况良好，但箱内货物共短少 85 千克。试分析，进口商就以上损失情况应分别向谁索赔？并说明理由。

此案例表明：进口商常常因为货物的品质、数量、包装等不符合合同的规定，而需向有关方面提出索赔。根据造成损失原因的不同，进口索赔的对象主要有三个：向卖方索赔、向轮船公司索赔和向保险公司索赔。进口索赔时，需要提供充足的证据。如证据不足、责任不明或与合同索赔条款不符，都有可能遭到理赔方的拒绝。在本案中，如果合同中已明确注明货物必须符合进口国的衡量标准，则货物由于不符合规定而导致的损失应由出口方赔偿，反之则应由进口方自行承担；对于收货时出现的数量短少问题，鉴于该案例中船公司签发的是已装船清洁提单，因此短少的数量应由船公司负责，但如果已经投保了一般附加险，则可以以"偷窃提货不着险"向保险公司索赔；至于箱内货物的短少，由于船公司只负责审查货物外表情况是否良好，货物件数是否符合合同规定，其没有义务核实货物实质情况，所以货物内在瑕疵问题所导致的损失应向出口方索赔。

一、违约与索赔的概念

索赔(Claim)是指合同一方当事人因另一方当事人违约使其遭受损失而向对方提出要求损害赔偿的行为。理赔则是一方对于对方提出的索赔进行处理。因此，索赔与理赔是一个问题的两个方面。在进出口贸易中，损害赔偿是最主要的，也是最常用的违约补救措施。

在国际贸易中，由于种种原因，违约的事件时有发生，主要表现为以下几种：

(1) 卖方违约。其主要表现为：卖方不交货或不按时交货，或交货的品质、数量(重量)、交货期等不符合合同规定。

(2) 买方违约。其主要表现为：买方不按时开来信用证或不付款、不按时付款。

(3) 合同条款规定不明确。合同条款规定得模糊不清，致使买方或卖方违约。如"立即装运""即期装运"，在国际贸易中又无统一解释，买卖双方常常会从各自利益出发各执一词，指责对方违约。

相对而言，卖方违约在国际贸易中更为常见，也就是说，违约事件主要集中在交货的品质、数量(重量)、交货期等问题上。因此，一般来说，买方向卖方提出的索赔较为多见。当然，有时也会发生买方不接货或不按时接货，不开证或不按时开证、无理拒付货款等违约情况，导致卖方向买方提出索赔。

二、违约责任

在进出口过程中，国际货物买卖合同是确定买卖双方权利义务的法律文件。任何一方违反合同规定的义务，不履约或不按合同规定履约，就在法律上构成违约行为。违约一方应当承担继续履行、采取补救措施或者赔偿损失等违约责任。根据各国法律和国际条约的规定，不同性质的违约行为，其承担的责任是不同的。各国法律对违约行为的性质划分及据此可以采取的补救办法，也不很一致：有的国家的法律是以合同中的交易条件的主次为依据划分的；有的国家的法律是以违约后果的轻重程度为依据划分的。

英国的法律把违约分成违反要件(Breach of Condition)与违反担保(Breach of Warranty)两种。违反要件是指违反合同中实质性的主要约定条件，受害方有权因之解除合同并要求损害赔偿。如卖方交货的质量或数量不符合合同规定，或不按合同规定的期限交货等。违反担保通常是指违反合同的次要条件，受害方有权因之要求损害赔偿，但不能解除合同。至于买卖合同中哪些条款属于"要件"，哪些条款属于"担保"，英国的法律未作具体规定，要由法官在审理案件时，根据合同的内容和推定双方当事人的意思做出决定，因此有较大的任意性。在实际业务中，受害方有权把另一方的违反要件当做违反担保处理，即不要求解除合同，而只要求损害赔偿。英国的法律也允许当事人不把另一方的违反要件作为解除合同的理由。此外，如果买方在法律上已被视为接受了货物，并且因此而丧失了拒收货物的权利，买方就必须将对方的违反要件当做违反担保处理。

美国的法律规定，一方当事人违约，以致使另一方无法取得该交易的主要利益，则是重大违约(Material Breach)。在此情况下，受害的一方有权解除合同，并要求损害赔偿。如果一方违约，情况较为轻微，并未影响到对方在交易中取得的主要利益，则为轻微违约(Minor Breach)，受害的一方只能要求损害赔偿而无权解除合同。

《联合国国际货物销售合同公约》(以下简称《公约》)把违约分为根本性违约(Fundamental Breach)和非根本性违约(Non-fundamental Breach)两类。只有在违约行为属于根本性违反合同时，受损害方才有权既宣告合同无效，又要求损害赔偿。如果违约行为属非根本性违反合同，则受损害方只能要求损害赔偿而不能宣告合同无效。《公约》对根本性违约的解释是："一方当事人违反合同的结果，如使另一方当事人蒙受损害，以至于实际剥夺了他根据合同规定有权期待得到的东西，即为根本性违反合同。"例如，卖方完全不交付货物、买方无理由拒收货物或拒付货款等。非根本性违约则是指违约尚未达到根本性违约程度的情况。

我国《合同法》规定，当事人一方迟延履行合同义务或者有其他违约行为致使不能实现合同目的，对方当事人可以解除合同；当事人一方迟延履行主要义务，经催告后在合同期间内仍未履行的，对方当事人可以解除合同。《合同法》又规定，合同解除后，尚未履行的，终止履行；已经履行的，根据履行情况和合同性质，当事人可以要求恢复原状、采取其他补救措施，并有权要求赔偿损失。

三、买卖合同中的索赔条款

国际货物买卖合同中的索赔条款可根据不同的业务需要做不同的规定，一般在合同中订立索赔条款。索赔条款有两种规定方式：一种是异议与索赔条款(Discrepancy and Claim Clause)；另一种是罚金条款(Penalty Clause)。在一般商品的买卖合同中，多数只订立异议和索赔条款，并且同检验条款合并订立在一起。在买卖大宗商品或机械设备的合同中，一般还订有罚金条款。

(一) 异议与索赔条款

异议与索赔条款一般是针对卖方交货质量、数量或包装不符合同规定而订立的，主要内容包括索赔依据、索赔期限等。有的合同还规定有索赔金额和索赔方法。

1. 索赔依据

该条款主要规定索赔时必须具备的证明文件以及出证的机构。索赔依据包括法律依据和事实依据两个方面。前者是指买卖合同和有关国家的法律规定；后者是指违约的事实真相及其书面证明。如果证据不全、不清，出证机构不符合要求，都可能遭到对方拒赔。

2. 索赔期限

索赔期限是指受损害一方有权向违约方提出索赔的期限。按照法律和国际惯例，受损害一方只能在一定的索赔期限内提出索赔，否则即丧失索赔权利。索赔期限有约定的与法定的之分。约定的索赔期限是指买卖双方在合同中明确规定的索赔期限；法定索赔期限是指根据有关法律或国际公约，受损害一方有权向违约方要求损害赔偿的期限。约定索赔期限的长短，须视货物的性质、运输、检验的繁简等情况而定。索赔期限的规定方法通常有："货物到达目的港/地后××天内"；"货物到达目的港/地卸离海轮或运输工具后××天内"；"货物到达买方营业所或用户所在地××天内"等。如合同未规定索赔期限的，则按法定索赔期限。例如，根据《公约》规定，索赔期限是自买方实际收到货物之日起两年之内。我国《合同法》也规定，买方自标的物收到之日起两年中，但如标的物有质量保证期的，适用质量保证期。

买方的索赔期限实际上也就是买方行使对货物进行复验权利的有效期限，有些合同将检验条款与索赔条款结合起来订立，称为"检验与索赔条款"。

异议与索赔条款实例如下：

Any claim by the Buyers regarding the goods shipped shall be filed within ×× days after the arrival of the goods at the port of destination specified in relative Bill of Lading and supported by a survey report issued by a surveyor approved by the Sellers. Claims in respect of matters within responsibility of insurance company, shipping company/ other transportation organization will not be considered or entertained by the Seller.

买方对于装运货物的任何异议，必须于货物抵达提单所列明的目的港××天内提出，并须提供经卖方认可的公证机构出具的检验报告。属于保险公司、轮船公司或其他有关运输机构责任范围内的索赔，卖方不予受理。

(二) 罚金条款

罚金条款亦称违约金条款，主要规定一方未按合同规定履行其义务时，应向对方支付一定数额的约定罚金，以补偿对方的损失。

罚金条款一般适用于一方当事人迟延履约，如卖方延期交货、买方延期接货或延迟开立信用证等违约行为。罚金的数额通常取决于违约时间的长短，并规定罚金的最高限额。

关于合同中的罚金条款，各国法律有不同的解释。例如，英国法律认为，如属于预定的损害赔偿，可以承认和执行，如属于惩罚性质的，则不予承认。一旦发生违约，只能依法重新确定赔偿金额。我国《合同法》规定，当事人可以在合同中约定，一方违约时向对方支付违约金；也可以约定因违约产生的损失赔偿额的计算方法。但约定的违约金低于或过分高于违反合同所造成的损失，当事人可以请求法院或者仲裁机构予以增加或适当减少。《合同法》还规定，当事人就迟延履行约定违约金的，违约方支付违约金后，还应当履行义务。

罚金条款实例如下：

In case of delayed delivery, the Sellers shall pay the Buyers for every week of delay a penalty amounting to 0.5% of the total value of the goods whose delivery has been delayed. Any fractional part of a week is to be considered a full week. The total amount of penalty shall not , however, exceed 5% of the total value of the goods involved in the late delivery and is to be deducted from the amount due to the Sellers by the paying bank at the time of negotiation, or by the Buyers direct at the time of payment. In case the period of delay exceeds 10 weeks after the stipulated delivery time the Buyers have the right to terminate this contract but the Sellers shall not thereby be exempted from payment of penalty.

如卖方不能如期交货，在卖方同意由付款行从议付的货款中或直接从买方支付的货款中扣除罚金的条件下，买方可同意延期交货。延期交货的罚金不得超过延期交货部分金额的5%。罚金按每七天收取延期交货部分金额的0.5%，不足七天者按七天计算。如卖方未按合同规定的装运期交货超过10周时，买方有权撤销合同，并要求卖方支付上述延期交货罚金。

罚金或违约金与赔偿损失存在一定的差异：罚金不以造成损失为前提条件，即一方违约没有给对方造成任何实际损失，也不影响对违约方追究违约金责任。法庭或仲裁庭也不要求请求人就损失举证，因此罚金在追索程序上比赔偿损失简便得多。

应该注意的是关于合同中罚金条款，各国对违约金本质和罚金条款效力的法律规定存在着很大的差异，大陆法系国家一般都承认和保护合同中的罚金条款，承认违约金的惩罚性性质，而且一般均允许当事人在请求违约方支付违约金后，还可要求违约方对其作损害赔偿，同时可以请求继续履行合同。在这种情况下，违约金只是对违约方不完全履行或延迟履行合同的违约行为的惩罚，与该违约行为给对方造成的损失没有直接关系，与合同义务的履行也并不矛盾。在英美法系国家，罚金条款是否有效取决于它属于惩罚性的"罚金"还是补偿性的"预约赔偿金"。如果法院认定是"罚金"，则不予以承认和保护，即罚金条款无效。他们认为，对于违约只能要求损害赔偿，而不能予以惩罚。如果法院认定这一约定的违约金是当事人为了减少将来计算违约损害的麻烦而规定的，则它属于预约赔偿金，该条款便是有效的，受损害方只能根据罚金条款获得固定数额的赔偿，即使这一数额远远少于实际损失。因此，有时违约金如被判定为罚金要比被判定为预约赔偿金对受害人更有利，因为罚金条款虽然无效，但受害人仍可以请求损害赔偿；而预约赔偿金虽然有效，却往往无法补偿受害人所遭受的全部损失。至于合同双方当事人在合同中约定的是"罚金"还是"预约赔偿金"，全凭法院根据具体案情做出它认为适当的解释，而不在于双方当事人在合同中采用什么措辞。

根据我国《合同法》的规定，双方当事人应先估计因违约可能发生的损害赔偿，确定一个合适的违约金比率。违约金确定后应属于对违反合同的损失赔偿，具有预定赔偿金的性质。但如果合同规定的违约金过高或过低于违反合同所造成的损失，当事人可以请求仲裁机构或法院予以适当减少或增加。这与德国、法国等大陆法系国家的有关规定相似。这里需要注意的是，我国《合同法》还规定了在违反约定的情况下，即使一方违约没给对方造成损失，违约方也应支付约定的违约金。所以，我国《合同法》这一规定既体现了违约金的补偿性，也在一定程度上体现了违约金的惩罚性。

我国进出口业务中一般将罚金条款事先拟定并印妥在格式合同中。所以，要注意对方当事人所在国和合同履行地所在国的有关法律规定，对罚金条款进行适当的修改和补充，避免由此而带来的损失。

四、处理索赔应注意的问题

1. 注意索赔的有效期

索赔期限是指受害的一方有权向违约方提出索赔的期限。按照法律和国际惯例受损害的一方只能在一定的索赔期限内提出索赔，否则就丧失了索赔权。索赔期限有约定与法定之分。约定的索赔期限是指买卖双方在合同中明确规定的索赔期限；法定索赔期限则是根据有关法律受害的一方有权向违约方提出索赔的期限。约定索赔期限的长短，须视进出口货物的性质、运输、检验的繁简等情况而定。法定索赔期限则较长，如《联合国国际货物销售合同公约》规定，自买方收到货物之日起两年之内。我国法律也规定，自买方收到标的物之日起两年之内。由于法定索赔期限只有在买卖合同中未约定索赔期限时才起作用，而且在法律上约定索赔期限的效力可超过法定索赔期限，因此在买卖合同中针对进出口商品的具体情况，规定合理、适当的索赔期限是十分必要的。在我国出口货物的索赔一般规定货物到达目的口岸后的 60 天以内提出。对于机器设备等大件商品，索赔期可以适当延长，有的需经过安装调试并进行检验后才能确定是否需要索赔。如在索赔期内提出有困难，可通知对方要求延长索赔期。索赔期限的规定方法通常有："货物到达目的港/目的地后××天内"；"货物到达目的港/目的地卸离海轮或运输工具后××天内"。

2. 分清责任，认准索赔对象

货物受损可能有各种原因，如果货物在保险范围内受到损失，可持有关机构出具的凭证向保险公司提赔；如果因承运人的责任造成货物损失，可由托运人向承运人提赔；如果是买卖合同的当事人违约，可依据合同规定向违约的一方提出索赔。

3. 恰当确定索赔项目和金额

索赔项目和金额，一般在合同中都有预先规定，应严格按照合同规定执行。如果在合同中没有约定损害赔偿的金额，可根据实际的损失程度向对方索赔。根据有关法律和国际贸易的实践，确定损害赔偿金额的基本原则为：

(1) 赔偿金额应与因违约而遭受的包括利润在内的损失额相等。

(2) 赔偿金额应与违约方在订立合同时可预料的合理损失为限。

(3) 由于受损害的一方为减轻损害而采取的合理措施造成的损失，应在赔偿金额中扣除。索赔时要准备好各种证件，包括提单、发票、保险单、装箱单、磅码单正本和副本、商检机构出具的货损检验证明或由承运人签字的短缺残损证明及索赔清单，并列明索赔根据和索赔金额。

4. 了解国际惯例和有关法律，认真制定索赔方案

在查明事实、备妥单证和确定索赔项目以及金额的基础上，正确运用合同条款，做到实事求是，有理有利，既不能提出过高要求，也不能影响自身的权益，以便今后更好地开展业务往来。

第三节　不 可 抗 力

入门案例

2008 年 1 月 2 日，衡阳变压器有限公司与哈萨克斯坦技术工业有限公司签订的合同号为 TBEAHY070706-03 中的主体货物发运出厂，货物于 2008 年 1 月 11 日运至陕西潼关段。但是因潼关大雪和低温引起的路面结冰和大雾，使得货物无法按期运输。根据合同条款，过失方将支付最高达交货价值 10%共计 140 300 美元的罚金。

资料衔接：

我会法律部为外贸企业出具雪灾证明

2008 年 1 月中旬以来，我国南方大部分地区和西北地区遭受了百年不遇的持续低温、雨雪和冰冻的极端天气，使得这些地区的交通受阻，电力、水力设施等严重损坏。此次大范围的雨雪冰冻天气使我市外贸企业的出口物资运输受到严重影响，导致众多企业不能按合同如期交货。

近日我会法律部接到如皋一家铸造企业要求出具雪灾证明的申请，由于连日大雪导致该企业主厂房坍塌不能正常生产致使延期交货近四个月，现正在被国外客户索赔。我会法律事务部以事实和国家相关职能部门的佐证材料为依据，及时为企业出具了相关的雪灾事实证明，解决了企业的燃眉之急。

雪灾证明是我会在原有事实性国际商事证明范畴上的一次突破和扩大，也是从实际出发，本着真心服务企业，替企业排忧解难的原则，为减少其相应损失而出具的一种事

实性证明。此外，这次雪灾也可被视为不可抗力事件，按照《公约》以及《合同法》和国际贸易惯例，有关当事人可根据不可抗力的影响，解除合同或者变更合同来免除其相应的法律责任，但是需要提醒企业注意的是，有部分贸易企业在签署对应的销售合同时，未能仔细地对合同中的各项条款进行审核，合同条款中漏掉了不可抗力条款，结果在不可抗力发生后，不能按规定履约的一方当事人因无法取得免责权利而造成损失。

"大雪无情人有情"，我会法律部提醒各企业在进行贸易活动的过程中多多维护自己应有的权利和权益，尽可能降低风险。如果有企业需要我会出具相关的雪灾证明和不可抗力证明，请与我会法律部联系，我们会尽所能帮助企业减少损失。

此案例表明： 买卖双方签订合同后，有时会出现一些意外事故而影响合同的履行，为避免产生不必要的矛盾，双方当事人应在合同中订立不可抗力条款。

一、不可抗力的含义

国际货物买卖合同成立后，有时客观情况会发生非当事人所能控制的重大变化，使之失去原有履行合同的基础，对此法律可以免除未履行或未完全履行合同一方对另一方的责任，这就是免责。在实践中，为防止在免责问题上产生不必要的纠纷，维护当事人各自的权益，通常在买卖合同中订立不可抗力条款。

不可抗力(Force Majeure)是指买卖合同签订后，不是由于合同当事人的过失或疏忽，而是由于发生了合同当事人无法预见、无法预防、无法避免和无法控制的事件，以致不能履行或不能如期履行合同，发生意外事件的一方可以免除其不履行合同或推迟履行合同的责任。因此，合同中的不可抗力条款是一项免责条款。

按《联合国国际货物销售合同公约》解释，不可抗力是指非当事人所能控制，而且没有理由预期其在订立合同时所能考虑到或能避免或克服它或它的后果而使其不能履行合同义务的障碍。据此，不可抗力是指在合同成立以后所发生的，不是由于当事人一方的故意或过失所造成的，对其发生以及造成的后果是当事人不能预见、不能控制、不能避免并不能克服的。尽管各国的法律、法规对不可抗力作出各自不同的解释和规定，但基本原则是一致的。

二、不可抗力的认定和处理

(一) 不可抗力的认定

一项致使合同不能履行或不能按期履行的意外事件能否被视为不可抗力，不是由合同当事人说了算的，而是要看该项意外事件是否具备不可抗力的条件。尽管各国法律和各种国际公约、国际惯例对不可抗力的含义与解释有所不同，但却都承认构成这类事件需要具备四个条件：

(1) 意外事件是在订立合同之后发生的。

(2) 意外事件是当事人在订立合同时无法预见的。

(3) 意外事件不是由于任何一方当事人的过失和疏忽造成的。

(4) 意外事件不是当事人所能控制的，而且它是无法避免、无法预防的。

一项意外事件必须同时满足这四项条件才能视作不可抗力。

不可抗力的事件原因一般包括三类：一是自然灾害，即天灾人祸类的事实，如水灾、火灾、雪灾、旱灾、飓风、雷电、地震、海啸、暴风雨、冰封等；二是政府作为，指当事人在订立合同以后，政府颁布新政策、法律或采取行政措施而导致合同不能履行；三是社会异常事件，如战争、罢工、骚乱。

(二) 不可抗力的处理

不可抗力发生后，对合同的处理主要有两种方式：一种是解除合同，另一种是延迟履行合同。至于在何种情况下可以解除合同，在何种情况下延迟履行合同，各国也有分歧。英美法系国家认为，一旦出现"合同落空"、合同即告终结，从而就自动地解除了当事人的履约义务。而有些国家法律规定，出现不可抗力事件不一定使合同全部解除，而应根据不可抗力事件的原因、性质、规模、对履约的实际影响区别对待。

我国对不可抗力事件规定了三种处理办法：第一，如果发生不可抗力事件，致使合同义务不能全部履行或已没有必要履行，当事人可以解除合同，并免除全部责任；第二，如果发生不可抗力事件，致使合同部分义务不能履行，则当事人可免除部分义务；第三，如果发生不可抗力事件不是导致合同不能履行，而只是不能按约定的时间履行，则当事人可以延迟履行合同，并在该事件的后果影响持续的时间内，免除其延迟履行的责任。

另外，我国法律还规定了在不可抗力事件中要求免责的一方应承担的两项义务：一是应当及时通知对方，以减轻可能给对方造成损失。如果没有及时通知对方而给对方造成损失，应对此承担责任。二是应在合理的时间内向另一方提供有关机构出具的证明，以证明不可抗力事件的发生。

三、国际货物买卖合同中的不可抗力条款

不可抗力条款是指买卖合同中订明当事人一方因不可抗力不能履行合同的全部或部分义务的，免除其全部或部分的履约责任，另一方当事人不得对此要求损害赔偿。因此，不可抗力条款是一种免责条款。

国际货物买卖合同中的不可抗力条款主要规定：不可抗力的范围、不可抗力的通知和证明、不可抗力事件的处理原则和方法、不可抗力发生后通知对方的期限和方法，以及出具证明文件的机构等。

(一) 不可抗力的范围

关于不可抗力的范围，国际上并无统一的解释，当事人在合同订立时可自行商定。一般有概括式、列举式和综合式三种规定方法。概括式对不可抗力范围只作笼统规定；列举式是将不可抗力事件逐一列出；综合式即列举式与综合式相结合，对经常可能发生的不可抗力事件(如战争、地震、水灾、火灾、暴风雨、雪灾等)列出的同时，再加上"以及双方同意的其他不可抗力事件"的文句。综合式的规定方法，既明确、具体，又有一定的灵活性。目前，在我国进出口贸易合同中，一般都采用综合式。

1. 概括式规定

If the shipment of the contracted goods is prevented or delayed in whole or in part due to

Force Majeure, the Seller shall not be liable for non-shipment or late shipment of the goods of this contract. However, the Seller shall notify the Buyer by cable or telex and furnish the latter within 15 days by registered airmail with a certificate issued by the China Council for the Promotion of International Trade attesting such event or events.

如由于不可抗力的原因，致使卖方不能全部或部分装运，或延迟装运合同货物，卖方对于这种不能装运或延迟装运本合同货物不负有责任。但卖方须用电报或电传通知买方，并须在 15 天内，以航空挂号信件向买方提交由中国国际贸易促进委员会出具的证明此类事件的证明书。

2. 列举式规定

If the shipment of the contracted goods is prevented or delayed in whole or in part by reason of war, earthquake, flood, storm, heavy snow, the Seller shall not be liable for non-shipment or late shipment of the goods of this contract. However, the Seller shall notify the Buyer by cable or telex and furnish the latter within 15 days by registered airmail with a certificate issued by the China Council for the Promotion of International Trade attesting such event or events.

如由于战争、地震、水灾、暴风雨、雪灾等原因，致使卖方不能全部或部分装运，或延迟装运合同货物，卖方对于这种不能装运或延迟装运本合同货物不负有责任。但卖方须用电报或电传通知买方，并须在 15 天内，以航空挂号信件向买方提交由中国国际贸易促进委员会出具的证明此类事件的证明书。

3. 综合式规定

If the shipment of the contracted goods is prevented or delayed in whole or in part by reason of war, earthquake, or other causes of Force Majeure, the Seller shall not be liable for non-shipment or late shipment of the goods of this contract. However, the Seller shall notify the Buyer by cable or telex and furnish the latter within 15 days by registered airmail with a certificate issued by the China Council for the Promotion of International Trade attesting such event or events.

如由于战争、地震或其他不可抗力的原因，致使卖方不能全部或部分装运，或延迟装运合同货物，卖方对于这种不能装运或延迟装运本合同货物不负有责任。但卖方须用电报或电传通知买方，并须在 15 天内，以航空挂号信件向买方提交由中国国际贸易促进委员会出具的证明此类事件的证明书。

(二) 不可抗力的通知和证明

我国法律规定，当不可抗力发生后，当事人一方因不能按规定履约要取得免责权利，必须及时通知另一方，并在合理时间内提供必要的证明文件，以减轻可能给另一方造成的损失。按《公约》，如果当事人一方未及时通知而给对方造成损害的，仍应负赔偿责任。在实践中，为防止争议发生，不可抗力条款中应明确规定具体的通知和提交证明文件的期限和方式。

关于不可抗力的出证机构，在我国一般由中国国际贸易促进委员会(中国国际商会)出具；如由对方提供时，则大多数由当地的商会或登记注册的公证机构出具。另一方当事人收到不可抗力的通知及证明文件后，无论同意与否，都应及时回复。

(三) 不可抗力事件处理的原则和方法

在订立不可抗力条款时应约定不可抗力处理的原则和办法。发生不可抗力后是解除合同还是延期履行合同，应视事故的原因、性质、规模及其对履行合同所产生的实际影响程度而定。

(四) 不可抗力发生后通知对方的期限和方法

尽管多数国家法律及《公约》均规定了发生不可抗力后，要求免责一方必须及时通知对方，但买卖双方为明确责任起见，一般在不可抗力条款中还规定一方发生不可抗力后通知对方的期限和方式。例如，一方遭受不可抗力事件后，应以传真或电传通知对方，并应在 15 天内以航空挂号信提供事件的详情及影响合同履行程度的证明文件。

(五) 出具证明文件的机构

当不可抗力发生后，要求免责的一方要向对方提交证明文件作为发生不可抗力的依据。为了避免出现不必要的争议，买卖双方当事人对出具证明的机构，最好也在合同中订明。

❖ **案例学习**

我国某进口企业按 FOB 条件向欧洲某厂商订购一批货物。当我方派船前往指定港口接货时，正值当地发生战争，被迫关闭运河。我方所派轮船只得绕道航行，由于绕道而增加航程，致使船只延迟到达装货港口。欧洲厂商要求我方赔偿因接货船只迟到而造成的仓租和利息，我方拒绝了对方要求，因此引起争议。问：欧洲厂商的要求是否合理？为什么？

分析：欧洲厂商的要求不合理。因为我方所派船只迟到是由于战争造成的，这属于社会原因引起的不可抗力，是法定免责事项，对欧洲厂商提出的赔偿要求，我方可不予理睬。

❖ **案例学习**

某年，我国 A 公司与英国 B 公司成交小麦 100 吨，每吨 CFR London 400 英镑，总金额为 40 000 英镑，交货期为当年 5～9 月份。签约后，A 公司购货地发生水灾，于是我方以不可抗力为由，要求免除交货责任。但对方回电拒绝。问：我方要求以不可抗力免除交货的理由是否充分？

分析：不可抗力事由发生后，带来两种后果：解除合同与延迟履行。本例中，合同中小麦并非特定产地产品，某一产地发生水灾可以从其他产地调集，所以 A 无法要求免除交货义务。

❖ **案例学习**

某外贸公司接到国外开来的信用证，证内规定："数量共 6000 箱，1～6 月份分 6 批装运，每月装运 1000 箱。"该信用证的受益人于 1～3 月份，每月装运 1000 箱，银行已分批议付了货款。对于第四批货物，原定于 4 月 25 日装船出运，但由于台风登陆，该批货物延至 5 月 1 日才装船，当该公司凭 5 月 1 日的装船提单向银行交单议付时，却遭到银行拒付，该公司曾以"人力不可抗力"为由，要求银行融通，也遭到银行拒绝。问：银行拒付有没有理由？我方能否使用"不可抗力"条款要求银行付款？

分析：本案中，开证银行完全有权拒收单据和拒付货款，除非开证人同意修改信用证并通知银行办理，开证行不承担付款责任。至于出口人是否能引用"不可抗力"条款，获得继续交货的权利，这同银行无关，只属于买卖双方之间的问题。

第四节　仲　　裁

入门案例

甲方与乙方签订了出口某种货物的买卖合同一份，合同中的仲裁条款规定："凡因执行本合同所发生的一切争议，双方同意提交仲裁，仲裁在被诉人所在国家进行。仲裁裁决是终局的，对双方具有约束力。"在履行合同的过程中，乙方提出甲方所交的货物品质与合同规定不符，于是双方将争议提交甲方所在国仲裁。经仲裁庭调查审理，认为乙方的举证不实，裁决乙方败诉。事后，甲方因乙方不执行裁决向本国法庭提出申请，要求法院强制执行，乙方不服。问：乙方可否向本国法院提交上诉？为什么？

此案例表明：买卖双方签订合同后，由于情况复杂多变，有时双方当事人会发生争议，仲裁是解决争议的一种重要方式。本案例中，乙方不可向本国法院提请上诉。因为仲裁授予仲裁机构对争议案件的管辖权，排除法院对该案件的管辖权，仲裁裁决的效力是终局的，对争议双方具有约束力。本案中乙方败诉，应按裁决的内容执行。

一、仲裁的含义与特点

(一) 仲裁的含义

在国际贸易中，当事人如发生争议，一般通过和解解决。若和解不成，则分别情况采取调解、诉讼和仲裁等方式。

(1) 和解，即友好协商，是指当事人双方自行磋商解决争议，即双方各自做出一定的让步，最后达成和解。

(2) 调解。争议双方如自行协商不成，则可邀请第三者，即专门的调解机构中间调停。调解人不具有强制作用，即在双方和解的基础上解决争议。

(3) 诉讼是指一方当事人向有管辖权的法院起诉，由法院按法律程序来解决双方的贸易争议。

(4) 仲裁是指买卖双方达成协议，自愿将有关争议交给双方同意的仲裁机构进行裁决，而裁决是终局的，对双方都有约束力，双方必须遵照执行。

仲裁是解决国际贸易争议较好的一种方式。仲裁方式既不同于和解和调解，又不同于诉讼。和解和调解是自愿性的，在双方同意的基础上才能进行，但和解与调解的结果是没有强制作用的，而诉讼是强制性的，诉讼的提起可以单方面进行，法院的判决也可强制执行。仲裁方式既有自愿性，又有强制性。自愿性主要体现在仲裁的提起要有双方达成的协议，双方当事人可自行选定仲裁机构、仲裁规则和仲裁员；强制性则表现在仲裁裁决是终局性的，双方必须遵照执行。此外，仲裁比诉讼具有更大的灵活性，因为仲裁员是由双方当事人指定的，且仲裁员一般是熟悉国际贸易业务和法律的专家；仲裁程序较简单，处理问题比较迅速；仲裁费用也较低，有利于争议问题的解决。而采用司法诉讼，一方当事人不需要事先取得对方同意，即可向有管辖权的法院起诉，且任何一方都无权选择法官；法院判决后，另一方不服，可在规定时间内向上一级法院提出上诉；诉讼程序较复杂，费用较高，且双方关系紧张，不利于今后贸易关系的继续发展。因此，在实践中，当争议双方通过和解或调解不能解决争议时，一般都愿意通过仲裁方式裁决。

(二) 仲裁的特点

总体来讲，仲裁是在国际贸易中解决争议的一种重要方式，同诉讼相比具有以下特点：

(1) 仲裁是买卖双方在自愿达成协议的基础上解决争议的一种方式。

仲裁具有民间性质，仲裁机构是民间组织，不具有强制性管辖权，如果双方当事人没有仲裁协议，则一方不能强迫另一方进行仲裁。诉讼是通过法院进行，具有强制管辖权，一方起诉不必征得对方的同意。

(2) 处理仲裁案件的仲裁员可由双方当事人指定。

仲裁采取自愿原则，仲裁员可由双方当事人指定。在诉讼案件中，法官是由国家任命或选举产生的，双方当事人没有权利选择法官。

(3) 采取仲裁处理案件的速度快，收费也较低。

处理仲裁案件的仲裁员熟悉国际贸易业务，处理问题时能够更多地考虑国际商业惯例，比较切合实际，因此案件处理速度快且收费低。诉讼程序复杂，处理案件速度慢且收费高。

(4) 仲裁对双方当事人之间的贸易关系损害较小。

仲裁一般不公开进行裁决也不公布出来，对双方当事人之间的贸易关系损害较小。诉讼处理争议时，双方当事人关系紧张，有伤和气，不利于今后贸易关系的继续发展。

二、仲裁协议的形式和作用

我国法律规定，当事人采用仲裁方式解决争议，应当双方自愿达成仲裁协议。没有仲裁协议，一方申请仲裁时，仲裁机构不予受理。

(一) 仲裁协议的形式

仲裁协议是指有关当事人根据意思自治和协商一致的原则，自愿将他们之间已经发生或将来可能发生的争议提交仲裁解决的一种书面协议。

仲裁协议必须是书面的，有两种形式：一种是合同中的仲裁条款(Arbitration Clause)，即在争议发生前，合同当事人在买卖合同中订立仲裁条款，表明在争议发生时，当事人自愿将争议交付仲裁解决；另一种是提交仲裁协议(Arbitration Agreement；Submission to Arbitration)，即双方当事人在合同争议发生后订立的提交仲裁的协议，包括双方来往信件、数据电文等或其他书面形式。这两种仲裁协议具有同等的法律效力。

(二) 仲裁协议的作用

根据我国和其他国家的仲裁法,仲裁协议的作用主要表现为以下几个方面:

(1) 表明双方当事人在争议发生时自愿提交仲裁,约束双方当事人在和解或调解不成时只能以仲裁方式解决争议,任何一方不得向法院起诉。

(2) 使仲裁机构取得对争议案件的管辖权。任何仲裁机构无权受理没有仲裁协议的争议案件。

(3) 可排除法院对争议案件的管辖权。我国法院不受理争议双方订有仲裁协议的争议案件。

以上三个方面的作用是互相联系的,其中核心是排除法院对争议案件的管辖权。因为只要双方订立了仲裁协议,就不能把有关争议案件提交法院审理。如果任何一方违反协议,自行向法院提起诉讼,另一方可根据仲裁协议要求法院停止司法诉讼程序,把争议案件发还仲裁机构审理。因此,买卖双方如不愿将争议提交法院审理,就有必要在合同中订立仲裁条款。

三、国际货物买卖合同中的仲裁条款

仲裁条款的内容一般包括仲裁地点、仲裁机构、仲裁规则、仲裁裁决的效力和仲裁费用的负担等。

(一) 仲裁地点

在订立仲裁条款时,双方当事人都非常重视仲裁地点的选择,因为仲裁地点通常与仲裁时所适用的法律和仲裁规则有密切的关系。在对外商订仲裁条款时,首先应争取在我国仲裁,也可规定在被申请一方所在国仲裁,或者规定在双方同意的第三国仲裁。必要时,可规定在对方所在国进行仲裁。

(二) 仲裁机构

国际的仲裁机构有两种:一种是常设仲裁机构;另一种是临时性仲裁机构。目前,国际上很多国家、地区和一些国际性、区域性组织都设有常设的仲裁机构。

我国常设仲裁机构是隶属于中国国际贸易促进委员会(中国国际商会)的中国国际经济贸易仲裁委员会(又称中国国际商会仲裁院)。

仲裁委员会设在北京,在深圳和上海分别设有分会。中国国际经济贸易仲裁委员会受理争议的范围是国际和涉外争议以及特定种类的外向型国内争议,和当事人申请由仲裁委员会仲裁的其他国内争议。此外,根据《仲裁法》成立的我国各地方仲裁委员会,也可受理涉外仲裁案件。

(三) 仲裁规则

仲裁规则规定进行仲裁的程序和具体做法,包括如何申请仲裁、如何指定仲裁员、如何审理和做出裁决、裁决的效力等。仲裁机构通常都制定仲裁规则,一般都按该仲裁机构制定的仲裁规则进行仲裁，但也允许当事人自由选用其他仲裁规则。例如，我国现行的《中国国际经济贸易仲裁委员会仲裁规则》(以下简称《仲裁规则》)规定，凡当事人同意将争议提交中国国际经济贸易仲裁委员会仲裁的，均视为同意按照该仲裁规则进行仲裁，但当事人另有约定且仲裁委员会同意的，从其约定。

仲裁规则主要包括仲裁申请、仲裁庭的组成、仲裁审理以及做出裁决。各国仲裁法和仲裁规则对仲裁程序都有明确规定。按照《仲裁规则》，仲裁程序包括：仲裁申请、答辩和反请求，仲裁庭的组成，审理，裁决。

1. 仲裁申请、答辩和反请求

(1) 仲裁申请。申请仲裁者称为申请人，申请人在请求仲裁时应在申请中写明申请人和被申请人的名称和地址；申请人所依据的仲裁协议；申请人的要求及所依据的事实和证明。

(2) 答辩和反请求。被申请人对仲裁委员会受理的案件，在收到申请人的申请书后应根据申请书提出的问题逐一进行答辩，并附上有关证明材料。如果被申请人有反请求，应当在收到仲裁申请书之日起 60 天内提出。被申请人应在反请求书中写明其要求及所依据的事实和证据，并附上申请有关的证明文件，被申请人提出反请求时，应按照仲裁规则的规定预缴仲裁费用。

2. 仲裁庭的组成

在双方当事人各自指定一名仲裁员之后(或委托仲裁委员会主任指定)，仲裁委员会主任应再指定第三名仲裁员为首席仲裁员，组成仲裁庭共同审理案件。有时也可以由一名双方都可接受的仲裁员单独审理案件，如果双方都同意由一名仲裁员审理而又对人选达不成共识，则由仲裁委员会主任指定。被指定的仲裁员不能与案件有利害关系，如果被指定的仲裁员与案件有利害关系，当事人有权要求该仲裁员回避。

3. 审理

仲裁庭审理案件有两种形式：一是开庭审理，二是书面审理。仲裁案件的审理一般应开庭进行，如果双方当事人不愿开庭审理，仲裁庭也认为不必开庭审理的，仲裁庭可以只依据书面文件进行审理并做出裁决。仲裁开庭审理的日期由仲裁庭所在的仲裁委员会决定，并于开庭前 30 日通知双方当事人。当事人有正当理由的，可以请求延期，但必须在开庭前 12 天向仲裁委员会提出，再由仲裁委员会转告仲裁庭。

4. 裁决

仲裁庭应当在组庭之日起 9 个月内做出仲裁裁决。裁决书要说明理由，并由仲裁庭全体或者多数仲裁员署名，并写明做出裁决书的日期和地点。

(四) 仲裁裁决的效力

仲裁裁决的效力主要是指裁决是否具有终局性，对双方当事人有无约束力，能否再向法院上诉的问题。

我国法律对仲裁裁决实行一裁终局制度。我国《仲裁规则》规定，仲裁裁决是终局的，对双方当事人均有约束力。任何一方当事人均不得向法院起诉，也不得向其他任何机构提出变更裁决的请求。为有利于仲裁裁决的顺利执行，在订立仲裁条款时，通常都规定仲裁裁决是终局的，对双方当事人均有约束力。

为保证仲裁裁决在国际上得到承认和执行，在联合国主持下于 1958 年在纽约缔结的《承认和执行外国仲裁裁决的公约》(简称《1958 年纽约公约》)是目前国际上有关承认和执行外国仲裁裁决的一项重要国际公约。截至 2018 年 6 月，已有 158 个国家批准参加了该公约。我国政府于 1987 年参加该公约，但我国在加入时做了两项保留，即互惠保留和商事保留，前者是指我国只在互惠的基础上对在另一缔约国领土内做出的仲裁裁决的承认和执行适用该公约；后者是指我国只对我国法律认定属于契约性和非契约性商事法律关系所引起的争议适用该公约。目前，我国仲裁机构的涉外仲裁裁决在世界上很多国家得到承认和执行。

(五) 仲裁费用的负担

仲裁费用一般按争议总金额的百分之几计算，通常在仲裁条款中明确规定由谁负担，由败诉方承担或双方当事人按比例分担，也有的规定由仲裁庭酌情决定。

四、仲裁裁决的承认与执行

从理论上来说，既然买卖双方当事人通过协议提交仲裁，双方就必须毫不迟延地自觉执行仲裁裁决。但有时也发生败诉人拒不履行仲裁裁决的情况，而仲裁庭的民间性质决定了它不具有国家强制力作后盾。在这种情况下，要使仲裁裁决得以履行，就必须向法院申请承认和强制执行。

1. 我国涉外仲裁裁决在国内的执行问题

《中华人民共和国民事诉讼法》第二百五十九条规定："经中华人民共和国涉外仲裁机构裁决的，当事人不得向人民法院起诉，一方当事人不履行仲裁裁决的，对方当事人可以向被申请人住所地或者财产所在地的中级人民法院申请执行。"据此，对于我国涉外仲裁机构(中国国际经济贸易仲裁委员会，中国海事仲裁委员会)做出的涉外仲裁裁决的一方当事人不自动履行时，另一方当事人应申请强制执行，而不管被执行人是中方还是外方。当然，执行的前提应当是被执行人在住所地有足够的财产，否则就无法强制执行。

2. 我国涉外仲裁裁决在国外的执行问题

我国涉外仲裁机构所做出的裁决，如果被执行人是外国公司并且在中国境内没有财产，应当由当事人直接向有管辖权的外国法院申请承认和执行。所谓"有管辖权的外国法院"是指被执行人的财产所在地法院。

3. 外国仲裁裁决在中国的执行问题

对于国外仲裁机构做出的裁决，需要在中国境内强制执行的，无论败诉人是中国公司还是外国公司，只要在中国有住所地或有财产，当事人就可以直接向被执行人的住所地或财产所在地的中级人民法院申请执行。人民法院按照我国缔结或者参加的国际条约办理，或按照互惠原则办理。

4. 涉外仲裁裁决的不予执行问题

根据《中华人民共和国民事诉讼法》第二百六十条的规定，凡我国涉外仲裁机构做出的裁决，被申请人提出证据证明仲裁裁决有下列情形之一的，经人民法院组成合议庭审查核实，裁定不予执行：

(1) 当事人在合同中没有订有仲裁条款或者事后没有达成书面仲裁协议的。

(2) 被申请人没有得到指定仲裁员或者进行仲裁程序的通知，或者由于其他不属于被申请人负责的原因未能陈述意见的。

(3) 仲裁庭的组成或者仲裁的程序与仲裁规则不符的。

(4) 裁决的事项不属于仲裁协议的范围或者仲裁机构无权仲裁的。

另外，人民法院认定执行该裁决违背社会公共利益的，也可以裁定不予执行。

五、仲裁条款的三种基本格式

中国经济贸易仲裁委员会总结外贸公司签订仲裁条款的经验，适当参考国际上的习惯做法，针对在中国仲裁、在被诉方所在国仲裁和在第三国仲裁三种情况，提出以下三种仲裁条款格式：

(一) 确定在我国仲裁的条款格式

由于本合同引起的或与本合同有关的任何争议，双方应通过友好协商解决；如果协商不能解决，应提交中国国际贸易促进委员会之中国国际经济贸易仲裁委员会，根据其仲裁规则进行仲裁。仲裁裁决是终局的，对双方都有约束力。

(二) 确定在被申请人所在国仲裁的条款格式

由于本合同引起的或与本合同有关的任何争议，双方应通过友好协商解决；如果协商不能解决，应提交仲裁。仲裁在被诉方所在国进行。如在中国，由中国国际贸易促进委员会之中国国际经济贸易仲裁委员会根据其仲裁规则进行仲裁。如在××国(对方所在国名称)，应由××(对方所在国仲裁机构的名称)根据该仲裁机构的仲裁规则进行仲裁。仲裁裁决是终局的，对双方都有约束力。

(三) 规定在双方同意的第三国仲裁的条款格式

由于本合同引起的或与本合同有关的任何争议，双方应通过友好协商解决，如果协商不能解决，应提交××(某第三国某地名称及仲裁机构)，根据其仲裁规则进行仲裁。仲裁裁决是终局的，对双方都有约束力。

六、仲裁条款示例

我国根据独立自主、平等互利的原则，并参照国际上的习惯做法，在总结实践经验的基础上，各公司一般采用下列三种仲裁条款格式。

1. 规定在我国仲裁的条款

All dispute in connection with this contract or arising from the execution of there, shall be amicably settled through negotiation in case no settlement can be reached between the two parties, the case under disputes shall be submitted to China International Economic and Trade Arbitration Commission, Beijing, for arbitration in accordance with its Rules of Arbitration, The arbitral award is final and binding upon both parties. The arbitration fee shall be borne by the losing party unless otherwise awarded by the arbitration court.

凡因执行本合同所发生的或与本合同有关的一切争议，双方应通过友好协商解决；如果协商不能解决，应提交北京中国国际经济贸易仲裁委员会，根据该会的仲裁规则进行仲裁。仲裁裁决是终局的，对双方都有约束力。仲裁费用除仲裁庭另有规定外，均由败诉方负担。

2. 规定在被告国仲裁的条款

All dispute arising from the execution of, or in connection with this contract, shall be settled amicably through friendly negotiation. In case no settlement can be reached through negotiation, the case shall be submitted for arbitration. The location of arbitration shall be in the country of the domicile of the defendant. If in China, the arbitration shall be conducted by the China International Economic and Trade Arbitration Commission, Beijing in accordance with its Rules of Arbitration. If in… the arbitration shall be conducted by… in accordance with its arbitral rules. The arbitral award is final and binding upon both parties. The arbitration fee shall be borne by the losing party unless otherwise awarded by the arbitration court.

凡因执行本合同所发生的或与本合同有关的一切争议，双方应通过友好协商解决；如果协商不能解决，应提交仲裁。仲裁在被诉方所在国进行。在中国，由北京中国国际经济贸易仲裁委员会根据该会的仲裁规则进行仲裁。在×××(被诉方所在国名称)由×××(被诉方所在国仲裁机构名称)根据该会的仲裁规则进行仲裁。仲裁裁决是终局的，对双方都有约束力。仲裁费用除仲裁庭另有规定外，均由败诉方负担。

3. 规定在第三国仲裁的条款

All disputes arising from the execution or in connection with this contract, shall be settled amicably through friendly negotiation. In case no settlement can be reached through negotiation, the case shall submitted to… for arbitration in accordance with its arbitral Rules of procedure. The arbitral award is final and binding upon both parties. The arbitration fee shall be borne by the losing party unless otherwise awarded by the arbitration court.

凡因执行本合同所发生的或与本合同有关的一切争议，双方应通过友好协商解决；如果协商不能解决，应提交×××(第三国及其仲裁机构名称)，根据该会的仲裁规则进行仲裁。仲裁裁决是终局的，对双方都有约束力。仲裁费用除仲裁庭另有规定外，均由败诉方负担。

知识与技能训练

【单项选择题】

1. 国际上应用较广泛的商品检验时间、地点的规定方法是(　　)。

A. 装船前装运港检验

B. 出口国装运港(地)检验，进口国目的港(地)复验

C. 装运港(地)检验重量，目的港(地)检验品质

D．进口国目的港(地)检验

2．《联合国国际货物销售合同公约》规定的索赔期限为买方实际收到货物后(　　)。

A．半年内　　　　B．1年内　　　　C．1年半内　　　　D．2年内

3．在解释上易产生分歧的不可抗力事故是(　　)。

A．社会力量事故　　　　　　　　B．政府的行动

C．社会异常事故　　　　　　　　D．商业风险事故

4．在合同中一一列明不可抗力事故范围，这是(　　)。

A．综合式规定　　　　　　　　　B．列举式规定

C．概括式规定　　　　　　　　　D．分类式规定

5．以仲裁方式解决交易双方争议的必要条件是(　　)。

A．交易双方当事人订有仲裁协议

B．交易双方当事人订有合同

C．交易双方当事人订有意向书

D．交易双方当事人订有交易协议

【多项选择题】

1．合同中商品检验条款的重要作用表现为(　　)。

A．明确买卖双方在货物检验方面的权利义务

B．有助于分清货物在运输过程中的货损货差等责任归属

C．证明货物是否符合合同规定

D．保证商检法规的实施

E．保证合同顺利履行

2．由第三者参与解决多方争议的方式是(　　)。

A．协商　　B．调解　　C．仲裁　　D．诉讼　　E．联合调解

3．商品检验证书在国际贸易中的作用是(　　)。

A．证明货物运输、装卸的实际状况

B．能明确责任归属

C．是通关放行的有效证件

D．是履行合约、交接货物和结算货款的主要依据

E．是对外索赔的有效凭证

4．进出口合同中索赔条款有两种规定方式，分别是(　　)。

A．异议条款　　　　　　　　B．索赔条款

C．罚金条款　　　　　　　　D．异议和索赔条款　　E．检验和索赔条款

5．异议和索赔条款包括(　　)。

A．索赔依据　　B．索赔期限　　C．索赔处理办法　　D．索赔金额

6．判定为不可抗力事故的原则是(　　)。

A．意外事故必须发生在合同签订之前

B．意外事故必须发生在合同签订之后

C．由于合同双方当事人自身的过失或疏忽而导致的

D．不是因为合同双方当事人自身的过失或疏忽导致的

E．意外事故的发生是偶然性的，是当事人无法预见或控制、克服的

7．下列属于不可抗力事故的是(　　)。

A．水灾　　　B．地震　　　C．政府禁令　　　D．通货膨胀　　　E．汇率浮动

8．某公司对外订立出口合同后，发生火灾，供出口的商品全部被毁。如果该合同中订有不可抗力条款，该公司可援引该条款(　　)。

A．要求进口方按期付款

B．要求免除对买方的赔偿责任

C．要求撤销合同

D．要求延期履行合同

E．要求改换出口商品

【简答题】

1．合同中商品检验条款包括哪些内容？

2．在国际贸易中，产生争议的原因有哪些？

3．异议和索赔条款的主要内容有哪些？

4．在合同中规定具体索赔期限的方法有哪些？

5．不可抗力事故引起的后果怎样？

6．为什么要在合同中订立不可抗力条款？

7．合同中的不可抗力条款包括哪些内容？

8．仲裁协议有哪些作用？

【实训题】

1．实训目的

了解合同中的索赔条款、不可抗力条款、仲裁条款等，使学生掌握合同争议的预防与处理。

2．实训要求

(1) 研究样本合同中的索赔条款、不可抗力及仲裁条款内容。

(2) 掌握索赔、不可抗力及仲裁的含义及合同中的相关条款内容。

(3) 学会拟定合同中相关条款。

3．实训内容

(1) 根据课堂老师所给客户信息资料样本合同内容，拟定索赔条款、不可抗力条款及仲裁条款。

(2) 讨论案例。

案例一：我国某外贸公司以 CIF 鹿特丹向荷兰客户出口食品 1 000 箱，即期信用证付款，货物装运后，凭已装船清洁提单和已投保一切险和战争险的保险单，向银行收妥货款，货到目的港后，经进口人复验发现下列情况：该批货物共有 10 个批号，抽查 20 箱，发现其中 2 个批号涉及 200 箱内含沙门氏细菌超过进口国标准；有 15 箱货物外表情况良好，但每箱内货物短少 10 千克，试分析以上情况，进口人应分别向谁索赔，并说明理由是什么？

案例二：1993 年我国某外贸公司与某外商签订一笔按 FOB 价的进口合同，后因中东战争苏伊士运河封锁，我方所派船只好绕好望角，以致未能如期到目的港接货，于是卖方以我方未按期接货为由，要求我赔偿其仓储费等，我方应如何处理？

案例三：某年 9 月，土耳其一商人以 CIF 条件售给英商一批蚕豆，合同规定 10 月交货，不料土耳其政府于当年 10 月 20 日宣布禁止蚕豆出口，自宣布日起 10 日内生效执行，土耳其商人以不可抗力事故为由要求解约，此说法可否成立？

案例四：我国某公司从法国某贸易公司进口国际通用标准的一批化肥，7 月起分批装运。合同签署后国际市场该种商品的价格猛涨，高出合同价 20%，6 月 25 日对方来电，称其所属一家化肥厂在生产过程中发生爆炸，工厂全部被毁，要求援引合同中的不可抗力条款解除合同。试问我方应如何处理？

案例五：某年 10 月，我国某外贸公司同外商签订了一项农产品进口合同，交货期为当年 12 月，由于当年 7—8 月间该国产区遭受旱灾，农产品严重减产，出口人不能依约交货，于是以不可抗力为由，向我方提出解除合同的要求，我方应如何处理？

案例六：我国某进出口公司出口一批货物，合同中明确规定一旦在履约过程中发生争议，如友好协商不能解决，即将争议提交中国国际经济贸易仲裁委员会在北京进行仲裁。后来，双方就商品的品质发生争议，对方在其所在地法院起诉我方，法院也发来了传票，传我方公司出庭应诉。试问：我方应如何处理？

案例七：中国 A 公司(卖方)和德国 B 公司(买方)签订买卖合同，就 10000 公吨彩涂镀锌钢卷达成交易。每公吨 1000 美元 CIF 加里宁格勒，2012 年 9—10 月装船。货物分两批装运，第一批 6000 公吨，第二批 4000 公吨。此外，合同规定：针对数量索赔，买方需在货到口岸卸货之日起 30 天内提出。针对品质索赔，买方需在货到口岸卸货之日起 45 天内提出。

双方签约后，德国 B 公司又将合同项下货物转售给在俄罗斯加里宁格勒的俄罗斯 C 公司。

2012 年 10 月 1 日，俄罗斯 C 公司在加里宁格勒收到了第一批货物 6000 公吨。

2012 年 11 月 1 日，俄罗斯 C 公司在加里宁格勒收到了第二批货物 4000 公吨。

但 C 公司声称：已经收到的第一批货物存在品质缺陷，故拒绝接受第二批货物。德国 B 公司只能将已运抵加里宁格勒的第二批货物暂时存仓，后转售俄罗斯 D 公司。

2012 年 12 月 1 日，德国 B 公司分别造访了俄罗斯 C 公司和俄罗斯 D 公司，对前后两批钢卷进行现场调查并拍照取样，并将现场调查结果转寄中国 A 公司。调查结果指出：钢卷存在聚酯涂层缺陷、锯齿利边等品质缺陷。

2013 年 1 月 1 日，德国 B 公司通知中国 A 公司称，俄罗斯 C 公司和俄罗斯 D 公司要求就品质缺陷降价 20%，否则将拒收货物。经与两家公司谈判，德国 B 公司接受了降价 20% 的请求。为此，德国 B 公司向中国 A 公司提出索赔，要求中国 A 公司承担其降价损失。试问：卖方是否应接受买方提出的品质索赔？试从法律及业务等角度予以评论，并给出依据。

第八章

国际货物买卖合同磋商与合同订立

学习目标

技能目标

要求学生能够根据商品与市场的情况，从不同角度做好国际货物买卖的准备工作并掌握交易磋商中每个环节应注意的问题，能够运用合同磋商基本知识与技巧进行进出口合同磋商。

知识目标

了解国际货物买卖合同的含义特点与形式；掌握国际货物买卖的一般程序。

了解交易前准备主要工作的内容；掌握交易磋商、询盘、发盘、还盘和接受的概念，发盘和接受生效的条件及相关法律规定。

引言

在国际贸易中，买卖合同的订立只表达了当事人的经济目的，只有双方当事人严格按照合同规定履行各自的义务，双方期望达到的经济目的才得以实现。履行合同既是经济行为又是法律行为，如造成违约，违约方应承担相应的经济责任和法律责任。在进出口合同履行的具体过程中，究竟需要经历哪些基本环节，各个环节需要注意哪些问题，这是本章介绍的主要内容。

商品进出口业务是研究国家间商品交换的具体过程的学科，它是具有涉外活动特点的实践性很强的综合性应用科学，它涉及国际贸易理论与政策、国际贸易法律与惯例、国际金融、国际运输和保险等学科的基本知识和它们的具体运用。国际商品交换的具体过程，从一个国家的角度看，具体体现在进口和出口业务活动的各个环节。无论是出口还是进口，其工作环节有很多，而且各环节之间又密切联系。但归纳起来，一般分为交易前的准备阶段、交易磋商阶段和履行合同三个基本阶段。

交易磋商是指买卖双方通过函电或洽谈，就某项商品成交条件进行反复协商，以求达成交易的过程。在国际贸易中，达成交易要通过交易磋商来实现，而达成交易的法律形式则是合同。交易磋商是过程，订立合同是结果。交易磋商是国际贸易业务中最重要的环节，交易磋商的重要性体现在以下两方面：① 它是国际贸易合同的基础。交易磋商实际上是买卖双方在订立合同前的谈判过程。在谈判过程中，买卖双方往往要通过电话、函电或面对面的谈判等形式来进行磋商。而磋商的最终目的就是在交易双方之间建立合同关系。所以，在交易磋商的过程中，双方一直在寻求就各项交易条件意思表示一致，若对于某一条件，双方意思不一致，则应修改该条件，直至双方的意思表示一致为止。讨价还价是最典型的例子。当双方对法律或国际惯例中规定合同成立的各项交易条件表示的意思都一致时，合同便订立了。这些交易条件对双方就产生了法律约束力。可以说，交易磋商的过程是合同形成的过程，没有交易磋商也就没有买卖双方合同关系的确立。② 交易磋商关系到交易成败和经济效益。在交易磋商中，买卖双方的谈判有时会出现僵局，即对某些交易条件的意思表示始终不一致，那么交易就达不成。但是为了达成交易，如果对交易条件作无节制的让步，虽然表面上看双方意思表示一致，且达成交易，但做出让步的一方就会得不到应有的经济效益。如果交易磋商中不考虑对方的履约能力，而一味坚持某种交易条件，盲目地订立了合同，最终导致合同不能全面履行。因此，如何进行交易磋商，在磋商中坚持什么原则，采用什么策略和方法，在国际贸易中是非常重要的。

第一节　交易磋商的方式与内容

入门案例

美国 A 公司 10 月 4 日向我国 B 公司以传真发盘，出售电子元器件，规定于当天下午 5 时复到有效。B 公司于当天下午 4 时以传真答复，对发盘中的价格及检验索赔条件提出了不同意见。10 月 5 日，A 公司与 B 公司通过电话进行洽商，双方各作了让步，B 公司同意接受 A 公司的价格，A 公司同意 B 公司提出的检验索赔条件，至此，双方口头达成了一致意见，并一致同意两公司的代表在广交会上签署合同。10 月 20 日，A 公司的代表去广交会会见了 B 公司的代表，并交给他一份 A 公司已签了字的合同文本，B 公司的代表则表示要审阅后再签字。三天后，A 公司的代表再次会见 B 公司的代表，而 B 公司的代表仍未在合同上签字。A 公司的代表即索回了未签字的合同。11 月份，A 公司致电 B 公司要求开证履约，B 公司不同意，双方当事人发生争议。

试问：(1) 双方于 5 日通过电话协商达成一致意见是否表示合同已于此时成立？

(2) 要求签署书面合同是否仅仅是一种形式而不会影响到合同的有效成立？

(3) 双方最终是否建立合同关系？

此案例表明：合同的形式是交易双方当事人就确立、变更、终止民事权利义务关系达成一致的方式，是合同当事人内在意思的外在表现形式。根据《公约》和《中华人民共和国合同法》的有关规定，当事人订立合同，有书面形式、口头形式和其他形式。合同的上述形式均具有相同的法律效力，都是合同的法定形式。当事人通常可以根据需要进行选择。但应该注意，在法律作出强制性规定和当事人作出约定的情况下，应该根据法律的规定和当事人的约定选择。可见当事人在订立买卖合同时，要根据国际公约或者国内法是否对其作出规定及双方当事人的合意或意愿，来确定买卖合同的具体形式。本案中，双方当事人在前期的书面传真中并没有达成交易，而随后在口头磋商中虽达成协议，但又保留了条件，即决定在 10 月广交会上达成书面合同。后来由于种种原因，双方最终并未达成书面协议，因此，买卖合同所要求的具体形式没有完成，双方的交易也就没有成立。

一、交易磋商的方式

交易磋商的方式主要有口头磋商和书面磋商两种。

1. 口头磋商

口头磋商是指买卖双方通过电话协商、面对面地直接进行业务协商，或邀请客户来访问、派遣出国推销小组、在国外举办展销会、在国内举办交易会、洽谈会等方式，与国外客户当面进行谈判。对于谈判内容复杂、涉及问题较多的交易，采用口头磋商较好。口头磋商的特点是信息传递迅速，磋商的效率比较高，同时有利于交流感情，促进双方良好关系的发展。但双方要通过参加交易会、相互访问、进行面谈等形式进行，所花费用比较高；另外，口头磋商对谈判人员的素质要求也比较高。

在我国，专业外贸公司的外销员必须取得资格证书才可能获得对外谈判的权力。一般都是由企业的主管(即法人代表)授权给外销员，代表公司与客商谈判与签约。对于比较大的交易，涉及大宗出口或进口，或与外商进行合资、合作项目，或成套设备的进出口，由于涉及的谈判内容比较复杂，关系双方利益十分重大，涉及的技术也比较复杂，交易双方都十分重视和慎重，往往由交易双方组成代表团，进行磋商谈判。

2. 书面磋商

书面磋商是指买卖双方通过信函、电传、电报、计算机网络等通信交流方式进行业务磋商。它的特点是当双方当事人产生争议时有据可查，且随着现代通信技术的发展，书面磋商也越来越简便易行，费用较低。在信息化程度日益提高的情况下，利用 EDI 系统(电子数据交换系统)、NII 系统(国家信息基础设施，或称信息高速公路)进行磋商交易，达成合同，已经成为广泛采用的交易磋商方式。

但书面磋商与口头磋商这两种方式必须结合或兼顾使用，不能有所偏废或忽视，可针对具体情况，灵活运用，方能达到促成交易、扩大销售的目的。

二、业务磋商的内容

买卖双方交易磋商的内容一般分为以下两部分：① 带有变动性的主要交易条件，如货物品质、数量、包装、价格、交货、支付等，它涉及的是品质条件、数量条件、包装条件、价格条件、支付条件、装运条件。这些交易条件，因货物、数量、时间等因素不同，每笔交易也不尽相同，所以这些条款是每笔交易中必须逐条谈妥的。② 相对固定的交易条件，称为一般交易条件，如检验、异议索赔、仲裁和不可抗力等，它涉及的是保险条件、商检条件、索赔条件、仲裁条件、不可抗力条件、法律选择条件。在实际业务中，买卖双方在初次接触时互相或单方面介绍一般交易条件，经双方共同确认后，作为将来交易的基础，在磋商具体交易时则不必逐条重复这些条件，只磋商主要条件即可，这样可以节省来往函电的费用和交易磋商时间。当然，主要交易条件与一般交易条件的区分也不是绝对的。

现将各项交易条件的主要内容分述如下：

(1) 品质条件，包括规定品质的方法，如凭样品、凭规格、凭牌号或商标、凭等级或标准、凭产品说明书、凭产地名称买卖等方法。

(2) 数量条件，包括诸如重量、数量、长度、面积、体积、容积的计量单位，计算重量的方法，如毛重、净重、公量、理论重量、以毛作净等，还包括溢短装的比率、溢短装价格计算等内容。

(3) 包装条件，包括包装的种类(运输包装和销售包装)、包装标志(识别标志、指示标志和危险标志)、中性包装(无牌中性包装和定牌中性包装)、包装方式和运输标志的决定等。

(4) 价格条件，包括对商品价格的磋商及对 11 种价格术语(FOB、CFR、CIF、FCA、EXW、FAS、CPT、CIP、DAT、DAP、DDP)的选用。

(5) 装运条件，包括运输方式、运输工具、装运时间、装运港(地)、目的港(地)、分批装运、转船运输、备货通知、派船通知、装船通知，以及运输单据的确定等内容。

(6) 支付条件，包括支付金额、支付货币、支付票据、支付方式(汇付、托收、信用证、国际保理、银行保函、分期付款、延期付款)等内容的确定。

(7) 保险条件，包括由谁投保、保险险别、保险金额的确定、保险费的计算、保险单据等具体问题。

(8) 商检条件，包括检验方式与商检条款(离岸品质、离岸重量或数量、到岸品质、到岸重量和数量、卖方检验、买方复验)、商检机构与商检证明、检验标准与检验方法的确定等内容。

(9) 索赔条件。包括索赔的依据、索赔的期限、损害赔偿金额、罚金条款、索赔或理赔应注意的问题等。

(10) 不可抗力条件，包括不可抗力事故的范围、不可抗力的法律后果、出具事故证明的机构、不可抗力条件的规定方法(概括式、列举式和综合式)等内容。

(11) 仲裁条件，包括仲裁地点、仲裁机构、仲裁程序、仲裁规则的确定等内容。

(12) 法律选择条件，规定合同的解释和所遵守的法律管辖。

第二节　交易磋商前的准备

交易磋商前的准备是指在洽谈交易前，为了正确贯彻外贸政策，完成进出口任务，提高交易的成功率，交易者必须在思想上、物质上和组织上为磋商进行充分的准备工作。其中主要包括国外市场的调研与目标市场的选择、交易对象的选定、客户业务关系的建立、出口商品经营方案的制订、商标的注册与广告宣传、洽商人员的选配等工作。

一、国外市场的调研与目标市场的选择

对国外市场的调研主要包括国外市场环境调研、国外商品市场调研以及国外竞争对手调研等几个方面。

1. 国外市场环境调研

国外市场环境的调研主要包括以下三方面的内容：

(1) 经济环境调研。构成经济环境的主要内容有自然环境、人口、经济状况、消费结构、基础设施等。自然环境是指一国或地区的地理状况和气候条件。自然环境对市场特点的形成，如消费需求、消费偏好、产品的功能、产品的适应性等产生重要影响。对人口的调研不仅要看人口的数量和人口增长率，还要看人口的地理分布、年龄和性别结构、家庭结构、人口流动性等。经济状况包括国民收入、人均收入、产业结构、产业增长等因素。这些因素也是构成市场的基本要素。对消费结构的调研包括消费者的收入、消费者的支出模式以及消费者的实际购买能力等。基础设施是指一国或地区的交通和现代通信状况。一

般说来，一国或地区的基础设施数量越充分，质量越好，开展国际贸易就越顺利。

(2) 政治法律环境调研。在现代的国际贸易中，一国或地区的政治法律环境会直接影响国际贸易能否顺利发展。开展国际贸易必须了解国内外的政治法律环境，最大限度地降低来自这方面的风险。政治法律环境的主要内容有限制进口的措施、鼓励本国商品出口的措施、限制本国商品出口的措施、各国的法律和法规、有关国际贸易的国际惯例等。

(3) 社会文化环境调研。社会文化环境包括社会意识、价值观、风俗习惯、语言文字、教育水平、宗教信仰、社会阶层、相关群体等。在国际贸易中，一定要调研这方面的信息，不能忽视社会文化环境对进出口贸易的影响，如产品的设计，包括商标、包装上的颜色、图形文字、产品的广告及其他促销方式的应用等，都要适应进口国或地区的社会文化环境，适应进口国的社会文化环境，以利于商品的销售。

2. 国外商品市场调研

国外商品市场调研的内容包括以下几方面：

(1) 出口商品总体情况调研。调研内容包括：商品的生产、上市情况，出口商品的生命周期，出口商品设计，出口商品功能和用途，出口商品的商标和包装，出口商品销售前后的服务，出口商品线及产品组合的专题调查等。

(2) 出口商品价格调研。调研内容包括：出口商品生产成本、国外市场商品供求变化情况、出口商品需求弹性的大小、出口新产品的定价策略、出口商品生命周期不同阶段的定价原则等。

(3) 国外顾客消费需求调研。调研内容包括：国外市场社会购买力情况，现有国外顾客数量及其分布情况，现有国外顾客的身份、地位情况，国外顾客对商品的购买习惯、数量、原因、动机等。

(4) 出口商品分配渠道调研。调研内容包括：对国外各类中间商的选择与评价、对国外个别中间商的挑选与评价、对国外各市场零售网点的分析、国外市场运输工具、运输方法的情况、出口商品分配过程中通信网络的选择。

对国外市场调研的信息搜集渠道主要有：我国的驻外使馆，国外的咨询公司，国内外有关报刊、杂志、统计资料，国内科研、教育机构，参加国际贸易展览会，利用洽谈的机会向客户咨询有关情况，向消费者了解等。

3. 国外竞争对手调研

国外竞争对手调研的内容包括以下几个方面：

(1) 在全球或某区域有哪些同类型企业，企业实力大小如何？所谓企业实力，是指企业满足市场要求的能力，包括生产能力、技术能力和销售能力等因素。这些企业中，谁是最主要的竞争对手？谁是潜在的竞争者？

(2) 主要竞争对手的产品市场分布如何？市场占有率多大？它对本企业的产品销售有何影响？所谓市场占有率，就是指本企业的某种产品在市场销售的同类产品中所占的比重。市场占有率反映一个企业的竞争能力和经营成果。

(3) 主要竞争者采取了哪些市场营销组合策略？这些营销组合策略发生作用后对企业的生产经营产生何等程度的影响？具体内容包括主要竞争者商品的设计、性能、包装、售前售后服务优缺点，商品价格和定价策略，广告策略以及分配渠道使用情况等。

二、交易对象的选定

交易对象的选定，就是通过对国外客户的调研与之建立业务关系。出口贸易业务环节的许多事务处理虽有法律规则的约束，但往往也体现出一定的灵活性。良好的贸易伙伴不仅能确保业务的顺利完成，而且在特殊情况下还能帮助自己处理一些突发性事件，共渡难关。正确选择客户，建立基本的客户队伍乃至客户关系网络，可避免草率签约、减少风险、提高履约率和提高经济效益，是交易成败的关键因素。对客户的调研应力求全面。

(一) 客户调研的内容

1. 国外客户的基本情况

对国外客户基本情况的了解，主要是把握客户的资信和组织状况，一般包括以下内容：

(1) 客户的资本状况和资本变化情况。客户的资本状况包括客户的资本总额、增资拆股情况、资本负债等。一般说来，资本额与成交额之间应当有适当的比例关系，贸易成交额若超过资本额是不适宜的，易造成吃亏上当的结果。客户如果是股份有限公司，则资本额是其偿付债务额的最高界限，所以资本额往往是确定与客户成交金额的重要因素。资本的变化情况，如增资扩股、发行债券等，反映了公司的发展状况。公司发展平稳、增资容易、发行债券时购买者踊跃、公司资信等级较高，这样与之进行业务往来的安全性就高。

(2) 客户的派息、偿还债券情况。一般公司在经营一段时期以后，应向股东派发股息。派息往往要公开向公众公布派息日，要求股东提前登记以便到时分派股息。通过派息情况可以在一定程度上了解客户的经营状况。如果客户的公司派息状况不理想，但其股票价格稳步上升，也能反映客户的业务发展顺利，有经营潜力。如果客户的债券价格上升，并能如期偿付，也说明客户的经营状况良好。

(3) 客户的历史状况。客户经营时间的长短与其积累的经验一般成正比，经营历史越长，则积累的经验就越丰富。同时，客户能在竞争十分激烈的国际市场上长期生存，也说明该公司的生产竞争能力较强，在某一行业中有着一定的信誉。

(4) 客户的经营能力。经营能力主要包括客户的经营技能、经营力量以及在各主要市场中的地位和影响能力等。经营技能主要是指推销手段、支付手段、售前售后服务等经营方面的情况。考察经营能力除了了解客户的资金实力、规模外，还要考虑其客户网络、外销队伍的状况。在各主要市场的地位及影响是指客户在世界主要销售市场中所占销售额的百分比、在世界主要市场中的采购比重以及在某种商品定价、改变产品形象、产品升级换代中的影响力。

(5) 客户的信用。所谓信用是指客户的经营品质与经营作风。信用好坏是决定与客户建立经贸往来关系的最重要的标准。信用好的客户一般报价明确合理，很少乱提价；接受价格态度明朗，不会附加或提出不合理要求；能够依照合同或信用证按时、按质、按量履约；很少与其他客户发生纠纷，如果发生争议也能及时处理；在业务交往中有诚意。

(6) 客户的经营范围。经营范围主要是指客户是专业化经营还是多样化经营。一般认为，实行专业化经营的客户，对于所经营的商品比较熟悉，对于该类产品的市场也比较清楚，在国内外可能有较为稳定的客户关系网络；实行多样化经营的客户则可以利用经营品种多的优势，在经营中"以丰补欠"，经营相对比较平稳，很少会出现经营中的大起大落现象。究竟选择专业化经营的客户还是多样化经营的客户，则应根据本企业的经营意图来决定。

(7) 客户的组织情况。客户的组织情况既包括客户本身的组织机构，也包括企业的背景情况。客户的组织机构情况是指客户的机构设置，如董事会、事业部门、业务机构等。同时，也要了解客户的分支机构和代理情况，客户对其他企业有无参股行为，客户的组织结构是垂直领导型的、网络型的，还是自主权较大的事业部制、板块型的。另外，对于客户的组织背景也应进行了解，如该客户是否有财团背景，与哪些银行有借贷往来关系。客户的背景关系往往决定着他们的经营能力、贸易方向以及对其他客户的态度。

(8) 客户负责人的情况。客户领导层个人的情况与该企业的信用、经营风格有很密切的关系。在了解客户领导层个人状况时，应把握以下几个方面：个人工作作风、个人品质、宗教信仰、个人爱好、与政府的关系、与财团的关系、政治态度等。

2. 历史交易情况

国外客户的历史交易过程，为国内企业从某些方面了解对方提供了更全面的信息，同时也使企业比较容易地估计出客户在目前和未来对我方开展业务的价值，这是在和他们直接打交道之前可以获得的极为重要的第一手材料。所以，应该格外重视客户的历史交易情况，尤其是与我方的往来情况。

1) 客户与本公司建立业务联系的情况

这方面需要了解的情况有以下几方面：

(1) 国外客户与本公司开始联系的时间。

(2) 国外客户与我国联系的次数。联系次数多说明与我方关系较为密切，但如果联系次数多却无任何交易记录，也应引起我方相应的注意。

(3) 联系的商品种类。对方联系商品的种类可以反映出对方与我方开展贸易往来的意图，如果对方联系的多是初级产品，则说明对方或对方背后有较强的加工能力。

(4) 对方在联系中提出的要求和问题。这些要求和问题实际上大多表露了对方与我方建立经贸往来的条件和想获得的好处，因此要仔细予以考虑。

(5) 对方在联系中对我方的态度。对方的态度是双方能否成交的基础条件之一，如果对方在联系中对我方态度诚恳，则说明彼此在未来有可能进入实质性的交易。

2) 客户与本公司的成交记录

成交是双方开展业务联系的目的，在一次次的成交中能反映出双方各自的意图、经营作风和彼此的关系，因此成交记录是反映客户情况非常重要的资料。在这方面需要了解的情况有以下几方面：

(1) 历次客户与我方成交的商品品种。成交的商品是初级产品、半制成品(中间产品)还是制成品，是一般的制成品还是技术含量高的制成品，这对于确定下一步的交易发展有相当的参考价值。

(2) 客户与我方成交的数量和金额。成交额的多寡说明了与对方经济关系的密切程度，从另外的角度看，成交额在一定程度上决定着双方进一步开展经贸关系的潜力。

(3) 在成交谈判过程中，客户与我方是否发生过争执或产生过其他问题。谈判反映着双方实力的对比，可以很好地表现各自的要求和利益之所在，因此在谈判过程中发生的问题、产生的争执以及这些问题和争执的解决，是双方未来发展经贸关系非常有价值的参考资料。

3) 客户历年来履约的情况

履约是贸易过程的关键，直接关系到双方的利益能否实现。在与客户交往中，对方的履约情况很值得注意。

(1) 对方开立信用证是否及时。在国际贸易中，信用证是很重要的一个环节，信用证的方方面面能够体现出客户在交易中的诚意。要注意信用证与合同是否一致，如发现信用证与合同不符，对方能否及时修改，如因我方原因要求对方信用证展期，对方能否顺利同意，这些内容直接影响到我方履约的难易程度。

(2) 对方是否能够按照合同规定及时地装运货物，所装货物质量、数量如何，对方在进口时，对我方货物是否过于挑剔。

(3) 对方在与我方交往中所使用的支付方式、币种以及要求我方使用的支付方式、币种都直接影响着交易能否顺利履行。

(4) 对方是否能够按照我方的要求提供所需要的保险。

4) 客户在履约过程中处理争议的情况

在国际贸易中，双方发生争议乃至出现索赔的情况是经常发生的，关键在于双方能否本着坦诚的态度去解决。对于客户而言，向我方提出索赔是否有道理，提出索赔的数目是否合理，某些争议是否可以通过协商来解决而不必通过仲裁或法院来解决。另外，对于我方提出的索赔，对方能否慎重对待，及时进行处理，这些都关系到我方能否与客户发展进一步的关系。

3. 其他情况

客户的其他背景资料也很重要，通过这些资料可以了解客户的业务联系是否广泛，该客户在其他厂商处的信誉如何。客户对外联系越广泛，在其他厂商处的信誉越高，与之交易成功的把握就越大。有关这方面的调研包括以下两个方面：

(1) 客户在国外的分支机构、子公司及代理情况。如果可能，应尽量了解对方在国外的组织情况，如客户在外国的子公司、分支机构、代理机构、商务机构、包销等。客户交往的广泛一方面说明它的地位，另一方面我方也可以通过客户广泛的联系网从侧面了解客户的情况。

(2) 客户与其他厂商的往来关系。这包括客户与其他国家公司、与我国其他厂商之间的关系。一般来讲，客户与其他厂商的关系以及其他厂商对该客户的看法，都是值得重视的背景材料，客户在与其他厂商展开业务联系时所持的态度，很可能就是其将来对待我方的态度。

总而言之，应该尽可能地搜集有关客户的资料，只有这样才能对客户做出一个完整的评价，确保交易的安全。

(二) 客户的分类及管理

对于客户调研的内容，需要有相应的资料收集、分类管理，以便对客户能有透彻的了解和正确的管理。

1. 客户的信息资料来源

为了很好地了解客户，需要及时、准确地掌握信息和资料。在日常调研工作中，可以获得的信息资料有第一手和第二手之分。第一手的信息资料有业务函电、谈判记录、主谈人总结等，第二手的信息资料包括咨询、查阅公司手册和其他刊物等。从目前看，我方了解客户的资料来源主要有以下几个途径：

(1) 业务往来函电。业务往来函电是我方了解客户经营品质、作风和能力最重要的第一手材料。业务函电可以全面地反映谈判前后双方关注的问题、产生的分歧、分歧的解决和最终成交的情况，如成交的品种、规格、数量、金额以及合同执行、争议处理、仲裁结案、支付等全过程。在我方为客户建立的客户档案中，主要文件就是对方发给我方的业务函电，对于这些重要的文件资料一定要妥善保存，函电不仅要完整，而且应按照交易时间的先后、交易的批号排序存档以备查阅，重要的关键函电应制作复本，以防万一损毁时可作参考之用。

(2) 与客户进行谈判的材料。谈判不仅是成交的必经阶段，而且也是收集客户情况的极好机会。因为在谈判中，对方的经营作风、经营能力及对我方的贸易态度都会得到体现，故我方不应放过通过谈判了解对手的机会。通过谈判所获得的客户资料也是很重要的第一手材料，这方面的文字材料包括谈判记录、谈判摘要及主谈人总结。一般说来，重大谈判的谈判摘要和主谈人的总结报告应归档保存，以备将来调用。在谈判中，如调研人员参加，他们的总结报告也应保存起来。

(3) 通过我国驻外经济机构进行了解。我国在世界各地均有商务参赞处，设在大使馆内。重大项目的客商情况可委托我国驻外商务参赞处帮助了解。另外，我国的中国银行、交通银行、其他驻外大公司代表处，都可以帮助我方了解客户的情况。最常采用的办法是通过中国银行、与客户有业务往来的我国厂商、贸易促进会、国际商会了解客户的情况。当然，从目前来看，这些商情的提供大多为上述机构所开展的业务，故是一种有偿服务。

(4) 通过国外咨询公司、银行进行调查。咨询、调研作为信息产业的重要内容，当前世界各国都获得了长足的发展，各种咨询、信息公司纷纷成立，它们所提供的业务，对国际贸易而言是十分重要的"软"服务。利用这种信息服务时，双方要签订相应的协议合同，由我方委托信息咨询公司在法律许可的范围内对客户进行各方面的调研(所需调研的内容由我方提出)，当信息咨询公司将所调查内容交给我方，我方应为咨询公司提供服务付酬。一般而言，这些公司所提供的客户资料的可信程度是很高的。

(5) 请国外商会及老客户提供情况。外国各城市大多设有企业协会、行业协会、商会等促进贸易的民间机构，它们的任务是协助本国企业与外国客商进行接触和交易，尤其是协助本国、本地区的中小企业与国外客商进行业务联系。从某些方面讲，我方对于国外大型企业的情况有所了解，但对国外广大中小企业的情况却若明若暗，因此利用国外商会、行业协会等机构帮助我方了解国外中小企业的状况是十分理想的。另外，与我方有长期供货关系的老客户也是了解国外其他客户情况的资料来源，尤其是与我方有着代理和包销关系的国外客户，为了竞争目的，国外客户有时愿意提供一定的商情，但对于这种情况下获得的其他客户情况，不需要通过其他途径予以确认。

(6) 从国外公开出版物及互联网中查找。国内外报纸、杂志、专业刊物总会涉及某些企业的情况，因此调研人员可以从书籍、报纸、杂志，尤其是国外出版的公司手册中获得有益的资料。国外某些大企业每年都出版本公司的概况手册，内容包括下属分文机构、业务范围、各层次领导者的姓名等。国外大企业在互联网上一般都有自己的网站，资料比较齐全，内容更新也快。这些资料对于了解对方的情况也很有帮助。

2. 客户资料的整理与分类

通过以上途径获得的资料还只是原始素材，要使它们发挥应有的作用，对选择贸易对手产生决策性的影响，还需要对所收集的资料进行鉴别、加工、整理和分类。这些工作质量的好坏，直接影响着客户信息的可靠性和准确性，应予以充分重视。

1) 客户资料的鉴别

鉴别是对收集到的客户资料进行筛选，以确定其使用的价值。在对客户资料进行筛选时，要考虑到以下几方面的情况：

(1) 所获得的资料是否具有代表性，是否能够真正反映客户的情况。如果不能反映或不能很好地反映，就应该舍弃，免得以假乱真，出现误差。

(2) 所获得的资料是否具有可靠性，是否准确、可信。如果不是第一手资料，那么其来源就不具有权威性。可信程度不高的资料不宜使用，免得导致判断出现偏差。

(3) 所获得的客户资料与过去获得的且已经过鉴别的资料是否存在矛盾，与其他来源获得的资料是否有矛盾。如出现矛盾应审慎对待，资料不一致时不宜采用。

(4) 所获得的资料是否具有时效性。尽管多数资料在整理之后可作为历史资料保存、参考，但亦有不少资料随时间推移会失去价值，因此在鉴别资料时应注意到这一点，不要使用时过境迁、不能反映实际的资料。

总之，在鉴别客户资料时，应注意代表性、可靠性、一致性和实效性，以使资料更能反映客户实际。

2) 客户资料的整理加工

在获得了大量客户资料并对其进行鉴别后，还需要对资料进行加工整理，因为鉴别后的资料仍然是原始状态，故不仅要存留原始资料的复本，还要加工资料才能更符合调研的需要。对于客户资料的加工整理要遵循统一、系列、直观、方便的原则。统一是指对来源繁杂的资料，诸如计量单位、所使用货币等应经过加工使统计口径统一便于采用；系列是指资料要全面、系统、按时间排序，以便于进行历史的比较和趋势外推；直观、方便是指资料经加工整理后应具有直观性，如以表格、趋势曲线等表示出来，便于使用。

3) 客户资料的分类

对客户资料进行分类是为了便于查找和使用，分类存档以形成客户档案。由于资料复杂，故分类可按使用者的习惯自己设计分类的标准，如按照谈判交易、背景、厂商情况、对外联系等板块进行分类，也可按照宏观、微观、中观分类。在分类时，大类下还可继续细分小类，各类别以明显的字母代码表示。进行分类的原则是前后一致。分类后的资料可按编码归档，用卡片、卷宗存好，并输入计算机。在归档时要做好索引。随着资料的不断丰富，不仅卷宗，就是电子版资料也应该分类保管，以便于日后查找。

3. 客户档案的建立

客户资料在鉴别、分类之后，应该制作客户档案。客户档案可以用卷宗、卡片箱，也可以输入计算机，利用数据库制成客户档案，以备决策时参考。但由于客户档案中有大量的数字、业务函电，内容繁杂，因此，对每个客户还要建立较为简明的客户卡片。卡片的形式可以根据需要来设计，但必须能清楚地体现出客户本身的情况，以及与我方经贸往来的基本内容。

制作可随身携带的简明客户卷宗，一般用大文件夹，封面贴有客户的徽记，里面内容为客户卡片和最重要的对方档案材料，在谈判时可作参考。对方看到我方有如此完备的客户材料，在谈判的"势"上就会敬让我方。

客户档案所包括的内容应该有：编号、公司徽记、国别(地区)、客户名称(中英文)、电话、电传、传真、地址、邮政信箱、电子信箱等基本资料；公司成立时间、资产额及资产状况、客户性质、主要负责人等公司概况；公司组织结构、国外分支机构、经营范围、经营能力及信用程度；与我方建立业务关系的时间、往来银行、与我方历年谈判成交情况(品种、数量、金额、成交时间)、与其他厂商交往情况；与我方交往中出现的重大分歧、争议和解决的情况等。

4. 客户的分类管理

为了扩大对外业务联系，同时又要减少风险，就必须对与我方有业务联系的客户进行分类，并根据不同的分类，在业务联系中采取不同的态度。对于新客户，在成交之前应尽可能根据所掌握的资料，对客户进行划分，以便根据分类来制定我方的方案及态度；对于老客户，由于经济形势变化，客户本身业务的变化，也应在一段时间后重新进行分类，并根据新的分类来确定对客户的态度。

(1) 基本客户。这类客户突出的特点是经营品质好，作风好，资金雄厚，在日常与我方的业务交往中显示出较强的推销能力。它们往往与我方成交次数多、数量大，履约较好，有相当强的推销和业务能力。我方的多数境外代理、包销商以及业务量大的客户均属这类客户，他们是我方开展贸易的重点客户。

(2) 一般客户。这类客户的特点是经营作风好，但资金较少，公司规模有限，业务能力一般。他们在我方的业务往来中一般成交不多，或成交次数虽多，但成交数量、金额有限。在与这类客户打交道时大多不会遇到对方违约的情况。多数与我方有很好经贸关系的国外中小客商均属此类。

(3) 其他类型客户。在这类客户中，有两种情况：一是虽与我方有函电往来或人员互访，但却没有成交。我方对于客户只是有初步接触，但对其资信、经营范围和业务活动能力却无详细了解。二是经营作风较差、信用也不好的客户。后者虽然有时资金雄厚、业务能力强，但由于作风恶劣，我方不宜与之进行较大规模的贸易，人们常说的"皮包商"亦属这种情况。当然，在确定某一客户信用不好时要格外谨慎，不能由于有某些分歧，或对某一笔具体生意双方产生过争执甚至有索赔发生，便轻易地将客户归于信用差的行列中，只有那些错误行为明显，曾使我方吃亏，并且不光明正大的客户才应该归入资信不佳的行列。

客户类型不同，对客户的管理方式也不同，在日常交易中，往往应优先与基本客户成交，并在许可范围内给对方以优惠。对于一般客户，应发挥他们信用好、能较好履约的长处，通过与他们开展贸易，双方互惠，使之得以发展，逐渐从一般客户转化为基本客户。对于信用不佳的客户，与其打交道时要十分审慎，免得再次吃亏上当。

在掌握大量资料的基础上，通过深入了解客户，可以比较准确地选择贸易对象，但这并不等于每笔交易都可以做到万无一失，因为每一笔交易都要受很多具体因素的左右，而这些具体因素对于选择客户有重大的影响，即使客户资信条件很好，履约正常，但成交条件对我方不利，也很难成交。另外，我国对外政策也会对贸易对象的选择有所影响。

三、客户业务关系的建立

在对客户进行充分的调研与分类后，每一笔交易都需要建立业务关系，老客户可以直接询盘或发盘启动交易磋商，新客户则首先要建立或确定业务关系，然后进入交易磋商程序。建立业务联系是交易磋商的基础，而草拟与撰写建立业务联系的信函则是每个外贸洽商人员必备的操作技能。

1. 建立业务联系的信函的主要内容

一般说来，建立业务联系的信函应包括以下主要内容：

1) 开头部分

(1) 说明如何取得对方的资料。首次主动与对方进行交往，说明信息来源非常必要。作为进出口商，贸易信息来源的渠道很多，主要有通过驻外商务参赞、商会、银行、第三家公司介绍，通过书刊、互联网获悉，或在交易会上结识等。例如：

We learned from xxx that you are interested in xxx.

We have obtained your name and address from xxx.

(2) 说明去函目的。通常建交信都是以建立业务联系为目的的。例如：

We are writing to you to establish long-term trade relations with you.

2) 介绍部分

为了引起对方的兴趣，必须让对方对本公司的基本情况和产品情况有大致了解，一般可以从以下几个方面进行介绍：

(1) 公司基本情况介绍，主要是介绍本公司的性质、业务范围、宗旨以及某些相对优势。例如：

We are a leading company with many years experience in xxx business.

We have our principle as "Clients needs come first".

(2) 公司产品介绍，一般是对本公司经营产品的整体情况的介绍，也可以是对对方感兴趣的某类特定产品进行推荐性的介绍。产品介绍一般包括产品质量、价格水平、销路等，同时，为了使对方更详细地了解本公司产品，通常还附上产品目录、价目单或另邮样品等。例如：

Our products are enjoying popularity in Asian markets.

To give you a general idea of our products, we agree to close our catalogue for your reference.

3) 结尾部分

通常结尾部分包括盼对方尽快回音、下订单或告知意见并表示敬意等语句。例如：

We are looking forward to your specific inquires.

2. 实务操作案例

根据下列背景资料拟写建交函。

(1) 背景资料。网上有一则悉尼 THOMAS WILSON CO., LTD. 的求购广告，急需一批 EVA 底运动鞋。给对方发份 Email，再寄一套最新目录。下面是公司的有关情况介绍：安徽化工进出口公司是一家国有外贸企业，主要经营化学工业所需原料及相关产品的进出口业务。近年来，随着公司内部管理体制的改革及外贸业务的高速发展，公司已经取得了巨大的成绩。橡胶制品部是公司的主要业务部门之一，经营各类国产鞋类的出口，包括布面胶鞋、睡鞋、童鞋、胶底皮鞋、便鞋及 EVA 底运动鞋等，产品行销中国香港、欧洲、美国及亚洲市场。公司拥有经验丰富的制鞋专业人员、品质管理人员及国际贸易人员，并与市内和附近的十余家制鞋厂建立了密切的业务联系，可确保稳定广泛的货源及质量。公司在国际市场上竭诚地寻求合作机会，可通过如兴办合资鞋厂，或来样加工、补偿贸易等多种形式，并愿意按照互利互惠、共同发展的原则同世界各地的鞋类经销商进行业务往来。

(2) 操作评析。根据上述资料，我们可以从以下几个方面着手写建交信函：开头部分说明从网上得知对方公司求购 EVA 底运动鞋，并说明去函目的是在互惠互利、共同发展的基础上与对方建立业务关系。介绍部分首先要介绍安徽化工进出口公司的情况：本公司是国有贸易企业，主要经营化学工业所需原料及相关产品的进出口业务，公司拥有经验丰富的制鞋专业人员、品质管理人员及国际贸易人员，并与市内和附近的十余家制鞋厂商建立了密切的联系，可确保稳定广泛的货源及质量。其次介绍公司产品情况：公司的橡胶制品部经营各类国产鞋类的出口业务，包括布面胶鞋、睡鞋、童鞋、胶底皮鞋、便鞋及 EVA 底运动鞋等，产品行销中国香港、欧洲、美国及其他亚洲市场，并附上最新目录等。结尾部分主要希望对方早日回音并表示敬意等。

(3) 操作参考。

Dear Sir or Madam,   Date:

We learned from the Internet that you are in the market for jogging shoes with EVA sole, which just fall into our business scope. We are writing to enter into business relations with you on a bas is of mutual benefits and common developments. Our corporation, as a state-owned foreign trade or ganization, deals in the import and export of raw materials and relevant products for chemical industry. We have a Rubber Products Depo. Enclosed is our latest catalogue on jogging shoes with EVA sole, which may meet with your demand.

If there isn't, please let us you're your specific requirements. We can also produce according to your designated styles.

It will be a great pleasure to receive your inquiries against which we will send you our best quotations.

We are looking forward to your prompt reply.

Yours faithfully,

An Hui Chemicals Import and Export Corporation

四、出口商品经营方案的制订

出口商品经营方案是在广泛调研的基础上，结合经营经验和国际市场趋势，制定的一定时期内(半年、一年或更长时间)对外推销某种或某类商品的具体安排，是对外磋商交易的依据。其主要内容有：

1.国内货源情况

它包括国内商品的特点、品质、规格、包装，国内生产能力、技术水平、可供出口的数量及交货周期，当前库存状况以及需要解决的问题等。

2.国外市场情况

它包括市场大小、对产品的要求、市场销售、市场竞争状况、进口管制情况、关税情况及今后发展趋势的预测等。

3.出口经营情况

它包括以前有无这类商品的出口经验、出口商品的具体品种和数量、出口地理方向等，根据前一个时期出口推销情况及存在的问题进行综合分析，提出经营的具体意见和安排。

4.销售计划和措施

它包括针对不同国家或地区，按品种、数量或金额列明推销的计划进度，以及按推销计划采取的措施，如对客户的利用、贸易方式、收汇方式的运用、对价格与佣金的掌握等。

5.成本和经济效益的核算

它主要是对出口盈亏率与出口换汇成本的核算。出口换汇成本越高，出口商品的盈利率越低或亏损率就越高；若换汇成本降低，则出口盈利率提高或亏损率降低。核算出口经济效益是为了帮助出口商判断出口是否有利，从而决定是否出口、出口多少以及如何掌握出口商品价格。对同类商品不同时期的出口盈亏率和换汇成本进行比较，有助于出口商改进经营管理。而对同类商品出口到不同国家和地区的出口盈亏率与换汇成本进行比较，则可以为市场选择提供依据。

出口商品经营方案需要针对不同的产品制定。对于重点推销的商品或大宗商品通常是逐个制定出口经营方案；对其他一般商品可以按商品大类制定经营方案；对中小商品，则仅制定内容较为简单的价格方案即可。另外，由于受国际市场情况复杂多变的影响，有时不可能完全符合市场实际情况，这就要求外贸企业结合市场变化及时修订经营方案，使之适应市场实际并有效地指导企业的经营活动。

五、商标的注册与广告宣传

出口商在出口交易前，还必须及时做好出口商品的商标注册和广告宣传工作。

1.商标注册

在交易磋商前，进行商标注册才能使标的物买卖合法化，有合法的身份并受到法律保护。商标作为一种工业产权，在国际贸易中有其特殊的作用，是企业的无形资产。目前，世界各国对商标权的取得大多采用注册原则或混合原则。注册原则是指商标所有人通过注册获得商标权，即谁最先提出商标注册申请，商标权就授予谁。获准注册后，商标权人就可禁止其他人使用该商标。混合原则是指商标权需经申请注册才能取得，但是在核准注册后的一定时间内，给先使用人以使用在先为由提出撤销的机会，只有经过一定期限后，如果没有先使用人主张权利，批准注册的商标才取得稳定的商标权。根据我国《商标法》的规定，我国采取的是混合原则，公告期为三个月。

外贸公司要注意加强商标管理，在进入某个市场前要及时将自己出口货物的商标按市场所在国的有关法规向有关部门申请注册。否则，耗费人、财、物力培养出的名牌被他人抢先注册，后果不堪设想。向国外办理商标注册，可以委托国外代理人代办，也可以委托中国国际贸易促进委员会商标代理处代办。商标注册的有效期一般为 10 年，如期满可续展注册的有效期。

2. 广告宣传

在交易前，为了扩大产品知名度、增加销量，对出口商品要做好广告宣传工作。对外广告宣传的重点应放在介绍出口商品的特点和用途方面。广告宣传的内容要生动、传神、说服力强，使消费者相信，你所宣传的商品正是他们所需。要想取得满意的广告效果，需要注意如下问题：

(1) 进行广告宣传的商品必须慎重选择，一般来说应是质量稳定、货源充足、能保证持续供应，并且是在国际市场有销路和有发展前途的商品。因为国际市场上广告宣传费很高，并且必须经过一段时间持续不断的宣传才能奏效，如果我们的商品质量时好时坏，货源时断时续，那就会使宣传效果前功尽弃。

(2) 针对不同的市场、不同的商品，采用不同的宣传媒介和方式，通过各种途径来达到促进销售的目的。

(3) 要合理使用代理商或广告商。我们不可能在所有的外销市场都做广告，根据商品的销售情况，有的市场有独家经销或包销，有的市场则没有。因此，广告宣传的做法也不应一样。没有独家经销、包销户的市场，可以通过广告商进行广告宣传；而有独家经销、包销户的市场，最好由他们来做，让他们进行广告宣传，他们会积极去做的。

关于宣传费和宣传方式的问题，可由双方研究决定。宣传费用可采取三种办法，即客户自己负担、双方各负担一半、全部由我们负担。宣传费的支付办法在成交合同总金额中扣除或另付均可。但是，不论采取哪种办法，我们都应及时检查、及时改进，不能放任。一方面要验查客户是否把宣传费真正用在对我方商品的宣传上；另一方面要随时了解宣传效果，以便不断改进。

六、洽商人员的选配

在充分进行了以上的市场与客户调研、选择等工作后，在充分掌握了内外各种信息后，需要选配精明能干的洽商人员，通过谈判磋商达成交易、订立合同。对事关重大的大宗或内容复杂的交易，还应组织谈判小组进行洽商。磋商有单笔小量的磋商，有单笔量大或货值高的磋商，也有连续交易的磋商。由于组团谈判更能反映交易磋商的专业性、组织性与综合性，本节主要介绍谈判洽商的原则、小组的组成及管理、基本程序等内容。

1. 谈判洽商的原则

谈判洽商是贸易双方就各项交易条件进行协商并取得一致的行为的过程。谈判的目的在于把可能的贸易机会争取下来。谈判洽商的原则是指在谈判过程中所应遵循的指导思想，是谈判的灵魂。在国际贸易谈判中应遵循以下原则：

1) 互利原则

商务谈判关系到双方利益，虽然是唇枪舌剑的战场，却也不能缺少妥协。妥协就是为了双方的利益而自己一方有所让步。在国际贸易中，如果准备与对手建立长期经贸往来关系，谈判时就要以互利或照顾双方利益为出发点，亦即在己方获得优势、得到更多利益的同时，也必须使对方感到通过谈判有所收获。兼顾双方的利益才是长久为商之道。

2) 耐心原则

在谈判时间允许时，常常是急躁者居于不利的地位，而有耐心者居于有利地位。任何商务谈判都有最后期限，双方因其地位不同，给自己设置的最后期限也不同，但在争取最后期限之前达成协议这一点上是相同的。谈判者往往要在最后期限来临、再不让步就将导致谈判失败时才会妥协，因此保持冷静、等待时机成熟是谈判取胜的重要因素。在国际贸易谈判过程中，耐心是非常重要的。自己在设置最后期限时一定要有耐心，并使最后期限具有弹性，因为双方都想通过谈判获得自己一方的最大利益，讨价还价是必不可少的，以慢制快通常是行之有效的办法。当然，耐心也并非没有限度，如果已经了解到对方的最后期限，就可以把自己的耐心运用得恰到好处，取得对自己更为有利的结果。

3) 信息原则

信息原则是指在国际贸易谈判中，要收集对方的真实信息，封锁我方的信息，并在可能的范围内透露给对方以假信息。在谈判中我方取胜的一个重要条件是先掌握对方的重要信息，获取的信息越多，越准确，在谈判中就越有利。这项工作应在谈判之前便着手进行，因为越临近谈判对手越谨慎，警惕性越高，收集对方的信息难度就越大。相反，在商务谈判中我方不可轻易显露出有利于对方的信息，但却可以利用有意透露信息的办法使我方处于较为有利的谈判地位，如制造某些假象给对方以竞争的压力，以便使谈判对我方有利。

4) 态势原则

态势是指双方在谈判中的地位，通俗地讲，就是各自在谈判对手心目中的"分量"。谈判中的态势，归根结底取决于双方力量的对比，如我方处于相对劣势，则应尽力想办法提高自己在谈判中的态势，否则在谈判中往往会处于被动，使谈判结果难以达到我方的目的。从实践中看，提高态势的做法很多，如有意制造出对手之间的竞争局面，与我方谈判的客户越多，则交易条件对我方越有利。另外，在谈判中应显示出耐性、韧性和具有充分的专业知识和技能，同时应放松心情，使对方感觉我方胸有成竹、胜券在握，从而在态势上占据有利的地位。当然，如果双方实力相差过于悬殊，或在相互需求中我方明显急需对方的商品，这时提高态势是很困难的，勉强成交的结果往往难尽人意。

5) 心理原则

心理原则是指在国际贸易谈判中，我方应善于把握对方的心理活动，因势利导，促成交易。当今，研究谈判中的心理活动已逐渐成为一门新的边缘学科——谈判心理学，这可以显示出心理活动在谈判中的重要地位。在运用这一原则时要注意：(1) 要有很强的针对性，对具体人员和事务具体分析；(2) 激发对方的目标价值并提高对方的成交期望值；(3) 强化对手的购买欲望等。在具体运用时要根据不同情况进行判断。例如，盛赞我方商品的人绝非买主，这是因为把我方的商品抬得很高，对手是无法讨价还价的；又如，对手一再对售后服务提问，则说明对手有可能购买，因为他连购买后万一出现问题该怎么处理都已经考虑到了。

2．谈判洽商小组的组成及管理

谈判小组是直接与客户打交道的，处于一线。高素质的洽谈人员，是确保洽谈成功的关键。在谈判小组中，应当包括熟悉商务、技术、法律和财务等方面的人员。他们要掌握洽谈技巧，善于应战和应变，并善于谋求一致。因而应特别重视谈判组的组成、领导者的选择、组内的分工合作、对谈判人员的管理工作等。

1) 谈判小组的组成

从协调一致、灵活应变的角度出发，商务谈判组应坚持少而精的原则。根据国内外的经验，谈判组的人员除大型项目之外，不宜超过 4 人，如谈判不涉及特殊领域且金额并不很大时，一般以 2 人为宜，一人主谈一人思考对策。国内外实践表明，4 个人就足以应付一般的贸易谈判。这是因为 4 个人所掌握的不同知识和所具备的经验在一般谈判中已经绰绰有余，在一次谈判中所需的专门知识和技能很少超过 4 种。在谈判的不同阶段，4 个人的人选可以适当变化以适应变化了的论题。如谈判组人数过多，谈判组长难以进行管理，组员的意见难以统一，每个组员的作用也难以得到充分的发挥。

2) 谈判组长的人选

谈判组长在谈判中起着关键的作用，组长人选是否适宜关系到谈判能否成功以及成交后能否顺利履约。谈判组长的人选可以来自企业的生产、销售、财务或技术部门，但从实际经验看，组长起码应具备商务工作经验和财务知识，并且应由企业关键人物担任，这样不仅便于成交，而且也便于履约。另外，企业关键人物能够从企业全局出发考虑问题，把贸易谈判与企业整体工作相结合，有利于企业提高效益和进一步发展。

3) 谈判组员的选择

在选拔谈判组成员时应注意以下几方面的标准：

(1) 基本品质。因谈判是与外商打交道，客户中也有为一己私利而不光明正大之徒，故我方谈判人员应具有基本品质，能以国家为重，不受对方引诱而损害国家利益。

(2) 知识经验。谈判中所需知识和日常工作经验对于谈判人员是非常重要的，特别是必要的财务知识与相关的业务素质不可或缺，主要应具备关于成本、效益核算、汇兑换算的知识。

(3) 主动精神。商务谈判中各种情况都可能发生，谈判人员应该有主动精神，能够在谈判意图的范围内尽力利用自己的知识经验完成上级所交付的任务。

(4) 个人气质。这主要指谈吐、外表能够适应谈判需要，对各方面知识有广泛的涉猎，具有文明的举止。

(5) 年龄要求。谈判人员应具有一定的经验和较快的反应，故年龄不宜太小，但也不宜过大，一般在 30～50 岁之间为宜。

4) 谈判人员的管理

对谈判组的管理应强调权、责、利分明，使他们自觉产生压力感。上级领导应与谈判组经常通气，给他们以外在的满足，如物质奖励。同时，更应该注重给他们内在的鼓励，如成就感、荣誉感和挑战感等。在谈判组的管理上，组内的互相支持是十分重要的，这种支持可以采取诸如夸大地介绍谈判组成员，肯定同事所提出的论题，对主谈人表示某种尊重以及相互补充等办法实现，通过相互支持来提高我方在谈判中的地位和态势。

3．谈判洽商的基本程序

谈判洽商一般有以下几个基本阶段：

1) 准备阶段

准备阶段的工作主要指确定谈判方案，进行资料信息和物质方面的准备以及重大谈判的事先分析准备会等。谈判方案包括推销(或购进)的具体设想和安排、货源情况、谈判组的组成、谈判中我方的基本目标、谈判中可能出现的问题和机会以及我方的对策、谈判的进度等；信息资料包括客户的基本状况，市场的基本状况，我方、客户在过去的成交状况等，物质准备则包括旅馆、休息、旅游、交通、谈判室等。

2) 确立议程阶段

议程往往能够反映出谈判者的意图、目标和在谈判中的地位及态势，故在确立谈判议程时，我方应尽量摸清对方的目标及可能的让步程度。一般在这一阶段应以静制动，我方言辞不宜过多，而应注意聆听对方意见，以获取有价值的信息。

3) 报价阶段

这一阶段的开端是相互探测，力图摸清对方的意图，继而提出本方对于交易的全部要求和条件，包括品种、规格、价格、数量、装运、支付等。应该注意的是，在报价时，我方应考虑对方可能接受的范围，不能脱离实际盲目提出过高或过低的条件，在报价阶段一般不宜因对方提出异议而立即对我方条件作重大修正，而是应该使双方立场和要求均有全面表现以后再进行磋商，以便使双方都能很好地了解对方的全部条件和可能谈判的界限。

4) 调整阶段

当双方条件相差较远，谈判陷入僵局时，需要对己方所提出的要求进行调整，其目的在于打破僵局。一般在谈判中，调整是指对目标、条款等做出较重大的修正，使对方感到可以接受。这种调整并不是单纯的让步，而是当僵局已出现，"山重水复疑无路"时，使双方都有"柳暗花明又一村"之感。至于具体细节的协商可以放到下一阶段去进行。

5) 还价阶段

在进行调整之后，交易的大原则、大框架已基本构建起来，接下来便是具体细节的讨价还价。还价时不能操之过急，而要在对方可能接受的范围内慢慢进行。这一阶段一定要使对方感到我方让步绝非易事，关键是把握好与对方进行条件交换的时机和分寸，力争我方在某一方面的退让以对方在另一方面的让步为先决条件，以求双方的均衡。

6）收场阶段

当谈判取得了主要方面和条款的基本一致时，就进入了拍板阶段。在这一阶段应格外注意时机的把握，既不可操之过急使对方产生疑心，又不可过于拖拉使已经接近尾声的谈判出现变故。

7）签约阶段

签约是以书面形式将成交的内容固定下来。协议的文字应明确具体，符合双方国家的法律及规定，同时也应符合贸易惯例，以免日后产生纠纷。

4．谈判洽商的总结与评估

谈判洽商结束之后，合同的落实与执行是最为重要的，但从谈判本身来讲，总结评估谈判工作的得失也是不可少的。人们总是在实践中通过总结经验教训得以长进的。总结一般包括以下三个方面：

1）谈判的总结评估

这里包括总结评估经验与失误两方面的内容。

(1) 我方谈判方案制定的情况，如谈判对手的选择、谈判目标的确定、谈判组的构成、对于机会与问题提出的对策等是否符合客观实际，是否符合对方所能接受的范围。

(2) 我方谈判的实施过程，包括准备工作的安排、谈判议程的安排、报价及讨价还价的细节、对谈判时机的把握以及对于日程的控制等。

(3) 我方谈判组的工作，如谈判组的配合情况。

以上内容应是主谈人总结中的重要内容。

2）行情的总结评估

谈判之后，谈判组应就谈判过程中获得的有关信息情报、数据资料进行总结，包括商品行情、市场行情、主产国与主销国情况、商品未来趋势、世界主要厂商的变化情况等。以上原始资料应提供给商情部门，请他们分类、归档，以利今后谈判。

3）客户情况的总结评估

在整个谈判过程中，谈判组与客户进行了广泛深入的接触，对他们有了较深刻的认识。因此，在谈判结束之后，谈判组应会同领导、客户管理人员、商情调研人员对客户做出鉴别，采用集体打分的办法，确定对手在我方今后开展业务中所处的地位。确定对手的地位时应考虑的因素主要有：对方的资信、经营能力、推销技巧、经销方式，谈判人员的素质、经验、谈判风格以及对手的工作效率等。

国际贸易谈判是一项实践性、技巧性很强的工作。教科书只能提供一些主要方面的原则，人们只有在大量的谈判实践中才可能领略到不同国家的谈判风格，也才能逐渐揣摩出双方各自在谈判中的心理活动，并在谈判中运用谈判技巧达到目的。同时，在谈判实践中要善于不断总结自己经历过的事件，分清经验与教训，使之成为指导未来工作的原则。总之，在成为一个成熟的谈判人员的过程中，实践是唯一可以真正提高才能的途径，吸取别人的经验与教训也必须在实践中才能真正融会贯通。

第三节　交易磋商的一般程序

入门案例

　　我国XG公司向美国CUTE公司出口一批热水器，交易磋商E-mail过程如下：2007年3月8日去电："可供海尔牌热水器30 000件，FOB青岛每件35美元，5月装运，即期信用证付款，3日内回复有效。"

　　3月10日CUTE公司来电："接受你8日来电，CFR纽约每件37美元。"

　　3月12日XG公司去电："我方只接受CIF纽约每件45美元，请确认。"

　　3月14日CUTE公司来电："抱歉你12日来电，只接受CIF每件40美元，请速复。"

　　3月16日CUTE公司又来电："经说服批发商同意CIF纽约每件45美元。"

　　3月18日XG公司去电："货已售出。有货再与你联系。"

　　3月28日XG公司去电："现在可供海尔热水器30 000件，CIF纽约每件50美元，6月装运，即期信用证付款，5日付到有效。"

　　3月30日CUTE公司来电："接受你28日电，仲裁地点新加坡。"

　　4月1日XG公司去电："抱歉，难以接受仲裁地点新加坡，仲裁地点在中国。"

　　4月3日CUTE公司来电："接受在中国仲裁。"

　　4月5日XG公司去电："限即期信用证4月15日到有效。"

　　4月7日CUTE公司来电："你5日电信用证将由花旗银行驻北京办事处开立。"

　　经过几个回合磋商，合同即告成立。请判断：

　　(1) 3月10日CUTE公司来电合同是否生效？为什么？

　　(2) 3月16日CUTE公司来电合同是否成立？为什么？

　　(3) 3月18日XG公司去电是否为违约？为什么？

　　(4) 4月3日CUTE公司来电合同是否成立？为什么？

　　(5) 上述往来交易磋商过程中哪些是发盘？哪些是接受？

　　此案例表明： 交易磋商的整个过程主要可有4个环节，询盘、发盘(发实盘和发虚盘)、还盘与再还盘及接受。其中，发盘和接受在达成交易中起着决定性作用。结合本案例分析：

　　(1) 3月10日CUTE公司来电不能生效，因为来电的"接受"已经对实盘内容进行了修改，其实是一项新的发盘。

　　(2) 3月16日CUTE公司来电也不能成立，因为CUTE公司3月14日来电已经表示拒绝，此来电只能认为是一项新的发盘。

　　(3) 3月18日XG公司去电不能构成违约，因为CUTE公司3月14日已经拒绝XG公司3月12日去电的实盘内容，而CUTE公司3月16日来电只能是一项新的发盘而已。

　　(4) 4月3日CUTE公司来电合同能够成立，因为它对XG公司4月1日去电的内容形成了有效接受。

　　(5) 形成发盘的有：3月8日去电、3月10日来电、3月12日去电、3月14日来电、3月16日来电、3月28日去电、3月30日来电、4月1日去电、4月5日去电。形成有效接受的有：4月3日来电、4月7日来电。

一、询盘

询盘(Enquiry)又称询价，是指买方为了购买或卖方为了销售货物而向对方提出有关交易条件的询问。其内容可以只是询问价格，也可询问其他一项或几项交易条件，以至要求对方向自己作出发盘。因此，询盘又称为"磋商邀请"(Invitation to treat)，或者称为"要约邀请"。我国《合同法》第二章第十五条规定："要约邀请是希望他人向自己发出要约的意思表示。寄送的价目表、拍卖公告、招标公告、招股说明书、商业广告等为要约邀请。"询盘对于询盘人和被询盘人均无法律上的约束力，而且不是交易磋商的必经步骤。

发询盘时一般不直接用"询盘"的术语，而通常用下列一类词句：

请告……Please advise…

请电传告……Please advise by telex…

对 ××有兴趣，请……Interested in… please…

请报价……Please quote…

请发盘……Please offer…

询盘可采用口头方式，亦可采用书面方式。下面是某公司对我国棉织品的询盘。

ENQUIRY FOR CHINESE COTTON PIECE GOODS

Dear Sir,

We are glad to know your letter of March 9 that, as exporters of Chinese cotton piece goods, you are desirous of entering into direct business relations with us. This happens to coincide with our desire.

At present, we are interested in printed shirting and shall be pleased to receive from you by airmail catalogues, samples and all necessary information regarding these goods so as to acquaint us with the quality and workmanship of your supplies. Meanwhile please quote us your lowest price, CIF Vancouver, inclusive of our 5% commision, stating the earliest date of shipment.

Should your price be found competitive and delivery date acceptable, we intend to place a large order with you.

We trust you will give us an early reply.

Yours faithfully

询盘虽对询盘人和被询盘人均无法律上的约束力，但询盘往往是交易的起点，所以应慎重对待。询盘方应在充分调研国际市场的基础上，有针对性地向一个或几个对方发出，以便从其答复中进一步磋商，择优成交；被询盘方对接到的询盘也应予以重视，根据本公司的条件和需求情况做出及时和恰当的处理，尽量避免只是询价而不购买或不出售，以免失掉信誉。此外，在询盘时不应只考虑询问商品的价格，也应适当询问其他交易条件，从而为达成交易获得较多的交易信息或条件。

二、发盘

发盘(offer)又称发价，是卖方或买方向对方提出一定的交易条件，并愿意按照这些条件达成交易的一种肯定表示。在国际贸易中，发盘通常是卖方在收到买方询盘之后提出的，也可由卖方主动提出，有时也有买方向国外的卖方提出上述表示，我们习惯称之为"递盘"(Bid)。

发盘的方式有口头和书面两种。书面发盘可以用书信、电报、电传、传真等。发盘是对发盘人具有约束力的"要约"，发盘人在发盘的有效期限内不得撤回或修改。发盘是发盘人向受盘人提出各项主要交易条件，并愿按这些条件达成交易的肯定表示。发盘一经对方在有效时限内表示无保留的接受，交易即成立。一个结构完整的发盘，必须包括以下4个部分：

(1) 主要交易条件完整、明确、肯定。

(2) 向一个或一个以上特定的人提出。

(3) 无保留条件，并表明愿意与另一方达成交易的肯定表示。

(4) 传达到受盘人。

下面就构成发盘的两个部分作进一步说明。

1. 关于交易的主要条件

发盘的交易主要条件是否完整、明确、肯定，是决定这个发盘是否为实盘的根本因素。如果交易的主要条件不完整、不明确和不肯定，交易就无法达成，即使达成，也将因双方权责不清而产生纠纷。在实际业务中，判断一个发盘的内容是否完备，不能孤立地以一函一电为根据。有时，由于双方事先已建立业务关系，若干交易条件已在一般交易条件下作出规定，或者在过去交易往来中双方已形成惯例，发盘内对这些条件就不再重复。有时，双方在交易磋商过程中对某些条件已经了解，这些条件在发盘内也往往不再重复而只引述有关磋商的函电的日期和号码。

2. 关于发盘的有效时限

发盘的有效时限，是发盘人受所发盘约束的期限，在此期限内不得任意撤销，也是受盘人表示接受的期限，在此期限内作出答复，才算有效。在国际贸易中，发盘通常都规定有效时间。虚盘(Offer Without Engagement)是发盘人有保留地愿按所提条件达成交易的一种不肯定表示，也是发盘人不受发盘本身约束的一种发盘。从结构上看，虚盘一般有下列特点：

(1) 交易的条件不肯定。

(2) 交易条件不完整。

(3) 附有保留条件。

我们向国外新客户初次推销，或应新客户的询盘，大多对外寄送报价单(Quotation Sheet)、价目单(Price List)，这些都属于虚盘方式。报价单往往仅列出商品品名、规格、包装、单价，不提数量或装运期限。更主要的是，在报价单上，均声明"价格随时变更，无须通知"(the prices are subject to change without Notice)或"以我方确认后有效"(subject to our final confirmation)。有些国家要求我们提供形式发票，它是非正式的参考性发票，也属于虚盘性质。我们在形式发票上均注明"以我方确认后有效"字样。

三、还盘和再还盘

还盘(Counteroffer)又称还价，是指受盘人收到发盘之后，对发盘表示接受，但对发盘的内容不同意或不完全同意，向发盘人提出修改建议或新的限制性条件的口头或书面的表示。再还盘是对还盘的还盘。

1. 还盘的性质

在国际贸易业务的磋商中,还盘是对原发盘的拒绝,是一项具有约束力的新一轮发盘,一旦还盘,原发盘即行失效。

2. 还盘的内容

在国际贸易业务的磋商中,买卖双方不仅就价格进行还价、再还价的多次磋商,而且也可就装运期、支付方式等其他交易条件进行磋商,所以掌握和使用好还盘具有很重要的意义。

3. 还盘应注意的问题

(1) 要识别还盘的形式,有的明确使用"还价"字样,有的则不使用。

(2) 按到还盘后,要与原发盘进行核对,找出还盘中提出的新内容然后结合市场变化情况和我们的销售意图,认真予以对待。

(3) 还盘是对发盘的拒绝,原发盘人可以就此停止磋商。如果原发盘人继续与受盘人进行还价或再还价,一旦达成协议,在交易磋商全过程的函电或谈判记录即为解决争议的依据。

(4) 在表示还盘时,一般只针对原发盘提出不同意或需要修改的部分,已同意的内容在还盘中可以省略。

4. 还盘函的拟写

在实务操作中,还盘函的拟写一般包括以下几个部分:

(1) 感谢对方来函,并简要说明我方对对方来函的态度,如很遗憾对方公司觉得本公司所报价格太高,本公司自认为报价比其他供应商报价低。例如:

We are glad to receive your letter of March 22, but sorry to learn your customer finds our quotation is too high.

(2) 表明我方对对方还价的态度,并列举理由。如由于原料价格上涨,或工厂成本上升造成出口成本提高;强调本公司报价只含最少利润;请对方调查目前的市价或测试本公司的样品质量,以求证明。例如:

We believe our prices are quite realistic, it is impossible that any other suppliers can quote lower than us if their products are as good as ours in quality.

(3) 提出我方条件,并催促对方早日下订单。如由于期望与对方建立业务关系,故若对方的订单超过多少数量或多少金额,将给对方多少折扣;或提出其他条件上有所变化;或推荐一些其他替代品,以寻求新的商机。例如:

In order to assist you to compete with dealers in the market, we have decided to reduce 2% of the previous letter, if your order reaches 5 000 sets at one time.

四、接受

接受(Acceptance)是交易的一方完全同意对方发盘中全部交易内容的肯定表示。发盘和接受是达成交易的两个不可缺少的环节。一方的发盘经另一方接受,交易即告达成,合同亦即成立,双方即应分别履行其所承担的义务。

接受由我方作出,也可以由国外商人作出。表示接受的电文,内容可以很简单,如仅列明"你 10 日电我方接受(或确认)"(yours ten email the we accept confirm),而不重复列出有关的交易条件。有时因成交金额较大，或往返函电较多，为求慎重，避免差错或误解，可将交易的主要条件重述一遍。

按照国际贸易市场习惯，接受有以下4个特点：

(1) 接受必须是由特定的受盘人作出，不能是第三者作出；

(2) 接受时必须无条件即无保留地全部同意发盘的全部内容；

(3) 接受必须在发盘的有效时间内行使(传达到发盘人)；

(4) 接受必须表示出来。

第四节　合同业务关系的确定

入门案例

3月15日，A公司向新加坡客户G公司发盘：报童装兔毛衫200打，货号CM034，每打CIF新加坡100美元，8月份装运，即期信用证付款，25日复到有效。3月22日收到G公司答复如下：你15日发盘收到。你方报价过高，若降至每打90美元可接受。A公司次日复电：我方报价已是最低价，降价之事歉难考虑。3月26日G公司又要求航邮一份样品以供参考。29日，A公司寄出样品，并函告对方：4月8日前复到有效。4月3日，G公司回函表示按受发盘的全部内容，4月10日送达A公司。经办人员视其为逾期接受，故未作任何表示。

7月6日，A公司收到G公司开来的信用证，并请求用尽可能早的航班出运。此时因原料价格上涨，公司已将价格调整至每打110美元，故于7月8日回复称：我公司与你方此前未达成任何协议，你方虽曾对我方发盘表示接受，但我方4月10日才收到，此乃逾期接受，无效。请恕我方不能发货。信用证已请银行退回。如你方有意成交，我方重新报价每打CIF新加坡110美元，9月份交货，其他条件不变。

7月12日G公司来电：我方曾于4月3日接受你发盘，虽然如你方所言，4月10日才送达你方，但因你我两地之邮程需三天时间，尽管我方接受在传递过程中出现了失误，你我两国均为《联合国国际货物销售合同公约》的缔约国，按《公约》第二十一条第2款规定，你方在收到我方逾期接受后未作任何表示，这就意味着合同已经成立，请确认你方将履行合同，否则，一切后果将由你方承担。请分析G公司的上述观点是否正确？

此案例表明：本案争议双方所在国均为《公约》的缔约国，因此，应按《公约》的有关规定处理。关于逾期接受，《公约》认为一般无效，但也有例外情况。《公约》第二十一条规定：(1) 逾期接受仍有接受的效力，如果发盘人毫不延迟地用口头或书面形式将此种意见通知受盘人。(2) 如果载有逾期接受的信件或其他书面的文件表明，它在传递正常的情况下是能够及时送达成发盘人的，那么这项逾期接受仍具有接受的效力，除非发盘人毫不延迟地用口头或书面方式通知受盘人，他认为发盘已失效。根据这条规定，不管什么原因造成的逾期接受，发盘人都有权决定它有效还是无效，只要采取相应的行动即可。A公司4月10日收到逾期接受后，如及时复函表示发盘已失效，则该接受就无效，合同不成立。

　　此案应吸取的教训是，在收到逾期接受时，首先要判断造成逾期的原因。如难以判断，则根据具体情况采取不同做法，或去电确认有效或表示发盘已失效。置之不理会产生纠纷，陷入被动，造成不必要的损失。

　　以上所述，询盘、发盘、还盘、接受的步骤是指业务交易磋商的一般程序，但应注意在实际业务中，询盘并不是每笔交易磋商所不可缺少的环节，买方或卖方都可不经对方提出询盘，而直接向对方作出发盘。还盘也不是交易磋商的必经环节，如受盘人接到发盘后，立即接受，那么也不存在还盘；即使受盘人作出还盘，它实际上是对原发盘的拒绝而作出的一项新发盘，再还盘同样是拒绝还盘后的一项新发盘。因此，在法律上，发盘和接受是交易磋商不可缺少的两个环节，是国际贸易业务关系确定的最基本程序。本节重点讲解发盘和接受两个环节。

一、发盘

　　《公约》第十四条，对发盘的解释为："向一个或一个以上特定的人提出的订立合同的建议，如果十分确定并且表明发价人在得到接受时承受约束的意旨，即构成发价。"从上述发盘定义中可以看出，凡是发盘对发盘人即有约束力。

(一) 构成发盘的条件

　　(1) 发盘要有特定的受盘人。受盘人可以是一个，也可以是一个以上的人，可以是自然人，也可以是法人，但必须特定化，而不能是泛指广大公众。因此，如果发盘中没有特定的受盘人，它便不能构成有法律约束力的发盘，而只能视为邀请发盘，即询盘，如一方在报纸杂志或电视广播中做商业广告；向国外客户分发的商品目录、价格表格等都属于这种情况。

　　(2) 发盘必须是订立合同的建议，表明发盘人受其约束。这是指发盘人在发盘时向对方表示，在得到对方有效接受时双方即可按发盘的内容订立合同。发盘中通常都规定有效期，作为发盘人受约束的期限和受盘人接受的有效时限，发盘人在规定有效期时要根据商品的特点和采用的通信方式来合理确定。对于像谷物、油脂、棉花、有色金属等产品，有效期的规定要短，因为它们的价格受交易所价格的影响，行情变化很快，而且这类商品多属大宗交易，成交金额大，如果有效期过长，一旦行情发生对发盘人不利的变动，发盘人就会蒙受很大损失。双方通信联系的方式不同，在规定有效期时也应有所考虑。如果是以电报、电传等方式联系，有效期可规定短一些；如果是采用航空信件方式磋商，有效期则应稍长一些，至少应包括邮程的时间。规定有效期的方法有两种：一是规定最迟送达发盘人的时间，如"限 2 日复到有效"；二是规定一段接受时间，如"发盘有效期 5 天"。发盘对有效期和答复的传达方法都未作明确的规定时，受盘人对这种发盘可在合理时间内答复。其传达方法一般是函来函复、电来电复，当然也可以是函来电复、电报来电传复。发盘有效期的"合理时间"究竟有多长，在国际上并无明确的解释，由于理解不一，发盘人在发盘时最好对有效期作明确规定。

　　(3) 发盘的内容必须"十分确定"。发盘内容的确定首先表现为发盘中的交易条件必须完整，通常包括品名、品质、数量、规格、包装、价格、交货时间和支付方式等主要交易条件。这样，一旦对方接受，便可据此制作详细的书面合同。但有时由于交易双方已就"一般交易条件"达成协议，或已在长期的贸易往来中形成某种习惯做法，发盘中的一些交易条件就被省略。这只是一种表面现象，实际上是一项完整的发盘。首先，《公约》认为一项发盘至少包括三个基本要素，即商品的名称、数量和价格，或者只规定确定数量和价格的方法，该发盘就是完整、确切的。虽然这种做法在法律上是可行的，但在实践中最好明确规定各项交易条件，这样既有利于减少事后的争执，也有利于合同的订立和履行。其次，表现为交易条件应是确定的，不能有含糊不清、模棱两可的词句，如"大概""大约""参考价"等。最后，表现为交易条件是终局性的，不附加任何保留及限制性条件，如"以我方最终确认为准""以商品未售出为准"。

(4) 发盘必须送达受盘人。发盘在未送达受盘人之前，即使受盘人已获悉该发盘，他也不能接受该项发盘。送达(Reaches)是指将发盘内容通知特定的受盘人或送交受盘人，送达标志是将发盘送交特定受盘人的营业场所或通信地址，如无营业场所或通信地址，则送交受盘人惯常居住地。我国《合同法》第二章第十六条规定："要约到达受要约人时生效。"该法还规定："采用数据电文形式订立合同，收件人指定特定系统接收数据电文的，该数据电文进入该特定系统的时间，视为到达时间；未指定特定系统的，该数据电文进入收件人的任何系统的首次时间，视为到达时间。"

我国《合同法》第二章第十四条规定："要约是希望和他人订立合同的意思表示，该意思表示应当符合下列规定：① 内容具体确定；② 表明经受要约人承诺，要约人即受该意思表示约束。"

(二) 发盘的撤回和修改

发盘是发盘人向受盘人提出的一种肯定的表示，这种肯定的表示能否在有效期之内撤回和修改呢？《联合国国际货物销售合同公约》第十五条作了如下规定："① 发盘于送达被发盘人生效；② 一项发盘，即使是不撤销的，如果撤回通知于发盘送达被发盘人之前或同时送达被发盘人，得予撤回。"按照上述规定，一项发盘是在送达到被发盘人时才发生效力。因此，在被发盘人接到该项发盘之前，发盘人可以用更为迅速的传递方式，声明撤回和修改发盘的内容。只要该项声明是早于或与发盘同时送达被发盘人，撤回和修改即可生效。我国《合同法》也作出了与《公约》相同的规定。

(三) 发盘的撤销

所谓发盘的撤销是指发盘人将发盘已送达到受盘人之后的取消，这与发盘的撤回有所不同，发盘的撤回是指发盘人对其发盘的通知在送达受盘人之前的更改或取消。

关于发盘的撤销，国际上有不同的解释。

英国法律认为，即使是在有效期之内的发盘，对发盘人原则上是无约束力的，在未收到受盘人接受通知前，可以随时撤销或修改其发盘内容。但对经签字、蜡封，经证人证明和有对价的发盘，在规定有效期之内无权撤销。

美国法律认为，除非受盘人已向发盘人支付一定对价费用，使发盘保留到某时有效外，通常发盘人可以随时撤销发盘，这种规定对受盘人来说是缺乏保障的。因此，他们也在考虑修改上述规定。例如，美国《统一商法典》规定，货物买卖中，在一定条件下，可以承认无对价的发盘在有效期限内不得撤销，条件是：① 发盘人必须是商人；② 有效期不得超过三个月；③ 发盘须以书面做成，并经发盘人签字。

德国、意大利、法国等国家法律认为，一项发盘在其有效期限内是有约束力的，不能任意撤销。如无有效期的发盘则按通常情况在可望得到答复以前不能撤销，如果撤销，由于被发盘人善意信赖发盘，并为履约作出某些准备，则发盘人应对由此而造成的损失承担赔偿责任。

由于各国法律在对待发盘有效期之内是否可以撤销的问题存在不同解释，这样形成了法律冲突，有碍于国际贸易发展。为了解决这个法律冲突，《公约》第十六条对上述问题作了如下规定："① 在未订立合同之前，发盘得予撤销，如果撤销通知于被发盘人发出接受通知之前送达被发盘人。② 但在下列情况下，发盘不得撤销：a. 发盘写明接受发盘的期限或以其他方式表示发盘是不可撤销的；b. 被发盘人有理由信赖该项发盘是不可撤销的，而且被发盘人已本着对这项发价的信赖行事。"

我国《合同法》第二章第十八条规定："要约可以撤销。撤销要约的通知应当在受要约人发出承诺通知之前到达受要约人。"该法第十九条规定，"有下列情形之一的，要约不得撤销：① 要约人确定了承诺期限或者以其他形式明示要约不可撤销；② 受要约人有理由认为要约是不可撤销的，并已经为履行合同作了准备工作。"要约的内容中规定了承诺期限，可以视为在规定的期限内要约人放弃了撤销权利。以其他形式明示要约不可撤销，是指要约人在要约中有"不可撤销"文字，明示要约人放弃了撤销权，因此在要约人放弃撤销权的情况下，要约人是不能撤销要约的。

在要约没有规定承诺期限或者没有以其他明示形式表明要约不可撤销，但从要约的内容中可以推断出要约人不撤销要约的意思表示。在这种情况下，如果受要约人为履行合同做了准备工作，如买方是受要约人，已经申请开立信用证或在 FOB 条件下，买方已办理订舱手续等，要约人也不能撤销要约，其理由是：① 要约的内容经推断，要约人已经放弃了撤销权，即使要约人内心并无放弃撤销权的意思，要约人也要对自己的要约意思表达不清的后果负责；② 受要约人已经为履行合同作了准备工作，如果要约人撤销要约，受要约人为做准备工作所付出的代价，显然要受到损失。

(四) 发盘的失效

按照国际贸易习惯和规则，一项发盘凡遇到以下几种情况之一者，则可立即失效，发盘人不再受该项发盘的约束。

(1) 过期。发盘有效期已届满，该发盘自动失效，被发盘人过期表示接受，发盘人可不受其约束，合同不能成立。但发盘人愿意在逾期情况下与被发盘人签约，则不受此限。

(2) 还盘。在国际贸易中。一项还盘是对原盘价的拒绝，一经被发盘人作出还盘，原发盘也随之失效。

(3) 拒绝。如果被发盘人就一项发盘明确表示拒绝，该项发盘则立即失效。

(4) 发盘人在受盘人接受前撤销发盘。

发盘的失效即发盘的消灭，是指发盘丧失了对发盘人和受盘人的法律约束力。发盘失效后，发盘人如果还想与受盘人订立合同，只能重新发盘；发盘失效后，被发盘人又向发盘人表示承诺，也不能导致合同成立。受盘人在拒绝发盘后，如果表示后悔，可以向发盘人发出撤回拒绝的通知，但该通知必须于拒绝发盘的通知到达发盘人之前或者同时到达，才能发生撤回拒绝发盘的效力。

(五) 发盘的方式

我们对外发盘时，除采用谈判和函电方式以外，还可采用固定的书面格式，如报价单、价格表和形式发票等方式对外发价。

(1) 报价单(Quotation Sheet)，是出口人事先印好的固定格式，其中包括货物名称、品质规格、数量、包装、单价、交货期、支付条件、备注等项目，并留有空白地方，供出口人在报价时填写。报价单多适用于规格复杂或花色品种繁多的货物，如机械零配件、轻工日用品、纺织品、五金工具等。这些货物使用电报发盘则费用较高，且不易说明问题。采用固定格式的报价单，可避免上述弊端，报价单不是向特定人发出的，又属于邀请发盘，对发盘人与受盘人均无约束力。

(2) 价格表(Price List)，也称价目表，是出口人印好的固定格式，其中包括货物名称、品质规格及单价等项目。价格表多适用于轻工日用品的交易，由出口人定期寄送给国外客户，供国外商人订货时参考。价格表除买卖双方另有规定外，一般不具有约束力。

(3) 形式发票(Proform Invoice)，也称预开发票，是出口人事先印好的固定格式。目前有些国家，特别是一些亚非地区的国家，为了管制进口，严格控制外汇支出以及掌握出口人和出口国，通常明文规定：进口商必须凭外国出口人提供的形式发票才能申请进口许可证，或以形式发票办理进口报关和接货手续。为了适应这一情况，在实际业务中可以用形式发票对外报价，但它不能作为出口人结汇的单据。形式发票的格式与商业发票相似，主要内容包括发票抬头人的名称和地址、货物名称和数量、规格、包装、单价、总值、交货期以及支付方式等项目。此外，在形式发票中，一般还规定有效期，并列有"以我方最后确认为准"或"仅供申请进口许可证之用"等文字。由此可见，形式发票一方面内容明确、条件完整，并规定了有效期；另一方面，它又规定有"以出口人最后确认为准"的保留条件。因此，从法律观点分析，形式发票是无约束力的。但在实际业务中，我们应考虑到需要形式发票的客户，大多是发展中国家的商人。为了加强同这些国家的贸易往来，凡凭我方形式发票向该国申请进口，并在有效期限内获得进口许可证的国外客户，我们尽可能按形式发票要求，同对方达成交易，签订合同。我们采取这种灵活的做法，不仅符合我国对外政策的要求，也有利于我国出口贸易的发展。

二、接受

(一) 接受的法律解释

接受也称承诺，是指被发盘人在发价(发盘)有效期之内无条件同意发价的全部内容，并愿意签订合同的一种口头或书面的表示。《公约》第十八条第一款对接受的定义是："被发价人(受盘人)声明或做出其他行为表示同意一项发价，即为接受。缄默或不行动本身不等于接受。"我国《合同法》的定义是："承诺是受要约人同意要约的意思表示。"

(二) 有效接受的条件

根据《公约》的规定，一项有效接受必须具备以下 4 个完整条件：

1. 接受必须由受盘人向发盘人或其授权代理人做出

发盘是由发盘人向特定的受盘人发出的，因此接受必须由特定的受盘人向发盘人或其代理人做出，任何特定受盘人以外的第三人对发盘所做的接受，或受盘人向任何发盘人或其授权代理人以外的第三人所做的接受都不是有效接受，都不能导致合同的成立。

2. 接受必须在发盘的有效期内做出，并送达发盘人

如果发盘中明确规定了有效期限，则应在此期限内表示接受；如果发盘中没有明确规定有效期限，则应在"合理时间"内表示接受，在发盘的有效期过后才到达发盘人的接受为逾期接受，在法律上是无效接受或是构成一项新的发盘。

3. 接受的内容必须与发盘的内容完全一致

这是指接受应无条件地同意发盘的全部内容。凡有实质性的新增、限制或修改的接受，都不能视为有效接受，而只是一种有条件的接受，构成一项还盘，或对原发盘的拒绝。当然，接受的内容与发盘完全一致，并非要求接受时对发盘内容不能做丝毫修改，法律允许接受对发盘的内容有所改动，但这种改动不能是实质性的。《公约》第十九条规定："① 对发价表示接受但载有添加、限制或其他更改的答复，为拒绝该项发价，并构成还价。② 但是，对发价表示接受但有添加或不同条件的答复，如所载的添加或不同条件在实质上并不改变该项发价的条件，除发价人在不过分迟延的期间内以口头或书面通知反对其间的差异外，仍构成接受。如果发价人不做出这种反对，合同的条件就以该项发价的条件以及接受通知内所载的更改为准。"对于接受所附条件是否构成对发盘内容的实质性变更，《公约》第十九条第三款明确规定："有关货物价格、付款、货物质量和数量、交货地点和时间，一方当事人对另一方当事人的赔偿责任范围或解决争端等的附加或不同条件，均视为实质上变更发价的条件。"另外，一方在接受另一方实盘的情况下，提出某种"希望"或"请求"，如希望尽快装船，请求再增加 500 打，这是一种期望而不是对发盘的更改，在法律上不构成还盘，所以这种期望无论发盘人同意与否，都不影响交易的成立。

4. 接受必须表示出来

《公约》第十八条第一款规定："受盘人声明或做出其他行为表示同意一项要约，即是承诺。缄默或不行动本身不等于承诺。"因此，接受必须由受盘人以一定的方式表示出来。在实际业务中，受盘人常用以下两种方式表示接受：一是明确表示接受发盘，至于这种明确表示接受的方式是口头形式还是书面形式，如果适用《公约》，则两种形式均可，而根据我国《涉外经济合同法》要求，则必须采用书面形式，否则，双方之间的合同关系不能成立。二是通过履行特定的行为接受发盘，如实施某种符合发盘要求的行为。如发盘中要求预付20%的货款，受盘人在收到该发盘后就支付了这20%的预付款，以此表示对发盘的接受。

(三) 逾期接受的问题

所谓逾期接受，是指接受通知超过发价规定的有效期限或发价未具体规定有效期限的情况下超过合理时间才传达到发价人。根据《公约》第二十一条的规定，按造成逾期的原

因不同划分，逾期接受有以下三种情况：

（1）如果是由于受盘方原因造成的逾期，即受盘方做出的接受时间已超过发盘的有效期，这种逾期接受只能构成一项新的发盘，除非发盘方及时予以确认，否则该接受无效。这一点在《公约》第二十一条第一款规定："逾期接受仍有效力，如果发价人毫不迟延地用口头或书面将此种意见通知被发盘人。"

（2）如果是由于传递中的故障造成的逾期，即按正常的传递，本应能在发盘有效期内送达发盘方的接受，但由于传递途中的非正常情况造成了延误，而使接受在有效期过后才到达发盘方。这种逾期接受，不是受盘方原因造成的，除非发盘方及时拒绝，它仍具有接受的效力。如《公约》在第二十一条第一款规定："如果载有逾期接受的信件或其他书面文件证明，它是在传递正常、能及时送达发盘人的情况下寄发的，则该项逾期接受具有接受的效力，除非发行人毫不迟延地用口头或书面通知被发盘人：他认为他的发盘已经失效。"

（3）因节假日或非营业日造成的逾期则接受仍然有效。如《公约》第二十条第二款还规定，接受期限的最后一天是发盘人所在地正式假日或非营业日，而使对方的接受不能送达发盘人地址，只要事后证明上述情况属实，这项接受的最后期限应顺延至下一个营业日继续有效。在计算接受期限时，接受期间的正式假日或非营业日期应计算在内。

❖ 案例学习

我国出口企业对意大利某商人发盘限 10 日复到有效，9 日意大利商人用电报通知我方接受该发盘，由于电报局传递延误，我方于 11 日上午才收到对方的接受通知，而我方在收到接受通知前获悉市场价格已上涨，对此，我方应如何处理？

分析：中国与意大利均系《公约》缔约国，该案双方洽谈过程中，均未排除或作出任何保留，因此双方当事人均应受《公约》约束。我方于 11 月收到意商的接受电报属因传递延误而造成的逾期接受。因此，如我方不能同意此项交易，应即复电通知对方：我方原发盘已经失效。如我方鉴于其他原因，愿按原发盘达成交易，订立合同，可回电确信，也可不予答复，予以默认。

（四）接受的生效、撤回和撤销

由于在用信件或电报通知接受时，接受通知不能立即被送达发盘人，就会出现接受何时生效的问题。关于这个问题，国际上不同的法律体系存在着明显的分歧。英美法系的法律认为，作为一般规则，接受必须送达发盘人才生效。但是，如果接受是用信件或电报作出时，英美法系实行的是"投邮生效原则"（又称"投邮主义"或"发送主义"），这是指在采用信件、电报等通信方式表示接受时，接受的函电一经投邮或发出立即生效，只要发出的时间是在有效期内，即使函电在邮途中延误或遗失，也不影响合同的成立。当然，如果发盘人在发盘中规定了接受答复到达的时限，受盘人必须将接受答复（包括用信件或电报作出的答复）在发盘规定的有效期内送达发盘人，接受才能生效。大陆法系中以德国为代表采用的是"到达生效原则"，即表示接受的函电须在规定时间内送达发盘人，接受方能生效。因此，函电在邮途中延误或遗失，合同不能成立。

《公约》采纳的是到达生效的原则，明确规定：接受发盘于表示同意的通知送达发盘人时生效。如果接受通知在发盘的有效期内或在合理时间内，未曾送达发盘人，接受即为无效。但《公约》同时规定：如果根据该项发盘或依照当事人确立的习惯做法或惯例，受盘人可以做出某种行为来表示接受，而无须向发盘人发出通知，则受盘人在有效期内做出某种行为时，接受即生效。

接受的撤回，是指接受通知尚未到达发盘人之前，被发盘人采取取消原接受通知的行为。《公约》第二十二条规定和合同法的一般规则，都允许接受撤回。

接受于表示同意的通知送达发盘人时生效，但在接受通知未送达发盘人之前，被发盘人可随时撤回接受，要求以撤回通知先于接受或与接受同时到达发盘人为限。但按照英美法关于用信件、电报表示接受的例外规则，即信件一经投递，电报一经交发，接受即已生效，即使撤回的通知先于接受通知到达，撤回仍无效。除非发盘人在发盘中规定接受于接受通知到达发盘人时生效。《公约》第二十二条则规定；"接受得予撤回，如果撤回通知于接受原应生效之前或同时送达发盘人。"

接受通知一经到达发盘人即不能撤销。因为，接受一经生效，合同即告成立。如果撤销接受，在实质上已属毁约行为，应该承担毁约的法律责任。

> ❖ 案例学习
>
> 　　有一份 CIF 合同在美国订立，由美国商人 A 出售一批 IBM 电脑给中国香港商人 B，按 CIF 香港条件成交。双方在执行合同的过程中，对合同的形式及合同有关条款的解释发生争议。请分析解决此项纠纷应适用我国香港法律还是美国法律？
>
> 　　**分析**：应适用美国法律。合同与美国关系最密切，因为订约地和履约地都在美国。在按 CIF 香港条件成交的合同中，出口方在出口国装运港履行交货义务，所以履约地在美国装运港，而非目的港香港。(有关 CIF 条件的内容参见"贸易术语")

> ❖ 案例学习
>
> 　　中国 C 公司于 2001 年 7 月 16 日收到巴黎 D 公司发盘："马口铁 500 公吨，每吨 545 美元 CFR 中国口岸，8 月份装运，即期信用证支付，限 20 日复到有效。"我方于 17 日复电："若单价为 500 美元 CFR 中国口岸，可接受 500 公吨马口铁，履约中如有争议在中国仲裁。"D 公司复电："市场坚挺，价格不能降，仲裁条件可接受，速复。"此时马口铁价格确实趋涨。我方于 19 日复电："接受你方 16 日发盘，信用证已由中国银行开出，请确认。"但法商未确认并退回信用证。请问：① 合同是否成立？② 我方有无失误？
>
> 　　**分析**：① 合同不能成立。理由是，D 公司 16 日经过 C 公司 17 日的还盘已失效。② 我方失误。具体有二：我 C 公司不接 D 公司 16 日发盘，而应接受其 17 日盘；在作"接受"时，不应使用"请确认"字样或文句。

(五) 对综合盘和复合盘的接受

综合盘也被称为联合发盘或一揽子发盘，它是将两个或两个以上的发盘搭配在一起，作为一个发盘对外发出。对综合盘，受盘人只能全部接受或全部拒绝，若接受其中的一部分而拒绝另一部分，就构成了受盘人的还盘。复合盘是发盘人向受盘人同时发出的两个或两个以上的各自独立的发盘，受盘人可以接受其中的一部分发盘而拒绝另一部分发盘。

总之，接受是交易磋商过程的必经环节，有效地接受对交易双方都产生约束力，使双方业务关系确立，使双方进入合同签订阶段。

第五节　合同的签订

入门案例

有一年，中国某外贸公司为国内用户引进一套涤纶拉链厂设备，在合同条款中，对外商提供的设备规格、型号、性能、生产国别和制造日期等，都没有明确规定，而且对品质保证期、检验机构、检验标准和索赔期，也没有规定。该设备进口后，经多次安装、调试，始终无法正常投产，给国内用户直接造成近百万美元的经济损失。外商见势不妙，就单方面中止合同，不辞而别，给中方企业造成难以挽回的重大损失。试分析发生本案的原因和我们应从中吸取的教训。

此案例表明：买方没有选择合适的交易对象，对交易对象的资信调查不够完善是造成本案发生的主要原因。为了使买卖双方订立的合同具有法律效力，可以受到法律保护，并能得到顺利履行，在约定合同当事人条款时，需要注意合同当事人的缔约能力和主体资格问题。

一、书面合同签订的意义和作用

在外贸业务中，当交易磋商的一方提出发盘，另一方做出接受之后，交易即告达成，买卖双方之间就建立了合同关系。双方在交易磋商过程中用来表示发盘、还盘、接受的往来函电即为双方买卖合同的书面证明。按照1980年通过的《公约》的第十一条规定："销售合同无须以书面订立或书面证明，在形式方面也不受任何其他条件的限制。销售合同可以用包括人证在内的任何方法证明。"双方是否签订书面合同并不影响双方已经成立了的合同关系。

但为了进一步明确双方的权利义务，依据国际惯例或有关国家合同成立的法律程序，买卖双方往往在交易磋商的基础上，还需签订书面合同或合同确认书，将双方确认的交易条件、权利、义务明文规定下来，其意义和作用具体体现在以下几个方面：

1. 书面合同是进出口交易顺利进行的保障

交易磋商的目的是为了在交易双方之间签订合同。所以，交易磋商的内容都是合同的内容。合同订立生效后，就形成了交易双方之间的权利义务关系，这种权利义务关系受到法律的约束，合同当事人严格按合同约定的内容履行了合同，交易的顺利进行也就有了保障。

2. 书面合同是维护买卖双方当事人利益的保障

由于买卖双方一般都有不愿增加或尽量减少成本的倾向，因而往往会出现不履行合同或不完全履行合同的情况，使对方的利益受损，这时就可以通过合同的规定要求违约的一方对另一方进行损失赔偿，在法律上称做违约救济。各国的法律对违反合同的行为都规定了救济的方法，使遭受损失的一方的利益得以保障。

3. 书面合同是解决贸易争议的依据

在国际贸易活动中，争议和纠纷是很可能发生的。解决纠纷的方式通常有协商、调解、仲裁或诉讼等。但不管哪一种方式，明确责任及提出解决方式都需要有一个依据，而合同就是最基本和最重要的依据。因此，在国际贸易中，尽管有些国家的合同法并不否认口头合同的效力，但交易双方一般多要求签订书面合同，避免"空口无凭"，不能提供充足的证据。

❖ **案例学习**

　　一位法国商人于某日上午走访我国外贸企业洽购某商品。我方口头发盘后，对方未置可否，当日下午法商再次来访表示无条件接受我方上午的发盘，那时，我方已获知该项商品的国际市场价格有趋涨的迹象。对此，你认为我方应如何处理为好，为什么？

　　分析：中国与法国均系《公约》缔约国，洽谈过程中，双方对《公约》均未排除或作出任何保留。因此，双方当事人均应受该《公约》约束。按《公约》规定：对口头要约，须立即接受方能成立合同。据此，我方鉴于市场有趋涨迹象，可以予以拒绝或提高售价继续洽谈。

二、合同有效成立的条件

合同有效成立是指合同必须符合法律规范才能有效。《公约》规定交易双方具备有效的发盘和接受时合同即告成立。具有法律上的约束力，这是合同有效成立的普遍法律基础。此外，各国法律还对于合同有效成立的条件做了进一步的规定，而且各国的具体规定也不完全相同。综合起来看，主要有以下几项：

1. 合同当事人具有行为能力

各国法律对合同当事人的合法资格都作了具体的规定。一般要求是：如果是自然人，应当是成年人，不是神智丧失者，并且有固定的住所；如果是法人，应当是依法注册成立的合法企业，负责订立合同者应当是法人的法定代表人或其授权人。对我国企业而言，只有政府批准有外贸经营权的企业才能就其有权经营的商品对外达成买卖合同。未成年人和精神病患者没有订立合同的能力或者受到一定的限制。

2. 合同当事人的意思表示必须是真实的

合同是当事人按照自愿和真实的原则通过发盘与接受达成协议。任何欺诈、胁迫、虚假等非自愿和不真实情况下签订的合同是无效的合同，且自始无效。

3. 合同必须有对价和合法的约因

对价(Consideration)是英美法中有关合同成立所必须具备的一个要素。按英美法解释，合同当事人之间存在着我给你是为了你给我的关系。这种通过相互给付，从对方那里获得利益的关系称作对价。在货物买卖合同中，买方付款是为了获得卖方的货物；而卖方交货是为了获得买方的货款。约因(Cause)是大陆法中提出的合同成立要素之一，是指当事人签订合同所追求的直接目的。在货物买卖合同中，买卖双方签订合同都要有约因。买方的约因是获得货物，卖方的约因是获得货款。在国际贸易合同中，要有对价或约因，法律才承认合同的有效性；否则，合同得不到法律的保障。

4. 合同的标的和内容必须合法

各国法律都规定合同不得违反法律，不得违反善良风俗和公共秩序。我国《合同法》规定：订立合同，必须遵守中华人民共和国法律，并且不得损害社会公共利益。这里的公共利益是广义的，包括公众安全、优良习惯和道德规范。在国际贸易中，对违禁品，如毒品、走私物品、严重败坏社会道德风尚的物品等签订贸易合同是不合法的；与国家明令禁止的贸易对象国签订贸易合同也是不合法的。政府管制的商品买卖需持有许可证。美国法律对于目的在于限制贸易而别无他意的合同视为非法的和无效的。对于不合法的合同，在当事人之间，没有权利和义务关系。一旦双方当事人发生争议，任何一方都不能上诉。法律对这种合同不予承认和保护。同时，如果法律认为必要时，还要追究当事人的刑事责任，没收买卖的货物。

5. 合同形式应符合法定要求

在国际贸易中，对合同形式没有硬性规定。但根据我国《合同法》的规定，在实际业务中，涉外经济合同的订立、变更或解除都必须采取书面形式，即合同书、信件、电报、传真、电子数据交换和电子邮件等可以有形地表现所载内容的形式。通过口头谈判或函电洽谈达成协议后，必须签订一定格式的正式书面合同。此外，我国法律、行政法规规定应由国家批准的合同，获得批准时合同才有效。

三、书面合同的形式与内容

买卖双方经过反复交易磋商，以发盘与接受的方式确立了双方的合同关系，但为了证明双方合同关系的存在，并为今后发生争议时向仲裁机构或法院证明合同关系存在提供书面证据，交易双方会要求将磋商达成的交易条件及各自享受的权利和应承担的义务用文字规定下来，签订书面合同。书面合同不仅是合同成立的依据，也是履行合同的依据。另外，签订书面合同在一些国家是合同生效的条件，我国就是如此。我国《合同法》规定："当事人采用合同书形式订立合同的，自双方当事人签字或签章时合同成立。"当事人采用信件、数据电文等形式订立合同的，可以在合同成立之前要求签订确认书，签订确认书时合同成立。可见《公约》中虽然不要求最终签订书面合同，但在实际的外贸业务中，签订书面合同已经成为一个必不可少的环节。

(一) 书面合同的形式

在国际贸易中，有关货物买卖合同的名称和形式并无特定的限制。只要双方同意，合同(Contract)、确认书(Confirmation)、协议书(Agreement)、备忘录(Memorandum)、订单(Order)等均可使用。买卖合同以外还有运输合同、保险合同、包销合同、代理合同、寄售合同、租赁合同等。在我国外贸业务中，主要使用买卖合同和确认书，辅助使用协议书、备忘录和订单等形式。

1. 买卖合同

买卖合同(Sales Contract)的内容比较全面详细。除了包括合同的主要条款(货物名称、品质规格、数量、包装、单价、总值、交货、支付方式)之外，还包括一般合同条款(保险、商品检验、异议索赔、仲裁和不可抗力)等。出口人草拟提出的合同称为"销售合同",进口人草拟提出的合同称为"购货合同"使用的文字是第三人称语气。这种合同形式的特点是内容比较全面,对双方的权利和义务以及发生争议的处理均有详细规定,签订这种合同适合于大宗货物或成交金额较大的交易。

2. 销售确认书

销售确认书(Sales Confirmation)是合同的简化形式。销售确认书的内容一般包括货物名称、品质规格、数量、包装、单价、总值、交货期、装运港和目的港、支付方式、运输标志、商品检验等条款,对于异议索赔、仲裁、不可抗力等一般条款都不予列入。这种格式的合同,适用于成交金额不大、批次较多的轻工日用品、土特产品或者已有包销、代理等长期协议的交易。

合同与确认书在形式和内容上虽然有些区别,但作为双方协商一致的交易条件,都是明确的、完整的、终局的,经双方签署后都是法律上的有效文件,对买卖双方都有同样的约束力。在我国的出口业务中,通常由我方根据双方达成的交易条件制成一式两份的销售合同或确认书,我方在上面签字后寄给对方,对方经审核签字后保留一份,将另一份寄还给我方。

3. 协议

在法律上,协议(Agreement)和合同具有相同的含义。书面文件上冠以"协议"或"协议书"的名称,只要它的内容对买卖双方的权利和义务都做了明确、具体的规定,它就与合同一样对买卖双方有法律约束力。如果交易洽谈的内容较复杂,商定了一部分条件,还有一部分条件有待进一步商谈,双方先签订了一个"初步协议",在协议书里也做了协议属初步协议的说明,这种协议就不具有合同的性质。

4. 备忘录

备忘录(Memorandum)是用来记录当时洽谈的内容,以供今后核查的文件。如果买卖双方洽谈的交易条件完整、明确、具体地写在了备忘录中,并经过双方的签字,那么这种备忘录的性质与合同就无异,具有与合同相同的法律效力。如果双方经洽谈后,只是对某些事项达成一致或一定程度的理解,并写在备忘录中,甚至冠以"谅解备忘录"(Memorandum of Understanding)的名称,这种备忘录就不具有法律上的约束力。

5. 订单

订单(Order)是指进口商或实际买家拟制的货物订购单。在我国,买卖双方经过洽谈达成交易后,我方制作正式合同或确认书两份寄给国外客户,要求其签回一份。但经常有客户将他的订单寄来要求我方回的情况。这种经过洽谈成交后寄来的订单,实际上就是国外客商的购货合同或购货确认书。

在我国进出口贸易实践中,书面合同以采用"合同"和"成交确认书"两种类型的居多。从法律效力来看,这两种类型的书面合同没有区别,对买卖双方均具有约束力,所不同的只是格式和内容的繁杂有所差异。在我国的进出口业务中,合同或确认书通常一式两份,由进出口公司印成固定格式的形式,若当面成交,由双方合法代表共同签字后各执一份;若通过往来函电成交,先由我方签字,然后将合同正本一式两份送交国外客户签字并退回一份，以备存查，也可作为合同订立的证据和履行合同的依据。

(二) 书面合同的内容

国际货物买卖合同一般由约首、正文和约尾三部分组成，即合同的首部、主体和后部。

1. 合同的首部

合同的首部包括开头部分或序言、合同名称、编号、缔约日期、缔约地点、缔约双方的名称和地址等。这部分内容应注意两点：一是要把缔约双方的全名称和详细地址列明，有些国家法律规定这是合同正式成立的条件；二是明确规定缔约地点，因为如果在合同中未对合同适用的法律作出规定，根据有些国家的法律规定和贸易习惯的解释，可适用合同缔约地国家的法律。

2. 合同的主体

合同的主体一般以合同条款的形式具体列出各项交易条件，规定双方的权利和义务，包括主要的交易条款和一般交易条件两个方面。主要的交易条款是每笔交易买卖双方权利义务关系的具体内容，必须在合同中列明，缺一不可，它们是合同的实质性条款。主要的交易条款有品名和品质规格条款、数量条款、包装条款、价格条款、运输条款和支付条款。买卖双方初次交易时，可先就一般交易条件取得协议。一般交易条件主要有商品检验、保险、仲裁、人力不可抗拒和索赔等。这些是适用于各笔交易的条款。买卖双方首次交易就上述各项的解释和范围等取得一致意见，今后每笔交易都可沿用，不必逐笔再行磋商。此项一般交易条件习惯上在空白合同的背面印刷。

3. 合同的后部

合同的后部包括合同的份数、使用文字和效力以及双方的签字。此外，有的合同还规定了合同的生效日期，或根据需要制作了附件附于合同之后，作为合同不可分割的一部分。

(三) 主体内容分析

1. 商品名称

(1) 商品名称要统一，不能在合同中使用不同名称。(2) 不能只写目录编号，不写商品名称。(3) 有商标牌号的商品，应写上商品牌号。(4) 我国特产商品，应写上产地名称。(5) 品种复杂的，品名栏可写总称，具体名称另制附表。

2. 品质规格

(1) 要明确具体，确实无法定规格的可以不定。(2) 品质条款必须针对外销的要求，结合国内生产的可能来定，既不能定得过高，也不能定得过低。(3) 品质规格不宜定得过紧、过死，规格项目也不宜定得过多。(4) 规格标准可以有个幅度。(5) 按重量计算规格的，要写明重量单位。(6) 类似"合理误差"一类含糊字眼应避免使用。

3. 数量

(1) 所有出口商品我们一律不接受"到岸重量条款"，要以我方商检重量证明为准。(2) 数量单位一定要明确。(3) 按重量计算的商品。(4) 要注意写明"溢短装条款"，溢短多少或百分之几，一定要明确。

4. 单价(Unit Price)

(1) 计价单位，一般应与数量单位一致(如每公吨、每磅、每打)。(2) 价格条件，如 FOB 指定的装运港，或 CFR 指定的目的港，或 CIF 指定的目的港。(3) 计价货币，有协定的计价货币，应与协定支付货币一致。(4) 单位价格，如"每公吨 CIF 伦敦 100 英镑"。(5) 佣金(Commission)，如每公吨 CIFC 2%汉堡 1500 元人民币，即每公吨有 30 元佣金(至于佣金如何支付，在另外条款上规定)。

5. 总值(Total Amout)

(1) 总值要大写，如"总值 GBP 7500(柒仟伍佰英镑整)""Total Amount：GBP 7500"。(2) 总值货币与单价货币要一致。(3) 溢短装数量的余额，品质增减价，在合同总值中不计，但也可在单价×数量(总值)后面加上一个"约"字。

6. 包装和运输标记

(1) 要明确包装所用材料、重量。(2) 包装重量的计算，按净重、毛重或"以毛作净"等计算，要明确规定。(3) 包装费用负担，可由卖方或买方负担，或在单价条款最后加上"包装费在内"字样。(4) 唛头，可用卖方或买方唛头，以识别货物。

7. 装运口岸

(1) 能明确具体的就具体写明，在 FOB 条件下，装运口岸应与价格条件中的装运地点一致。(2) 可列几个装运口岸，如"广州、汕头、珠海、黄浦，由卖方决定"。(3) 可写明"中国口岸，由卖方决定"。

8. 目的口岸

(1) CFR 和 CIF 条件下的目的口岸，应与价格条件中的目的港一致。(2) CFR 和 CIF 条件出口，在一般情况下，目的港不要列上几个港口由买方选择，这样会增加我们租船订舱的困难。(3) 目的港不要笼统地写为"欧洲主要口岸"。

9. 装运日期。

(1) 装运日期要有个幅度。(2) 为了约束对方按时或提前开出信用证，装运日期可以和付款条件联系起来。像"即期装船"这样的条款不能订，原因是"即期"概念不清。

10. 支付条款。

(1) 采用预付货款方式时，应写明买方付款的期限。(2) 采用托收方式时，分光票托收和跟单托收两类，跟单托收又分付款交单和承兑交单两种。(3) 采用信用证方式时，内容较为复杂，涉及下列 10 个方面，即开证日期、开证申请人、开证银行、受益人、通知银行、议付银行、信用证种类、信用证金额、议付地点、信用证的有效期和到期地点。

11. 装运条款

(1) FOB 合同应包括以下内容，一是明确买方租船责任，二是要规定买方一般应在装运月份前十天用电报负责通知船名、船期、预计装载量等，以便卖方备货装船。(2) CIF、CFR 合同应包括以下内容，一是租船订舱由卖方办理，二是卖方应争取在合同上写明"允许转船"。(3) 如果是大宗货物，还应注明"允许分批装运"。

12. 装船通知

货物装船以后，卖方应将合同号码、商品名称、数量、总值、船名、目的口岸、开船日期等用电报通知买方，以便买方及时投保或接货(这是约束卖方的条款)，双方议定后，应在合同中写明。

13. 结汇单据

卖方装船交货后，即可向银行交单结汇，具体有哪些单据，各多少份，由买卖双方在磋商交易中具体商定，并写入合同的结汇单据条款中(买方申请开证，亦应按合同规定，将结汇单据列入信用证中)。

14. 检验条款

在出口合同中，一般情况下采取以我方商检证为议付依据，对方复验证为索赔依据。

15. 保险条款

按合同的不同价格条件作出不同的规定。

16. 不可抗力

关于不可抗力条款，应根据造成不可抗力的不同原因作出规定。

17. 仲裁

关于仲裁条款，有两种规定方法：(1) 由双方友好协商解决或按照中国国际贸易促进委员会对外贸易仲裁委员会仲裁暂行规则进行仲裁；(2) 如协商不能解决，则应提交仲裁，仲裁应在被告所在国进行，或者在双方共同同意的第三国进行。

18. 备注

主要是填写一些补充性的事项。

四、合同签订应注意的问题

(1) 必须贯彻我国的对外贸易方针政策，特别要体现平等互利的原则，我们既反对对方把片面维护一方利益的条款列入合同，也绝不把对方不愿意接受的某些条款强加于人。

(2) 必须符合合同有效成立的要件，即双方当事人的意思表示必须一致和真实，当事人都有订约行为能力，合同标的、内容必须合法等。

(3) 合同内容应与磋商达成的协议内容一致，同时在条款的规定上必须严密，要明确责任、权利义务对等。切记避免订立多种解释的任意性和不确定性的条文，特别是对可能引起合同性质改变的内容，尤应慎重。如果有些条款事先未商妥，要列入书面合同时，要进一步协商达成协议才可列入。

(4) 合同各条款间必须协调一致，不能相互矛盾。例如，在数量条款规定溢短装时，支付方式为信用证，其保证金额就应规定有增减幅度。又如，贸易术语为 CFR 或 FOB 成交，在保险条款里就应订明"保险由买方自理"。关于签约后发生的额外费用负担，如运费上涨、港口封冻的绕航费等，也可在合同中明确规定由何方负担。

五、合同变更和终止

(一) 合同变更

1. 合同变更的概念

合同变更是指当事人双方签订合同后，在合同有效期内依法对合同进行修改和补充而达成的新协议。合同变更通常表现为对合同某些条款的修改或补充。但应注意，合同一经订立，就成为具有法律效力的文件，对双方都有约束力。各国法律都规定，当事人不得擅自变更或者解除合同。

2. 合同变更的效力

我国《合同法》第七十七条规定，"当事人协商一致，可以变更合同。""法律、行政法规规定变更合同应当办理批准、登记手续的，依照其规定。"当事人对合同变更的内容约定不明确的，视为未变更。

(二) 合同终止

1. 合同终止的概念

合同终止是指因某种原因而引起合同的权利义务客观上不复存在，也叫合同的消灭。合同终止不同于合同中止。合同终止是合同关系的消灭，不可能恢复；而合同中止是合同关系的暂时停止，有可能恢复。

2. 合同终止的原因

合同终止的原因大致有三类；一是基于当事人的意思表示，如免除、约定和协议解除等；二是基于合同目的的消灭，如清偿、混同等；三是基于法律的规定，如法定解除等。

第六节　国际贸易电子合同

一、电子合同的概念

电子合同是指平等民事主体的自然人、法人、非法人组织之间的数据电文形式通过计算机网络设立、变更、终止民事权利义务关系的协议。电子合同的应用给全球经济贸易注入了新的活力，使得传统的"有纸贸易"的法律制度受到挑战和冲击。因此，必须对电子合同的形式和电子合同的法律地位有一个新的认识。

二、电子合同的法律效力

为促进电子商务在国际贸易中的应用，许多国际组织对电子商务所面临的法律问题进行了深入的研究，并针对电子商务进行了一定程度的立法。联合国国际贸易法委员会于1991年开始进行电子商务领域的立法工作，并于1996年制定出《电子商务示范法》。制定该示范法的目的是提供一套世界各国在进行国内电子商务立法时可以参考的，并可被广泛接受的国际电子商务统一规则。《电子商务示范法》明确规定：采用数据电文形式的合同具有法律效力、有效性和可执行性。就合同订立而言，一项要约及对要约的承诺均可通过数据电文的手段表示，通过数据电文交换而订立的合同符合法律上所要求的书面合同性质。我国《合同法》也明确规定了合同的书面形式包括电报、电传、传真、电子数据交换和电子邮件等，可以有形地表现可载内容的形式。这一规定解决了电子合同是否与书面合同具有同等效力的问题，明确了两种形式的合同具有同等的法律效力。

三、电子合同的形式特点

(1) 电子合同的要约和承诺是通过计算机网络进行的，订立合同的双方或多方大多是互不见面，在虚拟市场上运作，其信用依靠密码的辨认或认证机构的认证。

(2) 电子合同的产生、修改、储存、传递等过程都是通过计算机和计算机网络进行的，因此电子合同的订立过程比较敏捷、迅速和自动化。签订电子合同的当事人无须直接参与，可由计算机按预定程序自动运作。

(3) 电子合同存在形式电子化、签名电子化的特征。电子合同形式的特殊性必将带来一系列的法律问题，因此联合国国际贸易法委员会在 1992 年关于 EDI 的研究报告中提出了两点解决方法：① 扩大法律对"书面"一词所下的定义，以便把 EDI 记录纳入书面范畴，《联合国国际货物买卖合同公约》第二十条已做了相应的规定，承认了以"电话、电传或其他快速通信方法进行的"要约，"其他快速通信方法"应被理解为电子数据交换的方法；② 当事人在通信协议中一致商定，将 EDI 电文视为书面文件，或由当事人共同声明，放弃他们各自依据的法律，确认 EDI 电文的有效性或可强制执行性。

四、电子合同的法律问题

1. 要约与承诺

在普通购物中，商品标价的行为是一种要约。在电子商务中，买方没有可见购买实物的条件，所以在网页上发现已登载自己欲购买商品的价格、图片及价格的有效时间，应认为是要约。只要买方发出电子邮件，应视为承诺，合同即成立，无论何方不履行合同成立的义务都应承担违约责任。如果卖方发布出售商品信息不具备构成要约的条件，应视为要约邀请。

2. 自动系统订立的电子合同有效性

合同是当事人意思表示一致的产物，合同当事人的意思表示是否真实一致往往是合同生效要件之一。然而，对于全部或部分由计算机自动订立的电子合同是否是当事人的真实意思的表示常常被人们怀疑。在电子商务中，当事人的意思表示正是通过其所编制或认可的程序得到了反映，计算机的自动处理并不妨碍当事人真实意思的体现，只不过将真实意思格式化、电子化和自动化了。所以，通过电子商务系统订立的电子合同，当事人不能以非其真实意思表示为由，对合同成立的效力提出抗辩。对于自动系统故障和第三人干扰破坏，当事人可依据具体情况采取相应方式加以救济和抗辩。

3. 电子合同成立的时间和地点

合同成立的时间和地点对于合同的当事人具有重大现实意义。合同成立的时间决定合同效力的起始与法律关系的确立,是当事人开始合同内容约束的标志。合同成立地点则是确定合同的司法管辖和法律适用的重要决定因素之一。

联合国国际贸易法委员会制定的《电子商务示范法》第十五条对电子要约和承诺的发出与到达的时间作了如下规定:

(1) 除非发端人与收件人另有协议,一项数据电文的发出时间以它进入发端人或代表发端人发送数据电文的人控制范围之内的某一信息系统的时间为准;

(2) 除非发端人与发件人另有约定,数据电文的收到时间按下述办法确定:

① 如收件人为接收数据电文而指定了某一信息系统,则以数据电文进入该指定信息系统的时间为收到时间。② 如数据电文发给了收件人的一个信息系统但不是指定的信息系统,则以收件人检索到该数据电文的时间为收到时间。③ 如收件人并未指定某一信息系统,则以数据电文进入收件人的任何信息系统的时间为收到时间。

对电子合同来说,载有承诺信息的数据电文是通过计算机网络来发送的,所谓承诺人和相对人的信息系统是虚拟的,它既可以处于当事人所在地的服务器上,也可处于其他城市,甚至在其他国家服务器上。所以,很难确定发出或是到达地点。

《电子商务示范法》以营业地为标准来确定电子合同的承诺生效地点。在该法第十五条第四款对数据电文的发出和到达的地点做了如下规定。“除非发端人与收件人另有协议,数据电文应以发端人设有营业地的地点视为其发出地点,而以收货人设有营业地的地点视为其收到地点:① 如发端人或收件人有一个以上的营业地的,应以对其基础交易具有最密切关系的营业地为准,如果并无任何基础交易,则以其主要的营业地为准;② 如发端人或收件人没有营业地,则以其经常居住地为准。”上述规定的意思是电子合同成立的地点,除双方另有协议外,电子合同成立地点以承诺的发出和到达地为双方各自的营业地。如果任何一方有多个营业地,以与基础交易有最密切联系的营业地为合同成立地;如果无基础交易发生,以主要营业地为合同成立地点。如果没有营业地点,则以其经常居住地为合同成立地点。

知识与技能训练

【单项选择题】

1. 根据《联合国国际货物销售合同公约》的规定,合同成立的时间是(　　)。
A. 接受生效的时间　　　B. 交易双方签订书面合同时
C. 在合同获得国家批准时　D. 当发盘送达受盘人时

2. 根据《联合国国际货物销售合同公约》的规定,接受于(　　)生效。
A. 合理时间内　　　　B. 向发盘人发出时
C. 送达发盘人时　　　　D. 发盘人收到后以电报确认时

3. 按照《联合国国际货物销售合同公约》的解释,发盘于(　　)生效。
A. 向特定的人发出时　　B. 合理时间内
C. 送达受盘人时　　　　D. 受盘人收到并确认时

4. 关于逾期接受,《联合国国际货物销售合同公约》的规定是(　　)。

A．逾期接受无效　　　　　B．逾期接受是一个新的发盘

C．逾期接受完全有效　　　D．逾期接受是否有效，关键取决于发盘人

5．关于接受生效的时间，各国法律有不同的规定，其中(　　)采用"投邮生效"的原则。

A．英美法　　B．大陆法　　C.《公约》　　　　D．我国的《合同法》

6．某发盘人在其订约建议中加有"仅供参考"字样，则这一订约建议为(　　)。

A．发盘　　　B．递盘　　　C．邀请发盘　　D．还盘

7．向广大公众发出的商业广告是否构成发盘的问题，各国法律规定不一。其中大陆法规定(　　)。

A．向公众作出的商业广告，只要内容确定在某些场合下可视为发盘

B．凡向广大公众发出的商业广告，不得视为发盘

C．商业广告可完全视为一项发盘

D．商业广告本身并不是一项发盘，通常只能视为邀请对方提出发盘

8．当一项发盘未具体列明有效期时，根据《联合国国际货物销售合同公约》的规定，如果采用口头发盘时，(　　)方为有效。

A．受盘人尽快表示接受时

B．受盘人当场表示接受，除非发盘人发盘时另有声明

C．受盘人在一段合理时间内表示接受

D．受盘人 24 小时内表示接受

9．关于发盘能否撤销的问题，英美法与大陆法存在着严重的分歧，其中英美法认为(　　)。

A．发盘人原则上应受发盘的约束，不得随意将其发盘撤销

B．发盘已经生效，但是受盘人尚未表示接受之前这段时间内，只要发盘人及时将撤销通知送达受盘人，就可将其发盘撤销

C．受盘人表示接受之前，即使发盘中规定了有效期，发盘人也可以随时予以撤销

D．发盘在受盘人接受之前可以撤销，但若撤销不当，发盘人应承担损害赔偿责任

10．接受的撤回或修改的问题上，《联合国国际货物销售合同公约》采取了(　　)原则。

A．投邮生效　　　　　　　B．送达生效

C．尽快撤回或修改　　　　D．合理时间内撤回或修改

【多项选择题】

1．一般地说，交易磋商有四个环节，其中达成交易不可缺少的两个基本环节和必经的法律步骤是(　　)。

A．询盘　　　B．发盘　　　C．接受　　　D．还盘

2．在交易磋商之前，需要准备的事项很多，其中主要包括以下几项工作：(　　)。

A．选配洽谈人员　　　B．选择目标市场　　　C．选择交易对象

D．制定磋商交易的方案　　E．进行询盘

3．构成一项有效的发盘，必须具备下列(　　)条件。

A．发盘应向一个或一个以上特定的人提出

B．必须表明发盘人在其发盘一旦被受盘人接受即受约束的意思

C．必须规定发盘的有效期

D. 必须列明各种交易条件

E. 发盘内容必须十分确定

4. 根据《联合国国际货物销售合同公约》的规定，发盘内容必须十分明确，即发盘中应包括下列基本要素：(　　　)。

A. 表明货物的名称

B. 表明货物的交货时间、地点

C. 明示或默示地规定货物的数量或确定数量的方法

D. 明示或默示地规定货物的价格或确定价格的方法

E. 表明付款的时间和地点

5. 当发盘采用函电成交时，发盘人一般都明确规定发盘的有效期，其规定方法包括(　　　)。

A. 明确规定最迟接受的期限

B. 明确规定一段接受的期限

C. 列明尽快接受即可

D. 规定有效期的期限应从电报交发时刻或信上载明的发信日期起算

E. 规定有效期的期限应按电报或信件送达受盘人时起算

6. 明确发盘生效的时间，具有重要的法律和实践意义，这主要表现在下列(　　　)方面。

A. 关系到发盘人何时可以撤回发盘或修改其内容

B. 关系到受盘人能否表示接受

C. 关系到合同能否签订

D. 关系到交易磋商的时间

E. 关系到发盘效力何时终止

7. 根据《联合国国际货物销售合同公约》的规定，并不是所有的发盘都可撤销，下列(　　　)情况的发盘，一旦生效，则不得撤销。

A. 在发盘中明确规定了有效期

B. 以其他方式表明该发盘是不可撤销的

C. 受盘人有理由信赖该发盘是不可撤销的，并本着对该发盘的信赖采取了行动

D. 发盘送达受盘人后，受盘人没有表示接受之前收到了发盘人的撤销通知

E. 受盘人已经发出了接受通知

8. 任何一项发盘，其效力均可在一定条件下终止。发盘效力终止的原因，一般包括以下(　　　)方面。

A. 在发盘的有效期内未被接受，或虽未规定有效期，但是在合理时间内没有被接受

B. 受盘人拒绝或还盘之后

C. 发盘人依法撤销了发盘

D. 发盘之后，所在国政府对发盘中的商品或所需外汇颁布了禁令

E. 发盘人在发盘被接受之后丧失了行为能力

9. 根据《联合国国际货物销售合同公约》的规定，受盘人对(　　　)内容提出更改或添加，被视为实质性变更发盘条件。

A．价格　　B．付款　　C．品质　　D．交货时间与地点　　E．不可抗力

10．根据合同成立的有效条件，如果属于(　　)则不是一项有法律约束力的合同。

A．法人通过代理人，在其经营范围内签订的合同

B．采取胁迫手段订立的合同

C．自然人在签订合同前已患有精神病

D．关于毒品交易的买卖合同

E．中美进出口商以书面形式订立的合同

【简答题】

1．出口交易磋商一般要经过哪些环节，它们的含义如何？要订立一项合同，哪些环节是必不可少的？

2．在出口业务中，出口企业与客户洽谈时，通常必须对哪几项内容进行磋商？

3．出口交易前的准备工作主要有哪些内容？

4．对国外客户进行调研的主要内容有哪些？

5．国外客户信息资料可以通过哪些途径获得？如何对客户的资料进行分类整理？

6．贸易谈判的原则有哪些？

7．简述国际贸易谈判的程序。

8．发盘和接受的条件分别有哪些？

9．简述发盘的生效、撤回、撤销和失效。

10．买卖双方达成交易的函电是否具有法律效力？为什么？通过函电达成交易后，一方当事人制作合同或确认书寄交对方签字，如果对方没有签字，合同是否成立？

【实训题】

1．实训目的

了解进出口交易前的准备、贸易交易磋商的过程和具体环节以及外贸合同订立的一般程序。

2．实训要求

(1) 熟悉国际货物买卖合同磋商的基本程序。

(2) 了解外贸合同交易前的准备工作的主要内容。

(3) 实际练习交易磋商与订立合同的业务。

3．实训内容

(1) 根据课堂老师所给客户信息资料进行交易磋商模拟，进行相关询盘、发盘、还盘和接受环节的模拟实训。

(2) 讨论案例。

案例一：假如你正经营一家贸易公司，新近组织了一批工艺蜡烛，既可用于酒吧、咖啡屋照明以点缀环境，也可作为工艺品修饰家居，该产品已经在日本打开了销路。如果你想将这批蜡烛投放至韩国市场，试拟订一份出口经营方案。

案例二：我方发盘至5月5日止，但由于市场情况不稳定，对方延至5月6日才来电表示接受，对此我方应如何处理？

案例三：我方 10 日电传出售货物，限 15 日复到有效，13 日收到收盘人答复"价格太高"，15 日又收到收盘人来电"你方 10 日发盘我方接受"。此时，市价上浮，我方复电拒绝。请问我方这样做是否可以，理由何在？

案例四：我国出口企业于 6 月 1 日向英商发盘供应某商品，限 6 月 7 日复到有效。6 月 2 日收到英商电传表示接受，但提出必须降价 5%。我方正研究时，该商品的国际市场价格趋涨，该商又于 6 月 5 日来电，表示无条件接受我方的 6 月 1 日发盘。试问我方应如何处理？

案例五：我国出口公司于 2 月 1 日向美商报出某农产品，在发盘中除了列明各项必要条件外，还表示："packing in sound bags"。在发盘有效期内，对方复电称："refer to your first offer, packing in new bags"。我方收到上述复电后即着手备货。数日后，该农产品的国际市场价格暴跌，美商来电称："我方对包装条件作了更改，你方未确认，合同并不成立。"你认为合同是否成立？此案如何处理？

案例六：我国出口企业对意大利某商人发盘，限 10 月 10 日复到有效。10 月 9 日意商用电报通知我方接受发盘。由于电信部门传递延误，我方于 10 月 11 日上午才收到对方的接受通知。而我方在接受通知前已经获悉市场价格已上涨，对此，我方应如何处理？

案例七：我方 A 公司向美国旧金山 B 公司发盘某商品 100 公吨，每公吨 2400 美元 CIF 旧金山，以不可撤销即期信用证支付，收到信用证后 2 个月内交货，限 3 日内答复。第二天收到 B 公司回电称："接受你方发盘，立即装运。" A 公司未予答复。又过了两天，B 公司通过旧金山银行开来即期信用证，注明"立即装运"。当时该货国际市场价格上涨 20%，A 公司以合同并未达成为由拒绝交货，并立即将信用证退回，于是双方发生争议。此案例中，合同是否成立？

案例八：某月 20 日，我方 F 公司向老客户 G 公司发盘："可供一级红枣 100 公吨，每公吨 500 美元 CIF 安特卫普，适合海运包装。定约后即装船，不可撤销即期信用证付款，请速复电。" G 立即电复："你方 20 日电我方接受，用麻袋装，内加一层塑料袋。"由于 F 公司一时没有麻袋，故立即回电："布包装内加一层塑料袋。"回电后，G 未予答复，F 便着手备货。之后在 F 公司去电催请 G 公司开立信用证时，G 以合同根本没有成立为由拒绝，于是双方发生争议。试分析，此合同是否成立？理由是什么？

案例九：某年 11 月 4 日顺达公司应瑞典 TG 公司的请求，报价棉花 500 吨，每吨斯德哥尔摩 CIF 价格 340 欧元，即期装运实盘，要约有效期至 11 月 24 日。TG 公司接收到报盘后，请求顺达公司："降低价格；延长要约有效期"。顺达公司将价格每吨减至 320 欧元，延长要约有效期至 11 月 30 日。TG 公司接收到顺达公司来电后，又请求顺达公司："增加数量；再次延长要约有效期"。顺达公司再将数量增至 800 吨，延长要约有效期至 12 月 10 日。TG 公司于 12 月 6 日来电接受该盘。顺达公司在接到 TG 公司承诺电报时，发现国际市场因受灾影响棉花产量，市场价格暴涨。顺达公司不愿意成交，复电称："由于世界市场价格变化，在接到承诺电报前已将货物售出，不能提供货物"。TG 公司不同意这一说法，认为：承诺是在要约有效期内作出，是有效的，坚持要求顺达公司按要约的条件履行合同。提出："执行合同或者赔偿差价损失 6 万欧元，否则将起诉"。

第九章

进出口合同的履行

学习目标

技能目标

掌握进出口合同的履行必要环节，尤其是出口业务流程及注意事项。

知识目标

掌握出口、进口合同的履行步骤和在每一步骤中应注意的事项。

掌握进出口合同各种单据的缮制，正确、顺利地履行进出口合同以及相关案例分析。

引言

合同是对买卖双方具有法律约束力的文件，合同签订后，买卖双方必须严格按合同办事，履行合同约定的权利和义务，否则违约方就要承担法律后果。

在交易双方所订立的买卖合同中，都规定了合同双方当事人的权利和义务。尽管交易对象、成交条件及所选用的惯例不同，每份合同中规定的当事人的基本义务却是相同的。根据《联合国国际货物销售合同公约》规定：卖方的基本义务是，按合同规定交付货物，移交与货物有关的各项单据并转移货物的所有权；买方的基本义务是，按合同规定支付货款和收取货物。

第一节　　出口合同的履行

入门案例

　　中国南方某公司与丹麦 AS 公司在某年 9 月按 CIF 条件签订了一份出口圣诞灯具的商品合同，支付方式为不可撤销即期信用证。AS 公司于 7 月通过丹麦日德兰银行开来信用证，经审核与合同相符，其中保险金额为发票金额的 110%。就在我方正在备货期间，丹麦商人通过通知行传递给我方一份信用证修改书，内容为将保险金额改为发票金额的 120%。我方没有理睬，仍按原证规定投保、发货，并于货物装运后在信用证交单期和有效期内，向议付行议付货款。议付行审单无误，于是放款给受益人，后将全套单据寄丹麦开证行。开证行审单后，以保险单与信用证修改书不符为由拒付。

　　此案例表明：按照国际惯例《跟单信用证统一惯例》的相关规定，信用证经过修改后，银行即受该修改后的信用证的约束。出口商可自行决定修改内容或拒绝修改，但其应发出是否同意修改的通知。当出口商告知其接受修改之前，原证对开证行继续有效，即原证的条款对出口商仍具有约束力。但如果出口商未发出接受或拒绝的通知，而其提交的单据与原证的条款相符，则视为出口商拒绝其修改；如果出口商提交的单据与经修改后的信用证条款相符，则视为出口商接受了其修改。从这时起，信用证就被视为已经修改。总之，出口商是否同意修改的信用证可以在结汇提交单据时来表示。在本案中，我公司在收到有关信用证修改的通知后，并未发出接受或拒绝修改的通知，而且在交单时向银行提交了符合原信用证规定的单据，受益人以其行为作出拒绝信用证修改的表示，原信用证的条款对受益人仍然有效，信用证的修改因未获得受益人的同意而无效。因此，开证行审单后，以保险单与信用证修改书不符为由拒付是不合理的。

出口合同规定的贸易术语、支付条件等内容不同，出口方履行合同的程序也有所不同。目前，我国绝大多数出口合同为 CIF 合同或 CFR 合同，并且一般都采用信用证付款方式，故履行这种出口合同，涉及面广，工作环节多，手续繁杂，且影响履行的因素很多，为了提高履约率，各外贸公司必须加强同有关部门的协作与配合，力求把各项工作做到精确细致，尽量避免出现脱节情况，做到环环扣紧，井然有序。

履行出口合同的程序，一般包括备货、催证、审证、改证、租船、订舱、报关、报验、保险、装船、制单、结汇等工作环节。在这些工作环节中，以货(备货)、证(催证、审证和改证)、船(租船、订舱)、款(制单结汇)四个环节的工作最为重要。只有做好这些环节的工作，才能防止出现"有货无证""有证无货""有货无船""有船无货""单证不符"或违反装运期等情况，根据我国对外贸易长期实践的经验表明，在履行出口合同时，一般应做好下列各环节的工作。

一、备货和报验

(一) 备货

备货是进出口公司根据合同和信用证规定，向生产加工及仓储部门下达联系单(有些公司称其为加工通知单或信用证分析单等)，要求有关部门按联系单的要求，对应交的货物进行清点、加工整理、刷制运输标志以及办理申报检验和领证等项工作。在备货过程中，应注意以下问题。

1. 有关货物的问题

(1) 货物的品质、规格要严格按合同的规定核实，切勿偏高或偏低。对不符合规定的货物应立即更换，要确保货物的品质、规格与合同规定一致。

(2) 备货的数量应适当留有余地，以便在装船发现货物短缺或损坏时能及时补足或更换；同时要对实装数量做好审查和记录，尽量避免多装、少装、错装或漏装。

(3) 备货的时间应根据信用证中规定的最迟装运期与船期情况，合理安排以利于船货衔接，节省各种费用。为防止意外，一般还应适当留有余地。

2. 有关货物的包装问题

在一般情况下，出口货物运输时间较长，并且要经过多次搬运和装卸，因此对出口货物的包装有一些特殊要求，在包装问题方面应注意以下几点：

(1) 应对货物的包装材料、包装方法等进行认真的检查和核实，使之符合合同和信用证的规定，并要做到保护商品和适应运输的要求。

(2) 尽量安排将货物装运到集装箱中或牢固的托盘上。如果用集装箱装运，应使货物均匀放置且均匀受力，同时将货物充满集装箱并做好铅封工作。

(3) 由于运输公司按重量或体积计算运费，出口企业应尽量选用重量轻的小体积包装，以节省运输费用。

(4) 如果是海运货物的包装，应注意运输环境变化出现的潮湿和冷凝现象，采用适用的包装材料避免货物受潮，或者采用集装箱装运货物。

(5) 对于空运货物的包装，应标明指示性标志以防止被野蛮装卸。由于飞机的舱位有限，对于包装尺寸的要求，应与有关运输部门及时联系。

(6) 目前，越来越多的货物采用自动仓储环境处理，其特点是由传送带根据条码自动扫描分拣。因此，在包装货物时要严格按统一尺寸进行包装或将货物放置于标准尺寸的牢固托盘上，并预先正确印制和贴放条码。

3. 有关货物的运输标志问题

在外包装上正确刷制运输标志是备货工作中非常重要的环节。因此，在刷制运输标志时应注意以下几点：

(1) 应根据有关进出口国家规定刷制运输标志。

(2) 包装上的运输标志应与所有出口单证上对运输标志的要求一致。

(3) 运输标志应简洁，版面设计要标准和规范，在颜色、图案的使用上要尊重进口国的宗教信仰、风俗习惯。

(4) 所有包装上的运输标志必须用防水墨汁刷写，并注意油墨用量适中、分布均匀。

(5) 有些国家海关对包装箱上注明的内容有特殊要求，应注意这些国家的海关规定。

(6) 运输标志的大小尺寸应适中，使有关人员在一定距离内能够看清楚。按国外的通行做法，一般标准箱包装刷制的字母尺寸至少为 4 厘米高。

(7) 应该在包装箱的四面都刷制运输标志，以防货物丢失。

(8) 在外包装上刷制的运输标志应与所有货运单据上标注的运输标志相同。

(二) 报验

凡属国家规定或合同规定必须经中国进出口商品检验局检验出证的商品，在货物备齐后，应向商品检验局申请检验，只有商检局发给合格的检验证书，海关才准放行。凡经检验不合格的货物，一律不得出口。

申请报验时，应填制出口报验申请单，向商检局办理申请报验手续，该申请单的内容一般包括品名、规格、数量或重量、包装、产地等项，在提交申请单时，应随附合同和信用证副本等有关文件，供商检局检验和发证时作参考。当货物经检验合格，商检局发给检验合格证书，外贸公司应在检验证规定的有效期内将货物装运出口，如在规定的有效期内不能装运出口，应向商检局申请展期，并由商检局进行复验，复验合格后，才准予出口。

申请报验的程序如下：

1. 申请

需要检验出口的货物，应填制"出口报验申请单"，向商检局办理申请报验手续。"出口报验申请单"的内容一般包括品名、规格、数量(或重量)、包装、产地等项。

2. 检验

商检机构根据申请人的申请对出口商品实施检验，出口商品应严格按照合同、信用证的规定进行检验，合同、信用证未规定或规定不明确的，按国家商检局统一核定的标准和有关规定进行检验。

3. 发证

货物经检验合格，即由商检局发给检验证书。检验不合格的，出具"出口商品检验不合格通知单"。

二、落实信用证

当采用信用证为支付方式时，出口商为了维护自己的权益，必须做好对信用证的掌握、管理和使用，对信用证的掌握、管理和使用直接关系到我国对外政策的贯彻和收汇的安全。落实信用证包括催证、审证和改证三项内容。

(一) 催证

在合同中买卖双方若约定采用信用证方式支付货款，买方应按照合同规定按时开立信用证，这是买方的义务，因而在正常情况下无须催证。但在实际业务中，有时经常遇到国外进口商拖延开证，或者在行市发生变化或资金发生短缺的情况下，往往会拖延开证时间。当进口方未按合同规定的时间开立信用证，或合同装运期较长，卖方想提前装运，或原合同规定的开证期已到等，卖方往往会通过信函、电传以及 E-mail 等方式催促进口方开立信用证。必要时，也可请驻外机构或有关银行协助代为催证。

在实际业务中，应结合我方具体情况来决定是否催证和何时催证。如果货源已落实，船期已定，这时可以向买方说明情况，催其提前开证。如果货源没落实，不应催证。如果发现买方资信不好，或市场情况有变，也可提前催促买方开证。

(二) 审证

信用证是依据合同开立的，信用证内容应该是与合同条款一致的。但在实践中，由于种种因素，如工作的疏忽、电文传递的错误、贸易习惯的不同、市场行情的变化等，往往会出现开立的信用证条款与合同规定不符。因此，在实际业务中，银行和出口企业在收到买方开来的 L/C 后，应对照合同并依据《跟单信用证统一惯例》，对信用证内容进行全面、认真的审核。其中，银行着重审核开证行的政治背景、资信能力、付款责任和索汇路线等方面的内容，出口企业则着重审核信用证内容与买卖合同是否一致。

1. 银行审核的重点

(1) 从政策上审核。来证各项内容应该符合我国的政治与经济方针政策，不得有歧视性内容，否则应根据具体不同情况向有关方交涉。

(2) 开证行资信的审核。为了保证安全收汇，对开证行所在国家的政治经济情况、开证行的资信以及经营作风等必须进行审查，对于资信不佳的银行，应酌情采取适当措施。

(3) 对信用证的性质和开证行付款责任的审核。来证不应标明"可撤销"的字样，同时在证内载有开证行保证付款的文句。对有些国家的来证，虽然注明有"不可撤销"的字样，但在证内对开证行付款责任方面加列"限制性"条款或"保留"条件的条款，受益人必须特别注意，必要时应要求对方进行修改。

2. 出口企业审核的依据与要点

受益人在审核信用证时应认真核对该合同、《UCP600》与业务实际和商业习惯，保证其安全收汇。

具体来讲，出口商审核信用证的一般内容主要有以下几点：

(1) 对信用证本身说明的审核。这其中包括信用证金额应与合同金额相一致。如合同订有溢短装条款，信用证金额亦应包括溢短装部分的金额。信用证金额中单价与总值要填写正确。来证所采用的货币应与合同规定相一致。

(2) 对信用证有关货物记载的审核。信用证中有关商品货名、规格、数量、包装、单价等项内容必须和合同规定相符，特别是要注意有无另外的特殊条件。另外，还应注意装运期、装卸港口、运输方式、可否分批装运转船等内容的审查。

(3) 对信用证有关时间说明的审核。这主要是对信用证的有效期、交单期、装运期和到期地点的规定进行审核。

信用证的有效期(Expiry Date)是指受益人向银行交单要求议付、承兑或付款的期限，也叫到期日，是出口方向银行交单议付的期限。受益人应在有效期限日期之前或当天向银行提交信用证单据。按照国际惯例，必须要求开证行对此日期予以明确，否则信用证不能使用。交单期是指运输单据签发后向银行提交单据的日期。在信用证上一般都有"在提单日后××天交单"的条款，如果没有此项规定，则按照国际惯例，提交单据的日期不得迟于运输单据签发日期后第 21 天，但以不超过信用证到期日为限。装运期是指货物装运的期限，信用证与合同对装运期的规定应一致，如果国外来证晚或我方在备货及委托运输方面有困难，应及时要求国外买方延展装运期。同时，装运期应早于信用证到期日并有一定间隔，以便装货后有足够的时间办理单据制作，向银行交单议付。

到期地点是指信用证有效期在何地终止，又叫有效地点(Expiry Place)，是指受益人在有效期限内向银行提交单据的地点。一般情况下，信用证规定在我受益人所在地到期或在国外交单到期，对于信用证规定在国外交单到期，由于寄单需要时日，并且有延误、遗失的风险，影响出口方的安全收汇，一般不宜接受。

(4) 审核信用证对运输条款的规定。审查来证对装运港(地)、目的港(地)，以及对转运与分批装运的规定是否与合同相符。要注意信用证中有关是否允许分批装运和转运的规定。按照《UCP600》的规定，信用证中如果未规定不允许分批装运和不被转运，可视为允许分批装运和允许转运。若信用证在规定分批装运期限的同时，也规定了各批装运的具体数量，这时只要分批装运中有一期未能按时、按量运出，则信用证对该期及以后各期均告失效。

(5) 对单据的审核。单据中主要包括商业发票、提单、保险单等。对于来证中要求提供的单据种类和份数及填制方法等，要进行仔细审核，如发现有不正常规定，例如要求商业发票或产地证明须由国外第三者签证等字样，都应慎重对待。

(6) 审核信用证中有关保险的规定。审查信用证中对投保险别、保险加成率、保险金额等内容的规定是否与合同规定相一致。

(7) 审核信用证中是否规定有特殊条款。在审证时，要注意信用证中有时列有超出合同规定的特殊附加条款，如指定船公司、指定船籍、船级等条款，或不准在某个港口转船等，一般不应轻易接受这些特殊条款。

以上是出口企业审证的一些要点。总的说来，在以合同为标准对信用证进行逐字审核时，只要发现我方不能接受的不符点，就要要求对方修改信用证。

(三) 改证

在审证过程中如发现信用证内容与合同规定不符，或不能接受之处，即应请开证申请人通过开证行进行修改。

1. 修改信用证的申请人

信用证的修改，可由进口方(开证申请人)提出，也可由出口方(信用证受益人)提出，但都需得到其他有关当事人的同意。国际商会《UCP600》规定：未经开证行、保兑行(若已保兑)和受益人同意，不可撤销信用证既不能修改，也不能取消。因此，对不可撤销信用证中任何条款的修改，都必须在有关当事人全部同意后才能生效。

2. 改证时应注意的问题

(1) 修改的各项内容，应尽量一次性提出，避免多次修改，以免增加双方的手续和费用，浪费双方的时间。

(2) 凡能办到而又不增加费用的，应尽量不修改。

(3) 修改应及时提出，以避免因拖延时间过长，造成银行认为我方已接受的误解。

(4) 对信用证的修改书也应认真审核，防止国外客户趁机修改、添加、删除一些重要内容。

(5) 修改书应由原通知行传递。

(6) 对通知行转来的修改通知书内容，如经审核不能接受时，就及时表示拒绝。

(7) 如一份修改通知书中包括多项内容，只能全部接受或全部拒绝，不能只接受其中一部分，而拒绝另一部分。

3. 常见的信用证修改条款

(1) 装运日期和有效日期的延展。例如：

Shipment and validity extended to 31 March 2019 and 15 April 2019 respectively.

(2) 金额与货物数量之增减。例如：

L/C increased (decreased) by (USD10000.00) to USD60000.00 and quantity of commodities increased (decreased) by 100 metric tons to 600 metric tons .

(3) 保险险别的改变。例如：

Insurance to be effected by the Seller for 110% of full invoice value covering ALL RISKS instead of F.P.A .

(4) 装运港、目的港的更改。例如：

From any Chinese ports to HAVANA, CUBA not from shanghai China.

(5) 提单抬头人的修改。例如：

Full set of B/L ,Clean on board, made out to order of shipper not of the issue bank.

(6) 允许分批装运。例如：

Partial shipment should be allowed not prohibited.

(7) 允许或允许在某地转运。例如：

Transhipment (or transhipment at a named place) should be allowed not prohibited.

(8) 单价改变。例如：

The price should be FOB Tianjin 15 U.S. DOLLARS per set not FOB Tianjin 14 U.S.DOLLARS per set.

(9) 贸易条件改变。例如：

The total amount should be 100, 000 U.S. DOLLARS CIF New York not CFR New York.

(10) 运保费改由另一方承担。例如：

The freight and insurance should be for account of BENEFICIARY not of buyer's account.

❖ 案例学习

　　中方某公司与加拿大商人在 2018 年 10 月份按 CIF 条件签订了一份出口 10 万米法兰绒合同，支付方式为不可撤销即期信用证。加拿大商人于 5 月通过银行开来信用证，经审核与合同相符，其中保险金额为发票金额的 110%。我方正在备货期间，加拿大商人通过银行传递给我方一份信用证修改书，内容为将保险金额改为发票金额的 120%。我方没有理睬，按原证规定投保、发货，并于货物装运后在信用证有效期内，向议付行议付货款。议付行议付货款后将全套单据寄开证行，开证行以保险单与信用证修改书不符为由拒付。试问：开证行拒付是否有道理？为什么？

　　分析：按照国际惯例《跟单信用证统一惯例》的相关规定，信用证经过修改后，银行即受该修改后的信用证的约束。出口商可自行决定修改内容或拒绝修改，但其应发出是否同意修改的通知。当出口商告知其接受修改之前，原证对开证行继续有效，即原证的条款对出口商仍具有约束力。但如果出口商未发出接受或拒绝的通知，而其提交的单据与原证的条款相符，则视为出口商拒绝其修改；如果出口商提交的单据与经修改后的信用证条款相符，则视为出口商接受了其修改。从这时起，信用证就被视为已经修改。总之，出口商是否同意修改信用证可以用在结汇提交单据时来表示。在本案中，我公司在收到有关信用证修改的通知后，并未发出接受或拒绝修改的通知，而且在交单时向银行提交了符合原信用证规定的单据，受益人以其行为作出拒绝信用证修改的表示，原信用证的条款对受益人仍然有效，信用证的修改因未获得受益人的同意而无效。因此，开证行审单后，以保险单与信用证修改书不符为由拒付是不合理的。

三、租船、订舱与装运

　　出口企业在备货的同时，还必须及时办理租船订舱，办理出口报关、投保等工作。

(一) 租船订舱

　　租船订舱也称托运，是指出口企业委托货运服务机构向承运单位或其代理办理货物的运输业务。目前，现代企业运作方式更强调减少库存，为全球客户提供及时到位的运输。货主越来越少地与运输工具承运人(如船公司)直接打交道，而是由专业化较强的货运服务机构从中提供中介服务。如果出口货物数量较大，需要整船装运的，则要对外办理租船手续，出口数量不大，不需要整船装运的，则商定班轮运输。

1. 货运服务机构的类型

在国际贸易中，出口企业在办理货物运输时，根据货运公司提供服务的不同类型，一般有以下三种类型的货运服务机构可供选择：

(1) 国际储运公司。国际储运公司都有自己的仓储设施，出口商通常都将出口货物在装运前先用卡车或火车运送到离装运地点最近的国际储运公司的仓库中，由其负责货物拼箱和装箱并将货物直接运到装运港码头或航空港进行实际装运。

(2) 国际货运代理公司。国际货运代理公司比国际储运公司的业务范围要广，一般包括国际海运、空运、货物报关、保税仓储、转运和理货、国际多式联运以及为企业提供物流咨询与综合物流方案的设计等诸多服务领域。其优势主要是掌握国际上四通八达的运输网络，有的在各国的港口有许多代理机构。

(3) 国际运输联盟。国际运输联盟是指在国际上具有一定实力的大的货运公司，它们凭借在全世界各地的运输代理机构，将许多国际货运代理公司和国际储运公司的优势结合起来，结成运输战略联盟，为客户提供复杂、系统的大型工程项目的运输。

以上三类公司都各自有优势和侧重，出口企业应根据货物和运输线路的情况，选择合适的货运服务机构。

2. 租船订舱程序

按 CIF 或 CFR 条件成交时，卖方应及时办理租船订舱工作。如系大宗货物，需要办理租船手续；如系一般杂货则需洽订舱位。关于订舱工作的基本程序大致如下：

(1) 各进出口公司查看船期表，填写托运单(Shipping Note，S/N)，作为租船或订舱的依据。

货运服务机构按月编制出口船期表，分发给各出口企业，或由出口企业向货运服务机构索取。船期表内列有航线、船名、国籍、抵港日期、截止收单期、预计装船日期和停靠港口名称等。出口企业查看船期表，填写出口托运单，并及时交给货运服务机构。

(2) 船公司或其代理人在接受托运人的托运单证后，即发给托运人全套装货单(Shipping Order，S/O)，俗称下货纸。

船公司或其代理签发装货单。货运服务机构收到出口托运单后，以出口企业的代理身份，向船公司或外轮代理公司办理订舱手续，并会同船公司或外轮代理公司根据配载原则，结合货运重量、体积、装运港、目的港等情况，安排船只和舱位，然后由船公司或外轮代理公司据以签发装货单。

(3) 货物装船之后，即由船长或大副签发收货单，即大副收据(Mate's Receipt)。托运人凭收货单向船公司或其代理人交付运费并换取正式提单。

货运服务机构到出口企业的仓库提货，货物经海关查验放行并送进码头装船。装船完毕，由船上的大副签发大副收据，又称收货单。这是船方收到货物的凭证。托运人只有拿到经大副签发的收货单才交付运费，换取已装船提单。如果收货单上有货物表面状况不良的批注，则提单也要转注，该提单即为不清洁提单。

(4) 缴纳运费，换取提单。货运服务机构代出口企业向船公司或外轮代理公司支付运费，然后用大副收据向船公司或其代理换取提单。

(5) 向买方发装运通知。货物装上船后，出口企业应向国外进口方发出装运通知 (Shipping Advice)，尤其是以 CFR 条件成交，更应毫不迟延地向买方发装运通知，以便对方准备付款、办理进口报关和保险或加保险别的手续。

(二) 报关

出口货物在装船运之前，需向海关办理报关手续。出口货物办理报关时，必须填写出口货物报关单，必要时还需要提供出口合同副本、发票、装箱单、重量单、商品检验证书，以及其他有关证件。海关查验有关单据后，即在装货单上盖章放行，凭以装船出口。

办理报关手续一般有以下几个步骤：

1. 申报

申报是指出口货物的发货人或者他们的代理人在出口货物时，在海关规定的期限内，以书面或者电子数据交换方式向海关报告其出口货物的情况，填写出口货物报关单，并随附有关货运和商业单据，向海关申报出口的行为。

2. 审核查验

审核查验是指海关依法为确定进出境货物的品名、规格、成分、原产地、货物状态、数量和价格是否与货物申报内容相符，对货物进行实际检查的行政执法行为。海关查验货物，一般在海关监管区内的出口口岸码头、车站、机场、邮局或海关的其他监管场所进行。在特殊情况下经海关同意，也可由海关派人到发货人仓库审核查验。海关在审核查验时，出口方要派人到现场，协助海关搬运货物，开拆和重封货物的包装等。

3. 缴纳出口税

按照我国进出口关税征收办法的规定，目前海关仅对部分商品征收出口税。出口税的计算方法是，先确定出口商品的完税价格，然后按出口税税率算出应纳税额。完税价格是指海关按照《海关法》和《进出口关税条例》的有关规定，凭以计算应征关税的出口货物的价格。出口货物以海关审定的货物售予境外的离岸价格，扣除出口税后作为完税价格。离岸价格不能确定的，由海关估定。具体计算公式如下：

$$出口货物完税价格 = 离岸价格(FOB 中国境内口岸) - 出口关税$$

或

$$出口货物完税价格 = \frac{离岸价格（FOB中国境内口岸）}{1+出口关税税率}$$

$$出口关税税率 = 完税价格 \times 出口关税税率$$

4. 出口放行

出口放行是口岸海关监管现场作业的最后一个环节。在放行前，海关派专人负责审查该批货物的全部报关单证及查验货物记录，并依法办理了征收货物税费手续或减免税手续后，在装货单或运单上签盖"海关放行章"，出口货物的发货人凭此办理装运出口货物手续，出口货物可以由发货人装船、启运。

(三) 投保

按 CIF 价格成交的合同卖方需要替买方办理保险，卖方在确定船期、船名后，应及时向保险公司办理投保手续，填制投保单。出口商品的投保手续，一般都是逐笔办理的。投保人在投保时，应将货物名称、保险金额、投保险别、运输工具、开航日期等一一列明。保险公司接受投保后，即签发保险单据。办理投保手续的程序如下：

1. 投保申请

由出口方填制运输险投保单，一式两份。一份由保险公司签署后交出口企业作为接受承保的凭证。一份由保险公司留存，作为缮制、签发保险单的依据。

2. 缴纳保险费，获取保险单

出口方收到由保险公司签署的投保单后，向保险公司缴纳保险费，获取由保险公司签发的保险单。

保险费是根据保险费率计算的，其计算公式为：

$$保险费 = 保险金额 \times 保险费率$$

按照国际保险市场上的一般习惯，保险金额是以货物的成本加上运费和保险费，即以发票的 CIF 价格为基数，再加上适当的保险加成率计算出保险金额。

在商定保险金额时，还会涉及使用何种货币的问题，按照国际惯例的规定，保险金额和合同金额应使用同一种货币。

(四) "四排""三平衡"工作

"四排"是指以买卖合同为对象，根据跟单进程反映的情况(其中包括信用证是否开到、货源能否落实)进行分析排队，并归纳为四类，即"有证有货、有证无货、无证有货、无证无货"。通过排队，发现问题，及时解决。

"三平衡"是指以信用证为依据，根据信用证规定的货物装船日期和信用证的有效期，结合货源和运输能力的具体情况，分出轻重缓急，力求做到证、货、船三方面的衔接和平衡，尽力避免交货期不准、拖延交货期或不交货等现象的产生。

四、制单结汇

出口货物装出之后，进出口公司即应按信用证的规定，正确缮制各种单据，在信用证规定的交单有效期内，递交银行办理议付结汇手续，这个过程称为制单结汇。在出口业务中，制单结汇是一个非常重要的环节，银行对这些单据审核无误后，才向出口方支付货款，即相符交单，才能取得货款。根据《跟单信用证统一惯例》的定义："相符交单"指与信用证条款、本惯例的相关适用条款以及国际标准银行实务一致的交单。因此，制单的好坏直接关系到出口方能否安全及时收汇。

(一) 结汇办法

在我国出口业务中，使用议付信用证比较多。对于这种信用证的出口结汇办法，主要有三种：收妥结汇、定期结汇和买单结汇。

1. 收妥结汇

收妥结汇又称先收后结，是指出口地银行收到受益人提交的单据，经审核确认与信用证条款规定相符后，将单据寄给国外付款行索偿，待付款行将外汇划给出口银行后，该行再按当日外汇牌价结算成人民币交付给受益人。

2. 定期结汇

定期结汇是指出口地银行在收到受益人提交的单据经审核无误后，将单据寄给国外银行索偿，并自交单日起在事先规定期限内将货款外汇结算成人民币，贷记受益人账户或交付给受益人。此项期限视不同国家或地区，根据银行索汇邮程的时间长短分别确定。

3. 买单结汇

买单结汇又称出口押汇或议付，是议付行在审核单据后确认受益人所交单据符合信用证条款规定的情况下，按信用证的条款买入受益人的汇票/单据，按照票面金额扣除从议付日到估计收到票款之日的利息，将净数按议付日人民币市场汇价折算成人民币，付给信用证的受益人。出口押汇是真正意义上的议付。根据《UCP600》规定，"议付"指"指定银行在相符交单下，在其应获偿付的银行工作日当天或之前向受益人预付或者同意预付款项，从而购买汇票(其付款人为指定银行以外的其他银行)/单据的行为"。因此，银行如仅仅审核单据而不付出对价不能构成议付。如前所述，"买单结汇"是议付行向信用证受益人提供了资金融通，有利于扩大出口业务。在实际业务中，由于主客观原因，发生单证不符的情形是难以完全避免的。倘若有较充足的时间修改单据或修改信用证，做到单证相符，做到安全收汇。如果时间关系，无法在信用证有效期内和交单期内做到单证相符，则可以根据实际情况灵活处理。

(二) 单证不符的业务处理

在实际业务中，单证不符情况时有发生。如果交单行发现不符点，首先争取时间修改单据，使其与信用证和其他惯例相符。如果来不及修改，通常议付行视具体情况对不符点单据有以下几种处理方法：

1. 表提

表提是指议付行把不符点列在寄单函上，征求开证行意见，由开证行接洽申请人是否付款，接到肯定答复后，议付行即行议付，如果申请人不予接受，开证行退单，则议付行照样退单给收益人。表提一般适用于单证不符点并不严重或虽然是实质性不符，但事先已经进口商确认可以接受的情形。

2. 电提

电提又称电报提出，即在单证不符情况下，议付行暂不向开证行寄单，而是用电传通知开证行单据不符，如开证行同意付款，再行议付并寄单，若不同意，则受益人及早收回单据，设法改正。

3. 跟单托收

如出现单证不符，议付行不愿用表提或电提方式征询开证行的意见的情况下，在此情况下，信用证就会彻底失效。出口企业只能采用托收方式，委托银行寄单代收货款。

至于国外开证行提出的不符点，处理方法则不同。对于包含有不符合的单据拒付是国际惯例赋予开证行的权利，一旦开证行发现单据有不符点，开证行有权向提交单据的一方提出不符点而解除自己的付款责任，提出拒付。开证行拒付后会将不符点提示给开证申请人。作为受益人应该做到如下六点：

1) 认真审核不符点

审核不符点是否成立，要求审核者要通晓国际惯例，并有丰富的国际结算经验和熟练的技巧，对此公司可以咨询银行。一般来说，审核不符点包括以下内容：

(1) 以国际惯例和国际标准银行惯例为依据，审核开证行所提的不符点是否成立。

(2) 看开证行提出不符点的前提是否满足。根据国际惯例，开证行提出不符点有以下要求：

① 在合理的时间内提出不符点，即在开证行收到单据次日起算的五个工作日之内向单据的提示者提出不符点。

② 无延迟地以电信方式或其他快捷方式将不符点通知提示者。

③ 不符点必须一次性提出，即如第一次所提不符点不成立，即使单据还存在实质性不符点，开证行也无权再次提出。

④ 通知不符点的同时，必须说明单据代为保管听候处理，或直接退还交单者。

以上条件必须同时满足，如有一项条件开证行未做到，开证行便无权声称单据有不符点而拒付。

2) 研究是否可以换单

根据国际惯例，如果单据确实存在不符点，开证行并已就此提出拒付，只要受益人改正的单据在信用证规定的有效期和议付期内提交到指定银行，且新提交的单据没有新的不符点，则视为单据不存在不符点，开证行必须付款。

3) 密切关注货物下落

在信用证业务中，相关各方处理的是单据，而不是与货物有关的货物或服务，所以《UCP600》规定，银行拒付后必须要么持单听候指示，要么将单据直接退还交单者，也就是说，开证行拒付后不经受益人或议付行同意，不得擅自向开证申请人放单，否则其必须付款。另外，关注货物下落还可以了解到开证申请人是否已凭开证行的提货担保提取货物。

4) 积极与开证申请人洽谈

5) 降价或另寻买主

如果不符点确实是成立的，且货物质量有缺陷，则要降价和积极联系新的买主。

6) 退单退货

在开证行提出实质性不符点、拒付行为又很规范、与客户交涉不力、寻找新买主而不得的情况下，就只有退单退货一条路了。

(三) 主要结汇单据

出口单据很多，要缮制哪些单据，应按不同的交易和信用证规定来定。常用的几种单据主要有发票、汇票、海运提单、保险单、检验证书、原产地证书、包装单据以及其他单据等。

在这里，需要特别强调指出的是，提高单证质量，对保证安全迅速收汇有着十分重要的意义，特别是在信用证付款条件下，单证不相符，单单不一致，银行和进口商就可能拒收单据和拒付货款，因此缮制结汇单据时，要求做到以下几点：

(1) 正确。单据内容必须正确，既要符合信用证的要求，又要能真实反映货物的实际情况。

(2) 完整。单据份数应符合信用证的规定，不能短少，单据本身的内容应当完备。

(3) 及时。制单应及时，以免错过交单日期或信用证有效期。

(4) 简明。单据内容应按信用证要求和国际惯例填写，力求简明。

(5) 整洁。单据的布局要美观大方，缮写或打印的字迹要清楚醒目。

五、出口收汇核销和出口退税

外汇核销与出口退税是保证出口企业取得预期经济效益的关键。

(一) 出口收汇核销

1. 传统出口核销制度

出口收汇核销是指对每笔出口收汇进行跟踪，直到收回外汇为止。我国从 1995 年 7 月开始采取事后监督与事前监督并举的方式，将外汇管理局、银行、税务、海关及出口企业有机地结合起来，防止出口单位高报出口价格骗税的行为。

根据国务院建设"中国电子口岸"的文件精神，由海关总署、外经贸部、国家税务总局、国家工商行政管理局、国家外汇管理局、国家出入境检验检疫局、信息产业部等部门联合开发建设的电子口岸部分联网应用项目已于 2001 年 6 月在全国推广。电子口岸通过联网的方式，为外管局、海关、税务等有关部门和进出口企业提供口岸业务综合服务。通过电子口岸的出口收汇系统和企业管理系统，企业可以在网上向有关管理部门申领核销单、办理核销单交单以及挂失等系列操作。

"中国电子口岸"管理系统的出口收汇流程及相关业务如下：

(1) 上网领单。用企业操作员卡在网上申领核销单。依据外管局原核销系统记录的可发单数量，发给企业核销单，即企业领单数不能超过原系统记录的可发单数，由企业核销员到外管局领取新版核销单。

(2) 口岸备案。由企业操作员在网上输入口岸代码，进行企业备案。

(3) 出口交单。在办理核销之前，操作员在网上进行交单。

(4) 收汇核销。在网上交单后，到外管局办理书面核销。核销需要出口收汇核销单、报关单、收汇水单及出口发票等单据。即期业务在 90 天内办理核销；远期业务必须提交出口合同，在外管局办理远期收汇备案。丢失空白核销单在网上及外管局同时挂失，破损的核销单必须到外管局注销。若逾期未收汇，出口单位应及时向外管局以书面形式申报逾期未收汇的原因，由外管局视情况处理。

2. 国家对出口收汇核销的新规定

2011 年，国家外汇管理局、国家税务总局、海关总署联合发布《关于货物贸易外汇管理制度改革试点的公告》，决定改革我国货物贸易外汇管理制度，优化升级出口收汇与出口退税信息共享机制，取消出口收汇核销手续。2011 年 9 月出台 2011 年第 2 号公告，标志着外汇管理制度由传统模式进入了一个全新的信息时代，这是顺应对外贸易规模、方式、主体发展变化的形势需要，也是转变贸易便利化和规避外汇风险的重要举措，将有利于降低社会成本，提升外汇管理手段。改革的目的就是要转变旧的理念与方式，在试点地区对企业的贸易外汇管理由现场逐笔核销改变为非现场总量核查，即外管局按企业分类依托监测系统每月对贸易外汇收支情况不再到场逐笔核查，而是通过采集货物进出口和贸易外汇收支数据，比对、评估企业资金流与货物流是否有偏离及贸易信贷余额变化等情况，便利合规企业贸易外汇收支。如果有总量核查指标超过一定范围的企业将被列入重点监测范围。

(1) 出口退税企业实施动态分类管理。公告规定，试点地区的企业根据贸易外汇收支合规性，由外管局视情分为 A、B、C 三类，企业分类采取动态管理，并动态调整分类结果。如果 A 类企业违反外汇管理法规将被降级为 B 类或 C 类，B、C 类企业在分类监管期内守法合规经营期满可升级为 A 类，监管有效期为一年。

在管理方式上，对 A 类企业贸易外汇收支，适用便利化的管理措施，即进口付汇单证简化，可凭进口报关单、合同或发票等任何一种能够证明交易真实性的单证在银行直接办理付汇，银行办理收付汇审核手续相应简化；出口收汇无须联网核查。

对 B 类企业贸易外汇收支由银行实施电子数据核查管理，即金融机构在办理 B 类企业付汇、开证、出口贸易融资放款或待核查账户资金结汇或划出手续时，应当进行电子数据核查，通过监测系统扣减其对应的可收付汇额度；外管局根据企业实际发生的进出口贸易类别，结合非现场核查和现场核查情况，确定相应的收付汇比率；企业贸易进出口可收、付汇额度，按对应收付汇日期在分类监管有效期内的进出口货物报关单成交总价与相应收付汇比率的乘积累加之和确定。

对 C 类企业贸易外汇收支须经外管局逐笔登记后办理，即贸易外汇收支业务以及外管局认定的其他业务，由外管局实行事前逐笔登记管理，金融机构凭外管局出具的登记证明为企业办理相关手续。外管局办理登记手续时，对于企业以汇款方式结算的(预付货款、预收货款除外)，审核相应的进、出口货物报关单和进、出口合同；以信用证、托收方式结算的，审核进、出口合同和发票；以预付、预收货款方式结算的，审核进、出口合同和发票；对于单笔预付货款金额超过等值 5 万美元的，还须审核经金融机构核对密押的外方金融机构出具的预付货款保函。

(2) 取消出口收汇核销手续。试点期间，试点地区试行国家外汇管理局制定的《货物贸易外汇管理试点指引》和《货物贸易外汇管理试点指引实施细则》，企业不再办理出口收汇核销手续。应当讲，出口收汇核销单是企业向海关申报货物通关以及在税务机关办理出口退(免)税的主要单证之一。目前，根据出口贸易操作流程，企业在货物出口之前，通过电子口岸操作系统向外汇管理部门提交出口收汇核销单的申请信息，并领取纸质出口收汇核销单，用于出口货物的报关与通关。同时，在出口货物结汇后凭此向外汇管理部门进行核销，作为企业向税务机关申报出口退(免)税的主要依据。根据公告规定，试点期间，试点地区企业申报出口退税时，不用提供纸质出口收汇核销单。另外，公告还明确试点期间出口货物报关时，企业仍向海关提供出口收汇核销单办理通关手续，在制度改革全国推广后，由海关总署与国家外汇管理局调整出口报关流程，取消出口收汇核销单。

(二) 出口退税

出口退税是指一个国家为了扶持和鼓励本国商品出口，将所征税款退还给出口商的一种制度。出口退税是提高货物的国际竞争能力，符合税收立法及避免国际双重征税的有力措施。我国也实行出口退税政策。对出口的已纳税产品，在报关离境后，将其在生产环节已纳的消费税、增值税退还给出口企业，使企业及时收回投入经营的流动资金，加速资金周转，降低出口成本，提高企业经济效益。

1. 退税的基本条件

退税的基本条件包括：必须是报关离境的出口货物；必须是财务上做出口销售处理的货物；必须是属于增值税、消费税征税范围的货物。

2. 出口商品的退税率

目前我国现行出口货物增值税退税率可以在国家税务总局中的"出口退税率查询"中查询得到，每年均有所调整。一般来说，加工程度越高的商品，退税率越高。

我国于 2003 年 1 月 1 日起，在全国范围内正式启用"口岸电子执法系统"出口退税子系统。企业通过互联网接入中国电子口岸，可以通过本系统查询本企业出口货物报关单的海关结关信息，以便及时向申报地海关领取纸质报关单；查询报关单电子底账，用于同纸质单证比对确认；口岸数据中心将企业确认的报关单信息提供给税务机关及进出口税收管理部门，用于出口退税的管理工作。

第二节　进口合同的履行

入门案例

我国内地×市的 A 公司委托沿海城市 S 市的 B 公司进口一台机器，合同规定买方对货物质量不符合同的索赔期限为货到目的港 30 天内。货到 S 市后，B 公司即将货转至×市交 A 公司。由于 A 公司的厂房尚未建好，机器无法安装，半年后，待厂房完工，机器装好，经商检机构检验，发现该机器均系旧货，不能很好运转，遂请 B 公司向外提出索赔，外商置之不理。试问：外商拒绝赔偿的依据是什么？对此，我方应吸取什么教训？

此案例表明：外商拒绝赔偿的依据是合同中规定的索赔期限，买方应按照合同规定的索赔期限，在货到目的港的 30 天内对机器进行检验并提出索赔要求，超过索赔期限即丧失拒收货物及向卖方索赔的权利。而我方应吸取的教训是：买方关于卖方交货的品质与合同不符或原装数量短少需向卖方索赔的，应在合同所规定的索赔期限内提出。如因复验来不及或由于其他原因需要较长时间的，可在合同规定的索赔有效期限内向对方要求延长索赔期限，或在合同规定的索赔有效期限内向对方提出保留索赔权。本案中，我方应根据进口机器的安装使用条件和周期要求合理规定质量索赔期限，以维护买方合法利益。

我国进口货物，大多数是按 FOB 条件并采用信用证付款方式成交，按此条件签订的进口合同，其履行的一般程序包括：开立信用证，派船接运货物，办理货运保险，审单与付汇、报关、验收和拨交及进口索赔等。现分别加以介绍和说明。

一、开立信用证

买方开立信用证是履行合同的前提条件，因此签订进口合同后，应按合同规定办理开证手续。如合同规定在收到卖方货物备妥通知或在卖方确定装运期后开证，应在接到上述通知后及时开证；如合同规定在卖方领到出口许可证或支付履约保证金后开证，应在收到对方已领到许可证的通知，或银行告知履约保证金已收讫后开证。买方向银行办理开证手续时，必须按合同内容填写开证申请书，银行则按开证申请书内容开立信用证，因此信用证内容是以合同为依据开立的，它与合同内容应当一致。

卖方在收到信用证后，如提出修改信用证的请求，经我方同意后，即可向银行办理改证手续。最常见的修改内容有展延装运期和信用证有效期、变更装运港口等。

(一) 开立信用证的手续

在采用信用证支付方式的进口业务中，履行合同的第一个环节就是进口商向银行申请开立信用证，即进口企业应按合同规定的期限(如果没有规定期限，则应在合理期限内)和内容，向当地银行申请开立信用证。我国进口企业申请开证的手续一般包括以下几个方面：

1. 向开证银行提交开证申请书

开证申请书是开证申请人请示开证行开立信用证的一种书面文件，是开证银行开立信用证的依据。开证申请书的内容包括了开证申请人对开证行的指示，开证行如果同意则依此指示开证。另外，申请书还列有开证申请人与开证行之间的权利和义务。

2. 提交有关的文件和证明

提交的有关文件和证明有进口许可证、进口合同副本、税务登记证、法人代码证、注册资金到位证明、财务报表等。如果是首次开证还需提供营业执照和进出口资格批准证书。

3. 提交开证保证金，向开证银行支付手续费

银行有权要求申请人交出一定数额的资金或以其财产的其他形式作为银行执行其指示的保证。在我国，按规定地方、部门及企业所拥有的外汇通常必须存入中国的银行。如果某些单位需要跟单信用证进口货物或技术，中国的银行将冻结其账户中相当于信用证金额的资金作为开证保证金。如果申请人在开证行没有账号，则开证行在开立信用证之前很可能要求申请人在其银行存入一笔相当于全部信用证金额的资金。

4. 开证行对开证申请内容和开证人的资信进行审核

开证行在取得开证申请人的保证金，并且对申请内容和开证人的资信审核无疑后，即按开证申请书的要求对外开证，开证申请书就此成为一项契约。

(二) 信用证的开证日期

开证日期(Issuing Date)是开证行开立信用证的日期。同时，开证日期还表明进口商是否是根据商务合同规定的开证期限开立了信用证。信用证中必须明确表明开证日期，如果

信用证中没有开证日期,则视开证行的发电日期(电开信用证)或抬头日期(信开信用证)为开证日期。确定信用证的开证日期非常重要,特别是需要使用开证日期计算其他时间,或根据开证日期判断提单日期是否在开证日期之后等情况时更为重要。

(三) 开立信用证应注意的问题

1. 信用证的内容必须符合进口合同的规定
信用证内容应严格以合同为依据,对于应在信用证中明确的合同中的贸易条件,必须具体列明。信用证是一个自足文件,有其自身的完整性和独立性,不应参照或依附于其他契约文件。

2. 信用证的开证时间应按合同规定办理
如果买卖合同中规定有开证日期,进口商应在规定的期限内开立信用证;如果合同中只规定了装运期起止日期而未规定开证日期,则应让受益人在装运期开始前收到信用证;如合同只规定最迟装运日期,则应在合理时间内开证,以使卖方有足够时间备齐货物并出运。通常掌握在交货期前一个月至一个半月左右。

3. 信用证的条件必须单据化
信用证的特点之一是单据买卖,因此进口商在申请开证时,必须列明需要出口人提供的各项单据的种类、份数及签发机构,并对单据的内容提出具体要求。《UCP600》规定:"如信用证载有某些条件,但并未规定需提交与之相符的单据,银行将视这些条件为未予规定而不予置理。"因此,进口方在申请开证时,应将合同的有关规定转化成单据。

4. 文字力求完整明确
进口商要求银行在信用证上载明的事项,必须完整、明确,不能使用含糊不清的文字。尤其是信用证上的金额,必须具体明确,文字与阿拉伯数字的表示应一致,应避免使用"约""近似"或类似的词语。

5. 关于装船前检验证明
由于信用证是单据业务,银行不过问货物质量,因而可在信用证中要求对方提供双方认可的检验机构出具的装船前检验证明,并明确规定货物的数量和规格。如果受益人所交检验证明的结果和信用证规定不符,银行即可拒付。

6. 关于保护性规定
《UCP600》中若干规定,均以"除非信用证另有规定"为前提,如"除非信用证另有规定银行将接受下列单据而不论其名称如何"等。如果进口方认为,《UCP600》的某些规定将给自己增加风险,则可利用"另有规定"这一前提,在信用证中列入相应的保护性条件。例如,按《UCP600》规定,禁止转运对集装箱运输无约束力,若买方仍要求禁止转运,则可在信用证中加列"即使货装集装箱,本证严禁转运"等。

7. 关于保兑和可转让信用证
我国银行原则上不开立保兑信用证,对可转让信用证也持谨慎态度。对此,进口商在签订合同时应予注意,以免开证时被动。

二、派船接运货物

(一)托运

履行 FOB 交货条件下的进口合同，应由进口方安排运输，负责派船到国外港口接运货物，使船货相互适应，密切配合，按时、按质、按量完成进口运输任务。由于经营外贸业务的公司或企业一般本身不掌握运输工具，运输工作主要依靠国内外的有关运输部门来完成。因此，我国进口企业往往将这项工作委托给外运公司代办，如委托中国对外贸易运输公司、中国租船公司或其他外运代理机构代办运输，并与其签订运输代理协议；也有向中国远洋运输公司或其他对外运输的实际承运人办理的。

FOB 交货条件下的进口合同一般规定，卖方在交货前一定时间内，应将预计装运日期通知买方。买方在接到上述通知后，应及时向运输公司办理租船订舱手续，即填制租船订舱联系单，连同进口合同副本交外运机构。在办妥租船订舱手续后，应按规定的期限将船名、航次及船期及时通知对方，以便对方备货装船。同时，为了防止船货脱节和出现船等货的情况，还应随时了解和掌握出口方备货和装船的准备情况，注意催促对方按时装运。对数量大或重要物资的进口，如有必要，亦可请我驻外机构就地了解，督促对方履约，或派人员前往出口地点检验监督。

由于 FOB 和 CFR 条件下保险由进口方办理，买方应提醒卖方在货物装船后立即发出装船通知，以便买方及时办理保险和接货手续。

(二)租船订舱

进口公司对租船还是订舱的选择，应视进口货物的性质和数量而定。凡需整船装运的，则需洽租合适的船舶承运；小批量的或零星杂货，则大都采用洽订班轮舱位。

如果采用租船运输方式，应注意以下几点：

(1) 了解运输市场的行情状况。

(2) 了解装卸港口的情况。

(3) 根据实际情况选择船型，以保证货物安全运输和尽可能节约费用。

(4) 应了解各航线港口的习惯、运输契约的格式。

如果采用班轮订舱的运输方式，应注意以下几点：

(1) 与信用证装船日期衔接，保证按时在装运港接运货物。

(2) 在订舱前查明班轮费率表有无附加费、有无折让回扣，其计价标准是重量吨。

(3) 进口合同中的费用负担条件应与班轮运输装卸货条件相衔接。

(4) 了解所订班轮是否直达目的港、停靠港口多少、中间是否转船等。

对于数量大或重要的进口货物，必要时可请我驻外机构就地协助了解和督促对方履约。国外装船后，卖方应及时向我方发出装船通知，以便我方及时办理保险和接货等工作。

三、办理货运保险

在 FOB 或 CFR 交货条件下的进口合同，保险由买方办理。由于同中国人民保险公司签订了预约保险合同，其中对各种货物应保的险别作了具体规定，故投保手续比较简便。按照预约保险合同的规定，所有按 FOB 及 CFR 条件进口货物的保险，都由保险公司承保。因此，我方当进口货物并收到国外装运通知后，应及时将船名、提单名、开航日期、装运港、目的港以及货物的名称和数量等内容通知中国人民保险公司，即作为办妥投保手续。保险公司即按预约保险合同的规定对货物负自动承保的责任。

(一) 进口商(或收货人)办理进口运输货物保险的两种做法

FOB 或 CFR 交货条件下的进口合同，保险由买方办理。进口商(或收货人)在向保险公司办理进口运输货物保险时，有两种做法，一种是逐笔投保方式，另一种是预约保险方式。

1. 逐笔投保方式

逐笔投保方式是指进口商(或收货人)在接到国外出口商发来的装船通知后，直接向保险公司提出投保申请，填写"启运通知书"，并送交保险公司。保险公司承保后，即在"启运通知书"上签章，进口商(或收货人)缴付保险费后，保险公司出具保险单，保险单随即生效。

2. 预约保险方式

预约保险方式是指进口商或收货人同保险公司签订一个总的预约保险合同，按照预约保险合同的规定，所有预约保险合同项下的按 FOB 及 CFR 条件进口货物的保险，都由该保险公司承保。预约保险合同对各种货物应保险的险别做出具体规定，故投保手续比较简单。每批进口货物，在收到国外装船通知后，即直接将装船通知寄到保险公司或填制国际运输预约保险启运通知书，将船名、提单号、开船日期、商品名称、数量、装运港、目的港等项内容通知保险公司，即作为已办妥保险手续，保险公司则对该批货物负自动承保责任，一旦发生承保范围内的损失，由保险公司负责赔偿。

(二) 支付保险费的时间和方式

由于投保的方式不同，支付保险费的时间和方式也有所不同。

(1) 预约保险方式是以"进口货物装船通知书"或其他具有保险要求的单证为依据，由保险公司每月一次计算保险费后向进口公司收取。

(2) 逐笔投保方式是以"进口货物国际运输预约保险启运通知书"上注明的保险金额为准，由进口公司直接付给保险公司。

四、审单与付汇

银行收到国外寄来的汇票及单据后，对照信用证的规定，核对单据的份数和内容。如内容无误，即由银行对国外付款。同时进出口公司用人民币按照国家规定的有关折算的牌价向银行买汇赎单。进出口公司凭银行出具的"付款通知书"向用货部门进行结算。如审核国外单据发现证、单不符时，应做出适当处理。处理办法很多，如：停止对外付款；相符部分付款，不符部分拒付；货到检验合格后再付款；凭卖方或议付行出具担保付款；要求国外改正；在付款的同时，提出保留索赔权等。

五、报关、验收和拨交

进口货物到货后，由进出口公司或委托外贸运输公司根据进口单据填具"进口货物报关单"向海关申请，并随附发票、提单及保险单。如属法定检验的进口商品，还须随附商品检验证书。货、证经海关查验无误，才能放行。

进口货物运达港口卸货时，港务局要进行卸货核对。如发现短缺，应及时填制"短卸报告"交由船方签认，并根据短缺情况向船方提出保留索赔权的书面声明。卸货时如发现残损，货物应存放于海关指定仓库，待保险公司会同商检局检验后做出处理。

在办完上述手续后，进出口公司可自行(或由货运代理)提取货物并拨交给订货部门，货运代理通知订货部门在目的地办理收货手续，同时通知进出口公司代理手续已办理完毕。

六、进口索赔

进口商品常因品质、数量、包装等不符合合同的规定，而需向有关方面提出索赔。根据造成损失原因的不同，进口索赔的对象主要有三个方面，即向卖方索赔、向轮船公司索赔和向保险公司索赔。

1. 向卖方索赔

凡属下列情况，应向卖方索赔：原装数量不足；货物的品质、规格与合同规定不符；包装不良导致货物受损；未按期交物或拒不交货等。

2. 向轮船公司索赔

凡是下列情况，都应该向轮船公司索赔：货物数量少于提单所载数量；提单是清洁提单，而货物是残缺的，并属于船方过失所致；货物所受的损失，根据租船合约有关条款应由船方负责等。

3. 向保险公司索赔

凡属下列情况者，均可以向保险公司索赔：由于自然灾害、意外事故或运输中其他事故的发生使货物受损，且属于承保险别范围以内的；凡属轮船公司不予赔偿或赔偿金额不足以抵补损失的部分，且属于承保险别范围以内的。

在进口业务中，办理对外索赔时，一般应该注意以下事项：

(1) 索赔证据。对外索赔需要提供的证件，首先应制备索赔清单，随附商检局签发的商检证书、发票、装箱单、提单副本。其次，对不同的索赔对象还要附有关证件。

(2) 索赔金额。索赔金额除受损商品的价值之外，有关的费用也可以提出。

(3) 索赔期限。索赔期限必须在合同的索赔有效期限内提出，过期无效。若商检工作可能需要更长的时间，可以向对方要求延长索赔期限。

(4) 关于卖方的理赔责任。进口货物发生损失，除属于轮船公司及保险公司的赔偿责任外，如属卖方必须直接承担的责任，应直接向卖方要求赔偿，防止卖方制造借口来推卸理赔责任。

第三节 主要进出口单据

入门案例

　　某年广交会上，A公司与科威特一老客户B签订合同，B欲购买A公司的玻璃餐具(名称为：GLASS WARES)，A公司报价FOB WENZHOU，合同金额USD25064.24，支付条件为信用证，B客户回国后，开立信用证到A公司，要求6月份出运货物。A公司按照合同与信用证的规定在6月份按期出了货，并向银行交单议付，但在审核过程发现两个不符点：① 发票上："GLASS WARES"错写成"GLASSWARES"，即没有空格；② 提单上：提货人一栏，"TO THE ORDER OF BURGAN BANK, KUWAIT"错写成了"TO THE ORDER OF BURGAN BANK"，即漏写"KUWAIT"。A公司认为这两个是极小的不符点，根本不影响提货。A公司又认为B客户是老客户，就按照不符点担保出单了。但A公司很快就接到由议付行转来的拒付通知，开证银行就以上述两个不符点作为拒付理由拒绝付款。A公司立即与客户取得联系，原因是客户认为到付的运费(USD2275.00)太贵(原来A公司报给客户的是5月份的海运费，到付价大约是USD1950.00，6月份海运费价格上涨，但客户并不知晓。)拒绝到付运费，因此货物滞留在码头，A公司也无法收到货款。后来A公司人员进行各方面的协调后，与船公司联系要求降低海运费，船公司将运费降到USD2100.00，客户才勉强接受，到银行付款赎单，A公司被扣了不符点费用。整个解决纠纷过程使得A公司推迟收汇大约20天。

　　此案例表明："不符点"没有大小之分。在本案中，A公司在事先知道单据存在"不符点"的情况下还是出单，存在潜在的风险。A公司认为十分微小的"不符点"却恰恰成了银行拒付的正当理由。因此，在已知"不符点"的情况下，最好要将其修改。再者，使用FOB价格成交，运费的上涨与A公司并无关系，因此客户主要是借"不符点"进行讨价还价。

一、主要进出口操作单据

1. 报验单

　　报验单也称检验申请单，是指根据我国《商检法》规定，针对法定检验的进出口货物向指定商检机关填制和申报货物检验的申请单。其内容一般包括品名、规格、数量(或重量)、包装、产地等项。如需有外文译文时，应注意使中、外文内容一致。

　　在填制和提交"出口检验申请单"时，要注意仅限填报一批商品，即按一种商品、一次出运、两个受货人为一批，填写一张出口检验申请单。一般还应附上合同和信用证副本等有关凭据，供商检局检验和发证时参考。

　　在填写和提交"进口检验申请单"时，国内外贸企业一般应随附货物买卖合同、国外发票、提单、装箱单、重量明细单、质量保证书和国外检验证书等资料。

2. 报关单

报关单是向海关申报进出口货物，供海关查验、通关、估税和放行的法定单据，也是海关对进出口货物统计的原始资料。根据货物进出口的情况，又分为《出口货物报关单》和《进口货物报关单》。其主要填写项目为经营单位、贸易性质、贸易国别(地区)、原产国别(地区)、货名、规格及货号、成交价格、数量等。

出口货物报关单综合了出口发票有关货物的各项记载和托运单上运输事项的记载，此外还设有"海关统计商品编号"和"离岸价格"等栏目，前一栏目需按《中华人民共和国海关统计商品目录》的规定填制，后一栏目需将不同价格条件、不同币种的出口金额减除运费、保险费、佣金和折扣等，以 FOB 净额按国家外汇管理局核定的各种货币对美元统一折算率折算后填报，以便海关统计汇总。

在提交进出口货物报关单时，一般还须按规定随附如下文件或单证：进出口许可证或批准文件，进出口货物提货单、装货单或运单；进出口货物发票，进出口货物装箱单，减税、免税或免验的证明文件，必要时还需附上货物买卖合同、产地证明等有关单证。

3. 投保单

投保单是进出口企业向保险公司对运输货物进行投保的申请书，也是保险公司据以出立保险单的凭证，保险公司在收到投保单后即缮制保险单。

投保单一般是在逐笔投保方式下采用的做法。进出口企业在投保单中要填制的内容包括货物名称、运输标志、包装及数量、保险金额、保险险别、运输工具、开航日期、提单号等。

4. 货物托运单

货物在办理运输过程中需要缮制托运单据，不同运输方式或运输工具使用不同格式的托运单，现分别介绍如下：

1) 海运托运单

出口企业填写托运单，作为订舱依据。托运单是指托运人(发货人)根据买卖合同或信用证条款内容填写的向承运人(货运服务机构、船公司或装运港的船方代理人)办理货物托运的单证。

承运人根据托运单内容，并结合船舶的航线挂靠港、船期和舱位等条件考虑，认为合适后，即接受这一托运，并在托运单上签章，留存一份，退回托运人一份。至此，订舱手续完成，运输合同即告成立。

货运服务机构、船公司或其代理人在接受托运人的托运单证后，即发给托运人装货单。装货单俗称下货纸，其作用有三：

(1) 通知托运人货物已备妥，已装运××航次××船，并告之装货日期，让其备货装船。

(2) 便于托运人向海关办理出口申报手续，海关凭此验放货物。

(3) 作为命令船长接受该批货物装船的通知。

海洋运输按运输工具不同有两种运输方式：一种是传统的散货运输，另一种是现代化的集装箱运输。海运托运单又根据这两种不同运输方式分为以下两种：

(1) 散货运输托运单：在装货单和大副收据基础上发展而成的一种多功能单据，其内容包括目的港、运输标志、件数和包装式样、货名、运费到付或运费预付、重量、尺码、可否转船、可否分批、装运期和有效期等。

(2) 集装箱货物托运单：指集装箱运输专用出口单证。标准格式一套共十二联，性质与散装运输托运单相同，此套单据的核心是装货单和场站收据(Dock Receipt)，其内容与散装运输托运单基本相同。

2) 陆运托运单

陆运托运单指陆上火车运输所需单据，主要分沪港联运和国际联运。目前沪港联运和国际联运两者都纳入货运代理人(如外运公司)的货运代理业务范围。为简化工作，各出口单位一般以发票代托运单，但发票上必须加注必要的项目，如编号、装运期、有效期、可否分批等，并随附出口报关单、出口收汇核销单、出仓(提货)单等报运的有关单证。

3) 空运托运单

中国民用航空局制定有统一的国际货物托运书，其内容与海运托运单大同小异，也与陆运托运单类似。

5. 大副收据

在海运中，货物装船之后，即由船长或大副签发收货单，也被称为大副收据。收货单是船公司签发给托运人的表明货物已装船的临时收据，托运人凭收货单向外轮代理公司交付运费并换取正式提单。收货单上如有大副批注，则在换取提单时，将该项大副批注转注在提单上。

6. 出口货物退税单

出口货物退税单即出口货物报关单中的退税专用联，其格式与出口货物报关单完全相同，但纸张为黄色，通关时由海关盖章表示货物业已出口，出口单位可凭此联作为证明，按规定时期向主管退税的税务机关申请退还本批出口货物所征纳过的产品税或增值税。

二、主要出口结付汇单据

国际贸易出口履约中对结汇单据总的要求是做到正确、完整、及时、简明和整洁。下面对几种主要结汇单据及制单时应注意的问题进行扼要介绍。

(一) 汇票

汇票(Bill of Exchange)的作用和内容已在第七章中作了介绍，这里仅介绍缮制汇票时应注意的问题。

(1) 付款人。采用信用证支付方式时，汇票的付款人应按信用证的规定填写，如来证没有具体规定付款人名称，可理解为付款人是开证行。采用托收的支付方式时，汇票的付款人应填写国外进口人。

(2) 受款人。无论是采用托收方式还是信用证方式，除个别来证另有规定外，汇票的受款人均应填写托收行或议付行。

(3) 开具汇票的依据。开具汇票的依据也是汇票上的出票条款。如属于信用证方式，可在汇票上注明开证行名称、地点、信用证号码及开证日期。如属于托收方式，汇票上可注明有关合同号码等。

(二) 发票

发票(Invoice)通常指的是商业发票，根据用途的不同，还有许多其他种类的发票，如海关发票、领事发票、厂商发票等。

1. 商业发票(Commercial Invoice)

商业发票是出口方向进口方开立的凭此向进口方收款的发货价目清单。它是买卖双方交接货物和结算货款的主要单证，也是商检和报关放行以及进口地办理报关纳税的依据。商业发票没有统一格式，但其内容大致相同，其中包括发票编号、开票日期、数量、包装、单价、总值和支付方式等。

商业发票是出口结汇中最常用到的单据之一，制作发票时应注意以下问题：

(1) 对收货人的填写，如属信用证方式，除少数信用证另有规定外，一般均应填写来证的开证申请人。

(2) 对货物的名称、规格、数量、单价、包装等项内容的填制，必须与来证所列各项要求完全相符，不能有任何遗漏或改动。如来证内没有规定详细品质或规格，可按合同加注一些说明，但不能与来证的内容有抵触。

(3) 如客户要求或信用证规定在发票内加列船名、原产地、生产企业的名称、进口许可证号码等，均应一一照办。

(4) 凡属信用证方式，发票的总值不能超过信用证规定最高金额，按照银行惯例的解释，开证银行可以拒绝接受超过信用证所许可金额的商业发票。

(5) 如信用证内规定"××附加费"等费用由买方负担，并允许凭本信用证支取的条款，可在发票上将各项有关费用加在总值内，一并向开证银行收款。

2. 海关发票(Customs Invoice)

有些国家的海关要求国外出口人填写一种固定格式的发票。这类发票有三种不同的叫法，即海关发票、估价和原产地联合证明书、根据××国海关法令的证实发票，但一般习惯上我们统称为海关发票。进口国要求提供这种发票，其主要作用有：一是作为进口国海关核定实物的原产地和实行差别待遇的依据；二是作为进口国核查出口国国内市场的价格对进口货物估价定税的依据。

3. 领事发票(Consular Invoice)

领事发票是由进口国驻出口国领事签证的发票。有些国家。如一些拉丁美洲国家、菲律宾等国家规定，凡输往该国的货物，国外出口商必须向该国海关提供经该国领事签证的发票。有些国家制定了固定格式的领事发票，有些国家只要求在商业发票上签注。领事发票与海关发票的作用基本相似。签发领事发票时，出口方要支付给领事机构一定的领事签证费。若来证中有要求我方出具领事发票的条款，一般不予接受。

4. 厂商发票(Manufacture's Invoice)

厂商发票是指出口方的产品制造商签发的以本国货币计算价格，用来证明出口国国内市场的出厂价格的发票。其作用也是供进口国海关估价、核税及征收反倾销税之用。若来证有此规定，可参照海关发票填写内容办理。

(三) 海运提单

提单(Bill of Lading)是各项单据中最重要的单据，在制作提单的过程中，必须注意以下几个问题：

(1) 提单的种类。国外来证均要求提供"清洁、已装船"提单。如来证未规定可否转船，按照银行惯例，银行可以接受转船提单或联运提单。

(2) 提单的收货人。提单的收货人，习惯上称为抬头人，在信用证或托收支付方式下，绝大多数的提单都作成"凭指定"抬头或者"凭交货人指定"抬头。这种提单必须经发货人背书，才可流通转让。

(3) 提单的运费项目。如 CIF 或 CFR 条件，在提单上应注明"运费已付"(Freight Prepaid)；如成交价格为 FOB 条件，则应在提单上注明"运费到付"(Freight to Collect)。除信用证内另有规定外，提单上不必列出运费的具体金额。

(4) 提单的签发份数。根据《跟单信用证统一惯例》规定，银行接受全套正本仅有一份的正本提单或一份以上正本提单。如提单正本有几份，每份正本提单的效力是相同的，但只要其中一份凭此提货，其他各份立即失效。因此，合同或信用证中规定要求出口人提供"全套提单"(Full Set of B/L)，就是指承运人在签发的提单上所注明的全部正本份数。

(5) 提单的签署人。如信用证要求港到港的海运提单，银行将接受由承运人(或作为承运人的具名代理或代表)或船长(或作为船长的具名代理或代表)所签署的提单。

(四) 保险单

按 CIF 术语成交时，卖方应代为买方办理保险并提供保险单。保险单(Insurance Policy)的内容应与有关单证的内容相符。

(1) 保险单的被保险人应是信用证上的受益人，并加空白背书，便于办理保险单转让。

(2) 保险险别和保险金额与信用证规定一致。在单据的表面上对 CIF 或 CIP 的金额能够被确定时，保险单必须表明投保最低金额。该项金额应为货物的 CIF 或 CIP 的金额加10%，否则，银行接受的最低投保金额，即为信用证要求付款、承兑或议付金额的110%，或发票金额的 110%，以两者之中较高者为准。保险单所表明的货币，应与信用证所规定的货币相符。

(3) 保险单的签发日期应当合理。在保险单上，除非表明保险责任最迟于货物装船或发运或接受监督之日起生效外，银行将拒受出单日期迟于装船或发运或接受监督之日的保险单。

(五) 原产地证书

原产地证书(Certificate of Origin)是证明货物原产地或制造地的证件。不用海关发票或领事发票的国家，往往要求提供产地证明。进口国要求商品在进口时提交原产地证书，主要作用有：便于对进口货物确定不同的关税待遇；便于对进口货物实行数量管制；便于控制从特定国家的进口；是海关统计的依据。原产地证书一般由出口地的公证行或工商团体签发，在我国通常由中国进出口商品检验检疫局或中国贸促会签发。

(六) 普惠制单据

1. 普惠制的定义

普惠制是普遍优惠制的简称，是发展中国家在联合国贸易与发展会议上进行长期斗争的结果，是在 1968 年通过建立普惠制决议之后取得的。该决议规定，发达国家承诺对从发展中国家或地区输入的商品，特别是制成品和半制成品，给予普遍的、非歧视性的、非互惠的关税优惠待遇，这种税称为普惠税。

普惠制的主要原则是普遍的、非歧视性的、非互惠。所谓普遍，指发达国家应对发展中国家或地区出口的制成品和半制成品给予普遍的优惠待遇；所谓非歧视性，指应使所有的发展中国家或地区都不受歧视、无例外地享受普惠制的待遇；所谓非互惠，指发达国家应该单方面给与发展中国家或地区关税优惠，而不要求发展中国家或地区提供反向优惠。

2. 普惠制单据种类

(1) 表格 A 产地证(GSP Certificate of Origin Form A)：适用于一般商品，由出口公司填制，并经国家出入境检验检疫局签章出具。

(2) 纺织品产地证(Certificate of Origin of textile Products)：适用于纺织品类，由中国进出口商品检验检疫局签发。

(3) 纺织品出口许可证(Export license of Textile Products)：适用于配额纺织品、限额品种的控制严格，由出口地外贸主管部门签发。

(4) 手工制纺织品产地证(Certificate in Regard to Handlooms, Textile Handcrafts and Traditional Textile Products of the Cottage Industry)：适用于手工制纺织品类，由国家出入境检验检疫局签发。

(5) 纺织品装船证明(Shipment Certificate of Textile Products)：适用于无配额的毛呢产品，由出口地外贸主管部门签发。

(七) 检验证书

各种检验证书分别用以证明货物的品质、数量、重量和卫生条件。在我国，这类证书一般由国家出入境检验检疫局出具，如合同或信用证无特别规定，也可以由进出口公司或生产企业出具，但应注意证书的名称及所列项目或检验结果，应与合同及信用证规定相同。

(八) 装箱单和重量单

装箱单(Packing List)又称花色码单或包装单，是表明出口货物的包装形式、规格、数量、毛重、净重、体积的一种单据；重量单(Weight Memo)则是按照装货重量成交的货物，在装运时出口商需要向进口商提交重量证明书，列明每件货物的净重和毛重。这两种单据可用来补充商业发票内容的不足，便于进口国海关检查、核对货物。

❖ **案例学习**

货物放置仓库一年多，要使用时发现略有潮湿，因而怀疑当初进口的货物不符合合同规定，经分析确实怀疑正确。试问：买方是否可向卖方要求赔偿？或经商检机构向保险公司索赔？

分析：按《公约》规定，无论如何如果买方不在实际收到货物之日起两年内将货物不符合合同情形通知卖方，他就丧失了声称货物不符合合同的权利，除非这一时限与合同规定的保质期限不符。就本案而言，如已过有效索赔期限，则即使买方备齐一切索赔文件，或品质不符确实是卖方原因所致，卖方也有权拒绝赔偿。如向保险公司索赔，应为从被保险货物全部卸离海轮后至多不超过 2 年。而在实际业务中，多使用航程保单，即在保单下，保险公司承保标的物从某一地点送到另一地点的风险。所以，货物一年多后在仓库发现变质，无法向保险公司索赔。

❖ **案例学习**

我国北方某化工进出口公司和美国尼克公司以 CFR 青岛条件订立了进口化肥 5000 吨的合同，依合同规定，我方公司开出以美国尼克公司为受益人的不可撤销的跟单信用证，总金额为 280 万美元。双方约定如发生争议，则提交中国国际经济贸易仲裁委员会上海分会仲裁。2002 年 5 月货物装船后，美国尼克公司持包括提单在内的全套单据在银行议付了货款。货到青岛后，我方公司发现化肥有严重质量问题，立即请当地商检机构进行了检验，证实该批化肥是没有太大实用价值的饲料。于是，我方公司持商检证明要求银行追回已付款项，否则将拒绝向银行支付货款。试问：① 银行是否应追回已付货款，为什么？② 我方公司是否有权拒绝向银行付款？为什么？③ 中国国际经济贸易仲裁委员会是否有权受理此案？依据是什么？④ 我方公司应采取什么救济措施？

分析：L/C 方式下凭单付款。《UCP600》规定："在信用证业务中，各有关方面处理的是单据，而不是与单据有关的货物、服务及/或其他行业。"所以，信用证业务是一种纯粹的单据业务。银行虽有义务"合理小心地审核一切单据"，但这种审核，只是用以确定单据表面上是否符合信用证条款，开证银行只根据表面上符合信用证条款的单据付款。在 L/C 条件下，实行符合一致的原则，即"单证一致"和"单单一致"。在本案例中，银行不应追回已付货款。信用证合同项下，银行的义务是审查受益人所提供的单据与信用证规定是否一致，如单证一致，银行即应无条件付款；北方某化工进出口公司无权拒绝向银行付款。它须受开证申请书的约束，在"单单一致""单证一致"的情况下，必须履行付款赎单的义务。中国国际经济贸易仲裁委员会有权受理此案，因为北方某化工进出口公司与美国公司订立的买卖合同中有仲裁协议。北方某化工进出口公司应根据买卖合同要求美国某公司承担违约责任。

附：商业发票样本

SENGTAI GROUP CO.,LTD
XISHUI INDUSTRIAL AREA, DYING CITY, SHANDONG CHINA
TEL: 0086-530-55555552　　FAX: 0086-530-55555552
COMMERCIAL INVOICE

THE SELLER: SENGTAI GROUP CO.,LTD
　　　　　　XISHUI INDUSTRIAL AREA GUANGRAO, DYING,
　　　　　　SHANDONG, CHINA

INVOICE NO : STSEX20150827LXCI
DATE:2015-OCT-27
S/C NO: STSEX20150827LX
L/C NO:LC406/0233/15IR
NIF NO: 000704040428760

THE BUYER: BANQUE AL BARAKA D'ALGERIE IMP/EXP N02 RUE BELHATEM AIN M`LILA OUM EL BOUAGHI-ALGRIE.

FROM QINGDAO, CHINA TO SKIKDA,ALGERIE

MARKS N/M	DESCRIPTION			QUANTITY(PCS)	UNIT PRICE (US$/PC)	AMOUNT (US$)
	THREE-A TYRES				FOB QINGDAO	FOB QINGDAO
TRLU75159 99/F2083289	185/60R14	82H	P306	200	$18.50	3700.00
	185/65R14	86H	P306	200	$18.55	3710.00
	165/70R14	81T	P306	200	$17.80	3560.00
	195/70R14	91T	P306	100	$22.50	2250.00
	205/55R16	91V	P306	100	$26.50	2650.00
	175/70R14	88H	P306	102	$18.00	1836.00
	175/65R15	84H	P306	100	$21.60	2160.00
	185/55R15	82H	P306	100	$21.00	2100.00
	195/65R16C	104/102R	EffiTrac	20	$32.00	640.00
	LT215/75R15	106/103S	ECOLANDER	10	$40.00	400.00
	155R13C	85/83S	EffiTrac	50	$24.00	1200.00
	195R15C	106/104Q	EffiTrac	50	$34.00	1700.00
	195R14C	106/104Q	EffiTrac	171	$32.00	5472.00
CMAU548722 99/D812437	10R22.5	144/142M	T176	320	$115.00	36800.00
HCIU8021280/F2083286	10.00R20	149/146J	A168	100	$132.00	13200.00
	10.00R20	149/146J	A166	100	$133.00	13300.00
	12.00R20	154/151K		56	$158.00	8848.00
CAXU9175132/F2083337	6.50R16LT	110/105L	A168	300	$50.00	15000.00
	7.50R16LT	124/120K	A168	300	$69.00	20700.00
	12.00R20	154/151K		28	$158.00	4424.00
CMAU5840940/F2083340	12R22.5	152/149L	T268	132	$132.00	17424.00
	13R22.5	154/151K	T168	100	$149.00	14900.00
TCKU9857947/F2083343	315/80R22.5	156/153K	T168	20	$128.00	2560.00
	295/80R22.5	152/149L	T188	100	$122.00	12200.00
	385/65R22.5	160K	T186	100	$156.00	15600.00
TGHU6331451/F2083282	315/80R22.5	156/153K	T168	238	$128.00	30464.00
TRLU7347703/F2083288	315/80R22.5	156/153M	T276+	32	$128.00	4096.00
	315/80R22.5	156/153K	T168	106	$128.00	13568.00
	315/80R22.5	156/153K	T298	100	$132.00	13200.00
CMAU4626152/F2083272	12.00R20	154/151K	A168	71	$158.00	11218.00
	315/80R22.5	156/153M	T276+	29	$128.00	3712.00
	12R22.5	152/149L	T268	6	$132.00	792.00
	185/70R14	88T	P306	100	$21.50	2150.00
	195/55R15	85V	P606	100	$23.00	2300.00
	215/70R16	99T	ECOLANDER	10	$36.50	365.00
	175/70R14	88H	P306	98	$18.00	1764.00
	165/70R13	79T	P306	200	$16.50	3300.00
	175/70R13	82T	P306	200	$17.67	3534.00
	LT265/75R16	123/120S	ECOLANDER	10	$56.00	560.00
	195R14C	106/104Q	EffiTrac	29	$32.00	928.00
	SEA FREIGHT			9*40HQ	$1,650.00	14850.00
	TOTAL			4388		313,135.00

Amount Chargeable (in words) US DOLLARS THREE HUNDRED AND THIRTEEN THOUSAND ONE HUNDRED AND THIRTY FIVE DOLLARS ONLY

1　　BL NUMBER: QDSW020576
2　　SHIPMENT DATE: 15-NOV-2015
3　　VESSEL NAME AND NUMBER: CMA CGM RIGOLETTO/ 047MEW
4　　HS CODE:　40111000
5　　LC NUMBER: LC406/0233/15IR

知识与技能训练

【单项选择题】

1. 根据《联合国国际货物销售合同公约》的规定，合同成立的时间是(　　　)。
A．接受生效的时间　　　　　　　　B．交易双方签订书面合同的时间
C．在合同获得国家批准时　　　　　D．当发盘送达受盘人时
2. 信用证上有时还规定交单期。信用证上可规定"在提单日后若干天内交单"的条款，

如未作此项规定，则必须在不超过信用证有效期的前提下于出单日后(　　　)天内交单。

A．30　　　　　　B．14　　　　　　C．21　　　　　　D．7

3．信用证的到期地点应按信用证规定而定，在我国外贸实务中通常使用的到期地点为(　　　)。

A．出口地　　　　B．进口地　　　　C．第三地　　　　D．开证行所在地

4．在实际业务中，由(　　　)作为当事人承担审证任务。

A．银行　　　　B．银行和出口公司　　C．出口公司　　　D．进口公司

5．根据《跟单信用证统一惯例》规定，在金额、数量和单价前有"约"的词语，应解释为有(　　　)的增减幅度。

A．5%　　　　　　B．7%　　　　　　C．10%　　　　　　D．8%

6．在信用证支付条件下，开证行对受益人履行付款责任，是以(　　　)。

A．卖方将货物装运完毕为条件的

B．买方收到货物为条件的

C．按时收到与信用证相符的全套单据为条件的

D．收到卖方提供的代表所有权的提单为条件的

7．按照国际保险市场的一般习惯，保险金额是以发票的(　　　)价格为基数，再加上适当的保险加成率计算得出。

A．FOB　　　　　B．CFR　　　　　C．FAS　　　　　D．CIF

8．进口单位采用逐笔保险方式一般是在(　　　)。

A．进口数量较大时　　　　　　B．进口数量不大时

C．进口产品贵重时　　　　　　D．进口产品廉价时

9．目前我国使用的普惠制单据有(　　　)。

A．表格 A 和表格 E 产地证　　　B．纺织品产地证

C．价格和原产地证联合证明书　　D．纺织品装船证明

10．卖方可以向买方催证的情况为(　　　)。

A．卖方提前备货　　　　　　　B．买方拖延开证

C．合同刚刚签订　　　　　　　D．汇率变化

【多项选择题】

1．办理出口退税的基本程序是(　　　)。

A．申请　　　B．核销　　　C．上报　　　D．批复　　　E．买单

2．采用信用证付款方式签订的 CIF 合同，卖方履约包括的环节很多，其中主要的环节有(　　　)。

A．备货　　B．催证、审证、改证　　C．投保　　D．租船订舱　　E．制单结汇

3．买卖合同中规定买方的基本义务有(　　　)。

A．开立信用证　　　　　　　B．按合同规定支付货款

C．收取货物　　　　　　　　D．租船订舱、派船去装货

4．买卖合同中规定卖方的基本义务有(　　　)。

A．交付货物　　　　　　　　B．移交一切与货物有关的单据

C. 转移货物的所有权　　　　D. 租船订舱

5. 对于下列单据，(　　)是银行有权拒绝接受的。

A. 迟于信用证规定的到期日提交的单据　　B. 迟于装运日期后 15 天提交的单据

C. 内容与信用证不相符的单据　　　　D. 单据之间内容有差异的单据

6. 目前我国使用的普惠制单据有(　　)。

A. 表格 A 产地证　　　　　　B. 纺织品产地证

C. 价格和原产地联合证明书　D. 纺织品装船证明

7. 外贸单证常用的发票有(　　)。

A. 商业发票　　　　　　B. 银行发票

C. 海关发票　　　　　　D. 购销发票　　　　　　E. 领事发票

8. 制单结汇工作中必须做到一致的是(　　)。

A. 单单一致　　　　　　B. 单证一致

C. 单合(同)一致　　　　D. 证合(同)一致　　　　E. 单货一致

9. 货物装船后，凭以换取正本提单的单据是(　　)。

A. 下货单　　　　　　B. 托运单

C. 保险单　　　　　　D. 大副收据

10. 进口索赔的对象主要有(　　)。

A. 卖方　　B. 买方　　C. 银行　　D. 保险公司　　E. 承运人

【简答题】

1. 在进口索赔中应注意什么问题？

2. 在我国进出口业务中，通常采用的书面合同有哪些形式？其主要内容是什么？

3. 在履行出口合同时，以信用证付款的 CIF 合同要经过哪些主要环节？其主要内容是什么？

4. 根据《跟单信用证统一惯例》规定，受益人在提出修改信用证条款时，应注意什么？

5. 出口公司在制单过程中应注意哪些问题？

6. 何为信用证中的到期日、交单期和装运期？这三者的关系如何？在实际工作中应如何掌握？

7. 进口方在申请开立信用证时应注意什么问题？在进口业务中，对于信用证的修改，应注意什么问题？

【实训题】

1. 实训目的

通过反复实训和案例分析，让学生熟练掌握进出口合同履行相关环节的主要业务及操作技巧，以及处理相关的案例。

2. 实训要求

(1) 制作出口合同履行示意图。

(2) 签订合同。

(3) 根据所签合同，进行合同履约的环节模拟。

3. 实训内容

(1) 在老师的指导下，选择一种自己熟悉的产品，先了解货源情况，获得一手商品资料；模拟注册一个出口公司，与虚拟的进口公司洽谈业务，签订合同，按步骤履行出口合同。

(2) 讨论案例。

案例一： 我国出口商 D 公司收到非洲某银行的信用证，金额为 USD39100.00。信用证条款较为简单，对提单的要求是：OCEAN BILL OF LADING 'CLEAN ON BOARD'，但在 47A 规定 "ARTICLE 27 OF UCP600 REV 2007 OF ICC ARE NOT APPLICABLE"。议付行 Z 银行审单后，认为单证相符并将单据寄至开证行，开证行拒付，拒付的理由是，提单未表明 "CLEAN ON BOARD"，Z 银行查看了留存的提单正本复印件，发现提单正面清楚地注明了 "ON BOARD" 字体和日期，也未出现货物和包装有缺陷的条款和批注。于是 Z 银行向开证行反驳，认为根据 UCP600 第 27 条，银行只接受清洁运输单据，清洁运输单据指未载有明确宣称货物和包装有缺陷的条款或批注的运输单据。"清洁"一词，并不需要在运输单据上出现，即使信用证要求运输单据为"清洁"已装船的。开证行拒不接受，回电称：本信用证已在 47A 条中明确规定 "UCP600" 第 27 条不适用本证，提单未注明清洁已装船。后来，此案以出口商 D 降价 5% 了结。试分析本案例应吸取的教训。

案例二： 我某出口企业与非洲某进口商成交货物一批，按合同规定 11 月份信用证开到我方，收到信用证后，我方迟迟没有发货，待对方来电催运时，我才向对方提出按合同货币修改信用证，同时要求展延信用证的装运期和有效期。次日非商复电："证已改妥。"我方据此将货发运，但信用证修改书始终未到，致使货运单据寄达开证行时遭到拒付。我方为及时收回货款，避免在进口地的仓储费用支出，接受进口人改按 D/P、T/R 提货要求。终因进口人未能如约付款使我方遭受重大损失。试就我方在这笔交易中的处理过程进行评论。

案例三： 我国甲公司从丁国 A 公司进口生产灯泡的生产线。合同规定分两次交货、分批开证，买方(甲公司)应于货到目的港后，60 天内进行复验，若与合同规定不符，甲公司凭所在国的商检证书向 A 公司索赔。甲公司按照合同规定，申请银行开出首批货物的信用证。A 公司履行装船并凭合格单据向议付行议付，开证行也在单证相符的情况下，对议付行偿付了款项。在第一批货物尚未到达目的港之前，第二批的开证日期临近，甲公司又申请银行开出信用证。此时，首批货物抵达目的港，经检验发现货物与合同规定严重不符，甲公司当即通知开证行，称："拒付第二次信用证项下的货款，并请听候指示。"然而，开证行在收到议付行寄来的第二批单据，审核无误，再次偿付议付行，当开证行要求甲公司付款赎单时，遭到甲公司拒绝。试分析该案中：

(1) 开证行和甲公司的处理是否合理？为什么？

(2) 甲公司应该如何处理此事？

案例四： 我方对外发盘轴承 800 套，分别为：101 号/200 套；102 号/100 套；103 号/200 套；104 号/300 套，限 9 月 20 日复到有效。对方在发盘的有效期内来电表示接受，并附第 1080 号订单一份。订单内表明的规格是：101 号/200 套；102 号/200 套；103 号/300 套；104 号/100 套。我方对来电未作处理。数天后收到对方开来的信用证，证内对规格未作详细的规定，仅注明：as per our order No.1080。我方凭证按原发盘的规格、数量装运出口，商业发票上注明 as per order No.1080。问：我方可否顺利交单结汇？为什么？

第十章

国际贸易方式

学习目标

技能目标

通晓国际贸易各种方式的基本内容、运行过程和相应的适用条件。

学会灵活应用国际贸易方式。

知识目标

掌握国际贸易方式的特点和差异。

能够在法律和不同贸易方式的层面上处理相应的协议与条款。

引言

国际贸易经营中，除了我们熟知的进出口业务外，还存在其他贸易方式，如经销、代理、寄售、展卖、招投标以及加工贸易、补偿贸易等。随着国际贸易的发展，贸易方式从传统到现代经历了很大变化，尤其是跨境电子商务、市场采购等外贸新业态的出现，对传统国际贸易活动的冲击越来越大。一个成功的贸易实业家或工作者，不仅擅长经营一般贸易，而且还要能灵活运用各种贸易方式，把买卖做活。本章讲解几种常见国际贸易方式的应用并对出现的国际贸易新业态进行相关知识普及。

第 一 节 经 销 和 代 理

入门案例

我国A公司与美国B公司签订了独家经销协议，授予B公司某产品的独家经销权，但该产品并非A公司的自产商品，而是由国内C公司生产、由A公司销往美国B公司。C公司在向A公司供货的同时，也自营进出口业务，又向另一家美国D公司授予了该产品的独家经销权。这样，在美国就有了同种产品的两个独家经销商，这两家经销商得知该情况后，都向A公司和C公司提出索赔的要求。请问：这起案件应如何处理？

此案例表明： C公司既然向美国D公司授予了该产品的独家经销权，就有义务保证其产品不会经过其他渠道进入其他地区内。因此，C公司要么授予美国D公司一般经销权，要么保证A公司不向该地区出口产品。

国际贸易方式是指国家间商品流通的做法和渠道。随着国际贸易的发展，贸易方式也在不断地发生变化，灵活运用各种不同的贸易方式，有利于促进对外贸易的发展。本章阐述的是除逐笔售定外的其他贸易方式。

一、经销

(一) 经销的概念与特点

1. 经销的概念

经销(Distribution)是指出口企业与国外经销商达成书面协议，在约定的经销期限和地区范围，利用经销商就地推销某种商品的一种方式。经销有一般经销和独家经销之分。在一般经销方式下，出口企业根据经销协议向国外经销商提供在一定地区、一定时期内经营某项(或某几项)商品的销售权，经销商则有义务维护出口企业的利益，必要时还要对经销商品组织技术服务、进行宣传推广，而出口企业也需向经销商提供种种帮助。经销商虽享有经销权，在购货上能得到一些优惠，但没有专营权利，出口企业可以在同一地区指定几个经销商。

依据经销商权限的不同，可以将经销贸易方式分为以下两种：

(1) 独家经销(Exclusive Distribution)。独家经销是指出口企业授予国外进口商在规定期限和规定地区内，享有指定商品的专营权的一种方式。该指定商品除由独家经销商销售外，该区域内任何其他商人均不得销售此商品。这种独家经销在我国又称为"包销"，独家经销人即包销人。

(2) 一般经销(Distribution)。一般经销也称为定销，是指出口企业不授予国外进口商独家经销权的经营方式。出口企业与国外进口商签订经销协议后，还可与该地区的其他进口商签订经销协议。在这种方式下，供货商与经销商之间存在的是相对长期、稳定的买卖关系。实质上与一般的国际货物买卖并无区别。

2. 经销的特点

经销方式克服了逐笔销售的不足之处，通过协议确定了双方在一定期限内稳定的关系，双方既互相协作，又相互制约。对出口商来说，有利于利用经销商的销售渠道扩大自己产品的销售，也有利于及时收回货款，减少经营中的风险；对进口经销商来说，当某种商品市场需求旺盛时，他有可能凭借与出口商之间的经销关系获得较多数量的商品，并以较高的价格出售，获得较多的经营利润。出口商(即供货人)通过订立独家经销协议与国外客户(即独家经销商)建立一种长期稳定的购销关系，从而稳定市场、扩大销售。独家经销商以自己的名义购进货物，在规定的区域内享有对货物的独家经营权，自担风险进行货物的转售。因此，独家经销业务的当事人之间是一种买卖关系。

(二) 经销协议的主要内容

经销协议是供货人和经销人订立的确立双方法律关系的契约。我国在实际业务中一般只原则性地在协议中规定双方当事人的权利义务和一般交易条件，以后每批货的交付要依据经销协议订立具体买卖合同，明确价格、数量、交货期甚至支付方式等具体交易条件。通常，经销协议主要包括以下内容：

1. 经销商品的范围

经销商品可以是供货人经营的全部商品，也可以是其中的一部分，因此在协议中要明确规定商品的范围，以及同一类商品的不同牌号和规格。

2. 经销地区

经销地区是指经销人行使独家经营权的地理范围。在独家经销方式下，供货人在经销区域内不得再指定其他经销商经营同类商品，独家经销商也不得将经销商品越区域销售。

3. 经销数量或金额

经销协议中对经销数量和金额的规定，对协议双方有同等的约束力。经销数额一般采用规定最低承购额的做法，这也是卖方要保证供应的数额。最低承购额一般以实际装运数为准。

4. 作价方法

经销商品可以在规定的期限内一次作价，结算时以协议规定的固定价格为准。但在大多数经销协议中是采用分批作价的方法，或由双方定期地根据市场情况加以商定。

5. 经销商的其他义务

在经销协议中还可规定经销商承担其他义务，如做好广告宣传、市场调研和维护供货人权益等。

6. 经销期限

经销期限即协议的有效期，可规定为签字生效起一年或若干年。一般还要规定延期条款和终止条款，明确协议到期时如何继续延长以及在什么情况下可以解除协议。除上述主要内容外，还应规定不可抗力及仲裁条款等一般交易条件，其规定方法与一般买卖合同大致相同。

(三) 采用经销方式出口应注意的问题

1. 对经销方式的选用

出口企业在采用何种经销方式时，应根据具体情况而定。独家经销和一般经销相比，独家经销更能调动经销商的积极性，但也存在风险，如果经销商的经营能力较差，不能完成协议规定的最低限额，如果经销商凭借专营权压低价格或包而不销，就会使出口上蒙受损失。

2. 对经销商的选用

出口企业在选用经销商时，要了解经销商的资信情况、经营能力及其在销售地区的商业地位，以此为基础在往来客户中进行挑选。

3. 对经销商品的种类、经销地区和经销数量或金额的确定

出口企业要以经销商的资信能力和自己的经营意图为出发点，确定商品种类的多少及经销地区的大小，确定经销数量或金额。

4. 对中止或索赔条款的规定

为了防止独家经销商包而不销或对市场与价格进行操纵等现象出现，有必要在协议中订立中止或索赔条款。

二、代理

(一) 代理的概念和种类

1. 代理的概念

国际贸易中的代理(Agency)是以委托人为一方，委托独立的代理人为另一方，在约定的时间和地区内，以委托人的名义与资金从事业务活动，并由委托人直接负责由此而产生的权利与义务。按委托人授权的大小，国际贸易中的代理可分为总代理、独家代理和一般代理。

2. 代理的种类

在具体运用代理方式时，根据出口供货商对代理人授予的经营权限，将代理人分为以下三种类型：

(1) 总代理(General Agent)。总代理是委托人在指定区域的全权代表，他既可以代表委托人进行商事活动，也可以代表委托人从事一些非商务活动。在商务活动方面，总代理享有委托人(仅限于出口生产企业)授予的、在规定期限和规定地区代销指定商品的独家分销权，委托人不再直接向该地区销售，也不再在该地区指定任何其他代理人。

(2) 独家代理(Exclusive Agent)。独家代理是在规定时间和规定地区之内，单独代表委托人进行代理协议中规定的商务活动的代理人。除了在商品的所有权、经营风险、决定商品交易条件等方面有差别外，独家代理其他的权利和义务与包销相同。

(3) 一般代理(Common Agent)。一般代理又称为佣金代理(Commission Agent)，是指在同一地区和期限内，委托人可同时委派几个代理人代表委托人行为，代理人不享有独家经营权，而其他方面的权利和义务，一般代理与独家代理完全相同。委托人对一般代理通常不做过多的要求，只要代理人有销售指定商品的积极性，能满足委托人对代理人条件的一般要求即可。因此，委托人在同一地区内，可以通过授权同时指定多个一般代理。

(二) 代理协议的基本内容

代理协议是明确委托人和代理人的权利与义务的一种法律契约，一般应包括如下内容：

1. 对协议双方的规定

代理协议应特别明确委托人与代理人是委托与被委托的代销关系。代理人一般只按其代销货款的一定比例收取佣金。

2. 对代理商品、地区和期限的规定

委托人对代理人的授权中，应明确说明代理销售的商品的类别和型号。独家代理还必须明确其业务的地理范围、有效期限及最低成交额。

3. 对代理人权限的规定

对代理人权限的不同规定，是一般代理协议与独家代理协议的唯一区别。一般代理协议通常规定代理人不享有专营权，独家代理协议则规定委托人授予代理人专营权，即在代理期限和代理地区内绝对不能越过代理人同买主直接成交。

4. 对佣金条款的规定

佣金条款是代理协议中最重要的条款之一，在这个条款里，应对计算佣金的基础、佣金率、支付佣金的方法等内容做出明确规定。

5. 对代理人责任的规定

代理人对代理商品的宣传与商标保护负有责任，并要向委托人提供各种有关资料及商情报告，以使委托人了解当地市场情况和代理人的工作业绩。由此而发生的费用一般由委托人负责或双方分摊。

6. 协议的有效期限及终止条款

代理协议中必须约定代理协议有效期限，或者规定终止条款。

> ❖ 案例学习
>
> 　韩国 A 公司与我国 B 公司签订了一份独家代理协议，指定由 B 公司为中国的独家代理商。在定协议时，韩国 A 公司正在试验改进该产品。不久，当新产品试验成功后，A 公司又指定我国另一家公司 C 公司为新产品的经销商。问：A 公司的这种做法是否合法？
>
> 　**分析**：A 公司的这种做法不太合法。在指定我国 C 公司为新产品的经销商前，应查看一下其与我国 B 公司签订的代理协议中是否规定有新产品生产后协议的使用问题。若该协议中规定"协议适用新产品"，则 A 公司无权与我国另一家 C 公司签订新产品独家经销协议。

三、独家经销与独家代理的区别

独家经销与独家代理的做法，均能在一定程度上起到扩大销售渠道、减少自相竞争的作用，但存在以下主要区别：

(1) 独家经销的卖方与独家经销人之间是买卖关系；而独家代理的委托人与代理人之间的关系是委托代理关系。

(2) 独家经销人自担风险，自负盈亏；而独家代理则不承担市场经营风险。

(3) 独家经销人自购自销，自行承担购货合同规定的义务；而独家代理人招揽客户、介绍业务、收取佣金，合同的履行则由实际卖主和买主负责。

第二节　招标与投标

入门案例

招标机构接受委托，以国际公开招标形式采购一批机电产品。招标文件要求投标人制作规格和价格两份投标文件，开标时，先开规格标，对符合条件者，再定期开价格标，确定中标者。共有 15 家企业投标。到了开标期先开标，经慎重筛选，初步选定 9 家，通知他们对规格标进行澄清，并要求将投标有效期延长两个月。在这 9 家中，有 5 家送来澄清函并同意延长有效期。另 4 家提出若延长有效期，将提高报价 10%或更多；否则将撤销投标。招标机构拒绝了后 4 家的要求。到了价格标的开标日期，对仅有的 5 家开标后，却发现 5 家报价均过高，超过招标机构预订标底 30%以上。无奈，招标机构只得依法宣布此次招标作废，重新招标。试分析此次招标失败的原因以及应吸取的教训。

此案例表明：招标是指招标人发布招标公告，阐明拟采购商品的名称、规格和数量，或是拟兴建工程的条件与要求，邀请相关投标人按一定的程序在规定的时间、地点进行投标，最后选择对其最为有利的投标人达成交易的经济行为。所谓投标，则指供应商或工程承包商根据招标公告的条件，在规定的时间内向招标人递价的行为。招投标与一般贸易的做法有所不同，采用该种方式，双方当事人不经过交易磋商程序，也不存在讨价还价，而是由各投标人同时、一次性报价，投标人中标与否主要取决于投标时的递价是否有竞争力。因此，这是一种"竞卖"的交易方式。在这种方式下，投标人之间的竞争异常激烈，招标人则处于主动地位，能够对各种供给来源进行比较并择优选择，以最终实现资金的合理、有效利用。值得注意的是，招投标之所以受欢迎就在于其竞争性，投标人越多，招标人能得到的价格就越低。因此，只有少数人参加的招投标就失去了其竞争意义，招标因而可取消。本案是投标失败的典型案例。投标人在投标时，除了价格的因素外，还要满足招标文件的其他条件，否则也可能落标。

招标投标是一种传统的贸易方式，经常用于国际工程承包和大宗物资的采购业务。本节仅介绍大宗商品采购中的招标投标。

一、招标、投标的含义及特点

(一) 招标、投标的含义

招标和投标是一种贸易方式的两个方面。招标(Invitation to Tender)是指招标人(买方)发出招标通知，说明拟采购的商品名称、规格、数量及其他条件，邀请投标人(卖方)在规定的时间、地点按照一定的程序进行投标的行为。投标(Sub-mission of Tender)是指投标人(卖方)应招标人的邀请，按照招标的要求和条件，在规定的时间内向招标人递价，争取中标的行为。

(二) 招标投标的特点

与其他贸易方式相比，招标投标具有明显的特点，这表现在：第一，招标方式下，投标人是按照招标人规定的时间、地点和条件进行的一次性报盘。这种报盘是对投标人有约束力的法律行为，一旦投标人违约，招标人可要求得到补偿。第二，招标投标属于竞卖方式，即一个买方面对多个卖方。卖方之间的竞争使买方在价格及其他条件上有较多的比较和选择，从而在一定程度上保证了采购商品的最佳质量。

(三) 招标方式

目前国际上采用的招标方式归纳起来有以下三种：

1. 国际竞争性招标

国际竞争性招标(International Competitive Bidding，ICB)是指招标人邀请几个乃至几十个投标人参加投标，通过众多投标人的竞争，选择其中对招标人最有利的投标人达成交易，它属于竞卖的方式。具体做法有以下两种：

(1) 公开招标(Open Bidding)。公开招标是指招标人在国内外报纸杂志上公开发布招标广告，任何卖方只要愿意均可购买招标资料进行投标。

(2) 选择性招标(Selected Bidding)。选择性招标又称非公开招标，是指招标人根据自己具体的业务关系和情报资料向少数卖方进行邀请，在对其进行资格预审后，再由他们进行投标。这种招标形式主要用于购买技术要求高的专业性设备或大型成套设备。

2. 谈判招标

谈判招标(Negotiated Bidding)又称议标，是非公开的一种形式，属于非竞争性招标，由招标人物色几家客商直接进行合同谈判，谈判成功，即交易达成。

3. 两段招标

两段招标(Two-Stage Bidding)是将无限竞争性招标和有限竞争性招标结合起来，先进行公开招标，选定数个招标人后，再进行选择性招标。

二、招标和投标的基本做法

采用招标投标形式采购商品一般需要经过以下基本业务过程，即招标、投标、开标和签约。

(一) 招标

1. 刊发招标通告

国际公开招标通常均在权威性的报刊或有关专业刊物上公布招标通告，招标通知和招标广告的内容基本相同，一般包括招标项目的内容、要求、条件和投标须知等。

2. 资格预审

投标人填写招标人编制的"资格预审表"，包括投标人的经营规模、人员设施概况、工程记录等，并提供有关证明文件和资料。由招标人确认其是否具有投标能力。

3. 编制招标文件

招标伊始，招标人即制订招标文件，招标文件又称标书、标单，其内容较为简单，主要说明采购商品或发包工程的技术条件和贸易条件。

(二) 投标

投标人首先要取得招标文件，认真分析研究之后，编制投标书。投标书实质上是一项有效期至规定开标日期为止的发盘，内容必须十分明确，中标后与招标人签订合同所要包含的重要内容应全部列入。投标书应在投标截止日期之前送达招标人或其指定的收件人，逾期无效。按照一般的惯例，投标人在投标截止日期之前可以书面提出修改或撤回。

具体来讲，投标的程序如下：

1. 投标的准备工作

投标人取得标书后，按照招标条件对商品或工程所要求的质量、技术标准、交货期限等进行核算，估计能否完全满足招标要求和能否提出有竞争性的报价。

2. 编制投标书和落实担保

招标人为防止投标人中标后拒不签约，通常要求投标人提交投标保证金，一般为总价的 3%～10%，也可以银行保函或备用信用证代替现金作保。

3. 递送投标文件

投标文件包括投标书、银行保函或备用信用证、关于投标书中单项说明的附件，以及其他必要文件。投标文件应密封后在规定的时间内送达指定地点。

(三) 开标

开标有公开开标和不公开开标两种方式，招标人应在招标通告中对开标方式作出规定。公开开标是指招标人在规定的时间和地点当众启封投标书，宣读内容。投标人都可参加，监视开标。不公开开标则是由招标人自行开标和评标，选定中标人，投标人不参加。开标后，招标人进行权衡比较，即评标，以选择最有利者为中标人。如果招标人认为所有的投标均不理想，可宣布招标失败。

(四) 签约

中标是从若干投标人中选定交易对象，即中标人。确定中标人后，招标人以书面形式通知中标人在规定的期限内到招标人所在地签订合同，并缴纳履约保证金或以银行保函作履约担保。

第三节　拍卖、寄售与展卖

入门案例

我国某实业有限公司拟向南亚某国出口一批轻工产品。由于该批货物在其仓库搁置很久，属于积压物资，因此双方当事人通过多次协商，决定以寄售方式在国外销售。货物经由我公司运到目的地后，由于同类商品在当地市场竞争激烈，虽经代销商多方努力，货物销售情况仍非常不理想，最后只得再装运运回国内。试分析该案的经验教训。

此案例表明：寄售是一种委托代售的贸易方式，是指寄售人先将货物运往国外寄售地，委托当地代销人，按照寄售协议规定的条件，替寄售人进行销售，在货物出售后，由代销人向寄售人结算货款的一种贸易做法。寄售方式对寄售人来说，有利于增加交易机会、开拓市场和扩大销路。通过寄售可以与实际用户建立关系，扩大贸易渠道，便于了解和适应当地市场需要，不断改进产品品质和包装。寄售人还可以根据市场供求情况，掌握有利的推销时机，抢行应市，卖上好价。但同时，寄售的缺点针对寄售人而言，主要表现为以下几点：贸易风险大，资金周转期长，收汇不够安全等。

一、拍卖

(一) 拍卖的概念

拍卖(Auction)是专门经营拍卖业务的拍卖行接受货主的委托,在规定时间和地点,按照一定的章程和规则,将货物公开展示,由买主出价竞购,把货物卖给出价最高的买主的一种现货交易方式。国际贸易中采用拍卖方式进行交易的商品,主要是一些品质难以标准化或难以久存,或传统上有拍卖习惯的商品,如裘皮、木材、茶叶、水果、花卉、羊毛以及艺术品等。参与拍卖的买主通常须向拍卖行交存一定数额的履约保证金。

(二) 拍卖的出价方法

拍卖的出价方法,主要有以下几种:

1. 增价拍卖

增价拍卖也称"买主叫价拍卖",这是最常见的一种拍卖方式。拍卖时,由拍卖人(Auctioneer)宣布预定的最低价,然后竞买者(Bidder)相继出价竞购。拍卖行可规定每次加价的金额限度,至某一价格,经拍卖人三次提示而无人加价时,则为最高价。由拍卖人击槌表示成交。按拍卖章程规定,在拍卖人出槌前,竞买者可以撤销出价;如果货主与拍卖人事先商定了最低限价,而竞买人的叫价低于该价,拍卖人可终止拍卖。

2. 减价拍卖

减价拍卖又称荷兰式拍卖(Dutch Auction),源于世界上最大的荷兰花卉拍卖市场,由拍卖人先开出最高价格,然后渐次降低价格,直到有人表示接受,即达成交易。这种拍卖方式买主一旦表示接受,不能再行撤销。由于减价拍卖成交迅速,特别适合于数量大、批次多的鲜活商品和水果、蔬菜等。

3. 密封递价拍卖

密封递价拍卖(Sealed Bids,Closed Bids)又称招标式拍卖。采用这种方法时,先由拍卖人公布每批商品的具体情况和拍卖条件等,然后由买主在规定的时间内将密封的报价单(也称标书)递交拍卖人,由拍卖人选择买主。拍卖大型设施、数量较大的库存物资或政府罚没物资时,往往采用这种方式。

(三) 拍卖的特点

国际货物的拍卖具有以下特点:

(1) 拍卖是一种公开竞买的现货交易。拍卖开始前,买主可以查看货物,拍卖开始后,买主当场出价、公开竞买,拍卖主持人代表货主选择交易对象。成交后,买主即可付款提货。

(2) 拍卖是在一定的机构内有组织地进行的。拍卖一般由拍卖行定期组织,集中在一定时间和地点,买卖某种特定商品。不过,也有由货主临时组织的拍卖会。

(3) 拍卖具有自己独特的法律和规章。拍卖不同于一般的进出口交易,在交易磋商的程序和方式、合同的成立和履行等问题上,都有其特殊的规定。拍卖行也各有其不同的章程和规则。

(四) 拍卖的一般程序

拍卖业务进行的程序，一般可分为以下三个阶段：

1. 准备阶段

货主与拍卖行达成拍卖协议，规定货物品种和数量、交货方式与时间、限定价格以及佣金等事项。货主把货物运至拍卖地点。拍卖人印发拍卖商品目录，并刊登拍卖通告。买主在正式拍卖前可到存放拍卖商品的仓库查看货物，必要时可抽取样品供分析测试，以便按质论价。

2. 正式拍卖

在规定的时间和地点，按拍卖商品目录规定的顺序逐批拍卖。以增价方式拍卖，买方出价相当于要约，拍卖人落锤相当于承诺。拍卖一般多采用由低到高的增价拍卖方式。以减价方式拍卖，拍卖人报价相当于要约，而买方一旦表示接受，即为承诺。

3. 付款和交货

拍卖商品的货款，通常都以现汇支付。成交后，买方签署成交确认书，并支付部分货款作定金，待买方付清全部货款后，拍卖行开出提货单，买方凭单提货。拍卖行从货款中提取一定比例的佣金(Commission)或经纪费(Brokerage)，作为提供拍卖服务的报酬，并扣除按合同应由货主承担的费用后，将货款交付货主。

> ❖ **案例学习**
>
> 　　某公司在拍卖行经竞买获得精美瓷器一批。在商品拍卖时，拍卖条件中规定："买方对货物的过目与不过目，卖方对货物的品质概不负责。"该公司在将这批瓷器通过公司所属商行销售时，发现有部分瓷器出现网纹，严重影响这部分商品的销售。卖方因此向拍卖行提出索赔，却遭到拍卖行的拒绝。问：拍卖行的拒绝是否有道理？为什么？
>
> 　　**分析**：拍卖行的拒绝是无道理的。一般来说，在拍卖业务中，对于用通常的查验手段即可发现的货物缺陷，拍卖行是不负责任的，但对于凭借一般查验手段不能发现的质量问题，拍卖行还是允许买方提出索赔的。本案中，竞买得主在将竞得商品——精美瓷器，通过公司所属商行销售时，发现有部分瓷器有网纹，这些网纹在拍卖时，竞买者是无法用一般查验手段发现的，因此，拍卖行的拒绝是无道理的。

二、寄售

(一) 寄售的含义

寄售(Consignment)是一种委托代售的贸易方式，寄售人(Consignor)先将准备销售的货物运往国外寄售地，委托当地代销人(Consignee)按照寄售协议规定的条件代为销售后，再由代销人向货主结算货款。采用寄售方式，出口商应在寄售地区选定代销商，签订寄售协议，然后将货物运往寄售地点由代销商现货销售。

(二) 寄售的性质

寄售是按双方签订的协议进行的，寄售人和代销人之间不是买卖关系，而是委托与受托关系，寄售协议属于信托合同性质。代销人也是一个赚取佣金的受托人，其权利义务与代理人相似，但又有区别。最主要的区别是代理人在从事授权范围内的事务时，可以用委托人的名义，也可以用自己的名义，但代销人只能用自己的名义处理信托合同中规定的事务，而且受托人同第三方从事的法律行为不能直接对委托人发生效力。由此可见，寄售既不同于经销，又与一般的代理业务有区别。

(三) 寄售的特点

寄售与正常的出口销售相比，具有以下特点：

(1) 寄售人与代销人是委托代售关系。代销人只能根据寄售人的指示代为处置货物，在货物售出前所有权仍属寄售人。

(2) 寄售是由寄售人先将货物运至寄售地，然后再寻找买主，因此它是凭实物进行的现货交易。

(3) 寄售方式下，代销人不承担任何风险和费用，货物售出前的一切风险和费用均由寄售人承担。

(四) 寄售协议

寄售协议规定了有关寄售的条件和具体做法，其主要内容如下：

1. 对协议双方的规定

寄售人和代销商之间的关系，是一种委托代理关系。货物在出售前所有权仍属寄售人。代销商应按协议规定，以受托人身份出售商品、收取货款、处理争议等，其中的风险和费用由寄售人承担。与代理人不同的是，受托人在授权范围内，以自己的名义和买主达成交易，买主和寄售人之间不存在合同关系。

2. 对寄售商品价格的规定

寄售商品价格的规定有以下几种方式：① 规定最低售价；② 由代销商按市场行情自行定价；③ 由代销商向寄售人报价，征得寄售人同意后确定价格，这种做法较为普遍使用；④ 规定结算价格。

3. 对佣金条款的规定

与代理协议中的佣金条款相似，规定佣金率，有时还可用增加佣金率增减额的计算方法。通常佣金由代销商在货款中自行扣除。

4. 对代销商义务的规定

代销商的义务包括保管货物，代办进口报关、存仓、保险等手续，并及时向寄售人通报商情。代销商应按协议规定的方式和时间将货款交付寄售人。有的寄售协议中还规定代销商应向寄售人出具银行保函，保证承担寄售协议规定的义务。

5. 对寄售人义务的规定

寄售人按协议规定的时间出运货物，并偿付代销人所垫付的代办费用。

三、展卖

(一) 展卖的概念和特点

1. 展卖概念

展卖(Fairs and Sales)是利用展览会和博览会及其他交易会的形式出售商品，将展览与销售相结合的一种贸易方式。展览会是不定期和不固定地点的，而博览会则是定期的和固定地点的，每年在同一时期和同一地点举行。

2. 展卖的特点

展卖是把出口商品的展览和推销有机结合起来，边展边销，以销为主。展卖方式灵活，可由货主自己举行，也可委托他人举行；可以在国内举行，也可以在国外举行；可以是专业性的，也可以是综合性的。采用展卖这种商品推销方式，利于扩大出口商品的影响、建立和发展客户关系、开展市场调查、增强出口竞争力等。

(二) 展卖方式

在国外举办的展卖业务中，按买卖方式分为两种：

(1) 通过签约的方式将货物卖断给国外客户，由客户在国外去办展览会或博览会，货款在展览会后结算。这时出口人与国外客户双方是买卖关系。

(2) 货主与国外客商合作，在展卖时，货物所有权仍属货主，并由货主决定价格，货物售出后，向国外客户支付一定的佣金和手续费。展卖结束后，未售出的货物折价处理或转为寄售。

第四节　期货交易与套期保值

入门案例

某食品进出口公司 8 月以 225 美元/公吨的价格收购 200 公吨小麦，并存入仓库随时准备出售。为防止库存小麦在待售期间价格下跌而蒙受损失，该食品进出口公司打算利用套期保值交易来防止价格变动的风险。问：该公司应做卖期套期保值还是买期套期保值？为什么？

此案例中该公司应做卖期套期保值交易。套期保值的基本做法是：期货交易者在购进(出售)现货的同时，在期货市场上出售(购进)同等数量的期货。卖期套期保值是指卖期套期保值者根据现货交易情况，先在期货市场上卖出期货合同，然后再以多头进行平仓的做法。本案中，根据套期保值的基本做法，该公司应做卖期套期保值交易才可以避免商品价格变动的风险。

一、期货交易

(一) 期货交易的概念和特征

期货交易(Futures Trading)是众多的买主和卖主，在期货市场(Futures Markets)或商品交易所(Commodity Exchange)按照一定的规则，用喊价并借助手势进行讨价还价，买进或卖出某种商品期货合同的交易方式。期货交易具有下列特征：

1. 合约标准化——期货交易具有标准化和简单化的特征

期货交易通过买卖期货标准化的合约进行。这种标准化是指进行期货交易的商品的品质、规格、数量等都是预先规定好的，只有价格是变动的。期货合约标准化，大大简化了交易手续，降低了交易成本。

2. 场所固定化——期货交易具有组织化和规范化的特征

期货交易是在依法建立的期货交易所内进行的。期货交易所是买卖双方汇聚并进行期货交易的场所，是非营利性组织，旨在提供期货交易的场所与交易设施，制定交易规则。

3. 结算统一化——期货交易具有付款方向一致性的特征

期货交易是由结算所专门进行结算的。在付款方向上，交易双方都只对结算所，而不是交易双方之间互相往来款项。

4. 交割定点化——实物交割只占一定比例，多以对冲了结

期货交易的"对冲"机制免除了交易者必须进行实物交割的责任。由于在期货市场进行实物交割的成本往往要高于直接进行现货交易的成本，交易者多以对冲了结手中的持仓，进行实物交割的只占很小的比例。

5. 交易经纪化——期货交易具有集中性和高效性的特征

这种集中性是指期货交易不是由买方和卖方在交易所内直接见面进行交易，而是由场内经纪人代表所有买方和卖方在期货交易场内进行。高效性的特征主要体现在交易简便、交易效率高。

6. 保证金制度化——期货交易具有高信用的特征

这种高信用特征集中表现为期货交易的保证金制度。交易者在进入期货市场开始交易前，必须按照交易所的有关规定交纳 5%～10%的履约保证金，为交易的最终达成提供履约担保，确保交易者能够履约。

7. 商品特殊化——期货商品具有特殊性

商品是否能进行期货交易，取决于四个条件：一是商品是否具有价格风险，即价格是否波动频繁；二是商品的拥有者和需求者是否渴求避险保护；三是商品能否耐贮藏并运输；四是商品的等级、规格、质量等是否比较容易划分。

(二) 期货市场

期货交易必须在期货市场上进行。期货市场通常由以下几部分构成：

1. 期货交易所

期货交易所是为进行期货交易而设立的经济组织。一般采取会员制的形式，只有正式会员才能进入交易场所内进行期货交易。非会员不能直接进入，但可委托会员代办。期货交易所作为经济组织只是为期货交易提供场所、设施，制定、实施交易规则，解决交易中可能发生的争议。商品交易所本身并不参加交易，也不拥有任何商品。

2. 场内经纪人

在期货交易所，除少数只为自己牟利的投机商外，大多数会员主要接受非会员企业的委托，代其进行期货交易。这些会员就是场内经纪人(Floor Broker)，他们往往受雇于期货佣金商，在交易所内进行活动。

3. 期货佣金商

期货佣金商(Futures Commision Merchant，FCM)又称佣金行、经纪行，是一种专门代理客户在期货市场上进行买卖交易并收取佣金的组织。期货佣金商一般都是期货交易所的会员，可以直接代客户买卖期货。在日常的经营活动中，期货佣金商要雇用专人处理客户的账目、接受客户委托、代客户下达指令、管理客户缴纳的履约保证金并向客户提供市场信息和市场研究报告。

4. 清算所

清算所(Clearing House)也称为结算所，是负责对期货交易所内的期货合同进行交割、对冲和结算的机构。清算所一般也实行会员制，对会员的财力往往有严格的要求，其会员多为国际佣金行、商业企业、贸易公司与金融机构等。非清算所会员要委托清算所会员对其期货交易进行清算，同时向其支付一定的清算手续费。

5. 交易者

这里的交易者是指期货交易的参加者，包括个人和企业，即所有委托他人或亲自在期货市场上进行期货交易的人。期货交易者的目的有二：一是为了利用期货市场进行保值交易，以减少价格波动带来的风险，确保生产和经营的正常利润，这种交易者称为套期保值者。二是为了投机，即其参加期货交易的目的与套期保值者相反，它们是愿意承担价格波动的风险，其目的是希望以少量的资金来博取较多的利润，这种交易者称为投机者。

二、套期保值

(一) 套期保值的概念和特征

套期保值(Hedging)，又称"海琴"，是指从事实物交易的经营者，为了转移价格波动的风险，以期货交易临时代替现货交易的一种市场行为，即买入(卖出)与现货市场数量相当，但交易方向相反的期货合约，以期在未来某一时间通过卖出(买入)期货合约来补偿现货市场价格变动所带来的实际价格风险。

套期保值的基本特征主要体现为套期保值的基本做法：在现货市场和期货市场对同一种类的商品同时进行数量相等但方向相反的买卖活动，即在买进或卖出实货的同时，在期货市场上卖出或买进同等数量的期货。经过一段时间，当价格变动使现货买卖上出现盈亏时，可由期货交易上的亏盈得到抵消或弥补，从而在"现"与"期"之间、近期和远期之间建立一种对冲机制，以使价格风险降低到最低限度。

(二) 套期保值的种类

期货市场上的套期保值主要分为以下两种：

1. 卖期保值

卖期保值(Selling Hedging)是指商品的买主在买进一批日后交易的现货时，为了避免在以后交货时该项商品的价格下跌给自己带来损失，在期货市场上卖出同等数量、同一交货时间的期货，如果届时出现了商品价格的下跌，他将以期货交易的盈利弥补现货交易中的亏损；如果届时商品价格有所上涨，那么他在期货交易中的亏损将被现货交易中获得的盈利所弥补。

例如，某贸易商在 8 月中旬以每蒲式耳 7 美元的价格买入 1 万蒲式耳大豆，准备以后转售。该贸易商担心价格下跌，贸易公司决定按每蒲式耳 7.23 美元的价格卖出两份 10 月份大豆期货合同，每份合同的数量为 5000 蒲式耳。10 月份该贸易商找到买主成交，现货价跌至每蒲式耳 6.72 美元。该公司卖出现货，亏损 2800 美元。该公司又按每蒲式耳 6.95 美元价格买进两份 5000 蒲式耳大豆的期货，在与 8 月中旬卖出的期货进行对冲时从差价中得到了 2800 美元的盈利。两个市场的盈亏相抵后，该贸易商通过套期保值完全避免了现货交易中因价格变动而发生的亏损。

2. 买期保值

与卖期保值恰好相反，买期保值(Buying Heding)是指商品的卖主为避免以后收购该种商品时价格上涨，在卖出远期交货商品的同时，在期货市场上买入同等数量、同一交货时间的期货。以后再卖出期货合同加以对冲。通常中间商在采购远期交货的货源时，为避免价格波动，固定价格成本，经常采用买期保值。

三、投机性交易

(一) 投机性交易的概念

投机性交易(Speculation)又称"买空卖空"，是指投机者根据对市场的判断，把握机会，利用期货市场出现的价差进行买卖，从中获得利润的交易行为。所谓"买空"，又称多头，是指投机者估计价格要涨，买进期货，一旦期货涨价，再卖出期货，从中赚取差价；所谓"卖空"，又称空头，是指投机者估计价格要跌，卖出期货，一旦期货跌价，再买进期货，从中赚取差价。所以说，投机的目的很直接，就是获得价差利润。但投机是有风险的。

(二) 套期保值与投机性交易的异同

套期保值与投机交易作为期货市场交易的主要形式，具有相同的特点：

(1) 都是期货市场的重要组成部分，对期货市场的作用相辅相成。

(2) 都必须依据对市场走势的判断来确定交易的方向。

(3) 选择买卖时机的方法及操作手法基本相同。

套期保值是交易者把期货交易与实物交易结合起来进行的，而投机性交易则表现为单纯的期货合同买卖。两者的区别主要是：

(1) 交易目的不同。套期保值的目的是回避现货市场价格风险；投机性交易目的是赚取利润。

(2) 承担的风险不同。套期保值承担的风险较小，投机性交易承担的风险较大。

(3) 经营者不同。做套期保值交易的都是从事实物交易的人，如企业家、中间商、进出口商等；而投机性交易的参加者多为投机商，一般不从事实物交易。

(4) 交易量的限制不同。从交易规章制度上看，投机性交易通常要受到交易量的限制；而套期保值交易却不受交易量的限制。

第五节　加工、对销与租赁贸易

入门案例

我国某纺织品公司准备以补偿贸易方式从日本进口纺织机，其具体做法是：先出口纺织品积存外汇，在外汇达到一定金额后，即用以购买 5 台纺织机。但该公司把这种做法报请主管机关给予补偿贸易的优惠待遇，却遭到拒绝。请对此进行分析。

此案例表明：由于补偿贸易是进口技术设备的一方，用该技术设备投产后的产品(称直接产品)或相关产品(称间接产品)，抵付供应方所提供的设备和技术的价款的一种做法，其中进口技术设备方同时又是出口产品方，出口技术设备方同时又是进口产品方。由此可见，此案例中未存在这种关系，因而这不属于补偿贸易方式，也就不能享受相关优惠了。

一、加工贸易

(一) 加工贸易的含义

加工贸易是指一国的企业利用自己的设备和生产能力，对来自国外的原材料、零部件或元器件进行加工、制造或装配，然后再将产品运往国外销售的贸易做法。

(二) 加工贸易的种类

加工贸易分为进料加工和来料加工两种。二者的共同点是"两头在外"，即原料来自国外，成品又销往国外。

1. 进料加工

进料加工一般是指从国外购进原料，加工生产出成品再销往国外。由于进口原料的目的是为了扶植出口，所以又可称为以进养出。

2. 来料加工

来料加工在我国又称为对外加工装配业务，是指由外商提供一定的原材料、零部件、元器件，由我方按对方的要求进行加工装配，成品交由对方处置，我方按照约定收取工缴费作为报酬。

3. 进料加工与来料加工的区别

来料加工业务不属于货物买卖。因为原料和成品的所有权始终属于委托方，并未发生转移，我方只提供劳务并收取约定的工缴费。因此，可以说来料加工属于劳务贸易的范畴，是以商品为载体的劳务出口。来料加工与进料加工方式都是两头在外的加工贸易方式，但两者又有明显的不同：① 来料加工在加工过程中均未发生所有权的转移，原料运进和成品运出属于同一笔交易，原料供应者即是成品接受者；而在进料加工中，原料进口和成品出口是两笔不同的交易，均发生了所有权的转移，原料供应者和成品购买者之间也没有必然的联系。② 在来料加工中，我方不承担销售风险，不负盈亏，只收取工缴费；而在进料加工中，我方是赚取从原料到成品的附加价值，要自筹资金、自寻销路、自担风险、自负盈亏。

4. 来料加工合同的主要内容

来料加工合同包括三部分：约首部分、正文部分和约尾部分。

约首和约尾主要说明订约双方的名称、订约宗旨、订约时间、合同的效力、有效期限、终止及变更办法等问题。

正文部分是合同的核心部分，具体规定双方的权利义务。在商谈合同的主要条款时，应注意下列问题：

(1) 对来料来件的规定。在合同中要明确规定来料来件的质量、数量要求和到货时间。

(2) 对成品质量的规定。外商为了保证成品在国际市场的销路，对成品的质量要求比较严格，因此我方在签订合同时，必须从自身的技术水平和生产能力出发，妥善规定，以免交付成品时发生困难。

(3) 关于耗料率和残次品率的规定。耗料率又称原材料消耗定额，是指每单位成品消耗原材料的数额。残次品率是指不合格产品在全部成品中的比率。这两个指标如定得过高，则委托方必然要增加成本，减少成品的收入；如定得过低，则承接方难以完成。

(4) 关于工缴费结算的规定。工缴费是直接涉及合同双方利害关系的核心问题。来料加工业务中的工缴费结算办法有两种：一是来料、件和成品均不作价，单收加工费，由对方在我方交付成品后，通过信用证或汇付方式向我方支付。二是对来料、来件和成品分别作价，两者之间的差额即为工缴费。采用这种方式，我方应坚持先收后付的原则，以免垫付外汇。

(5) 对运输和保险的规定。来料加工业务涉及两段运输，即原料运进和成品运出，须在合同中明确规定由谁承担有关的运输责任和费用。涉及的保险包括两段运输险以及货物加工期间存仓的财产险。从法律上讲，保险应归委托方负责，但从实际业务过程看，由承接方投保较为方便。此外，来料加工合同还应订立工业产权的保证、不可抗力和仲裁等预防性条款。

二、对销贸易

(一) 对销贸易的含义和特点

对销贸易(Counter Trade)是指在互惠的前提下，由两个或两个以上的贸易方达成协议，规定一方的进口产品可以部分或者全部以相对的出口产品来支付。

对销贸易不同于单边进出口，实质上是进口和出口相结合的方式。一方商品或劳务的出口必须以进口为条件，体现了互惠的特点，即相互提供出口机会。但这种以进口抵补出口的贸易方式又不是易货的简单重复，它常常伴随着借贷资本甚至商品资本化的运动。

(二) 对销贸易的种类

对销贸易有多种形式，但归纳起来基本有四种，即易货贸易(Barter Trade)、反购或互购(Counter Purchase)、补偿贸易(Compensation Trade)和转手贸易(Switch Trade)。

1. 易货贸易

1) 易货贸易的概念

易货有狭义和广义之分。狭义的易货是纯粹的以货换货方式，不用货币支付。现代的易货贸易即所谓广义的易货，都是采用比较灵活的方式，双方将货值记账，相互抵冲，或通过对开信用证来结算货款。需要说明的是，这种做法仍是以货换货，而非现汇交易。

2) 易货贸易的形式

国际贸易中易货贸易主要有以下几种：

(1) 直接易货，又称狭义易货，是指买卖双方各以一种能为对方所接受的货物直接进行交易，两种货物的交货时间相同、价值相等，这是一种纯粹的以货换货的贸易方式，不用货币结算，即使两种货物的价值出现了少量的差额，也只能以提供货物的方式抵补。在直接贸易方式下，由于很难找到合适的易货对手，所以这种贸易方式在现代国际贸易中较少采用，只有在边境贸易中有相当一部分通过这种形式进行。

(2) 综合易货，又称广义的易货、记账易货、一揽子易货。这种贸易方式较为灵活。它既可以用一种出口货物交换另一种进口货物，货物逐笔平衡，也可通过双方签订易货协议或总合同，规定在一定时期内用几种出口货物交换另几种进口货物，货款分别结算，最后综合平衡。这种综合贸易多用于两国之间的易货贸易，也是当前易货贸易中最为常见的做法。

2. 反购或互购

反购或互购是指出口方在出售货物给进口商时，承诺在规定的期限内向进口方购买一定数量或金额的商品。互购贸易涉及两个既独立又相互联系的合同，每个合同都以货币支付，金额不要求等值。

3. 补偿贸易

1) 补偿贸易的概念和特征

补偿贸易是在信贷的基础上，一方进口机器设备或技术，不用现汇支付，而以产品或劳务分期全额或部分偿还价款的一种贸易做法。补偿贸易区别于其他贸易方式的根本特点是：

(1) 补偿贸易必须是在信贷的基础上进行的；

(2) 补偿贸易中设备供应方必须承诺承担回购产品或劳务的义务。补偿贸易是一种通过商品交易起到利用外资作用的交易方式。

2) 补偿贸易的形式

目前在我国实行的补偿贸易基本上有以下三种形式：

(1) 直接产品补偿。在协议中双方约定，以进口的机器、设备、技术等直接生产出来的产品支付进口价款。这种补偿方式称作产品回购(Product Buyback)，是补偿贸易的基本形式。

(2) 间接补偿贸易。在协议中双方协定，不是以进口的机器、设备、技术等直接生产出来的产品偿付进口价款，而是以其他产品偿付进口设备的价款。这种方式称做产品互购(Counter Purchase)。但它与一般的互购贸易不同，它是建立在信贷基础上的。

(3) 劳务补偿。先由出口方自垫货款，代进口方购进所需的机器设备，由进口方为出口方进行加工生产，进口设备所欠的款项从进口方应收的工缴费中分期扣还。

在实践中，上述三种补偿贸易的方式并不一定是截然分开的，既可以是部分直接产品、部分其他产品，也可是部分产品、部分劳务，甚至可以是部分直接产品、部分现汇支付等。

4. 转手贸易

转手贸易可以说是记账贸易的产物，它把记账贸易项下的不可兑换的货币转变成为硬通货。简单的转手贸易是用记账贸易项下购进的货物直接转运到国际市场上售出，取得自由外汇。复杂的转手贸易往往表现为低价转让购买权，以换取本来要用自由外汇才能获得的商品。获得购买权的人再在相应的逆差国选购商品，并在国际市场上转手，收回资金。

三、租赁贸易

(一) 租赁贸易的概念和特点

租赁贸易(Lease Trade)是在信贷基础上进行的一种贸易方式。出租人向承租人提供所需商品，承租人则按租赁合同向出租人定期支付租金，商品的所有权属于出租人，承租人取得的是使用权。在租赁贸易中，租赁对象主要是资本货物，包括机电设备、建筑机械、医疗器械、飞机船舶以及各种大型成套设备和设施等。承租人和出租人分别处于不同国家的称为国际租赁。租赁贸易有以下几个特点：

(1) 租赁货物的所有权和使用权相分离，即租赁不转移出租物的所有权，而仅仅转移出租物的使用权。

(2) 租赁将融资和融物两者结合在一起，即租赁不仅具有融通货物的作用，而且更为主要的是表现为具有融通资金的功能。

(3) 租赁贸易往往是通过租赁公司进行的，即租赁公司购买或租赁用品，向出租人支付货款或租金，然后租赁公司再将该用品出租给承租用户，向承租用户收取一定的租金。

(4) 出租的用品必须是耐用品，而且是价值较大的商品。用户通过对出租用品的不断使用，产生出价值，并以此支付租金。如果不是耐用品且用品价值不大，则没有必要采用租赁方式。

(二) 租赁贸易的种类

1. 按照出租人经营业务的目的来分

(1) 融资租赁(Financial Lease)。融资租赁是指承租人选定机器设备，由出租人购置后出租给承租人使用，承租人按期交付租金。融资租赁的标的物主要是租赁公司出资购买的用户选定的设备。融资租赁的租赁期较长，接近设备的使用期。租赁期内由用户自行维修保养。租赁期满，承租人对租赁设备有退租、续租或留购的选择权。在整个设备使用期内只租给一个用户，租赁公司按设备成本、利息加上费用，分摊成租金向承租人收取，租金数额比较高，故而又称为"完全支付租赁"或"一次性租赁"。租赁合同一经签订，原则上承租人不得解除租约。融资租赁是国际租赁中使用最多，也是最基本的租赁形式。

(2) 经营租赁(Operating Lease)。经营租赁是指租赁公司购置设备，出租给承租人使用，出租人负责维修、保养和零部件更换等工作，承租人所付租金包括维修费的租赁方式。这种形式的租赁期限较短，在设备使用的有效期内，不仅仅租给一个用户，每个用户所缴付的租金只相当于设备投资的一部分，故又称为"不完全支付"租赁。在租赁期内，承租人预先通知出租人，可以中途解除租赁合同。由于出租人要承担设备老化、不续租或承租人提前中断合同的风险，故经营租赁的租金一般高于融资租赁。经营租赁的出租人通常是生产制造商兼营的租赁公司或者专业租赁公司。经营租赁的标的物，通常是需要专门技术进行维修保养或是技术更新较快的设备，如电子计算机、精密仪器；或者是短期使用的设备，如工程建设设备、农业机械等。

(3) 维修租赁(Maintenance Lease)。维修租赁是指在融资租赁的基础上，加上各种服务条件的租赁方式。即出租人在设备出租后，还提供一系列对租赁物的服务，服务的范围较广，从购车、登记、完税、保险、维修到事故处理。维修租赁适用于汽车、火车以及其他运输工具的租赁，维修租赁租期较长，租金较少。

2. 按照融资机构是否是出租人来分

(1) 直接租赁(Direct Lease)。直接租赁是指银行以出租人的身份出资购买设备后，直接将设备用于租赁的一种贸易方式。这是银行和金融机构为了享受国家刺激投资和税收优惠政策而开展的业务。其特点与融资租赁相似。

(2) 间接租赁(Indirect Lease)。间接租赁是指租赁公司从银行获得贷款，用贷款购买所需设备，出租给承租人，承租人支付租金，出租人按贷款协议定期还本付息给银行。可见，在间接租赁中，银行不以出租人的身份直接购进标的物，只负责对出租人的再融资，银行与出租人之间是信贷关系。

(3) 衡平租赁(Leverage Lease)。衡平租赁又称杠杆租赁或借贷式租赁，是国际租赁业务中使用最为广泛的间接租赁，也是具有融资租赁特点的一种特殊形式。所谓衡平，就是出租人投资购买租赁设备时享有衡平权利益，即租赁公司在购买价格昂贵的租赁设备时，只需自筹该项设备所需资金的一部分，通常为 20%～40%，其余 80%～60%的资金，则通过将该设备作为抵押品向金融机构贷款，然后将购进的设备出租给承租人，并将收取租金的权利转让给放贷的金融机构，但该设备的所有权归租赁公司所有。

3. 从具体做法上分

(1) 转租租赁(Sublet Lease)。转租租赁是指租赁公司、银行或信托机构从国外租进设备后再转租给国内企业的一种租赁形式。转租租赁实际上就是一种租进租出的做法。

(2) 回租租赁(Sale and Leaseback Lease)。回租租赁又称售后租回，是指承租人向出租人租赁原来属于自己的设施。一般做法是先由承租人和出租人签订租赁协议，然后再签订买卖合同，由出租人购进标的物，将其租给承租人，即原物主。回租租赁均为融资租赁。标的物的售价将分摊在各期租金中。这种租赁方式主要用于不动产。

(3) 综合租赁(Comprehensive Lease)。综合租赁是将融资租赁业务的基本形式与某些贸易方式相结合的租赁形式，包括租赁与补偿贸易相结合(用户向外国租赁公司租赁设备，以后用产品支付租金)、租赁与加工装配相结合(用户向外国租赁公司租赁设备，并由对方提供零部件，为对方加工装配产品，用加工费支付租金)和租赁与包销相结合(承租人用租赁来的设备所生产的全部产品，由租赁公司包销，从包销价款中扣取租金)等方式。

除了以上介绍的租赁方式以外，按法律要求划分，还可分为真正租赁(即承租人在租期届满后无权购买标的物)，非真正租赁(即承租人在租期届满后有权选择购买标的物)；按租期划分，分为长期租赁(5 年以上，可长达 15～20 年)，中期租赁(1～5 年)和短期租赁(从数日到 1 年)。

第六节　跨境电子商务、市场采购贸易方式

随着电子信息技术和经济全球化的深入发展，电子商务在国际贸易中的地位和重要作用日益凸显，已成为我国对外贸易的发展趋势。党的十九大报告指出，"拓展对外贸易，培育贸易新业态新模式，推进贸易强国建设"。如今，在外贸领域，"跨境电子商务""市场采购贸易""外贸综合服务平台"等热词正变得耳熟能详，逐步成为我国外贸企业打开国际市场、推动转型升级的重要途径和新的贸易模式。

一、跨境电子商务

(一) 跨境电子商务基本概念

跨境电子商务是指分属不同关境的交易主体，通过电子商务平台达成交易、进行支付结算，并通过跨境物流送达商品、完成交易的一种国际商业活动。从某种意义上看，跨境电子商务即是一种商业模式也是一种通关模式，相较于邮政的个人物品通关、一般贸易进出口通关，跨境电子商务即是跨境电商通关。一般认为，跨境电子商务是指分属不同关境的交易主体，通过电子商务平台达成交易、进行支付结算，并通过跨境物流送达商品、完成交易的一种国际商业活动。跨境电子商务作为推动经济一体化、贸易全球化的技术基础，具有非常重要的战略意义。跨境电子商务不仅冲破了国家间的障碍，使国际贸易走向无国界贸易，同时它也正在引起世界经济贸易的巨大变革。对企业来说，跨境电子商务构建的开放、多维、立体的多边经贸合作模式，极大地拓宽了进入国际市场的路径，大大促进了多边资源的优化配置与企业间的互利共赢；对于消费者来说，跨境电子商务使他们非常容易地获取其他国家的信息并买到物美价廉的商品。

(二) 跨境电子商务的模式分类

我国跨境电子商务主要分为企业对企业(即 B2B)和企业对消费者(即 B2C)的贸易模式。B2B 模式下，企业运用电子商务以广告和信息发布为主，成交和通关流程基本在线下完成，

本质上仍属传统贸易，已纳入海关一般贸易统计。B2C 模式下，我国企业直接面对国外消费者，以销售个人消费品为主，物流方面主要采用航空小包、邮寄、快递等方式，其报关主体是邮政或快递公司，目前大多未纳入海关登记。

按照进出境货物流向，跨境电子商务可分为跨境电子商务出口和跨境电子商务进口。

表 10-1 当前跨境电子商务的主要商业模式

模式	参与主体	交易特点	代表网站
B2B	企业与企业间交易	大批量、小批次、订单集中	阿里巴巴国际站、中国制造网等
B2C	企业与消费者间交易	小批量、多批次、面向众多顾客、订单分散	亚马逊、兰亭集势、全球速卖通、敦煌网等
C2C	消费者与消费者间交易	小额商务交易	eBay（个人物品竞标）等

资料来源：鄂立彬，黄永稳. 国际贸易新方式：跨境电子商务的最新研究[J]. 东北财经大学学报，2014, 02: 22-31.

(三) 跨境电子商务的特征

跨境电子商务是基于网络发展起来的，网络空间相对于物理空间来说是一个新空间，是一个由网址和密码组成的虚拟但客观存在的世界。网络空间独特的价值标准和行为模式深刻地影响着跨境电子商务，使其不同于传统的交易方式而呈现出自己的特点。

跨境电子商务具有如下特征：

1. 全球性(Global Forum)

网络是一个没有边界的媒介体，具有全球性和非中心化的特征。依附于网络发生的跨境电子商务也因此具有了全球性和非中心化的特性。电子商务与传统的交易方式相比，其一个重要特点在于电子商务是一种无边界交易，丧失了传统交易所具有的地理因素。互联网用户不需要考虑跨越国界就可以把产品尤其是高附加值产品和服务提交到市场。网络的全球性特征带来的积极影响是信息的最大程度的共享，消极影响是用户必须面临因文化、政治和法律的不同而产生的风险。任何人只要具备了一定的技术手段，在任何时候、任何地方都可以让信息进入网络，相互联系进行交易。

2. 无形性(Intangible)

网络的发展使数字化产品和服务的传输盛行。而数字化传输是通过不同类型的媒介，例如数据、声音和图像在全球化网络环境中集中而进行的，这些媒介在网络中是以计算机数据代码的形式出现的，因而是无形的。电子商务是数字化传输活动的一种特殊形式。

3. 匿名性(Anonymous)

由于跨境电子商务的非中心化和全球性的特性，因此很难识别电子商务用户的身份和其所处的地理位置。在线交易的消费者往往不显示自己的真实身份和自己的地理位置，因此跨境电商具有匿名性。这种匿名性导致自由和责任不对等，降低避税成本。

4. 即时性(Instantaneously)

对于网络而言，传输的速度和地理距离无关。传统交易模式，信息交流方式如信函、电报、传真等,在信息的发送与接收间,存在着长短不同的时间差。而电子商务中的信息交流,无论实际时空距离远近,一方发送信息与另一方接收信息几乎是同时的,就如同生活中面对面交谈。某些数字化产品(如音像制品、软件等)的交易,还可以即时清结,订货、付款、交货都可以在瞬间完成。

电子商务交易的即时性提高了人们交往和交易的效率,免去了传统交易中的中介环节,但也隐藏了法律危机。

5. 无纸化(Paper less)

电子商务主要采取无纸化操作的方式,这是以电子商务形式进行交易的主要特征。用户发送或接收电子信息。由于电子信息以比特的形式存在和传送,整个信息发送和接收过程实现了无纸化。无纸化使信息传递摆脱纸张限制,也导致一定程度的法律混乱。

6. 快速演进(Rapidly Evolving)

互联网是一个新生事物,现阶段它尚处在幼年时期,网络设施和相应的软件协议的未来发展具有很大的不确定性。基于互联网的电子商务活动也处在瞬息万变的过程中,短短的几十年中电子交易经历了从 EDI 到电子商务零售业的兴起的过程,而数字化产品和服务更是花样出新,不断地改变着人类的生活。

跨国电子商务具有不同于传统贸易方式的诸多特点,而传统的税法制度却是在传统的贸易方式下产生的,必然会在电子商务贸易中漏洞百出。网络深刻地影响着人类社会,也给税收法律规范带来了前所未有的冲击与挑战。

(四) 我国跨境电子商务的发展特征及趋势

1. 我国跨境电子商务市场保持快速增长

随着全球金融危机以来外部市场需求环境的变化,我国劳动力、土地、资源能源等要素成本和资本价格的持续上升,人民币汇率的波动及针对中国的贸易摩擦的持续增加,我国传统的外贸竞争优势有所减弱。

同时,受国际市场需求萎缩的影响,随着互联网技术的快速崛起和企业间信息不对称程度的降低,我国出口企业的外贸订单在一定程度上由标准化的"大单"向个性化的"小单"转变,向小批量、多批次和快速发货方向发展。商务部数据显示,我国跨境电子商务交易额 2016 年达到 6.5 万亿元,2017 年达 8.2 亿万元,2018 年突破 9 万亿,占全球交易总额的 40%以上。进入 21 世纪以来,跨境电子商务的年平均发展速度维持在 30%左右,远远超过对外贸易的发展速度,跨境电子商务在对外贸易中的地位也愈显重要。

2. 我国跨境电子商务进口规模小,出口规模大

近年来,我国的跨境电子商务进口快速增长,涌现出一批活跃的进口 B2C 电商平台,"海淘"、海外代购等购物方式流行,化妆品、护肤品、奢侈品、新潮服装、电子消费品、食品和保健品等进口量增长迅猛,但随着中国的世界工厂地位不断加强,跨境电子商务的出口规模远大于进口规模,尤其是外贸 B2B 主要以出口为主。随着我国跨境电子商务政策制度环境的逐步完善,在电子商务服务企业的带动下,跨境电子商务将进一步发挥中国制造的产品优势,促进"中国制造"向"中国营销"和"中国创造"加速转变。

3. 我国跨境电子商务 B2C 等增势迅猛，B2B 仍占主导地位

近年来，我国跨境网络零售增势迅猛。以兰亭集势、唯品会等为代表的部分电商企业建立起独立的 B2C 网站，大量外贸企业利用阿里巴巴全球速卖通、敦煌网等第三方电商平台开展零售业务，大量出口服装、饰品、小家电、数码产品等日用消费品，并可实现在线交易。同时，"海淘"等跨境电子商务进口模式快速发展。

外贸 B2B 企业主要依托阿里巴巴、环球资源、中国制造网等电商平台进行信息展示、在线营销和线下交易，交易规模超过跨境电子商务总交易额的 90%。大多数 B2B 贸易订单的金额较大，受支付、安全、习惯等各方面因素的制约，无法实现在线交易。在线全流程的 B2B 交易是否是未来的发展趋势，仍存在较大争议。

4. 跨境电子商务市场快速增长，带动跨境物流服务迅猛发展

据国家邮政局统计，2017 年国际/港、澳、台业务量完成 8.3 亿件，同比增长 33.8%。邮政包裹依托价格优势成为我国跨境零售出口业务的主要物流渠道。截至 2017 年底，中国邮政已在美国、德国、英国、澳大利亚以及香港地区建立了分支机构并搭建了跨境电商综合服务平台；在全国建设和运营了近 60 个互换局；在杭州等九个口岸建立了保税仓；在 23 个城市实现邮件的退费服务。中国邮政还积极响应国家建设"海外仓"的发展计划，开办海外仓和口岸的海外购等业务。同时，随着我国跨境电商服务需求的多元化发展，国内以及国际快递公司也在积极拓展跨境物流快递业务。

5. 跨境电子商务的参与企业比例偏低，增长潜力巨大

目前，通过各类平台开展跨境电子商务的境内企业已超过 20 万家，但在我国约 500 万家外贸企业中所占的比例微乎其微。越来越多的中小外贸企业意识到跨境电子商务带来的更广阔的市场空间和利润空间，但面临跨境电子商务起步阶段的网店搭建、市场推广、跨境物流等门槛，再加上对交易安全的担忧，大多数企业望而却步。随着跨境电子商务的不断发展，政策制度环境的不断完善，中小企业外贸综合服务的不断发展，有望看到越来越多的中小企业涉入这一领域。

6. 跨境电子商务的发展带动了跨境支付服务的快速发展

目前，在跨境电子商务领域，银行转账、信用卡、第三方支付等多种支付方式并存。跨境电子商务 B2B 目前主要以传统线下模式完成交易，支付方式主要是信用卡、银行转账如西联汇款。跨境电子商务 B2C 主要使用线上支付方式完成交易，第三方支付工具得到了广泛应用。除全球应用最广泛的跨境交易支付工具 PayPal（贝宝）为我国跨境电商提供跨境外币在线支付功能之外，一批优秀的本土第三方支付企业逐步发展壮大，并陆续进军跨境支付领域。2013 年，支付宝、财付通、银联电子支付、汇付天下、通融通等 17 家本土第三方支付企业获得了跨境支付业务试点资格，可通过银行为小额电子商务交易双方提供跨境互联网支付所涉及的外汇资金集中收付和相关结售汇服务。

当然，跨境电子商务的发展仍面临一系列挑战，包括通关、跨国物流、交易安全、跨境支付业务管理等。

(五) 我国跨境电子商务与支付业务管理缺陷

虽然跨境电子商务及支付业务的迅猛发展给企业带来了巨大的利润空间，但是如果管

理不当也可能给企业带来巨大的风险,当前我国跨境电子商务与支付业务的管理缺陷主要体现在以下方面:

1. 政策缺陷

(1) 电子商务交易归属管理问题。从电子商务交易形式上分析,纯粹的电子交易在很大程度上属于服务贸易范畴,国际普遍认可归入 GATS 的规则中按服务贸易进行管理。对于只是通过电子商务方式完成定购、签约等,但要通过传统的运输方式运送至购买人所在地,则归入货物贸易范畴,属于 GATT 的管理范畴。此外,对于特殊的电子商务种类,既非明显的服务贸易也非明显的货物贸易,如通过电子商务手段提供电子类产品(如文化、软件、娱乐产品等),国际上对此类电子商务交易归属服务贸易或货物贸易仍存在较大分歧。因我国尚未出台《服务贸易外汇管理办法》及跨境电子商务外汇管理法规,对电子商务涉及的外汇交易归属管理范畴更难以把握。

(2) 交易主体市场准入问题。跨境电子商务及支付业务能够突破时空限制,将商务辐射到世界的每个角落,使经济金融信息和资金链日益集中在数据平台。一旦交易主体缺乏足够的资金实力或出现违规经营、信用危机、系统故障、信息泄露等问题,便会引发客户外汇资金风险。因此,对跨境电子商务及支付业务参与主体进行市场准入规范管理极其重要与迫切。

(3) 支付机构外汇管理与监管职责问题。首先,支付机构在跨境外汇收支管理中承担了部分外汇政策执行及管理职责,其与外汇指定银行类似,即是外汇管理政策的执行者与监督者;其次,支付机构主要为电子商务交易主体提供货币资金支付清算服务,属于支付清算组织的一种,又不同于金融机构。

2. 操作瓶颈

(1) 交易真实性难以审核。电子商务的虚拟性,直接导致外汇监管部门对跨境电子商务交易的真实性、支付资金的合法性难以审核,为境内外异常资金通过跨境电子商务办理收支提供了途径。

(2) 国际收支申报存在困难。一方面,通过电子支付平台,境内外电商的银行账户并不直接发生跨境资金流动,且支付平台完成实质交易资金清算常需要 7 至 10 天,因此由交易主体办理对外收付款申报的规定较难实施。另一方面,不同的交易方式下对国际收支申报主体也产生一定的影响。如代理购汇支付方式实际购汇人为交易主体,应由交易主体进行国际收支申报,但依前所述较难实施;线下统一购汇支付方式实际购汇人为支付机构,可以支付机构为主体进行国际收支申报,但此种申报方式难以体现每笔交易资金实质,增加外汇监管难度。

(3) 外汇备付金账户管理缺失。随着跨境电子商务的发展,外汇备付金管理问题日益突显,而国内当前对外汇备付金管理仍未有明确规定,如外汇备付金是归属经常项目范畴或资本项目范畴(按贸易信贷管理);外汇备付金账户开立、收支范围、收支数据报送;同一机构本外币备付金是否可以轧差结算等无统一管理标准,易使外汇备付金游离于外汇监管体系外。

二、市场采购贸易

为推动出口贸易发展和促进地方小商品市场发展,国家积极践行"市场采购贸易"方式,并不断扩大试点:2011 年 3 月 4 日,国务院批复义乌国际贸易综合改革试点总体方案,把确立"市场采购"新型贸易方式作为改革首要任务;2013 年 4 月 18 日,国家八部委联合发文,同意在义乌正式试行市场采购贸易方式;2014 年 7 月 1 日,海关总署第 54 号公告明确市场采购贸易监管办法及监管方式;2015 年 7 月 22 日,市场采购贸易试点范围扩大到江苏海门和浙江海宁;2015 年 9 月 28 日,明确在江苏海门叠石桥国际家纺城、浙江海宁皮革城开展试点;2015 年 12 月 17 日,国家税务总局统一规范市场采购贸易方式出口货物免税管理;2016 年 4 月 20 日国务院常务会议和 2016 年 5 月 9 日《关于促进外贸回稳向好的若干意见》均提出"要扩大市场采购贸易方式试点";2016 年 9 月 27 日,商务部会同发改委、财政部等 8 部门,将江苏省常熟服装城、广东省广州花都皮革皮具市场、山东省临沂商城工程物资市场、湖北省武汉汉口北国际商品交易中心、河北省白沟箱包市场等 5 个市场纳入第三批市场采购贸易方式试点单位。截至 2018 年 11 月,全国已有 14 个市场采购贸易方式试点单位,且贸易增长也呈现良好态势。

(一) 市场采购贸易方式的定义

市场采购贸易是在国际贸易综合改革中创造性提出的一种新型贸易方式,由于其概念较为新颖,概念还未统一,其中最为权威的是海关总署于 2014 年第 54 号公告中所发布的定义:市场采购贸易方式,是指由符合条件的经营者,在经国家商务主管等部门认定的市场集聚区内采购的、单票报关单商品货值 15 万(含 15 万)美元以下、并在采购地办理出口商品通关手续的贸易方式;义乌市场采购贸易联网信息平台定义市场采购贸易方式,指符合条件的境内外企业和个人,在经国家相关部门认定的市场集聚区采购商品,并在相应的主管地海关或口岸海关报关出口的贸易方式。

(二) 市场采购贸易方式的特点

1. 适用商品与运输
通常适用多品种、小批量、多批次的采购,一般以拼箱组柜方式进行报关和运输。

2. 简化归类申报
以市场采购贸易方式出口的商品,每票报关单随附的商品清单所列品种在 10 种以上的可实行简化申报:(1) 对符合规定的商品,以中华人民共和国进出口税则中"章"为单位进行归并;(2) 每"章"按价值最大商品的税号作为归并后的税号,价值、摘要;为推动出口贸易发展和促进地方小商品市场发展,国家积极试点"市场采购贸易"方式,截至目前,试点市场已扩展至 8 个,均取得良好成效,已成为海关推动外贸发展的重要创举之一。

3. 增值税免征不退
以市场采购贸易方式出口的商品直接免征增值税(包括以增值税为计税依据的城建税、教育费附加和地方教育附加等),在征收方式上采取不征不退的方式,即市场集聚区的市场经营户未取得或无法取得增值税发票的货物均可以市场采购贸易方式出口。

4. 外贸主体个人可结收汇
以市场采购贸易方式出口的商品,既可由试点的市场采购贸易经营者收结汇,也可由其代理出口的市场经营户个人收结汇；由市场经营户个人收结汇的，符合条件的市场经营户个人首先须开立外汇结算账户，再凭代理协议、出口货物报关单正本等办理收结汇；外汇管理局则对试点的市场采购贸易经营者企业的贸易真实性实行主体总量核查。

5. 出口商检闭环管理

市场采购贸易经营者或市场经营户对市场采购的出口商品进行验收后，按照国家质检总局《出入境检验检疫报检规定》向检验检疫机构报检，报检时提供符合性声明、市场采购凭证、备案证明复印件等资料。联网申报、核销使得小商品出口报检形成闭环管理，实现商品记录的完整与可追溯。市场采购贸易方式试点单位已基本形成"一划定、三备案、一联网"的管理机制，建立"信息共享、部门联动、风险可控、源头可溯"的商品认定体系和知识产权保护体系，实现"源头可溯、责任可究、风险可控"的管理目标。

(三) 市场采购贸易方式优点

1. 提升贸易便利化

以市场采购方式申报出口的小商品可享受海关 24 小时全程电子通关、简化申报、智能卡口验放、出口商品增值税征/退管理方式简化等便利化举措，进一步提高市场采购出口商品通关便利。

2. 降低外贸风险和成本

市场采购贸易方式下，出口商品可在市场所在地办理出口通关手续，市场经营户无须将商品运至口岸海关再办理通关，不仅能降低物流成本，而且能提前办理通关手续，大大降低外贸风险和经营成本。

3. 共享贸易平台

市场采购贸易方式，为广大中小微企业提供共享式的商贸流通和对外贸易大平台，构筑对接国际市场的便利通道，激发中小微市场主体活力，增强我国小商品参与国际竞争的能力，提升国际化水平，推动外贸增长。

4. 解决小商品出口瓶颈

小商品出口质量管理与追溯已成为制约我国小商品出口问题，而贸易采购方式具有的贸易规范化、贸易主体本地化等特征，有利于建立质量溯源体系，解决小商品出口瓶颈，推动贸易发展。

出口采购贸易模式能显著提高贸易便利化水平，降低贸易成本，提升贸易效率，提供的商品信息更全，客户的选择更多，相比传统贸易方式，是一种新型的、更高层次的对外贸易形式。

(四) 市场采购贸易的操作流程

市场采购贸易的操作流程如下：

(1) 采购订货。境外采购商与市场经营户或市场采购贸易经营者(外贸公司)签订合同，预付定金，并要求市场经营户或市场采购贸易经营者在境外采购商指定的收货截止日前将货物送至指定地点。

(2) 信息录入。经营主体按时限要求在市场采购贸易综合管理系统准确录入商品名称、规格型号、计量单位、数量、单价和金额等内容以形成交易清单，具体如下：① 自营出口的市场经营户应在与外商签订采购合同时自行录入。② 委托出口的市场经营户在货物交付市场采购贸易经营者时自行录入，或由市场采购贸易经营者录入；由市场采购贸易经营者代理录入的，须与市场经营户进行确认。

(3) 委托收货。境外采购商委托市场采购贸易经营者利用自有外贸仓库或租用外贸仓库收货、验货。

(4) 订舱装箱。市场采购贸易经营者在收货、验货后，直接或委托货代公司向船公司预定船期和舱位，并联系集装箱卡车，将多种货物组柜装箱。

(5) 报检报关。市场采购贸易经营者凭符合性声明、市场购销凭证、备案证明、身份信息复印件、装箱清单等资料，直接或委托报检公司向采购地检验检疫部门报检、直接或委托报关公司向采购地海关报关出口；除应在"发货单位"栏填写市场采购贸易经营者名称外，还须在"备注栏"注明采购商身份信息。

(6) 查验施封。在获得海关放行单后，市场采购贸易经营者将货物运至试点市场所设的海关监管点接受查验(抽验)、施封。

(7) 转关放行。市场采购贸易经营者在采购地海关办理转关出口手续后，将货物运至口岸海关，办理转关检验手续和核销手续，以进入港区、装船出运。

(8) 免税备案。市场经营户应在货物报关出口次月的增值税纳税申报期内按规定向主管国税机关办理市场采购贸易出口货物免税申报；委托出口的，市场采购贸易经营者应在规定的期限内向主管国税机关申请开具《代理出口货物证明》，以代为办理免税申报手续。

(9) 办理结汇。市场经营户或市场采购贸易经营者向外汇管理部门提交资料，办理结汇手续。

知识与技能训练

【单项选择题】

1. 包销协议从实质上说是一份(　　)。
A. 买卖合同　　　B. 代理合同　　　C. 寄售合同　　　D. 拍卖合同

2. 在寄售协议下，货物的所有权在寄售地出售前属于(　　)。
A. 代理人　　　B. 寄售人　　　C. 代销人　　　D. 包销人

3. 拍卖的特点是(　　)。
A. 卖主之间的竞争　　　　B. 买主之间的竞争
C. 买主与卖主之间的竞争　　D. 拍卖行与拍卖行之间的竞争

4. 投标人发出的标书是一项(　　)。
A. 不可撤销的发盘　　　B. 可撤销的发盘
C. 可随时修改的发盘　　D. 有条件的发盘

5. 来料加工和进料加工(　　)。
A. 均是一笔交易

B．均是两笔交易

C．前者是一笔交易，后者是两笔交易

D．前者是两笔交易，后者是一笔交易

6. 有些国家的政府或海关在处理库存物资或没收货物时往往采用(　　)。

A．增价拍卖　　　　　　　　B．减价拍卖

C．密封式递价拍卖　　　　　D．一般拍卖

7. 对外加工装配业务的承接方，无论是采用来料加工，还是采用来件装配方式，其赚取的是(　　)。

A．商业利润　　B．公缴费用　　C．佣金　　D．手续费

8. 某客商于3月份在期货交易所购进6月份交割的20万立方米木材合同一份，价格为每立方米55美元。6月份，当期货交易所的价格上升至每立方米58美元时，该客商便在期货交易所卖出6月份交割的20万立方米木材合同一份进行对冲，由此获利60万美元。此种交易称为(　　)。

A．卖期保值　　B．买期保值　　C．多头　　D．空头

9. 某进出口公司9月份在现货市场上出售小麦一批，进货价为每吨110美元，12月份交货。为了避免市场价格下跌的风险，该公司以相同的价格和数量在期货市场购进12月份交割的期货合同，这种做法被称为(　　)。

A．卖期保值　　B．买期保值　　C．多头　　D．空头

10. A公司在国外物色了B公司作为其代售人，并签订了寄售协议。货物在运往寄售地销售的途中，遭遇洪水，使30%的货物被洪水冲走。因遇洪水道路路基需要维修，货物存仓发生了6000美元的仓储费，以上损失的费用应由(　　)。

A．A公司承担　　　　　　　B．B公司承担

C．运输公司承担　　　　　　D．A公司和B公司各自承担一半

【多项选择题】

1. 投标文件的内容一般包括(　　)。

A．投标价格　　　　　　　　B．商品的各项交易条件

C．用于评标的技术性能指标　D．投标人的资格文件　　E．投标担保

2. 当代国际博览会和国际展览会具有的性质有(　　)。

A．商品交易　　　　B．介绍产品

C．介绍技术　　　　D．广告宣传　　　　E．开拓市场

3. (　　)商品适于减价拍卖。

A．花卉　　B．蔬菜　　C．古董　　D．工艺品　　E．观赏鱼类

4. 加工贸易通常指加工出口贸易，包括(　　)。

A．来料加工　　B．来件装配

C．进料加工　　D．进件装配　　E．来样加工

5. 国际贸易的主要方式有(　　)。

A．代理　　B．期货交易　　C．加工贸易　　D．拍卖

6. 独家经销是指经销商(　　)享有独家专营权。

A．在协议规定的期限　　　　B．在协议规定的地域

C．对所有商品　　　　　　　D．对某一类商品　　　　E．终生

7．补偿贸易的种类很多，按补偿的内容来划分，主要的补偿方法有(　　)。

A．以直接产品补偿　　　　　B．以其他产品补偿

C．以劳务补偿　　　　　　　D．以外汇补偿　　　　　E．以利润补偿

8．商品期货交易的特点有(　　)。

A．以标准合同作为交易的标的　B．互购方式

C．特殊的清算制度　　　　　D．严格的保证金制度

9．在寄售协议中，应具体规定寄售货物的作价办法，寄售人一般可以采取下述办法授权代销人掌握价格(　　)。

A．规定最低限价　　　　　　B．规定最高限价

C．按当地市价出售　　　　　D．销售价格必须征得寄售人的同意

E．销售价格必须征得代销人的同意

10．采用独家经销方式对出口商来说不利的有(　　)。

A．国外客户可分散经营、相互竞争

B．可能出现"包而不销"的情况，从而给出口商带来不利的影响

C．独家经销商有可能操纵价格、控制市场，对出口商供应的商品故意挑剔或进行压价

D．一旦市场情况发生变化，独家经销商不积极销售产品，对市场开拓造成被动

E．稳定的出口货源，调动独家经销商的积极性

【简答题】

1．经销、代理、寄售之间的区别是什么？

2．目前国际上采用的招标方式有几种？招标投标的程序有哪些？

3．拍卖的含义、特点是什么？有哪些种类和程序？

4．期货贸易的特点有哪些？期货市场由哪几部分组成？

5．结合实际，谈谈我国现行外贸新业态的主要模式以及发展现状。

【实训题】

1．实训目的

能够正确处理除了逐笔销定合同以外的各种贸易方式发生的案件纠纷。

2．实训要求

在掌握各种贸易方式含义和操作过程的基础上，分组讨论，正确处理相关案例。

3．实训内容：讨论案例

案例一：美国A公司与中国B公司签订了一份独家代理协议，指定B公司为A公司在中国的独家代理。不久，A公司推出指定产品的改进产品，并指定中国C公司作该改进产品的独家代理。请问：A公司有无这种权利？

案例二：某公司新研制出一种产品，为打开该产品的销路，公司决定将产品运往俄罗斯寄售。在代售方出售商品后，我方收到对方的结算清单，其中包括商品在寄售前所花费有关费用的收据。问：寄售方式下，商品在寄售前所花费有关费用应由谁承担？为什么？

案例三：巴基斯坦某公司公开招标购买电缆 20 公里，我方 S 公司收到招标文件后，为了争取中标，即委托招标当地的一家代理商代为投标。开标后 S 公司中标，除支付代理商佣金外，立即在国内寻找生产电缆的厂家，以便履行交货任务。几经寻找没有一家工厂能提供中标产品，因为中标产品的型号和规格在国内早已过时，要生产这种过时的产品需要重新安装生产线，涉及的费用较大，且仅生产 20 公里，势必造成极大的亏损。但是如果 S 公司撤销合同，要向招标方支付赔款。试分析：我方 S 公司应从这笔招标业务中吸取什么教训？

案例四：某贸易商于 7 月与一农场订立远期合同，购进 10 000 蒲式耳玉米，10 月交货，价格为每蒲式耳 4.3 美元。该商担心 11 月新玉米收获时市价下跌，遂即以每蒲式耳 4.5 美元买入 11 月的期货合同两分(每份 5000 蒲式耳)。11 月，该商将购进的玉米全部转售，因新货上市，市价下跌，只售得每蒲式耳 4.2 美元，亏损 1000 美元。而此时期货价格也趋疲，由于交割期到，无奈将两份期货合同卖出对冲，价格为每蒲式耳 4.2 美元，连同佣金 100 美元，在期货交易中亏损 3100 美元。加上现货市场的亏损，总计亏损 4 100 美元。试分析该贸易商在以上经营活动中应吸取什么教训？

参 考 文 献

[1] 吴百福，等. 进出口贸易实务教程[M]. 7版. 上海：格致出版社，2015.

[2] 姚新超. 国际贸易实务[M]. 2版. 北京：对外经济贸易大学出版社，2011.

[3] 孙勤，等. 新编国际贸易 [M]. 西安：西安电子科技大学出版社，2016.

[4] 冷柏军. 国际贸易实务 [M]. 3版. 北京：高等教育出版社，2013.

[5] 中国国际商会. 国际贸易术语解释通 2010(Incoterms2010)[M]. 北京：中国民主法制出版社，2011.

[6] ICC 中国. UCP600：跟单信用证统一惯例(UCP600)[M]. 北京：中国民主法制出版社，2006.

[7] 中国国际商会. 审核跟单信用证项下单据的国际标准银行实务(ISBP)[M]. 北京：中国民主法制出版社，2007.

[8] 李文臣，等. 国际贸易实务[M]. 北京：科学出版社，2011.

[9] 黎孝先，王健. 国际贸易实务[M]. 6版. 北京：对外经贸大学出版社，2016.

[10] 李昭华，李军. 国际贸易实务案例[M]. 北京：北京大学出版社，2011.

[11] 姚新超. 国际结算与贸易融资[M]. 北京：北京大学出版社，2010.

[12] 王秋红. 国际贸易实务[M]. 北京：清华大学出版社，2012.

[13] 姚新超. 国际贸易保险[M]. 3版. 北京：对外经济贸易大学出版社，2012.

[14] 陈岩. 国际贸易单证教程[M]. 2版. 北京：高等教育出版社，2014.

[16] 陈国武. 解读《跟单信用证统一惯例(2007年修订本)》第600号出版物[M]. 天津：天津大学出版社，2007.

[17] 许博，陈明舒. 进出口业务单证实务[M]. 北京：北京理工大学出版社，2011.

[18] 余世明. 国际商务单证实务[M]. 6版. 广州：暨南大学出版社，2012.

[19] 余心之，等. 新编外贸单证实务[M]. 2版. 北京：对外经贸大学出版社，2010.

[20] 全国国际商务单证培训认证考试办公室. 国际商务单证理论与实务[M]. 北京：中国商务出版社，2015.

[21] 鄂立彬，黄永稳. 国际贸易新方式：跨境电子商务的最新研究[J]. 东北财经大学学报，2014(02)：22-31.

[22] 金虹，林晓伟. 我国跨境电子商务的发展模式与策略建议[J]. 宏观经济研究，2015(09)：40-49.

[23] 孙蕾，王芳. 中国跨境电子商务发展现状及对策[J]. 中国流通经济，2015，29(03)：38-41.

[24] 沈瑞，王莉. 中国的跨境电子商务：发展及未来的视角[J]. 中国商论，2016(03)：49-52.

[25] 洪勇. 跨境电子商务的发展现状、问题及对策[J]. 农业工程技术，2018，38(30)：22-26.

[26] 于丞. 我国出口跨境电商现状、发展趋势及转型策略[J]. 商业经济研究，2019(10)：

67-70.

[27] 陈晓霞. 论跨境电商的发展与创新[J]. 中国商论，2019(09)：89-90.

[28] 季晓伟."市场采购"新型贸易方式下的外贸操作特点分析[J]. 对外经贸实务，2013(09)：36-38.

[29] 谢守红，娄田田，蔡海亚."市场采购"型贸易发展的影响因素研究：基于义乌中国小商品城的实证[J]. 商业经济研究，2015(33)：24-26.

[30] 查贵勇. 市场采购贸易方式的内涵、操作、实践和趋势[J]. 港口经济，2017(01)：55-57.